ᄉᆞ ᄒᆞ셩ᄉᆞ시ᄃᆞ ᄇᆞᆯ셩ᄉᆞ 이니 왕 주
ᄒᆞ신 이ᄅᆞᆯ 쳔다ᄒᆞ시와 원 친ᄒᆞ신 ᄒᆞᆫ봉지 쳘은 자ᄂᆞᆫ
ᄃᆞᄉᆞ옴ᄂᆞ치 아니시되 병우ᄒᆞ이 블나ᄒᆞ샤 경ᄂᆞᆫ지시와
원국 지통을 베려 조효ᄒᆞᆯ ᄀᆞ지 어버ᄉᆞ시니 어리ᄉᆞ온은 우
분등 드ᄅᆞ치 아니ᄒᆞ오 편의 가치ᄅᆞ 부ᄅᆞᆯ ᄒᆞ야 우리 부ᄂᆞᆫ
의 셩ᄒᆞ오로 최 ᄉᆞᄅᆞᆷ이 션왕ᄭᅴ 최 영친현양을 못
ᄒᆞ시니 어ᄃᆡ ᄒᆞᄋᆞᆸ긔 아니되오 왕ᄭᅴ 뵈ᄉᆞᆯ 이ᄋᆡ의 일
ᄒᆞᆨ 쥬젼ᄒᆞ시ᄂᆞᆫ 다ᄆᆞᆫ 왕ᄋᆞᄅᆞᆯ 뎐봉ᄒᆞ샤 동추ᄒᆞ신
ᄒᆞ시ᄆᆡ 이리 과ᄒᆞᆯ 반ᄉᆞ시ᄭᅴ 흔이 가비야오시ᄂᆞᆫ 우회ᄅᆞᆯ
조곰시ᄭᅴ 회ᄋᆞᆸ ᄒᆞ시게 ᄒᆞ시ᄭᅴ 친ᄒᆞ시ᄂᆞᆫ 좌와의 ᄉᆞᆫ존 부ᄌᆞ로
러ᄉᆞ와 회시ᄂᆞᆫ 아ᄃᆞᆯ ᄒᆞ올ᄂᆞ 슈셩을 뎌ᄒᆞ록 ᄒᆞ야 그ᄅᆞ시
시ᄀᆞᆯ 드ᄅᆞᆸ고 ᄉᆞ오셔 ᄒᆞ시다가 환뵈 ᄎᆞᆫ부ᄒᆞ신 시온이 긴ᄃᆞᆫ호

우리 무믈는 삐 벌듕이오 우 볍져가니 션조로
부ᄌᆞ회 ᄀᆞᆺ ᄒᆞ시ᄂᆞᆫ 우셔 ᄃᆞᆺ라오시니 우리 금구준이가
뎡자ᄒᆞᆫ다 태ᄌᆞ가의 ᄎᆞᆯ편 ᄒᆞ신 ᄒᆞᆫ형이 지ᄉᆞᆨᄒᆞ샤
셔ᄋᆞ ᄒᆞ오 ᄒᆞ오로 최의 볼 ᄒᆞ시니 홀셩이 이가의 주ᄒᆞᆼ이
시어ᄉᆞᆯ 뎡되 주상ᄒᆞ시며 강녀 관우ᄒᆞ샤 버가ᄉᆞ의 뎡
찰ᄒᆞ시되 몽쇠ᄒᆞ시며 확ᄃᆞᆫ니ᄒᆞ시되 ᄃᆞᆼ초ᄒᆞ샤 지
인셩시가 라일ᄉᆞᆼᄒᆞ수 퇴이라 인ᄒᆞ시니 실ᄂᆞᄂᆞᆯ 바셩
을호ᄒᆞ시ᄂᆞᆫ 풍ᄒᆞᆯ 안기실 셩ᄃᆞᆨ이시니 쇠ᄆᆡ 힝ᄒᆞ시
ᄣᅢ져퇴ᄃᆞᆼ ᄌᆞᆫᄒᆞ시며 나ᄇᆞ신ᄒᆞ시ᄣᅢ 끼ᄉᆞᆫ ᄲᅡᆯ리ᄌᆞᆨ이라도
ᄂᆞᆯ이 ᄃᆞ리시ᄂᆞᆫ 졸히 샤ᄌᆞ샤 호발만 ᄒᆞᆯ · 텬은이라
도니ᄇᆞᄉᆞ오시면 황감ᄇᆞᄒᆞ승ᄒᆞ샤 거의 감회ᄂᆞ리실ᄒᆞᆺ
ᄒᆞ시며 ᄂᆞᄂᆞ ᄌᆞ긔ᄉᆞᆼ졸ᄒᆞᄂᆞᄂᆞ이 공졸ᄒᆞ시ᄂᆞᆫ ᄂᆞᄂᆞ 공

여자,
글로 말하다

자기록

여자, 글로 말하다

자기록

1판 1쇄 발행 2014년 12월 18일
2판 1쇄 발행 2022년 9월 16일

지은이 풍양 조씨
옮긴이 김경미
펴낸이 부수영
펴낸곳 도서출판 나의시간
등록 2007년 9월 3일 제313-2007-000177호
주소 (우)04206 서울시 마포구 마포대로 204 SK허브블루 314호
전화/전송 02) 392-3533/02) 6052-3533
전자우편 boosbook@naver.com

ISBN 979-11-953539-6-5 03810

여자,
글로 말하다

자기록

풍양 조씨 지음
김경미 역주

나의시간

일러두기

_ 이 책은 국립중앙도서관에 소장된 한글 필사본 풍양 조씨豊壤趙氏의 《ᄌᆞ긔록》을 현대어로 옮긴 것이다.
_ 원문의 뜻과 어감을 최대한 살리되 자연스러운 현대어로 옮기고, 독자의 이해를 돕고자 장과 문단을 나누고 소제목을 첨가하였다.
_ 어려운 한자어나 한글 고어는 간단한 풀이를 병기하거나 주석을 달고, 한자성어와 고사의 경우 원문에 인용문을 옮기고 그 출처를 밝혔다.
_ 원문의 가치를 중시하여 원문 전편을 따로 싣고 자세한 주석을 달았다.

책머리에

> 내 생목숨을 끊어 여러 곳에 불효를 하는 것과 참담한 정경을 생각하니 차마 죽을 수가 없었다. …모진 목숨을 기꺼이 받아들일지언정 다시 양가 부모님에게 참혹한 슬픔을 더하랴 하여 금석같이 굳게 정하였던 마음을 문득 고쳐 스스로 살기로 정하였다. 허나 늘 곡진한 마음과 도타운 정으로 대하던 지우知友를 생각하니 망연히 저버리고 홀로 살기를 탐하는 듯하여, 떳떳하지 못한 내 마음과 불쌍하고 원망스러울 남편 생각에 간담이 미어지고 아스러지는 듯하였다.…(97면)

죽을 것인가, 살 것인가. 죽자니 부모에게 불효요, 살자니 남편을 저버리고 혼자만 살기를 탐하는 것 같다. 단호하고도 조용하게 목숨을 끊은 것으로 기록되어온 열부烈婦들과는 사뭇 다른 모습이다. 이 주인공은 풍양 조씨豊壤趙氏, 1772~1815로, 1792년 자신의 삶을 기록한 글을 남겼다. 한 해 전 서울 출신의 양반인 동갑내기 남편이 스무 살의 나이로 병을 앓다가 죽은 뒤였다. 한글로 글을 쓸 수 있었던 풍양 조씨는 200자 원고지 500장 분량 정도의 글을 남겼는데 제목은 '즈긔록', 즉 자기록-'나의 기록' '나에 대해 쓰다' 정도가 되겠다. 이 기록이 처음 알려진 것은 10여 년 전 한 고전연구자(박옥주)에 의해서로, 그전까지 국립중앙도서관 고서실에서 오랜 세월을 침묵 속에 갇혀 있었던 셈이다.

풍양 조씨의 《자기록》이 쓰여진 당시와 그 전후 18~19세기 조선사회에서는 남편이 죽은 뒤에 따라 죽은 여성들의 이야기가 많이 기록되었다. 그러한 여성들에게는 '열녀'라는 호칭과 함께 나라에서 표창을 내리고 그 집안에 세금 감면, 부역 면제 등 실질적인 혜택을 주었다. 양반여성뿐만 아니라 평민여성도 당연히 따라야 하는 규범으로 자리하여, 당시 남편을 잃은 여성들, 특히 젊은 나이에 남편을 잃은 여성들이 피해가기 힘든 부담이었다. 정해진 규범인 것처럼 남편을 잃은 여성들은 누구든 일단 죽음을 결심했다. 풍양 조씨도 예외가 아니었다. 그러나 풍양 조씨는 결국 죽지 않았다. 그리고 철저한 기억의 재구를 통해 자신이 살아남기로 한 경위를 치밀히 써냈다. 《자기록》은 남성 문사들에 의해 쓰여진 기록(열녀전)과 달리, 그 유교적 틀에서 벗어나 여성 자신이 주체가 되어 자신의 입장을 적극적으로 해명하는 글쓰기라 할 수 있다.

역자가 《자기록》을 현대역을 해야겠다고 마음먹은 지 어느덧 10여 년이 흘렀다. 해독되지 않는 것 투성이라 포기하고 싶은 적이 여러 번이었다. 그럼에도 무명無名의 한 여성이 쓴 이 기록을 오래도록 손에서 놓지 못했던 이유는 무엇인가? 기존의 열녀에 대한 인식과 관습 이면의 새로운 목소리를 들려준다는 의미도 중시했지만, 그보다 "아홉 하늘을 깨치고 하늘 궁궐의 문을 흔든들 견디랴"는 원통함과 동시에, 그 이면에 흘러가는 무심한 일상이 가까운 이의 죽음에 대한 경험을 바로 그대로 전해준다고 느꼈기 때문이다.

어쩌면 《자기록》은 가까운 이의 죽음에 대한 지극한 슬픔을 표현하는 애도문학으로서 충분한 격을 갖추고 있다고 할 수 있다. 망자에 대한 기억조차 오래 붙들기 어려운 오늘, 이 같은 애통함과 비절함은 죽음에의 예禮, 나아가 인간에 대한 예의를 다시 생각하게 한다.

《자기록》의 문장은 만연체로 길게 이어진다. 현대역을 하는 과정에서 긴 문장을 자르고 가능한 한 읽기 좋은 문장으로 바꾸려고 노력했다. 몇몇 해독되지 않는 단어들이 남아 오래도록 붙들고 부심했다. 끝내 알 수 없는 경우 원문에 미상으로 처리했으며, 전후 문맥에 따라 추정하여 해석했을 경우 그 근거를 제시하였다. 무엇보다 원본의 가치와 의미를 중시하여 원문 전편을 따로 수록하기로 하고, 누구나 읽고 이해하는 데 어려움이 없게 한자를 병기하고 상세한 주석을 달았다.

원본 《자기록》은 200여 년 오랜 세월을 묻혀 있었지만 이 책이 나오는 데도 10년 넘는 긴 시간이 걸렸다. 실제 번역을 하기까지 두 차례 독회讀會를 가졌다. 2003년 무렵으로 기억하는데, 고전여성문학회에서 활동하던 이동연 선생, 박무영 선생, 조혜란 선생, 길진숙 선생, 홍인숙 선생 등이 함께 읽으며 원문을 입력하기 시작했다. 이후 역자가 본격적으로 주석하기로 마음먹고 원문을 마저 입력하고 현대어로 번역하기 시작했다. 2012년 다시 읽을 때는 이화인문과학원의

강소영 선생, 박경 선생이 참여했다. 어학, 역사학 등 다른 전공을 가진 연구자들이 모여 학제간 연구의 가능성을 모색하는 자리였다. 이렇게 두 번의 독회를 거치면서 《자기록》을 좀더 풍부하게 이해하게 되었다. 모두에게 감사드린다. 책을 만들어내기까지 오랜 기간 부수영 대표와 나눈 많은 이야기도 새로운 이해를 더해주었다. (옛)여성들의 글과 글쓰기의 다층적 의미를 찾아가고자 하는 나의시간의 첫 책으로 《여자, 글로 말하다_자기록》을 내놓게 되어 더욱 기쁘고 고마울 따름이다.

2014년 11월

《자기록》의 역주본 초판을 펴낸 지도 여덟 해가 지났다. 그 동안 저자 풍양 조씨나 《자기록》에 대한 새로운 연구들이 이루어지고, 조선시대 여성들의 자전적 기록들에 대한 관심도 한층 늘어난 듯하다. 2판을 내기로 하고 보니 처음 현대역을 하면서 긴 문장을 자르고 읽기 편하게 한다 했지만 여전히 쉽게 와 닿지 않는 부분들이 있었다. 다시 문장들을 다듬고 몇 가지 오류도 바로잡았다. 자기를 전면에 내세운 '자기록'이라는 새로운 형식의 글쓰기를 통해 저자 풍양 조씨가 자신의 일상을 회복하고 고통을 치유했듯이 독자들에게도 이 책이 자신의 삶을 들여다보는 작은 계기가 되었으면 한다.

2022년 9월, 2판을 펴내며

김경미

차례

기구한 운명, 칼 대신 붓을 들다

아아, 하늘의 법은 지극히 공정하고 사사로움이 없으며 선한 사람이 복을 받고 나쁜 사람이 화를 입는 것은 예로부터 변하지 않는 이치이다. 그러나 오늘날은 하늘이 몰라주고 사람의 도리도 변하여 선한 사람이 복을 받고 나쁜 사람이 화를 입는 이치가 바뀌어 어진 사람이 수壽를 누리지 못하고 덕 있는 사람이 복을 받지 못하니 이 어찌 하늘의 뜻이라 하겠는가. 더 생각해보면 우리 아버지는 밝은 덕과 인자로운 베풂이 참으로 세상 사람들보다 나은데도 아들이 귀하고 살아가는 데 어려움이 남들보다 심했다. 또 돌아가신 어머니는 너그럽고 밝은 덕을 지니고도 장수와 복을 누리지 못하고 마침내 아들 하나도 두지 못하고 뒤가 끊겼다. 아아, 어찌 하늘이 능히 살핀다 할 수 있으며 어질다 하여 복을 더 받는다 하겠는가.

아, 슬프다! 나의 운명이 본래 궁하고 험해서 하늘에 죄를 얻고 행실이 천지신명의 뜻을 저버려[1] 태어난 지 십일 년 만에 어머니를 여

의었으니 이미 부모 잃은 설움이 간혈肝血에 사무쳤다. 어미에게 먹이를 물어다 주는 까마귀같이 은혜를 갚고 싶고 한밤중에 품을 그리워하는 한이 깊으니 어머니를 그리워하는 슬픔만이 가득했다. ……[2] 어머니 품안의 편안함과 세상의 호사를 알지 못하고 자라서 시집가 가정을 이루었는데, 다행히 돌아가신 어머니의 음덕으로 화목한 집에 몸을 의탁하게 되었다. 요행히 시부모님이 사랑해주시고 남편이 귀히 대해주어 신세가 편안하여 평생을 편히 지낼 수 있을 듯하였다. 그러나 나의 팔자가 갈수록 기구, 박복하고 삼생三生[3]의 죄악이 심히 무거워 시집간 지 육 년 만에 하늘이 무너지는 설움을 당해 온몸이 부서져 흩어지는 아픔이 오장육부에 얽혔다. 의연히 뒤를 좇아 홀연히 죽어 만사를 알지 못함이 마땅하였으나 못나고 천한 몸이 무지한 바에도 시부모님을 부탁할 동서가 없고, 사사로운 정으로는 자식을 아끼는 친정아버지께 천륜天倫으로써 불효를 더할 수 없었다. 또 언니에게는 어머니를 잃어 슬픈 가운데도 서로 위로하면서 마음을 터놓는 이가 나뿐이니, 내가 만일 죽으면 한갓 자매를 잃은 설움뿐 아니라 사람의 도리에 어긋나는 것이었다. 이렇듯 여러가지 어려움이 많아서 예전처럼 자고 먹으며 세상에 머물게 되었으나 날이 갈수록 지극한 설움이 하늘에 이르고 깊은 한은 애를 끊어 밤낮으로 간혈이 녹아내리니 세상이 어찌 이러한가.

비록 사람이 세상에 나서 오복五福을 다 갖추기는 어려우나 한두 가지 살아갈 즐거움은 있거늘 나는 홀로 천지간 궁한 팔자로 한 가지 일도 위안삼을 것이 없구나. 아아, 사람에게 가까운 이로는 어머니 같은 분이 없고 사람에게 소중한 이로는 남편 같은 이가 없으며, 사람이 바라는 바로 자식 같은 이가 없다. 나는 이미 이 세 가지가 다 끊어져 세상을 안 지 겨우 이십 년에 문득 화를 만나 어머니를 잃은 설움과 남편을 잃고 우는 울음이 이 한 몸에 모이니 비록 무지하고 억세나 철석鐵石이 아닌지라 뼈마디에 사무치는 서러움은 가슴속에 돌을 드리운 듯하고, 마음에 얽힌 병은 눈앞에 비단을 가린 듯하다. 아아, 아침이슬 같은 인생이요 나그네길 같은 세상이라 하나 어찌 이다지도 슬프고 서러운가.

세상 생각을 벗어던지고 고요히 누워 생각하니 사람의 이치로 보면 착한 사람이 복을 받는 것은 예나 지금이나 변함없는데 돌아가신 우리 어머니는 어진 마음과 맑은 덕, 너그럽고 밝은 성심을 가지고도 장수長壽와 복을 누리지 못하고, 돌아가신 뒤 후사도 없이 묻히셨으니 그저 한스러울 따름이다. 평소 빼어난 어진 덕행이 남보다 더 뛰어났는데 갑자기 돌아가셔 세상을 버리시니 높은 위엄은 천추千秋, 오래고 긴 세월에 아득하고 어진 덕은 진흙 속에 감추어져 다시 일컬어 알 사람이 없으니, 우리 자매가 더욱 한스러워하는 바이다.

조용히 물러나 있는 가운데 옛날 일을 추모하니 세세하게 눈앞에 펼쳐져 하늘 끝에 닿을 듯 가없는 설움이 새로워 어렸을 때 나의 행적만 대강 기록한다. 그때 내가 어렸을 뿐 아니라, 우리 어머니가 온갖 좋은 점을 갖추어, 막힘없는 식견과 활달한 도량에 깊고 신중

1 원문은 행부신명行負神明. 한유韓愈의 〈제십이랑문祭十二郎文〉에 나오는 구절이다. 이하 인용구 원문과 출처는 뒤의 원문 주석에 밝힌다.
2 한 줄이 보이지 않는다.
3 불교 용어로, 태어나기 전의 생애인 전생前生, 현재의 삶인 현생現生, 죽어서 다시 태어나는 삶인 후생後生을 모두 포함하여 삼생이라 한다.

한 지혜로 모든 일을 시기에 맞게 하셔서 다른 사람의 생각을 넘어서는 것이 많았으니 어찌 다 형용하여 기록할 수 있겠는가. 겨우 만에 하나를 기록하고, 남보다 인자하고 명철한 아버지에 대해 두어 가지를 올린다. 그리고 다시 나의 궁한 팔자와 혼인으로 느낀 설움은 세월이 오래 지나면 능히 기억하지 못할 것 같아 혼인하고서 남편이 병을 앓기 시작한 처음부터 끝까지, 그리고 일을 당하기까지의 대강을 기록한다. 내가 살아 있는 동안 두고 보면서 눈앞의 일같이 잊지 말고 또 뒷사람들에게 옛 일을 알게 하고자 잠깐 기록하나, 정신이 황량하고 마음이 어지러워 그렇게 자세하지 못하다.

집안의 귀감, 아버지

우리 집안은 대대로 충효忠孝로 이름난 가문이요, 법도 있는 집안이니 선조대부터 충효를 갖추고 우애가 두터웠다. 우리 아버지는 집안의 가르침과 타고난 성품에 더해 하늘이 내린 효행이 지극하여 평생 효성과 우애를 근본으로 삼으셨다. 일찍이 효성을 바탕으로 언행이 바르고 당당하고 자상하며, 강직하고 관대했다. 모든 일을 잘 살피되 너그러이 용서하며 눈감아주되 깊이 살펴서, 지극히 어질고 정성스러운 마음과 인자하고 두터운 덕이 남보다 나았다. 이는 실로 생명을 살리기를 좋아하고 만물을 아끼는 어진 덕이었다. 세상에 나가서는 겸양하고 공손하였으며, 과거에 합격한 뒤에는 미관말직이라도 조심조심 두려워하고 한결같이 삼가하여 터럭만한 임금님의 은혜라도 입으면 황감함을 이기지 못하고 눈물을 흘릴 듯 감격했다. 나라의 근심을 나의 근심으로 여기고 나라의 경사를 내 몸의 경사로 여겨 비록 사사로운 말씀 중에도 나라를 위하는 일편단심과 부모에게 효성으로 봉양하는 일에는 잠깐도 마음을 놓지 않으셨다. 그러나 운수가 좋지 않아 나라를 다스릴 만한 재능과 나라를 위하는 충성을 베풀어 드러낼 곳이 없으니 어찌 스스로 더욱 분하고 통탄하지 않았겠는가. 하늘이 갈수록 돕지 않아서 아버지의 효성으로 마침내 이름을 드날려 할아버지, 할머니를 영화롭게 해드리지 못했으니 어찌 한스럽지 않으리오.

할아버지가 일찍이 돌아가셔서 할머니만 모셨는데, 아버지는 지극한 효심으로 들고 나며 받드는 데 민첩했다. 근심을 풀어드려 즐겁고 흡족하게 해드리고, 이부자리와 음식, 그리고 눕고 앉는 것을 모두 손수 살피셨다. 아무쪼록 한 곳의 수령직을 맡아 할머니를 기쁘게 해드리려 하였으나 벼슬길이 어긋나고 시운時運이 막혀 마침내 할머니는 한번도 영화를 누리는 효를 못 받고 돌아가셨다. 아아, 정미년1782년 구월부터 할머니의 숙환이 재발하여 날로 달로 더해가자 아버지는 심히 황망해하고 애태우며 서너 달 동안 한결같이 밤낮으로 할머니의 이부자리와 음식, 그리고 거동을 시중들며 지극하게 살피셨다. 약을 직접 달이고 미음의 뜨겁기를 맞추며 의원은 반드시 직접 만나러 가셨다. 혹 할머니의 병환이 덜한 때에는 사랑채에서 쉬고 주무셨으나 하룻밤에도 여러 차례 창가에 가서 할머니가 편히 주무시는지 살폈으며, 아무리 추워도 그만두지 않으셨다. 할머니의 병환이 심해지자 밤낮없이 옆을 지키며 이부자리가 편한지 살피고, 일일이 부축하여 앉고 누우실 때 원하시는 대로 해드렸다. 속은 애가 타면서도 애써 밝고 편한 얼굴과 따뜻하고 부드러운 음성으로, 약을 올릴 때는 먼저 맛보고 기쁜 빛으로 고하기를

"명의의 신통한 약으로 이런 증상에 맞는 그러한 약재니 드시면 빠른 효험이 있을 것입니다."

하였다. 할머니는 입맛이 없어 마시기 괴로워하시다가도 기뻐하시며 정말로 믿고 즐겨 드셨으니 어찌 약만 잘 드시게 하려는 것이겠는가. 온전히 환자의 마음을 풀어드리고자 함이다. 할머니는 미음을 내와도 싫증을 내며 괴로이 여기시다가도 아버지가 부드러운 말로 달래듯 고하면 과연 믿고 드셨다. 낮에는 횟수를 정하고 밤에는 시각을 알리는 종소리를 듣고 때를 맞추어 친히 그릇을 잡고 부축하여 드시게 했다. 아버지는 일마다 보호하며 병세가 호전되기를 하늘에 간절히 비셨다. 그러나 하늘의 도가 살림이 없고 신명神明이 돕지 않아 위독해지시자 아버지는 황급히 칼을 잡고 손가락을 베어 피를 내서 올렸으나 할머니가 이미 춘추가 높고 정력이 소진하였으니 어찌 회복할 수 있으리오. 홀연히 세상을 버리시니 아버지의 아득하고 지극한 슬픔이 어떠했으랴. 더욱이 할머니가 남다른 자애로 밤낮으로 자신의 현달顯達, 벼슬, 덕망이 높아 세상에 드러남과 손자를 기다리다가 끝내 보지 못하셨으니 아들로서 여한이 이를 데 없겠으나 아버지 또한 이미 초로를 지나 머리가 듬성듬성하니 어찌 걱정되지 않겠는가.

아버지는 관대하고 후덕함과 인자하고 정성스러운 마음이 지극해서 도리어 심약한 데 가까웠다. 친지나 벗들 중에 빈곤한 이를 보시면 형편껏 힘을 다해서 도왔고 알지 못하는 사람이라도 춥고 배고픔이 심하다고 들으면 스스로 측은함을 참지 못하고 반드시 급히 도왔으니 이는 참된 마음에서 된 것이었다. 어지시다 우리 아버지! 효孝는 행함의 근본이요, 의義는 덕의 중심이니 이로써 우리 아버지의 어진 효성과 정성스러운 덕仁孝誠德을 볼 수 있다. 남녀 종이라도 병이 들면 반드시 친히 병세를 살피고 약을 지어주며 목숨을 지극히 아끼셨다. 종들의 죄벌을 다스릴 때도 먼저 사정을 살피고 가볍고 무거움과 옳고 그름을 분명히 따져 사사롭게 원망하는 마음을 품지 않게 하셨다. 슬하 자녀에 대한 자애는 천륜天倫, 하늘이 정해준 부모 자식간의 관계보다 각별하였으나 가르침을 엄격히 하여 말하고 웃는 가운데도 작은 허물도 무심히 보지 않고 대의大義로 가르치고 삼갈 것을 일깨우며

"부덕婦德은 너그러우며 겸손함이 으뜸이다. 비록 옳아도 나서지 말고 능해도 넘치지 말아야 할 것이다. 집안의 도는 전적으로 집안을 맡은 주부에게 있으니 매사를 너그러이 받아들이고 후히 하여 한 집안을 화평하게 하며 내 몸은 없는 것같이 하는 것이 부덕의 근본이다."
라고 간곡하게 이르시고

"무릇 범사에 지나치게 하여 남을 넘어서지 말며 사치한 옷차림을 말아야 할 것이다. 이는 이미 분수를 넘고 복을 깎는 징표니 어린 아이에게는 더욱 부질없다. 오만한 뜻을 돋우고 장수와 복을 누리는 데 해로우니 더욱 삼가해야 한다."
라고 주의를 주셨다. 아버지는 지극히 검소하고 소박하니 실로 정성스런 마음과 어진 덕誠心仁德이 세상사람들보다 뛰어났다. 천우신조天佑神助로 아침저녁 탄식하며 자나깨나 바라던 소원이 이뤄졌으니 하늘이 천리기린千里麒麟 같은 뛰어난 아들을 우리집에 내려 아버지 평생의 한이 풀렸다. 머리 희끗하고 귀밑머리 희어진 나이에 반갑기 그지없는 기쁨과 즐거움이 어찌 남의 예사 아들 낳는 것에 비길 수 있

으리오. 비로소 고적한 집에 완석의 굳음이 있고, 아버지의 슬픈 마음을 기쁘게 하였으니 어찌 효자요 현자賢者가 아니겠는가. 이로써 우리집에 복이 넘쳐 분명 말년에 아버지를 영화롭게 모실 것이요, 가문이 흥하고 사직社稷이 빛나게 될 것이니 어찌 천만다행이 아니겠는가. 오로지 원하고 바라느니 아버지가 만년을 누리고 백세토록 건강하시기를 천지 조상에게 비노라.

규중의 사군자, 어머니

우리 어머니는 명문가의 후예로 태어나 덕이 있는 집안에서 자라서 만물을 키워내는 덕生成之德이 남보다 뛰어나셨다. 태도가 의젓하고 차분하며 얼굴이 수려하고 피부는 흰 눈이 엉긴 듯하였다. 본래 일찍부터 쇠약해져 춘추 삼십여 세에 눈썹 사이에 듬성듬성 흰 빛이 비치고 기력이 심히 약해졌으나 피부는 맑고 고와 씻은 듯 깨끗하였다. 높은 기상과 신중한 행동거지에다 태도가 위엄있고 조신하고 도량이 넓어 모든 일을 꾸려가는 데 부족함이 없었으며, 베푸는 데 여유로워 가까운 친지와 이웃들과 화목하게 지내셨다. 타고난 성품이 바르고 너그러우며, 활달하고 인자하며, 부드럽고 유쾌하여 작은 일에 구애받지 않으셨다. 사람을 아끼는 정성스러운 마음이 지극하고 더없이 인자하고 후덕하였다. 그러나 누구에게 치우치는 법이 없어 한쪽에만 치우쳐 호의를 보이는 사람을 배척하고, 공명정대하여 일말의 구차함이 없었으니 이른바 군대를 이끄는 장부요, 규중의 사군자士君子라 하겠다. 평소에 말없이 묵묵히 계시면 옆 사람이 숙연해져 어려워하며 더욱 공경하고, 아랫사람은 두려워하며 조심하였다. 한번 따뜻하게 웃으며 부드럽게 말씀을 시작하면 따사로움이 봄 기운 같고 사랑스러움이 겨울날 같아서 만복이 흘러넘치고 모든 일이 조화롭고, 길하리라는 것은 지자知者를 기다리지 않아도 알 수 있었다. 그러나 수壽와 복福을 다 누리지 못하셨으니 하늘의 뜻이 어찌 된 것인가.

어머니가 시집오자마자 친정 부모님 상을 당해 돌아갔던 까닭에 신혼에 시할아버지께 인사를 올렸으나 삼가 근신 중이라 그 얼굴을 제대로 기억하지 못하였다. 시집으로 온 뒤에도 할아버지가 아끼고 사랑해주시는 것을 받들지 못하고 우러러 효성을 펴지 못한 까닭에 뼈에 사무치는 한이 남아 못다 한 효성을 할머니에게 다하고자 하였다. 어머니는 할머니가 조금만 편찮으셔도 마음을 졸이고 위로하며 지극히 위해드렸다. 맛있는 음식을 만드는 데 더욱 힘써 반드시 직접 자르고 끓였다. 부엌에 들어가서 잘 익었는지 살피고 청사廳事에 솥과 화로를 펼쳐놓고 차고 뜨거운 정도를 맞추며 짜고 싱거운지도 일일이 맛보았다. 어머니는 한겨울에도 청사를 떠나지 않고 한여름에도 손수 불 피우기를 그치지 않고 마음을 졸이며 때를 어기지 않고 음식을 만들어 올렸다. 상이 물려나오면 남은 음식이 많고 적은지를 살펴서 드신 것이 많으면 흐뭇해하며 기뻐하고 혹 드신 것이 적으면 크게 걱정하며 직접 더욱 조심스럽게 만들어 올렸다.

"참으로 마땅하도다. 내가 속으로 하고자 하는 바를 미처 말하지 않아도 뜻을 맞추니 어찌 그렇게 마음을 잘 읽고 총명할꼬."

할머니는 어머니를 칭찬하며 매사에 잘 대해주고 아끼셨다.

어머니가 아버지를 온화하고 곡진하게 섬겼으며 반드시 후한 말씀과 덕이 되는 일로 도움이 되고자 했다. 아버지도 탄복하고 어머니를 공경하고 귀히 대하셨으니 서로 지극히 가깝고 화목하였다. 어느 부부인들 서로 마음 맞는 사람들이 없겠는가마는 우리 아버지와 어머니는 밖으로는 부부의 의를 갖추고 안으로는 서로 마음이 통하여 알아주는 지기知己이기도 했다. 어머니는 아버지가 마음속에 있는 것을 말씀하시기 전에 미리 헤아리고, 아버지는 어머니가 의견을 내면 마땅히 어기지 않았다. 서로 의견이 같고 뜻이 맞아 화목하고 도타우심이 지극했다. 그러나 아버지는 거동이 진중하면서도 작은 잘못이라도 무섭게 꾸짖었고, 어머니는 비록 특별한 자질이 남보다 뛰어났으나 온화하고 맑아 천성이 완전하였으니 세상의 교활하고 재빠른 처세에 어찌 부합하였겠는가. 서울과 시골이 다르니 또 어찌 서울 사람의 눈에 익지 않은 것이 없지 않겠는가. 그러므로 시비를 가려 노할 일도 많았고 부모와 떨어져 마음에 맞지 않는 것이 많았으나 타고난 성품이 넉넉하고 밝아서 얼굴빛과 목소리로 드러내지 않았다. 동서와 시누이, 시어머니와 우애하고 화목하며 친지들과 돈독하고 잘 지내는 것을 평생의 근본으로 삼았다. 대접하는 데 후하며 정성을 다하여, 상대가 비록 박하게 해도 어머니는 반드시 지극한 마음으로 하였다. 동기간에 반드시 의복과 음식을 나누고, 촌수의 멀고 가까움을 가리지 않고 후한 정과 너그러운 뜻을 고루고루 폈다. 하찮은 음식이라도 제철에 좋은 것은 반드시 많이 장만해서 봉양하고 남은 것은 바로 일가에 보내 친지들과 정을 나누었다. 귀천을 따지지 않고 굶주림과 추위가 심하고 사정이 급하다고 들으면 불쌍히 여기는 마음으로 스스로 침식을 편히 못하고 옷과 음식으로 도와준 뒤에야 시원해하며 좋아하셨다. 아버지는 더욱 기뻐하며 바깥사람들을 도우시고 어머니를 의지하여 서로 의논하여 재물을 아끼지 않았으며 힘 닿는 대로 정성을 다하셨다.

여러 해 전에 계동에 사는 판서 오촌님종숙부이 우리 외할아버지의 마음을 서운하게 해서 어머니가 몹시 유감스러워하며 좋아하지 않았다. 그 뒤 계동 오촌님이 귀양 가게 되었는데 귀양지가 우리 외가 근처였다. 그때 마침 어머니가 부모님을 뵈러 가 계셨는데, 이는 바로 타향에서 옛 친구를 만난다는 격이었다. 과거의 감정을 마음에 두지 않고 자주 하인을 보내 문안을 여쭈었다. 종숙부가 비록 당록 재상으로 육경六卿, 육조 판서 방백方伯을 지내며 부귀가 대단했지만 이미 좌천해서 타향의 귀양객이 되어 다만 부인과 더불어 있으면서 사방에 찾아볼 사람이 없고 적막함이 심하였는데, 어머니가 가까운 친척으로 후의를 두터이 표한 것이다. 며칠 걸리는 거리였지만 자주 글월로 안부를 묻고 제철 과일과 맛있는 반찬으로 정을 표하고 곡진히 정성을 다하자 비로소 종숙부가 옛일을 후회하며, 감격하여 새로이 후한 말과 도타운 정으로 친애함이 지극해졌다. 박한 곳에 후하게 갚아서 친해졌으니 이 한 가지 일로 미루어보아도 우리 어머니의 너그럽고 후한 성덕을 알 만하다. 이러므로 이웃들이 어머니 덕을 일컫고 형제자매간도 화목했으며, 모든 친척들이 후덕한 인품이라고 일컬으며 칭찬하고 기대하였다. 종가 종숙모봉조하댁도 성품이 관대하고 인자해서 그 후덕한 인품이 일가 중에서 특별했는데, 우리 어머니에게 복을 받을 것이라고 탄복하고 칭찬을 아끼지 않으며 할머니에게 마땅히 맏며느리감이라고 하였다.

지난 어느 해에는 또 하인들이 전하길 한 곳에 양반 규수가 있는데 아버지가 없는 고아로 다른 형제도 없고 그 어미가 사람의 도리를 저버려 절개를 버리고 다른 남자를 따라가버려 혈혈단신으로 의탁할 곳이 없어서 주림과 추위가 참혹하다고 하자, 어머니는 불쌍하고 측은한 마음을 참지 못하고 거두어 돌보셨다. 그리고 위로하고 극진히 보살피며 우리와 똑같이 사랑하고 시누이처럼 대접하니 하인들도 감히 함부로 무시하지 못하였다. 이 어찌 어머니의 어진 마음과 너른 덕이 아니리오마는 아버지가 만일 관대하지 않아서 용납하지 않으면 어머니가 어찌 마음을 펼 수 있었겠는가. 아버지가 인자하고 관대하셔서 그런 일을 심히 기뻐하셨으니 실로 우리 부모님의 어질고 정성스러운 마음이 세상에 또 어찌 흔하다 하겠는가. 그러나 하늘이 이를 알지 못해서 갚음이 없고, 인간의 이치도 바르지 않아 선한 이와 악한 이가 수壽를 누리고 복을 받는 이치가 바뀌었으니 하늘의 뜻은 가히 모를 일이다.

어머니는 참으로 자애로우셨으나 반드시 바른 가르침으로 늘 이르시기를

"어른에게 삼가고 조심하며, 공손하고 순종하며, 겸손히 받들어 잠깐도 게으르고 오만하지 말아라."

하고 또 말씀하기를

"내 평생 의지하는 바는 한편으로 치우치고 도량이 좁은 사람을 좋아하지 않음이니 너희는 삼가 혹시라도 그렇게 행하지 말아라. 남이 비록 듣고 본 것이 없거나, 천성이 어리석거나 해서 체모를 잃는 일이 있으면 마땅히 자세히 가르치고 정다이 일러서 고치게 해야지

깨우치지는 않고 다른 사람들과 함께 무시하고 조롱하는 것은 극히 안타까운 일이요, 스스로 복에 해로우니 부디 삼가하여라."
하셨다.

우리가 혹 하인들을 야단치면 그때는 그들의 태만함을 꾸짖어 분을 풀어준 다음, 우리를 조용히 꾸짖으며

"종이 비록 귀천이 다르지만 또한 사람이요 지각이 있다. 위에서 어른이 살피고 있는데 아이들이 또 사사로이 꾸짖는 것은 어른을 앞서는 것이요 어진 마음이 적은 것이다. 비록 어른이 꾸짖고 벌해도 화를 풀고 죄를 덮어주는 것이 옳으니라."
하시고, 우리가 혹 바로 제 앞의 일을 하인에게 자주 시키면 경계하여 말씀하시기를

"어릴 때부터 마음을 낮추고 몸을 부지런히 해야 다른 집안에 가서 공손하고 부지런한 사람이 되느니라."
하셨다. 하인을 부릴 때면 옷과 음식을 후하게 해주었으며, 멀고 가까움과 싫고 좋음을 두지 않고 공정함이 한결 같았다. 규범이 엄하고 법도가 있어서 비록 신임하는 종이라도 사사롭게 말을 주고받거나 너무 가까이하지 않으셨다. 그러나 어려운 사정을 잘 살피고 돌보고 어루만짐이 지극했던 까닭에 종들이 벌을 받아도 감히 원망하지 못했다. 이웃의 아랫사람들도 꺼리고 두려워하였지만 거리를 두지 않았고, 가까이하되 아첨하지 못했다. 어머니는 조용하고 엄하면서도 온화하여 집안을 다스리는 데 법도가 있고, 풍부하게 갖추되 넉넉함과 간소함을 경우에 맞게 하였다. 온갖 일을 총명하게 환히 알고 있어 꿰뚫어 알지 못하는 것이 없었으니 이는 바로 우리 외할아버지의

관대하고 큰 도량과 외할머니의 어질고 맑은 덕을 이어받은 것으로 크고 훌륭한 덕과 규범이 실로 요즘 세상에 드문 것이었다.

어머니의 지극한 슬픔

어머니의 운명이 기박하여 외할아버지의 천금 같은 딸이요, 외할머니의 무남일녀로 귀하게 사랑받으며 자라다가 시집와서 천리 먼 이별에 부모님 곁을 멀리 떠나니 높고 높은 관산의 절벽이 앞을 가로막았다. 떠가는 구름, 저녁비에 늘 부모님을 그리워하여 깊이 슬퍼하고 근심했는데 외할머니가 예순을 넘기지 못하고 돌아가셨다. 마침 어머니가 친정에 부모님을 뵈러 가 있을 때여서 헤어져 있다 임종시에는 옆에서 모실 수 있었다. 이미 어머니를 잃은 슬픔이 극에 달했는데 계사년1773년에 상을 마친 뒤 다시 외할아버지의 부고를 천리 먼 곳에서 들으니 하늘에 닿을 듯한 한과 끝없는 슬픔이 풍수風樹[4]에 얽혀 어머니를 그리며 사무치던 지극한 슬픔이 더욱 깊어졌다.

자식 운은 더욱 순조롭지 않아서 우리 삼형제를 잇달아 낳았으나 둘째 언니를 어린 나이에 잃었다. 아들 낳기를 고대하다가 갑오년1774년에 아들을 얻으니 아버지와 어머니의 영화일 뿐 아니라 큰아버지에게 아들이 없었기에 두 집에서 소중히 여기고 할머니가 귀중하게 여기심이 세상에 비할 데가 없었다. 이에 부모님에게 참혹한 슬픔을 끼치랴만 을미년1775년 홍역에 우리 형제(자매)는 무사히 넘어갔으나 중한 아들이 불행히 죽으니 침통하여 눈이 멀 지경에 이르렀다.

4 풍수지탄風樹之嘆. 효도를 다하지 못한 채 어버이를 여읜 자식의 슬픔을 이른다.

어머니가 다시 아들 낳기를 하늘에 빌고 기도하여 겨우 정유년1777년에 아들을 낳으니 아이가 빼어나고 뛰어나 실로 귀한 보배요, 귀중하고 의지가 되는 것이 견주어 비할 데가 없었다. 그 뒤로 몇 해를 탈없이 자라니 부모님은 모든 근심을 잊고 잘 지내셨다. 할머니가 집에 계셔 백발이나마 강건하시고, 아버지 어머니가 건재하시며 귀중한 아들과 더불어 슬하에서 사랑을 받으니 세상 살면서 우리 형제에게 이때같이 걱정 없이 즐겁고 기쁠 때가 없었다. 어머니는 만사가 기쁘고 흡족하여 할머니를 효로써 섬기고 아버지를 받들고 따르며 우리들을 가르치고 돌보셨다. 만사 부족함이 없이 즐겁게 몇 해를 지냈으니 아아, 우리 부모형제의 즐거운 세상이 이때뿐일 줄 어찌 생각이나 했겠는가. 이생에 다시 얻기 어려운 즐거운 세상을 일생 그럴 줄 알고 무심히 지냈으니 어찌 더욱 한스럽지 않으리오.

이미 집안의 운세가 불행하고 어머니가 명을 재촉할 징조였는지 기해년1779년 겨울에 역병이 돌아 조심스럽게 지내니 집안사람들이 이르기를 '잘 넘어가고 있으니 조심하는 것이 좋겠다' 하며 지나가기만을 기다렸다. 결국 중남仲男이 천연두를 앓았는데 무사히 넘기지 못하고 몹시 심해졌다. 아버지와 어머니가 어찌할 바를 몰라하며 밤낮으로 서로 아이를 안고 돌보며, 초겨울 날씨가 몹시 추웠으나 얼음물을 무릅쓰고 호구戶口[5]와 천지신명께 목숨을 빌었다. 그러나 하늘이 무지하고 귀신이 악착하여 마침내 구하지 못하였으니, 아아 슬프다. 할머니는 아들을 잃어 실명한 자하子夏[6]처럼 몹시 애통해하시고 지극한 원통함으로 아버지는 수염과 머리가 서리처럼 희게 되고 어머니는 고치기 어려운 깊은 병[7]을 얻었으니 슬프도다, 하늘이 야박한 것인가 우리 집안의 운이 불리함인가. 우리 아버지의 지극히 인자한 마음과 어머니의 맑은 덕과 어진 마음에 이토록 갚음이 없는가. 길남의 죽음 이후 어머니는 속이 아주 타 들어가서 풍채 좋고 아름다운 기상이 수척해지고 검은 머리 희게 되어 다시 자식 낳기를 바라지 못하게 되었으니 아버지와 어머니는 서로 마주하면 후사 없는 근심과 자식 잃은 슬픔을 견디지 못하였다.

뜻밖에 신축년1781년에 어머니가 임신하셨으니 이 어찌 어머니의 원기를 다 빼앗아 수명을 마지막 끊는 마디가 아니겠는가. 온 집안이 놀라고 또 기뻐하였으니 이는 희망이 끊어진 줄 알았는데 수태하였기 때문이요 기쁨은 아들 낳기를 초조히 기다렸기 때문이다. 어머니 또한 분만을 염려하였으나 아들 낳기를 밤낮으로 초조히 바라며 쇠한 기력으로 임신한 것을 괴로워하지 않고 고생스럽게 열 달을 기다려 선달에 낳았다.

아아, 갈수록 하늘이 살핌이 없어 딸을 낳으니 아버지가 실망하고 어머니가 경악함을 어찌 다 기록하리오. 어머니가 거의 탈진하여 겨우 출산하고 마음과 기운이 지극히 허약한 데다 아들인지 딸인지 초조히 기다리다 딸을 낳자 심히 놀라고 산후에 잇달아 염려를 지나치게 하였다. 이로 인하여 다른 증세가 하나씩 더해지고 온갖 약초가 효험이 없어 일곱 달을 고생하였다. 우리 형제가 다 철이 없어 병

5 호구별성戶口別星. 호구대감戶口大監. 천연두 귀신을 높여 이르는 말.

6 원문에는 서하참경西河慘景으로 되어 있다. 공자의 제자인 자하子夏가 벼슬에서 물러나 서하西河에서 여생을 보낼 때 아들을 잃고 비통한 나머지 실명했다고 한 데서 서하참경은 자식을 잃은 참혹한 슬픔을 뜻하는 말이 되었다.

7 원문은 고황지질膏肓之疾. 고치기 어려운 병.

석의 곁에서 구완하지 못하고 아버지가 밤낮으로 힘들여 병세를 살피며 백방으로 의약을 구하여 힘을 다하고 정성껏 세세하게 살펴 미치지 않은 바가 없었다. 아무쪼록 회복하기를 바랐으나 이미 병의 뿌리가 몸속 깊이 들어가고 원기가 다 빠져나갔다. 우리 형제의 죄가 중하고 아버지의 복이 박하니 어찌 회복되는 경사를 얻으리오. 날로 달로 병이 깊어지며 나았다 나빠졌다 하는 것이 한결같지 않았다.

그렇게 해가 바뀌어 임인년1782년 봄과 여름 사이에 두어 곳 거처를 옮겼으나 쉬 병세가 나아지지 않고 날이 갈수록 심해졌다. 할머니가 홀로 애태우며 초조해하시고 아버지가 아침저녁으로 침식을 물리치고 속을 태우며 안절부절 못하고 우리 형제가 어찌할 줄 몰라 당황함을 차마 무엇에 비하겠는가. 그런데 나는 오히려 병세의 경중과 그지없는 염려를 제대로 깨닫지 못하고 아버지와 언니가 당황하면 따라서 애를 끓였다가 그렇지 않으면 위태한 줄 전혀 모르고 예사로 먹고 자며 곁에서 작은 효험이라도 살피는 자식의 도리를 못하였다. 이를 곰곰이 생각하니 비록 어리다 해도 어찌 그토록 못나고 철이 없었으리오. 이제 더욱 한이 겹겹이 쌓이고 설움이 한 덩어리 못이 되니 죽기 전에 어찌 풀리리오.

병이 위중해지자 어머니는 스스로 어쩔 수 없게 된 것을 알고 다른 곳에 옮겨 요양하기를 청하였다. 어머니는 6월 11일 집에 들러서 며칠을 두고 아버지에게 유언遺言을 하였는데 늙은 어머니에게 자식을 잃는 불효를 하게 되어 슬퍼하고 음식 봉양도 걱정하였다. 아버지가 중년에 상처喪妻하여 생활이 괴롭고 먹고 입는 것을 맡아서 받들어주는 이가 없어 몸이 상할까 하나하나 돌아보고 염려하며 가사

를 함께 자세히 의논하였다. 또한 우리 형제를 걱정하며

"본래 자애가 남다르시고 자상하고 사리에 밝으시니 제가 부탁할 바가 아닙니다만 죽음을 앞둔 마음이 구구하고 일찍 어미 잃는 사정이 참혹하니 부탁드립니다."

하고 나를 더욱 간절히 부탁셨다. 이는 다름이 아니라 언니는 어려서부터 할머니가 남달리 보살펴 기르신 데다 그래도 나이가 조금 많고 나는 더 어린 까닭에 이렇듯 더욱 애틋하게 연연해하신 것이다. 아아, 슬프다, 어머니는 돌아가시기까지 우리에게 이렇게까지 하셨는데 우리는 어머니를 여의고도 모진 목숨 무지하게 살아서 터럭만큼도 은혜를 갚을 길이 없으니 어찌 이리 못나고 변변찮은가.

다시 보고 듣지 못할

어머니는 스스로 반평생 깊은 근심 중 세상에 복받치는 것과, 마침내 한낱 아들이 없어 평생의 소원을 이루지 못한 것과, 언니가 이미 혼인할 나이가 되었으나 미처 혼인시키는 재미를 보지 못하고, 훗날 아버지가 높고 귀하게 되는 것을 능히 함께 누리지 못하는 것이 가슴에 맺힌 한이 되어 서러워하셨다. 그러나 오히려 서글픈 얼굴이나 슬픈 말을 하지 않고 수복壽福은 하늘에 달렸다는 말로 도리어 아버지에게 마음을 푸시라고 재삼 청하셨다. 세세한 유언이 수만가지였으나 내가 우둔해서 천년이 지나도 이생에서는 다시 얻어 듣지 못할 말씀을 능히 자세히 새겨듣지 못하여 다 기억하지 못하니 어찌 지극한 한이 아니리오. 아버지는 평생 소중히 대하며 마음이 맞는 부부로 백발이 되도록 함께 늙어갈 것을 기약하다가 하루아침에 중

도에 천고千古의 이별을 당하여 마지막으로 집안일을 의논하며 부탁을 받으니 그 깊은 원망과 슬픔이 어떠하리오. 얼굴 가득 눈물을 흘리며 목을 놓아 울면서 어머니의 말마다 고개를 끄덕이고 삼가 잊지 않겠노라 답하셨다. 어머니에게 가슴에 품은 것을 자세히 이르라고 하며 바라는 바를 낱낱이 다 좇고 앞으로의 일을 일일이 물어 어머니의 의견을 다 따르고자 하셨다. 마지막으로 아버지가 어머니의 깊은 뜻을 알고자 말씀하길

"내 이미 처궁妻宮이 박하여 두 번이나 이런 정경情景을 당하고 나이 또 사십이니 다시 아내를 들이지 않으려 하오."

하니, 어머니가 정색을 하고 답하셨다.

"어찌 이런 답답한 말씀을 하십니까. 형세를 들자면 위로 어머님이 계시나 음식을 받들 사람이 없고, 당신은 나이 마흔에 뒤를 의탁할 아들이 없고, 혼인하지 않은 두 딸이 있고, 시중 들고 음식을 주관할 사람이 없으니 마땅히 급히 장가를 드셔야 할 터인데 어찌 이같이 그릇되이 헤아리시는 겁니까."

아버지가 더욱 슬퍼하고 탄복하며 그 뜻이 지혜롭고 밝음을 일컫고, 다시 말씀하셨다.

"그러면 살림을 맡아 다스릴 첩妾을 두면 어머니를 모시고 살림을 하는 데 해롭지 않고 후사를 두되 적자는 아니요 내 뒤를 부탁할 뿐이니 어떻겠소?"

어머니는 또 말리며 답하기를

"천한 사람은 끝내 간사하고 음란하기 쉬우니 마땅히 새로 부인을 얻으소서."

라며 다시금 권하셨다. 이어 우리 형제에게 삼가 이르기를 다른 말씀은 없고 다만 들어올 어머니에게 삼가고 공손히 하여 스스로 신세를 편안하게 하고 돌아간 어미에게 못난 자식을 낳았다는 허물이 미치게 말라고 두 번 세 번 당부하셨다. 슬프고 슬프도다! 이때 어머니의 애틋한 사랑과 절절한 천륜으로 천고千古의 끝없는 영원한 이별을 당하여 삼가 가르침을 받들었으니, 아아, 슬프다! 저 끝없는 푸른 하늘蒼天이여! 차마 어찌 하늘이 사람을 내어 어머니의 정 끊기를 이렇듯 급히 한단 말인가. 다만 듣는 것이 망망하고 보는 것이 황황하여 가슴을 치고 흐느껴 울며 들을 뿐이었다. 어머니는

"너희가 내 말을 다시 들으려 해도 못 들을 터인데 우느라 자세히 듣지 않음은 그르지 않으냐."

하며 맨 아래 애정에게까지 마지막 가르침을 주셨다. 이 여종은 어머니가 시집올 때 데리고 온 이로 나의 유모였는데 그때 옆에서 어머니 머리를 짚고 발을 주무르면서 흐느꼈다. 다른 종들과 달리 천릿길을 따라와 모시다가 중도에 주인을 잃는 마음을 어머니가 깊이 헤아리고 몇 마디 삼가 일렀다.

"어려서부터 주인과 종의 의를 맺어 정이 두터운 데다 천리를 따라와 슬픔과 괴로움을 겪고 중간에 내 불행하게 되니 의탁할 곳이 없어 서러울 터이나 주인어른이 계시고 어린 두 주인이 있으니 또한 의탁할 곳이 없지 않을 것이다. 새 주인마님을 잘 모셔서 모름지기 연[8]의 순박하고 충성스러움을 배우라."

다시 아버지와 우리에게 일일이 앞날을 부탁하고 세세히 당부하

8 미상. 문맥상 연이라는 이름을 가진 사람(하인)을 가리키는 것으로 보인다.

셨다. 그후에 어머니 말씀이 낱낱이 어긋남이 없었으니 어찌 그리 이치를 환히 꿰뚫어 아셨을까. 그때 한 달 남짓 병을 앓아 정기가 소진하였으나 정신과 총명이 하나도 빠트림이 없고 뒤섞임이 없었다. 이렇듯 성덕과 총명을 하늘에서 특별히 타고나고도 어찌 명이 짧고 박함이 이토록 심한가.

어머니가 이미 11일에 쌍동 큰집 사랑에 들르셨는데, 할머니와 큰어머니가 나와 보시고 반기며 말씀을 주고받고 어린아이를 데려와 보였다. 어머니는 잠깐 본 뒤에 즉시 들여보내고 앞에 두기를 괴로이 여기셨다. 이후로 어머니는 차차 말씀 나누기를 싫어하여 하지 않고 더욱 기운을 수습하지 못하여 때때로 잠깐씩 정신을 잃기도 했다. 14일에는 지각知覺이 더 희미해져서 불러도 대답하는 것을 괴로워하고 미음을 떠넣어도 깨닫지 못하였다. 아버지가 말씀하기를

"이미 어찌 할 수 없으니 쓸데없는 미음으로 괴로이 보채는 것은 부질없다."

하고 아침밥 때부터 미음을 끊고 변變을 기다리셨다. 즉시 운명할 것이었으나 약을 많이 쓰고 인삼 기운이 다하지 않은 까닭에 오히려 희미한 호흡이 끊어지지 않으니 발상發喪[9]을 못하였다. 아버지가 비통해하며 울면서 탄식하셨다.

"내 이미 하릴없는 줄 알면서도 요행을 바라고 인삼을 써 돌아갈 사람을 저렇듯 고생시키니 어찌 나의 탓이 아니며 애달프지 않으리오."

언니가 망망한 중에 생혈生血을 써보고자 칼을 취하고자 하였다. 그러나 큰아버지와 아버지가 벌써 칼을 다 감추고 생혈이란 것은

거짓이라고 하며 어머니가 곡기를 끊은 뒤부터는 우리 형제를 서헌西軒 건넌방으로 옮겨 환자 곁에 가지 못하게 엄하게 막았다. 언니는 어머니의 명을 늘리지 못하고 속수무책으로 변고를 기다리며 하루 종일 건넌방에서 어쩔 줄 몰라 초조해하였다. 환자를 곁에 모시고 임종을 못하니 비록 큰아버지와 아버지가 잡고 보내지 않아도 어머니 살아 계실 날이 이 날뿐이니 비록 느끼지 못해도 마땅히 몸을 안고 곁에서 모시며 모녀의 덧없고 느꺼운 정을 다해야 했었다. 그러나 언니는 다만 황황한 심신에 하늘이 캄캄해져 아버지 말씀만 받든 채 종일 건넌방에서 천지가 아득하고 가슴이 꽉 막혀 다만 갑갑한 가슴만 뜯으니 피가 흥건히 흘러내릴 뿐이었다. 어머니를 붙들어 마지막 영결을 하지 못했으니 어찌 천고에 사라지지 않을 한이 아니겠는가. 이에 초혼招魂[10] 하고 속광屬纊[11] 하니 아아, 푸른 하늘이여 이 어찌된 일인가.

오호 통재라! 누가 하늘이 어진 사람은 수壽를 주고 복을 더한다고 하였는가. 우리 어머니는 평생 널리 베풀고 인자하고 따뜻한 성품으로 지극히 자비롭고 어진 마음을 가졌으나 수명이 길지 못하고 평생 마음에 그토록 바라고 그토록 원하던 한낱 아들을 끝내 두지 못했다. 또 아버지가 이미 과거에 급제하여 입신立身하였으니 비록 미미한 관직이나 그 영광과 행운을 누리지 못하고 처음에 심히 고생하

9 발상發喪. 사람이 죽은 뒤에 초상난 것을 알리는 것.
10 초혼招魂. 사람이 죽었을 때 혼을 부르는 것. 죽은 사람이 생시에 입던 저고리를 왼손에 들고 오른손은 허리에 대고 지붕에 올라 서거나 마당에 서서 북쪽을 향해 '아무 동네 아무개 복复'이라고 세 번 부른다.
11 속광屬纊. 임종 때의 한 절차. 햇솜인 광纊을 코나 입에 대어 숨이 끊어졌는지 여부를 알아보는 것.

다가 끝내 즐거운 생활을 한 가지도 누리지 못했다. 우리 형제의 경우 언니가 이미 혼인할 때가 되었지만 혼수를 마련하고 혼기婚期를 일컬으며 기뻐하고 즐거워하기를 금치 못하다가 마침내 성혼하는 재미를 보지 못하였다. 집안 살림을 밤낮으로 열심히 오랫동안 꾸려오다가 중도에 돌아가시니 세상의 나쁨이 극에 달하고 유한이 쌓이고 쌓였다. 오호라 하늘의 법이 무지함이냐 아버지의 운명이 박함이냐. 이 어찌된 일인가.

하늘까지 닿을 듯한 우리의 지극한 슬픔은 말할 것도 없고 아버지도 범상한 고분鼓盆의 슬픔[12]과 짝을 잃은 고통뿐만이 아니었다. 어머니가 편찮을 때부터 지극한 정성을 쏟으니 간병이 힘든 것도 느끼지 못하셨다. 온갖 약초와 갖은 약방으로 시험하며 비록 허망한 무당 점이라도 병환에 차도를 얻는다고 하면 마땅히 금하지 않고 다 따랐다. 필경 변이 나기 오륙일 전에 점을 보니 점쟁이가 말하기를

"이미 바랄 바가 적으나 요행을 바라거든 옥추경玉樞經[13]이란 것이 목숨을 늘리는 경이니 백여 금을 들여 읽으시려면 읽고 부질없으면 마소서."

하니 아버지가 말씀하시기를

"행여 효험을 보면 천행이고 비록 힘을 얻지 못해도 한이나 없게 하라."

하며 백금을 들여 경經을 읽었으나 이미 정해진 대운大運과 하늘의 뜻을 어찌하리오. 비록 힘을 얻지 못할지언정 아버지는 약을 쓰고 돌보는 데 극진하지 않음이 없었다. 이미 변을 당한 뒤에는 수의壽衣를 만드는 데 능단비단의 종류과 화주수화주. 품질이 좋은 비단를 쓰고 관의

재료를 또 좋은 재목으로 썼다. 아버지는 평소의 두터운 정과 기대에 따라 살아계신 때나 돌아가신 뒤에나 지극한 마음으로 갚아 곡진한 믿음을 보여주고 우리 형제로 하여금 의약이나 상례喪禮에 부족하다는 한이 없게 하였다. 아아! 비록 부부는 한 몸이나 또 어찌 은혜에 깊이 감사하지 않으리오. 이에 초종성복初終成服[14]을 마치고 어머니의 몸이 한 궤 속에 감춰져 목소리와 얼굴을 천고에 영원히 아주 보지 못하게 되니, 애통하고 슬프도다! 하늘이여! 하늘이여! 황황히 따르고자 하나 길이 없고 망망히 부르짖으나 응함이 없으니 오호라 슬프도다! 비록 위로 할머니가 보살펴주시고 아버지가 강보의 아이처럼 매사에 우리를 사랑하고 걱정함이 지극하나 어머니를 차마 어찌 잊을 것이며 또 어찌 어머니 품속의 사랑 같으리오. 머리를 들어 어머니 앉은 곳을 보니 휑하게 비어 몸을 붙일 곳이 없으며, 서도 좇을 곳이 없고 앉아도 외로워 기댈 데가 없으니 우리 형제 둘이 몸을 의지하고 얼굴을 마주하여 때때로 눈물을 흘렸다. 아침저녁 제사를 위해 빈소 앞에 앉으면 먼저 슬픈 향내와 흰 장막에 애가 미어지고 심혼心魂이 놀랐다. 그리워하여 울부짖으며 어머니를 열 번 불러봐도 검은 관은 묵묵히 말이 없고 이승과 저승이 막막해서 한마디 말도 알아주는 바도 없으니 슬프도다! 이 길은 무슨 길이기에 이토록 박절하고 급급한가.

12 고분지통鼓盆之痛. 아내를 잃은 슬픔. 장자莊子의 아내가 죽어 혜자惠子가 조문하러 갔는데, 장자가 다리를 뻗고 앉아 질그릇을 두드리며 노래하고 있었다는 고사에서 나온 말. 《장자莊子》〈지락至樂〉에 나온다.

13 옥추경은 도교 계통의 경전. 위서僞書로 추정되고 있다.

14 상을 당하여 장례 절차를 준비하고, 상복을 입는 것을 가리킨다.

흐르는 시일은 가기를 빨리 하여 얼핏 몇 개월이 바뀌어 8월 초 3일 장례를 지내고 어머니의 시신이 마저 집을 떠나니 우리 모녀의 영원한, 끝없는 이별이었다. 아, 슬프다! 만일 우리 형제가 아들이었으면 상여를 따라가서 묻기까지 자식의 도리를 다했을 것이나 이미 쓸모없는 딸로 집 가운데서 영결하니 외로운 영구가 한낱 상주도 없이 다만 아버지만 상여를 따르고, 한낱 형제나 조카도 없으니 상복을 입고 좇는 사람이 없었다. 마침 고모부 민숙閔叔이 와 계시다가 상여 행차의 외로움과 정경의 처연함을 슬퍼하여 함께 호상護喪하니 망극한 행렬의 참담한 모습을 어찌 더 이르겠는가.

수일 만에 장사를 지내고 신주를 집에 모시고 돌아오니 한 조각 신주가 더욱 아득히 멀게 느껴지고 속절없이 목소리와 모습이 아주 끊어져 저승과 이승을 달리하는 이별이었다. 아 슬프다! 하늘에 닿는 설움과 끝없는 그리움이 나날이 더하였으나 위로 할머니가 잘 돌봐 길러주시고 아버지가 주림과 추위와 질병을 세세히 살펴 애틋한 자애가 천륜보다 각별하여 전과 다름없이 세월을 보냈다. 어린 아우는 다행히 유모가 길러주는 덕분에 탈없이 목숨을 보전하였는데, 할머니와 아버지가 애처로운 사정을 가엾이 여겨 더욱 사랑하였다. 우리 형제는 지극히 원통한 가운데 어린 아우를 보니 더욱 가슴 아프고 애통하였으나 마음을 붙이고 무사히 자라기를 바랐다. 거의 돌까지 별 탈이 없어 아끼며 몹시 다행스럽게 여겼는데 남은 재앙이 다하지 않아서 그해 동짓달에 홀연 독질毒疾을 얻어 십여 일 만에 저를 끝내 구하지 못하였다. 제 비록 쓸모없는 딸이나 애달픈 사정을 불쌍히 여겨 할머니와 아버지가 손 안의 구슬 다루듯 무릎 아래 내려놓지 않으셨다. 생김새가 빼어나서 반듯한 얼굴은 흰 눈이 엉긴 듯하고 맑은 눈은 별 같고 입술은 붉었다. 타고난 자질이 뛰어나 집안사람이 모두 몹시 사랑하였는데 홀연 잃게 되니 슬프고 슬프도다! 어찌 그리 명이 짧아서 태어난 첫날부터 어머니 젖을 먹지 못하고 그 지극한 사랑을 알지 못한 채 유모와 천한 종들에게서 근근이 자라다 채 다 자라지도 못하고 일찍 떠나니 슬프다! 천륜의 정과 피를 나눈 형제로서 슬프고 애통함을 어찌 참으리오.

이렇듯 아버지의 슬픔과 걱정 근심이 끊이지 않고 세상일에 경황이 없어서 어머니 일주기가 안 되어 새장가 들 일이 급하게 되었다. 할머니가 몹시 연로하시고 주부의 자리가 비어 마지못하여 널리 혼처를 구하니 섣달에 새어머니가 들어오셨다. 가도家道가 예전과 같아 빈 곳이 메이고 이지러진 곳이 완전하니 그 모습이 옛날과 같았다. 해는 바뀌지 않았는데 다만 어머니 자리가 바뀌고 사정이 변하여 어머니의 목소리와 모습과 자취가 영영 끊어지고 멀어졌으니, 아 슬프다! 닿는 곳마다 그 모습이 슬프지 않고 서럽지 않은 것이 없었다. 아침저녁으로 그리워하고 밤낮으로 간절하여 밤이 되면 우리끼리 외로운 이불 속에서 살을 대고 몸을 의지하였으나 어머니 품을 생각하면 그립고 슬픔이 간절하니 다만 눈물이 베개를 적실 따름이었다. 한밤중이면 그리운 것을 더욱 견디기 어려웠으나 날이 밝아오면 적이 마음을 위로하였다. 또 언니는 아버지에게 외로이 흐느끼는 것을 보이지 않으려고 굳게 참고 조심하였다.

느끼지도 알지도 못한 채 세월을 보내고 첫번째 제사를 지내니 어머니를 떠난 지 어느덧 일년이 되었다. 갈수록 망망한 설움과 급급한 그리움이 밀려와 견디기 어려웠으나 못나고 무지하여 능히 잊고 구차히 목숨을 이어갔다. 세월이 도도히 흘러 어느덧 상을 마치고 복까지 벗으니 어머니의 죽음은 아주 옛날 일이 되었다. 아, 슬프다! 이 생에는 다시 모녀의 천륜과 어머니의 편안함을 얻기 어려우니 하늘에 닿을 듯한 끝없는 설움은 하늘에 닿도록 없어지지 않았다. 지극한 슬픔이 이미 가슴속에 병이 되어 한 덩이 기운이 뭉쳐서 잠깐 마음을 쓰면 음식을 내리지 못하고, 언니는 더욱 음식을 제대로 넘기지 못하는 것이 묵은 병이 되어 병을 안고 사는 사람이 되었으니 어찌 슬프지 않으리오.

해가 바뀌는 때가 되어 세월이 깊어감을 생각하면 지극한 슬픔이 새롭고, 봄을 맞아 따스한 볕이 들고 한가하게 긴 날이면 슬픔이 더하고 만물이 생기를 띠고 돌아오는 것을 보면 돌아가신 어머니를 잊지 못해 아픔이 잇달았다. 아, 우리 형제는 무슨 죄를 쌓아 겨우 어머니의 젖을 사랑할 나이에 어머니를 잃은 슬픔이 마음에 사무쳐 인생의 즐거움을 알지 못하고, 꽃을 슬퍼하고 가을을 느껴 달빛이 환히 비추는 것을 대하면 넋이 사라지고, 가을빛이 싸늘하여 만물이 시들어 떨어질 때면 애가 마디마디 끊어지니 사람으로 태어나 세상에 살면서 슬프고 서러움이 어찌 이렇듯 심한가. 옛일을 세세히 생각해보니 우리가 다 어려서 어머니 생신에 맛있는 음식 한번 즐거이 받들지 못한 것이 지극한 한이다. 또 평소에 어머니가 비록 적막한 어려움을 겪지는 않으셨으나 번거롭고 힘든 가사에 남의 부탁을 들어주는 일이 빈번했다. 또 식구가 많은 까닭에 윗사람이면서도 때를 어긴 뒤 가장 늦게 드시고 상 위의 반찬을 종들에게 마저 사양하고 밥도 늘 윗부분을 덜고 조금 드실 따름이었다. 그때 일을 생각할 때마다 한이 맺혀 이제 우리 상에 반찬이 여러가지 놓이면 언니가 일컫지 않을 때가 없으니 비통함을 서로 어찌 면하리오.

지극한 형제애

우리 언니는 타고난 성품이 탁월하게 빼어나니 실로 우리 부모의 낳아 기르심을 받들고 교훈을 저버리지 않았다. 지극한 효성과 우애를 타고났으며, 안팎으로 툭 트이고 어질고 자애로우며 순박하고 신중하였다. 모든 일을 꿰뚫어 통달하며 일을 행하는 데 한 점 구차함을 두지 않으며, 진정 안팎으로 고상하고 성실한 것이 진실로 돌아가신 어머니가 남긴 풍모이니 어찌 더욱 슬픔을 느끼지 않으리오. 세상에 누군들 동기가 없고 혈육의 정이 없으리오마는 실로 우리 형제는 남다른 정이 있었다. 어머니를 여의었을 때 언니는 열여섯 살, 나는 열한 살로 나는 언니를 의지하고 언니는 나를 아끼고 사랑하여 어머니 돌아가신 뒤부터는 베개와 이불을 같이하며 잠시도 떨어지지 않았다. 앉으면 무릎을 나란히 하고 움직이면 그림자가 합하는 것처럼 함께했다. 내가 잠깐 없으면 언니가 자리에 앉지 못하고 언니가 잠깐 떠나면 내가 의지할 곳이 없어 밤낮으로 앉고 눕고 하는 것이 한 몸 같았다. 음식을 먹으면 상을 하나로 하고 한 그릇에 숟가락 둘을 꽂아 하나가 없으면 하나가 능히 먹지 못하며, 좋은 것과 아름다운 것을 반드시 서로 사양하고 서로 권하였다. 서로 애틋한 사랑과 지극한 정을 지녀 어머니의 정과 동기의 가까움을 겸하여 서로 위로하고 보호하며 세월을 보냈다. 그러나 시간이 지날수록 어머니를 그리워하는 지극한 슬픔과 가만히 있어도 차오르는 비통한 설움이 여러가지였다. 아버지가 비록 특별하고 지극한 자애로 세세한 작은 일에도 행여나 어미 없는 설움과 괴로운 사정이 있을까 봐 밝게 살피고 돌보아 염려하심이 미치지 않는 곳이 없었으나 이미 박힌 지극한 슬픔과 자연스럽게 생기는 마음을 어찌하겠는가. 다만 수고로움과 염려만 더할 따름이라 스스로 궁한 슬픔을 안고 살아 있음의 험난함을 한탄할 뿐이니 이생에 어찌 다시 부모님 슬하에 있는 즐거움과 세상의 호화를 맛볼 수 있겠는가.

우리 자매는 한갓 자별한 정뿐만 아니라 뜻과 기운이 서로 잘 맞아서 언니가 하는 바가 내 마음에 마땅하고 내가 하는 바가 언니의 뜻에 맞았다. 내 마음속에 하고자 하는 바를 말로 하지 않아도 언니가 이미 하니 과연 내가 생각하는 바에 꼭 맞고 언니 마음속에 생각한 바를 내가 미리 헤아려 하면 언니의 뜻에 맞았다. 서로 말로 하지 않고 얼굴에 나타내지 않아도 마음이 맞고 서로 비추어 보는 것 같아서 작은 일이라도 어긋남이 없었다. 그러나 오히려 언니가 날 사랑함이 더욱 두터우니 나는 다만 어머니처럼 의지하고 우러러 언니에게 배고픔과 배부름, 추위와 더위를 보채고, 슬픔과 즐거움을 상의하였다. 어린아이가 어머니를 따르는 것 같아서 실로 잠깐만 서로 떨어져 있어도 마치 일각이 여삼추로 느껴졌다. 그러나 여자가 남편을 따르는 것은 예로부터 그만두지 못할 일이니 어찌 능히 떠나지 않을 수 있겠는가.

어머니 상을 마친 후 갑진년1784년 가을에 언니가 혼인을 하였는데 시댁은 학문하는 집안으로 가정이 순박하고 후덕하였다. 신랑 김숭은 인품이 너그럽고 인자하고, 현명하고 단정한 선비라 생활이 필히 안정되고 편안할 것이라 다행스러웠으나 황천에 계신 어머니를 그리는 고통이 한층 더하였다. 언니가 신혼新婚이라서 시댁 왕래를 자주 하여서 나는 갑자기 몸을 의지할 데가 없어진 것 같았다. 잠을 잘 때나 밥을 먹을 때나 눈물만 흐르고 더욱 절박한 마음이 들어 견디기 어려웠다. 다행히 언니가 셋째 며느리로 한가해서 불과 수삼 일씩만 시댁에 머물다 오니 천만다행이었다.[15]

이렇게 몇 년을 지내고 병오년1786년 겨울에 나도 혼인하게 되었다. 우리 자매가 외로운 사정에도 무사히 장성하여 요행히 덕이 있는 집안에 의탁하니 안심이고 다행이 아닐 수 없었다. 그러나 연달아 종신대사終身大事, 결혼를 치르는데 어머니의 기뻐하심과 간절한 보살핌과 사랑을 받지 못하니 슬픔과 설움이 잇달아 일었다. 속어에 이르기를 '아프고 슬플 때면 부모를 부른다' 하니 그 말이 또한 이치에 가까워 혼인대사를 앞두고 매사 부족함을 느끼며 어머니에 대한 그리움이 더욱 간절하였다. 누군가는 탄식하길 '괴로운 마디에 어머니를 더욱 그리워하는 것이 어찌 도리어 불초한 행동이 아니겠는가.'라고 하겠지만 어찌 그러지 않을 수 있으랴. 평소에 아버지는 남녀 귀천을

15 조선 초기에는 고려의 영향으로 남자가 여자 집으로 가는 형태가 많았으나 17세기 이후 유교 가부장제가 강화되면서 여자가 시집으로 가는 혼인 형태가 정착되기 시작하였다. 그러나 18세기 말에 이르러서도 시집간 딸이 친정에 와 있는 경우가 많았다. 풍양 조씨 자매도 여기에 해당된다.

막론하고 이목耳目의 생김새를 살펴 고르셨는데 우리를 앞에 두고 관상의 빈부貧富와 궁달窮達을 이르기를 우리 형제가 다 남아男兒의 상을 타고 나서 용렬하지 않지만 딸이라 쓸모가 없다고 탄식하고 개탄하셨다. 각각 관상을 논하며 나를 가리켜 '복록이 있는 인물'이라 하며 일찍이 출세할 천정天庭[16]이니 미루어 부귀영화를 누리고 존귀할 것이라 기약하고, 관상법에 천정이 좋으면 부부가 해로한다 하며 스스로 기뻐하셨다. 아버지 말씀을 감히 받들지 않을 수 없지만 마음속으로는 어찌 그것을 믿겠는가 하였고 또 점쟁이의 말이 비록 허망하나 점을 치면 여러 점쟁이들이 우리 부부의 사주를 보고 한 입으로 하는 것처럼 칭찬하고 과장하여 말하기를

"이 사주는 수부다남자壽富多男子[17]하고 영화와 귀함이 극진하여 하나의 살煞과 마魔도 없습니다. 실로 예방할 손재損財나 마음과 힘을 허비할 것이 없으니 앉아서 복을 누릴 것이오."

하였다. 우리 집이 본래 자식궁이 순탄치 않은 까닭에 허망한 말임을 알지만 점복을 몹시 좋아하였다. 그런 까닭에 점쟁이들에게 문전이 넓게 열려 있었는데 내게 이르러는 한결같이 흠이 없다고 말했다. 저들이 소강절邵康節[18]이 아니니 과히 믿지 않았고, 또한 마魔가 많고 순탄치 않다고 해도 위축되지 않았으나 조금은 믿는 마음이 있었다. 언니가 또한 말하기를

"천도天道에 복선화음福善禍淫[19]이 비록 밝히 드러나지 않고, 우리 어머니가 어진 마음과 쌓은 덕으로 수와 복을 길이 누리지 못하셨지만 그 음덕陰德, 조상의 공덕이 반드시 우리에게 흐를 것이다. 아우는 응당 복록을 갖춘 상이니 앞으로 길이 뻗어나갈 것을 안 봐도 알

수 있다."

하였다. 이에 내가 답하기를

"어머니의 심덕心德으로 이르면 음덕이 반드시 있을 것이나 말세에 하늘의 이치를 알기 어렵고 사람의 생김새로 더욱 어찌 알겠어요."

하였다. 이렇게 문답하였으나 평생을 점칠 수 없으니 하늘의 도道와 사람의 이치가 어떠할 것인가.

16 관상에서 두 눈썹 사이 또는 이마의 복판을 가리킨다.
17 장수하고 부유하며 아들을 많이 낳음.
18 소강절邵康節(1011~1077). 중국 송대의 유학자로 역학에 뛰어났다.
19 선한 사람은 복을 받고 나쁜 사람은 재앙을 당함.

출가, 새로운 만남

내 나이 열다섯 살에 김씨 집안에 시집가니 이는 곧 다른 집안이 아니라 우리 돌아가신 어머니의 친정이다.[20] 친정아버지와 시부모가 남매의 정과 아저씨와 조카의 의를 맺고 있다가 다시 가까운 인연을 맺으시니 어찌 더욱 정이 두텁지 않겠는가.

병오년1786년 10월에 예禮를 드리고 예법을 좇아 시집에 들어가 뵈었다. 시조부모, 시부모가 모두 계셔서 북당과 사랑, 안방이 모두 다 갖춰졌으니 사람 사는 집의 지극한 즐거움이 있었다. 가정이 화평하고 시조부모, 시부모가 보살피고 사랑하시는 은혜가 지극하여 신세가 편안하였다. 그러나 시동생이나 동서, 숙모나 시누이가 없어서 들고 나는 데 심히 외롭고 일을 좇으며 가풍家風을 물을 곳이 없어 더욱 막막한 적이 많았다. 시부모님이 늘상 적막하셔서 갓 결혼해서부터 오랫동안 친정에 돌아가 인사를 못하고 늘 시부모님을 옆에서 모셨다. 내가 지혜롭고 명민하지 못한 데다 일찍이 어머니를 여의어 종요로운 교훈을 잃어서 참으로 배운 바가 없고 사리에 어두워 부도婦道에 어긋남이 많았으나 시어머니가 매우 사랑해주심이 실로 세상에 비할 데가 없었다. 시집에 들어간 첫날부터 고부姑婦의 의와 모녀의 정을 겸하여 일마다 애지중지하고 사랑하고 아껴주시니 비와 이슬에 젖듯 은혜로 내 한 몸이 젖어 황공하고 감사함과 신중하고 삼가는 마음을 잠시도 놓지 못하였다. 아랫사람을 살피는 마음 또한 각별해서 끔찍이 아끼는 사랑을 받을 때마다 어머니의 정을 깨달아 더욱 슬퍼지는 것을 어찌 참으리오.

또 마음속으로 헤아려보니 여자에게 지아비는 오륜五倫과 삼강三綱의 중함과 고락苦樂이 달린 사람이니 가히 어질고 어리석음만 보고 마음을 놓을 바는 아니다. 그러나 남편의 사람됨을 그윽이 살펴보니 타고난 성품이 순박하고 인정이 많으며 부드럽고 밝고 어질고 효성스럽고 부드럽고 단아했다. 경계警戒가 밝으면서 신중하고 관대하고 화평하여 일찍이 경박함을 보지 못하니 마음속으로 몹시 다행하게 여겼다. 공부하기를 좋아하고 행실을 닦아 경박함과 거리가 머니 더욱 다행한 일이었다. 남편이 본래 독자獨子의 귀함과 종손宗孫의 중함을 타고난 데다 시어머니가 여러 번 일찍 자녀를 잃고 힘들게 키우셔서, 만금과 같이 중히 여기고 천금과 같이 사랑하심이 세상에서 보기 드문 바였다. 관례[21]를 올린 어른이지만 무릎에 두고 재롱을 즐기시는 것을 강보의 아이같이 하고 자는 것과 먹는 것과, 추위

20 풍양 조씨의 아버지 조감趙瞰의 첫째부인은 안동 김씨인데 일찍 세상을 떴고 조씨의 생모 하씨 부인은 둘째부인이었다. 조씨는 안동 김씨의 친정 집안에 시집간 것이다.
21 관례冠禮는 남자가 성년이 되면 상투를 틀고 갓을 쓰게 하던 예식.

와 더위를 보호하는 것을 여린 옥같이 하니 참으로 귀하고 중히 여김이 견주어 비할 데가 없었다. 남편 또한 효성이 지극하여 본래 덤덤한 성품이지만 어머니에게 해야 할 효성을 다하고 응석을 부렸다. 이렇듯 윗사람의 사랑과 아랫사람의 마음이 천륜天倫 이상으로 특별하니 이를 보면 감탄과 슬픔을 금할 수 없었다. 시어머니의 사랑이 이렇듯 특별하였으나 내가 시집가기 전 해에 열살 난 어린 딸의 죽음을 겪고 몹시 슬퍼하고 애도함이 지극하여 병이 생겼다가 내가 시집올 무렵에 겨우 회복하신 거라고 하였다. 가까이서 뵈오니 오히려 얼굴과 모습이 마르고 초췌하고, 아침저녁으로 슬피 울며 몹시 애통해하고 좋아하며 즐기는 것을 뵙지 못하였다. 문득 우리 어머니의 옛일이 생각나서 슬프고 마음에 근심스러웠지만 능히 위로할 길이 없었다. 시부모님이 우리 부부를 눈에 진기한 보물로 아셔서 잠시 곁을 떠나는 것도 몹시 힘들어하셨다. 나 또한 품고 있는 지극한 슬픔으로 본래 심사가 슬프고 괴로웠으나 시댁에 돌아오면 다만 시어른들의 시중을 들 따름이었다. 내 방으로 물러나오면 내 그림자를 따르며 마음을 나눌 자매가 없으니 재미없고 우울함이 심할 뿐이었다. 그러나 시어머니의 슬하가 적막한 것을 생각하면 한시도 마음을 놓을 수 없었다. 신혼 초부터 세 번 문안과 아침저녁 인사만 차리는 것이 아니라 아침 문안 뒤에 종일 모시고 앉아서 서너 차례 밥 먹는 외에는 곁을 비우지 않으니 시어머니의 살뜰한 보살핌과 은근한 사랑이 날로 깊어지면서 슬픈 마음이 많이 풀렸다. 혹 농담을 주고받고 놀리면서 우리에게 잡기를 명하시면 크게 부끄럽고 어른 앞에서 무례한지라 몹시 부끄러워 낯을 붉혔다. 어머니가 더욱 재미있게 여기며 여러 번 억지로 권하면 그대로 따라 웃게 해드렸다. 어머니가 때때로 슬퍼하고 우울하여 즐거워하시지 않으면 남편이 부드러운 낯빛과 기분 좋은 소리로 어린아이같이 행동하여 온갖 응석과 갖가지 유희로 반드시 눈물 흘리는 가운데 웃게 하였다. 남편은 어머니 곁을 잠시라도 비우는 것을 매우 어렵게 여겨 비록 사랑에서 어른들을 모시고 있었으나 식경食頃마다 들어와 슬하에서 갖가지 어리광을 부리고 매양 젖 먹는 시늉을 하였다. 시어머니도 우울한 마음에 따라서 함께 장난하며 계속 응해주시다가 혹 물리치며 말씀하기를

"우리 며늘아기가 분명 모자의 정을 보고 마음 상하겠구나."

하셨다. 남편 또한 나를 보면 몸과 마음을 단속할 때가 많고 나도 과연 모자의 특별한 천륜을 볼 때마다 감탄하고 마음이 슬퍼짐을 면할 수 없었다.

할머니도 계셨는데, 시어머니와 함께 남편을 기르신 까닭에 할머니와 손자 간에 각별할 뿐 아니라 나를 극진히 사랑해주시니 심히 감격할 바요, 남편 외에는 자식이 없어 돌아가신 뒤의 일을 남편에게만 의탁하시는지라 안쓰러움과 고마움을 겸하여 살피는 마음이 더욱 각별하였다.

남편, 가깝고 먼

남편이 우리 집의 사위가 되자 아버지께서 오래된 의로써 장인과 사위의 정을 맺으니 사랑과 정이 보통에 비할 바가 아니었다. 언니도 남편을 귀하고 중하게 여겨 남동생처럼 사랑하고 친근하게 대하여 중한 체면을 도리어 잊었으며 떠나면 허전하여 잃은 것이 있는 듯

망연히 어쩔 줄 몰라하였다. 언니는 늘 말하기를

"김서방이 사랑스럽고 귀중함은 실로 동생보다 위에 있다."

하였다. 남편 또한 처가를 예사로이 여기지 않아서 아버지를 우러르는 것이 평범한 장인 대하는 것 같지 않았다. 존경하는 가운데 아버지가 하시는 일을 좋게 여기고 마음속으로 따르며 마땅히 배워서 본받고자 하였다. 언니의 지극한 정성에도 감격하고 행동과 용모, 규범에 관대하고 부드러운 것을 칭찬해 마지않았다. 처형을 전혀 서먹하게 생각지 않고 마음을 쏟는 것이 지극하니 다른 처형과 제부 사이와 달랐다. 그러나 어머니가 안 계시니 장모의 종요로운 사랑을 모르고 왕래가 드물며 자취가 뜸하니 남편이 마음속으로 심히 재미가 없어 애달파하며 간간이 한탄할 때가 많았다. 시어머니 또한 그 귀한 아들이 장모의 사랑을 받지 못함을 애처로이 여기시고, 나를 더욱 불쌍히 여기며 아껴주시니 매사에 지극한 슬픔을 참기 어려웠다.

내가 본래 부부간에 가깝다고 해서 무례함을 몹시 한심하게 여기고 남편 또한 경박함을 싫어해서 서로 대할 때 조심하였다. 사실私室에 남편이 들고날 때 내가 먼저 일어나지 않은 적이 없고, 내가 오갈 때면 남편도 반드시 누웠다가도 관을 바로하고 일어났다. 내가 평소에 하루 종일 시어머니를 모시다가 늘 밤이 깊은 뒤에 방에서 물러나왔기에 한가롭게 사실에서 부부가 함께 있는 일이 드물었다. 내가 혹 피곤해서 내 방에서 쉴 때면 시어머니가 여러 번 권하여 남편이 침소에 이르렀으나 반드시 자리를 동서로 나누어 앉았다. 말을 주고받는 동안 웃음이 나오지 않고 자리가 숙연하며 서로 존중하고 심히 어려워했다. 시어머니가 이를 엿보고 매양 놀리며 남편을 꾸짖

으시기를

“너희 고루한 예법이 보기 싫구나. 재미있게 웃고 이야기하는 법 없이 어찌 그리 재미도 없고 졸렬할까.”

하고 돌아보시며 나에게

“네가 너무 매몰차고 푸대접해서 주변 없는 아이가 기운을 드러내지 못하는 것이 아니냐? 모름지기 이후로는 부드럽게 대접해서 나의 귀한 아들을 서먹하게 대하지 말라.”

이르시면 우리는 매양 웃으며 들었다.

남편이 나의 어리석고 둔함을 잘 알지 못하여 말을 주고받는 사이에 이르곤 했다.

“그대는 어질고 효성스러우며 우애가 있어 내 깊이 믿고 귀히 여기오. 앞으로도 우리 어머니의 특별한 자애와 슬프고 괴로운 심사를 생각해서 효성으로 공경하고 삼가서 내가 깊이 믿는 뜻을 저버리지 마오.”

내가 그 도타운 효심에 마음속으로 탄복하며 답하였다.

“그대의 칭찬하는 말씀은 사실과 달라 스스로 부끄럽습니다. 비록 용렬하나 어찌 어머니의 지극하신 자애와 그대의 지극한 효성을 저버리겠습니까.”

남편이 또 말하기를

“아내는 이른바 내자內子라 하는데 그대 소견이 밝음을 내가 알고 있으니 모름지기 나의 불찰을 바로잡아서 빠진 곳을 메워주고 빠뜨린 것을 챙겨주는 책임을 맡아주는 것이 어떠하오?”

내가 웃으며 답하였다.

"이렇듯 위로함은 정이 아닙니다. 하물며 무식하고 어두운 여자의 소견에 어찌 남자보다 나은 슬기가 있어 그대를 가르치리이까."

남편이 답하기를

"나는 이미 깊이 믿고 심혈을 다해 대접하거늘 그대는 문득 나를 소홀히 대하기를 이렇듯 심히 하는 것이오. 사람이 허물이 없기 쉽지 않고 이미 있으면 그대 밝히 알 것이니 알면서 이르지 않는 것은 정이 아니오. 나는 서로 마음을 비추어 가리는 것이 없고자 하나 그대는 나를 무심하게 대접하니 어찌 애달프지 않으리오."

내가 답하기를

"그대가 비록 곡진하나 아내가 남편을 받들어 중히 여김 같으리까. 세상에 무심한 것이 사내라 아내가 살아서는 사랑함이 대체로 한가지나 불행히 상처한 뒤에는 새것을 좋아하고 옛것을 버려, 옛 사람 잊어버리기를 티끌같이 하니 그대가 비록 지금은 곡진하나 혹 그런 일을 당하면 어찌 홀로 그렇지 않겠으며 능히 의리를 지켜 믿음을 지키리까."

남편이 웃으며 답하기를

"이는 사정이 마지못함이지요. 사나이 수절은 없고, 만일 종자宗子로서 자식이 없으면 더욱 부득이 어쩌지 못해서일 것이오. 그러나 좋은 말을 할 것이지 어찌 그같은 말을 하오."

내가 대답하기를

"우연히 하는 것이지요. 좀전에 매사 불찰을 일깨우라 하시니 혹 좁은 소견으로나 말씀 드리는 것인데 믿고 귀담아 듣지 않으면 어찌 무익하지 않으리오."

남편이 답하기를

"어찌 그럴 리가 있겠소. 그러면 스스로 듣고자 하겠소?"

하기에 내가 혹 아는 바를 숨기지 않고 잘못된 도를 일깨워 서로의 의견을 좇았다.

시어머니가 매양 놀리며 말씀하시기를

"너희는 지기知己로 서로 마음이 통하고 알아줌이 어찌 저리 유명할거나."

하고, 또 말씀하시기를

"우리는 평생 안과 밖이 생각하는 바가 달라서 한스러울 따름이다. 너희는 마음을 서로 화합해서 가도家道를 엄숙히 바로잡고 복록福祿을 길이 누려 나의 평생 맺힌 한을 풀고 늘그막에 즐겁게 해다오."

하며 늘 이르시기를

"너희가 내 앞에서 말을 주고받는 것을 보면 어찌 기특하지 않겠냐마는 능히 보지 못하니 궁금하기 그지없구나."

하며 매양 말을 주고받으라고 권하셨으나 어른 앞에서 허물없이 대하는 데 가깝거나 묻고 답할 말이 없으며 부끄러움이 심하였다. 경술년1790년이 되어서야 혹 문답을 했으니 나는 시어머니를 향해서 하고 남편은 주저하지 않고 어머니를 통하지 않고 하였다. 그러자 둘 사이에서 시어머니와 시할머니가 우리의 문답을 통하게 하며 놀리시길

"너희는 이역異域의 풍속이냐? 통역관 아니면 문답을 통하지 않으니 이런 예법은 어디 있는 것이냐?"

하며 즐거워해 마지않으셨다.

어질고 위약한

남편은 본성이 너무 어질고 여려서 보통 때 남이 칼질하는 것을 차마 위태하여 보지 못하고 실로 물욕이 전혀 없는 데다 세상일에 도무지 관심이 없었다. 문중 사람들이 탈속한 사람이라 일컬으니 시어머니께서는 한편으로는 기쁘고 한편으로 걱정하며 말씀하시기를

"내 아들은 다만 어질고 효성스러우며 공부하기를 좋아할 뿐이요, 세상의 이익을 알지 못하니 가히 아름다우나 또한 태고적 사람도 아닌데 너무 세상 욕심이 없으니 어찌 민망하지 않겠는가."

하고 깊이 근심하셨다. 남편이 또한 젊은이들이 유희로 여기는 답교踏橋[22] 화류花柳[23]와 좋은 풍경을 즐김이 없으니 도리어 활발한 기운이 부족하였다. 다만 글을 좋아하여 밤낮으로 힘써 아무쪼록 일찍 성공해서 할아버지 살아계실 적에 영화를 보시게 하려고 밤낮으로 힘써 독서하며 행여 벼슬에 나가지 못할까 늘 걱정하고 초조해하였다. 내가 간혹 말하기를

"그대가 행실을 닦고 공부하기를 좋아하는 것을 보면 스스로 귀한 보물을 얻은 것처럼 몹시 기쁘고 다행스럽습니다. 그러나 다만 집안에서 홀로 독서하니 일취월장하기 어렵고 저렇듯 번뇌하니 부모님 곁을 떠나는 것이 절박해 보입니다. 겨울이니 가까운 절에서 공부하면 외롭기가 덜하고 동접同接, 같이 공부하는 사람이 있을 것이요, 밤낮으로 오로지 한 가지에 전념할 수 있을 것인데 어찌 그렇게 하지 않는지요?"

남편이 답하기를,

"이를 모르는 것이 아니지만 두 어른의 곁이 적막하고 믿고 맡길 사람이 없어서 아침저녁으로 챙길 자잘한 일들과 서찰 주고받을 사

람이 없고, 어머니도 외롭고 적적하신데 그대가 만일 친정에라도 가면 더욱 말할 바가 없으니 여러가지로 곁을 떠나는 것이 어렵소. 또 할아버님이 허락하지 않으시니 능히 어쩌지 못하고, 집에는 동접을 둘 길이 없고, 혼자서는 공부가 나아가기 어려우니 점점 세월만 허비하는 것이오. 비록 내가 성공해도 만일 할아버님이 살아계시지 못하면 과거 급제의 기쁨을 무엇에 쓰겠으며 그 남은 한을 어찌하겠소. 네다섯 살 때부터 내게 문자를 가르치시고 지금까지 밤낮으로 권하고 공부시켜 이제 과거의 경사 보기를 바라시며 당당히 몇 년 내에 성공할 줄로 알고 날로 마음 졸이고 계시오. 여기에다 할머니의 연세를 생각하면 더욱 마음이 초조하지요."

내가 답하기를

"실로 그렇지만 빈궁과 영달은 하늘에 달려 있고 얻고 잃는 것도 운수가 있으니 어찌 사람의 힘으로 하리까. 다만 원컨대 힘써 공부하여 혹 불행히 성공을 못할지라도 문장으로 이름이 높은 선비가 되길 바랍니다."

남편이 답하기를

"지금의 과거 문장科文은 오히려 쉽지만 원문처럼 높이기가 그리 쉽겠소?"

하였다. 이렇게 말을 주고받았는데, 경술년1790년 겨울에 남편이 말했다.

"그대가 늘 나에게 절에서 공부하기를 권했으니 올겨울은 내 묘막에 가서 몇 달 공부하고자 하오."

22 답교踏橋. 정월 대보름날 밤에 다리를 밟으며 건너는 것.
23 화류花柳. 봄에 경치 좋은 곳에 놀러가는 것.

내가 웃고 답하기를

“그대가 집을 떠나기가 그리 쉬우리까?”

남편이 웃으며 답하기를

“나를 어찌 저리 못나게 여기는가?”

하였으나, 나도 웃으며 대답하지 않았다.

내가 본래 지극한 아픔을 품어 심사가 슬픈 까닭에 비록 세월이 오래되었어도 해가 바뀔 때와 절기마다 물색物色이 몹시 아름다울 때면 더욱 심란해하였다. 더욱이 시어머니의 슬픔과 괴로움을 대하고 외롭고 적적함으로 인하여 심사가 더욱 쓸쓸하였다. 이른바 마음이 편하면 기운도 온화하다고 했는데 마음이 슬프니 얼굴도 화색을 잃을 때가 많았다. 남편이 평소에 이를 몹시 싫어하며 늘 말하기를

“남자든 여자든 밝고 부드러움이 좋은 법.”

이라고 하며 조용히 나에게 이르기를

“그대의 행실 중 내 마음에 맞지 않는 게 없어 가히 좋게 여기지만 다만 그대 마음이 어머니 잃고 너무 슬퍼하는 것이 적이 안타깝소. 그대를 자세히 살피니 자고 먹고 말하고 웃는 사이에 다 깊은 한숨이고, 항상 얼굴에서 온화한 빛을 보지 못하겠소. 이 또한 공경하고 사랑하는 마음이니 내 그러려니 여기나 너무 이럴 것이 아니오. 누군들 혹 부모 잃는 슬픔을 만나지 않으며 돌아가신 부모를 잊으리오만 이미 세월이 깊었고 두루 위로할 곳이 많거늘 늘 수척해서 얼굴에 화기를 잃고 마음 쓸쓸해하니 이는 운수를 막아 궁색하게 하고 팔자에 해로울 것이오. 나는 남자든 여자든 온화하고 유쾌한 이를 취하니 이후로는 고치기를 바라오.”

내가 답하기를

"그대의 말씀이 옳습니다만 그대는 다만 형제가 없어 형제의 정을 모르는 것이 한일지언정 조부모님, 부모님이 모두 살아계셔서 즐거움이 가득하고 세상의 슬픔과 괴로움을 몰라서 이렇게 하시지만 저는 실로 세월이 흐를수록 그리워하는 마음이 더하니 스스로 억제하기 어렵습니다."

남편이 다시 말하기를

"어찌 처형의 사람을 움직이는 온화한 기운과 재기 있는 천성에 미치지 못하는 거요. 처형은 내가 가면 부드러운 기운으로 흔연한 웃음을 띠고 청사에 나와 맞이하는데, 그 화창한 기운이 참으로 복록이 두터워 뵈거늘 어찌 닮지 못하는가."

내가 웃으며 답하기를

"과연 우리 언니의 밝고 부드러움에는 미치지 못하지만 이는 언니가 그대를 보고 싶어 하던 중에 만나 마음에 반가움이 지극한 까닭에 더욱 밝음이요 마음이 나와 달라서 그런 건 아니지요."

남편이 말하기를

"그러나 그대는 밝은 기운이 부족한 것 같아 심히 좋지 않소."

하고 내가 간혹 문자붙이와 당언문唐諺文류[24]를 즐기면 심히 좋아하지 않고 바느질을 하다가 바늘꽂이를 만드는 것을 보고 기뻐하지 않았다.

"저런 허황된 일로 무엇을 하리오. 저런 따위는 팔자에 해로우

24 당언문唐諺文. 모음은 그대로 두고 자음은 한자의 숫자를 적은 독특한 글자. 암호 풀이를 하듯 즐기는 일종의 언어 유희.

니 차후에는 삼가고 하지 마오."

내가 답하기를

"이게 무슨 재주라 하겠으며 사람의 팔자는 태어날 때 하늘이 정한 것이니 이런 따위에 있으리까. 도리어 그대의 염려가 자잘한 바, 너무 걱정 마옵소서"

하고 오히려 그만두지 않았다. 그런데 어쩌면 스스로 마음이 움직여 이렇듯 맞춘 것인가.

과거장에서 병을 얻다

시집와서 보니 남편이 비록 타고난 기질이 약했지만 그렇다고 잔병이 잦지는 않았다. 남편이 무신년1788년 가을에 향시鄕試를 봤는데 과거시험장에 들어간 것이 처음이라 아버님의 기쁨과 집안의 기쁨이 지극하였다. 시험장에 들어갔는데 그해 선비들이 서로 짓밟아 죽는 사람이 부지기수였다.[25] 연달아 끔찍하고 놀라운 소문이 들리니 온 집이 몹시 우려하던 중에 더욱 심신이 이체하여 무사히 시험장 문에 들어갔다는 소식 듣기를 마음 죄며 기다렸는데 해가 뜰 무렵에야 비로소 문에 들어갔다는 소식을 들었다. 오후에 무사히 집으로 돌아오니 온 집이 몹시 기뻐하며 시험을 잘 봤는지 못 봤는지는 생각지도 않았다. 이튿날은 시험을 보지 않으려 하다가 문을 미리 열고 있어 염려 없다는 말을 듣고 그만두지 못하고 또 시험장에 들어갔다. 문 안에 못 들어갈 염려는 없었으나 그날 낮에 삼공三公[26]이 와서 가을 기운이 퍽 쌀쌀한데 찬 땅바닥에 겨우 짚자리 위에서 종일 매여 있다가 오후에 집으로 돌아왔다.

남편은 본래 튼튼하지 못한 기질에 찬 기운이 닿아서 치질 기운이 생기고, 또한 시험 첫날 참혹한 거동들을 목격하고 문 안에 들어갈 때는 피할 길이 없어 밟히기까지 하니 심약한 데다 과하게 놀라서 피를 토한 자국도 있고 심히 성치 못하여 보기 민망하였다. 다행히 즉시 나아서 걱정이 없었는데 시월 초승부터 도로 치질 기운이 심해졌다. 몹시 괴로워하였으나 딱이 위중한 병이 아니요, 치질은 본래 있던 병이라서 다 우연히 그런 것으로 알았다. 나도 그다지 염려할 바가 아니라 여기고 10월 6일에 친정에 갔다.

그 뒤 남편은 치질이 점점 심해지고 핵이 자라 큰 종기가 되어 밤낮으로 아픔이 극심했다. 종기 난 자리가 앉고 서거나 눕고 앉을 때 중요한 곳이라 숨쉬고 앉고 눕는 것을 마음대로 못하고 심히 아파 괴로워하다가 고름이 차 11월 초순쯤에야 의원이 두 번 종기를 터뜨려 비로소 통증이 조금 나았다. 한 달 남짓 곪아가면서 전혀 먹지도 자지도 못하고 밤낮으로 고통스러워하다가 두 번 종기를 터뜨리며 원기가 많이 상해서 지치고 몹시 허약해졌다. 내가 10월 19일에 와 보니 남편은 오히려 아픈 증세가 있고 얼굴이 변해 그 사이 병이 중해진 줄 알고, 보기에 놀라움을 면치 못하였다. 입맛이 전혀 없고 기운이 완전히 허해서 자는 중에도 식은땀을 흘리고 잠깐 움직이는 중에도 허한 땀이 물같이 흐르고 계속 기운을 차리지 못하였다. 시아버지, 시할아버지 두 어른이 본래 검박하셔서 굳게 절약하시고 의사나 약을 대수롭지 않게 여기셨다. 그런 까닭에 그 중한 병을 앓은

25 조선후기 과거시험장에 사람이 몰린 현상을 말한다.
26 원문에는 대위臺位로 되어 있다. 영의정·우의정·좌의정 삼공三公을 가리킨다.

나머지 원기가 크게 상하고 비위가 잠겼으나 약으로 다스려 비위를 열고 닭 곰국이나 육즙 등으로 원기를 보충하지 않고 흰 밥과 미역국을 최고 보약으로 알고 그것으로 원기를 보완코자 하셨다. 그러나 약한 비위에 어찌 물리지 않겠는가. 구토증에다 심히 먹기 거슬려하여 회복할 기약이 없었다. 시아버지가 우려하시고, 시어머니는 밤낮으로 마음 쓰는 중에 원기를 보충하지 못함을 더욱 조급해하셨으나 이곳 가정과 규모는 남의 집과 다른 점이 많았다. 비록 시어머니가 음식을 맡아 하셨지만 적수공권赤手空拳, 빈손과 맨주먹으로 달리 도울 길이 없었다. 약간의 고기반찬이 무슨 힘이 있으랴만 다행히 하늘이 도우셔서 납월臘月, 음력 섣달 즈음에는 조금 좋은 상태가 되었다. 어느정도 모습을 갖추고 안팎 출입은 했지만 잘 때면 식은땀이 그치지 않고 발열과 오한증세를 보였다. 한기와 열이 번갈아 드는 증세가 진정된 뒤로 기운을 수습하지 못하고 먹고 마시는 것을 전혀 못하니 근위筋痿[27]가 가볍지 않고 쉬 회복할 길이 없어 근심이 깊어졌다. 친정아버지가 소식을 듣고 말씀하시기를

"저리 기가 허한 병이 심해지면 노점癆漸, 폐결핵이 되고, 노점이 되면 극히 중증重症이다."

하셔서 나는 더욱 마음이 초조하여 타는 듯하였다. 그후 진계도 약간 썼으나 한 달 남짓 낫지 않다가 이듬해 봄, 여름 사이에 비로소 나아진 듯하였으나 마침내 회복하지 못해서 살이 빠지고 얼굴에 병색이 가시지 않았다. 몇 년이 지나도 식은땀이 그치지 않고 기운이 온전하지 못하였으나 차마 어찌 이로 미루어 깊은 염려를 했으리오. 아아, 천도天道여, 하늘이 차마 이렇게 하지 않을 것이요, 귀신이 차

마 이렇게 하지 않을 것이니 내 차마 어찌 이 천지가 무너지고 갈라지는 일의 처음과 끝을 말로 다 기록하겠는가.

내 목숨이 기구하고 험하여 삼생의 죄악이 지극히 무거우니 태어난 지 십수 년에 거듭 화와 고난을 당하고 박명하여 험한 일을 겪었으나 무지하고 천한 목숨이 죽지 않고 살기를 훔쳐 예전과 같이 세상에 남아 이를 기록하니 궁박하고 험함이 나 같은 이 어디 있으리오.

27 간에 열이 나서 쓸개즙이 지나치게 많이 나와 입안이 쓰고 근육이 뒤틀려 움직이기 힘든 병.

차디찬 사랑방, 병을 키우다

남편이 이미 무신년1788년 겨울에 병이 들었다가 기유년1789년 봄에야 비로소 차도를 차도를 보였으나 그 뒤로 끝내 완전히 기운을 회복하지는 못하였다. 경술년1790년까지 식은땀, 허한 땀이 흐르고 원기가 부실하여 안색에 윤택한 빛이 없었으나 특별히 다른 질병은 없었다. 경술년 9월부터 기침이 심해서 민망하였으나 이는 환절기의 담으로 인한 병에 불과하여 별로 걱정하지 않았다. 입맛을 잃어 아침 저녁 밥을 잘 먹지 못해서 어머니가 우려하셨으나 평소에 먹는 양이 적고 음식을 특별히 좋아하지 않았으므로 각별히 염려하지는 않았다. 경술년 겨울이 많이 추웠는데 시아버지가 추수 때문에 고향에 내려가시고 남편 홀로 할아버지를 곁에서 모셨다. 구월부터 첫 추위가 심했는데 남편은 추위를 견디지 못하는 데다 기가 약해서 더욱 추운 것을 참지 못했다. 썰렁하고 찬 사랑에 아침에는 불을 때지 않고 저녁에만 가는 섶을 때니 밤마다 추위가 자심하였다. 남편이 매일 아침 어머니 방에 들어와 민망한 사정을 고했으나 변통하지 못하고 10월 첫 추위까지 그 힘든 추위를 견뎠다. 10월 22일에야 시아버지가 돌아오셔서 남편이 내 침소에서 지내게 되어 다행스러워하며 이르기를

"이제야 잠깐이라도 따뜻한 방에서 매일 밤 지내게 되었구나."

라고 하였다. 내가 11월 3일에 친정에 가게 되자 남편은 도로 사랑으로 나갔다. 시할아버지, 시아버지는 추운 것을 익히 아셨으나 시할아버지는 본래 찬 것을 더욱 낫다고 여기시고 한겨울 추위에도 과히 더운 것을 취하지 않으셨다. 그래서 사랑방은 늘 썰렁하고 찼다. 남편은 또 그 추위의 고통을 겪게 되었으나 아무리 추운 때라도 글 읽기를 그만두지 않아 한밤중까지 읽었다. 어느 선비인들 밤에 글을 읽지 않겠는가마는 차디찬 방에서 어른들을 모시고 밤이 깊도록 글을 읽다가 두 어른이 잠자리에 드신 뒤에 자신도 잠자리에 들게 되면 늘 안에 들어가서 어머니 앞에서 담소를 나누고 총총히 나오곤 했다.

11월 아주 추운 날에는 아들의 추위와 허기를 면코자 시어머니가 여러 차례 국수를 말아 먹이셨다. 본래 식성이 좋지 않아서 음식을 즐기지 않았는데 서너 가지 몹시 좋아해서 먹는 것이 있었으니 국수, 개국, 약밥이었다. 자주 생각나던 것인 데다 추위를 막을 겸 국수를 많이 들고 두 어른이 기다리실 것을 생각하고 바삐 나가 찬 몸에 소화시키지 못하고 찬 데서 자니 어찌 체하지 않겠는가. 날을 걸러 이렇게 여러 차례 하였더니 문득 체하여 설사하게 되었다.

아아, 하늘이여, 이 우연한 빌미로 차마 사람이 단명할 마디가 되게 할 수 있으리오. 설사가 대단하지 않고 체한 것도 그다지 뚜렷하지 않아서 약간의 생강차류를 자셨으나 그다지 설사가 낫지도 않

고 또 더한 일도 없으니 굳이 깊이 염려할 것이 없어 대체로 무심히 여기고 글 읽기를 그만두지 않았다.

내가 그 달 23일에 와 보니 얼굴빛이 많이 나빠졌으나 그리 대단치는 않았다. 그즈음에 남편은 몸의 기력이 적이 좋지 못하다 하여 24일에 제사를 지낸 뒤로는 글 읽기를 그치고, 잡책雜冊으로 소일하였다. 머리 빗고 세수하는 것과 내외 출입은 여전히 하였으나 음식을 차차 못 들고 일어나고 앉는 데 기운이 없어서 추스르는 것을 어렵게 여기고 설사는 매일 수삼 차례요 밤낮으로 추위를 참지 못하였다. 음력 섣달 보름 무렵부터는 안채에 들어와 어머니를 모시고 자게 되어 밤 추위는 나아졌으나 낮에는 한기를 스스로 어찌하지 못했다. 특별한 질병이나 아픈 증세가 없고 다만 여러 차례 설사와 간간이 복통이 있을 뿐이었으나 모습은 날로 초췌하고 몸이 마르며 기운이 없어서 남과 말을 주고받기를 싫어하였다. 손발이 늘 차고 몸이 추위로 움츠러졌으나 아침식사 때면 얼굴에 기운이 올라 상기되어서는 한낮까지 그대로 갔다. 이렇게 오래 낫지 않으니 남편도 스스로 깊이 걱정하고 안에서는 시어머니부터 모두 염려가 깊었다. 시아버지, 시할아버지가 염려하실 것을 두려워하여 각별히 병의 원인을 숨기고 물어보셔도 대단치 않다고 아뢰서 자세히 모르실 뿐 아니라 원래 이르시기를

"담냉이니 봄이 되면 나을 것이다."

라고 하셨으나 점점 쇠약해가는 것이 민망하던 중 시어머니가 약간 빌린 돈으로 양즙[28]을 해주셨다. 나 또한 민망하였으나 빈손이라 치마 한 감을 팔아서 언니에게 보내 자웅고를 해 보내라고 하였더니 양과 해삼을 넣어 쌍계고를 여러 차례 해와서 올렸다. 이때가 음력 섣달 보

름 무렵이었다. 입맛이 그다지 없지 않았던 까닭에 싫어하지 않고 자셨으나 연속해서 마련할 길도 없거니와 시할아버지가 이르시기를

"양즙이란 것은 청보淸補[29]하는 것이라 부질없으니 그만두라."

하시고 쌍계고 얘기를 듣고 남편을 꾸짖으시기를

"처가 것을 어찌 그리 좋아하느냐?"

하시고 스스로 집에서 원기를 보하지 못하고 남에 의지하는 것을 굳이 꺼리셨다. 남편이 이미 어른들이 마땅치 않아하심을 알았으니 어찌 그 뒤로 다시 자시겠는가. 단호히 끊고 물리쳤다. 시어머니가 다시 양즙류를 하셨으나 남편이 몹시 싫어하고 마지못해 들었으나 어른들이 재삼 말리니 그마저 그만두었다. 그믐께와 새해 초 즈음은 설사와 입맛은 그대로였으나 몸의 기운은 잠깐 나아지는 듯했다.

깊어지는 병, 백약 무효

묵은 세배와 새해 세배를 드리러 연달아 출입하였으나 얼굴이 점점 변하고 피부가 꺼칠하기가 나날이 심해지자 남편 스스로 깊은 근심을 품고 몹시 우려하였다. 누군가 이르기를

"그렇게 오래 쌓여서 잘 낫지 않는 병에는 원기를 실히 붙들어야 하니 먹을 것으로 보하고 육미원[30]류를 쓰라"

고 하였다. 시아버지가 우연히 들으시고 그 말을 좇아 형세를 보자

28 소의 양(내장)을 잘게 썰어 짓이겨서 중탕으로 끓이거나 볶아서 짜낸 물.

29 순하고 부드러운 약물이나 음식물로 몸을 보양하는 것.

30 六味元. 육미탕六味湯을 가리키는 듯한데, 숙지황, 마 뿌리, 산수유, 백복령, 목단피, 택사 따위로 만드는 가장 흔한 보약이다.

하며 시일을 미루시자 시어머니가 다급하게 여기시고 정월 초사흗날 내가 친정에 갈 때 이르시기를

"아이 병이 근위 가볍지 않고 심히 지쳤으니 마땅히 원기를 보하고 의약으로 빨리 치료해야 할 것인데 저렇게 버려두니 몹시 민망하다. 이런 말 하기 참으로 어렵지만 제 병에 유익할 일이니 내 인사를 어찌 돌아보겠느냐. 염치불구하고 사돈께 육미원 두어 제를 지어주시라 하여라."

하셨다. 내가 명을 받들어 초사흗날 세배 가서 이 말씀을 드리자 아버지가 응하여 즉시 지어 보내려 하셨으나 새해 초라 약국이 바로 열지 않아서 초열흘날에야 한 제를 먼저 지어 왔다. 환丸은 느려서 탕湯으로 한 제 열다섯 첩을 지어다 11일 새벽에 보냈더니 시어머니가 답장에 기쁨을 표하셨다. 남편도 본성이 염결廉潔하여 처가라도 구차하고 불편한 것은 굳게 물리쳤으나 약에 이르러는 십분 기뻐하여 잇달아 매일 먹겠다고 하였다. 보름날에는 몹시 좋아하던 약밥을 식전에 한 보시기 들고 즉시 차례에 참여하였다. 속에 근기가 있어서 아침밥도 안 먹고 오후에야 밥을 조금 먹었는데 그날부터 설사가 더하여 횟수가 잦고 복통이 심하였다. 한담에 약밥이 내려가지 않고 체한 것인지, 그날 추위가 심했는데 식전에 오래 찬 데 있으면서 추위를 타서 나온 설사인지 이미 조리를 잘 못하던 차라 더욱 심하였다. 시어머니가 시할아버지에게 내력을 알리자 놀라고 걱정하셨다. 20일 무렵에 박중윤이란 의원에게 직접 남편을 데려가서 보이니 박의원이 설사한 내력을 듣고 답하기를

"이는 냉체冷滯로 난 것이니 황차 서 돈, 민강 한 냥씩 넣어 한 첩

이 되게 해서 열 첩만 쓰시오."

하고 다시 맥을 짚고 한참 있다가 맥을 던지고 이르기를

"저 사람이 이런 맥을 가지고 살려 한단 말이오? 위태함이 십 중 팔이니 힘을 다해 치료하고 설사가 괜찮아지면 사신환[31]을 지어 먹으시오."

하였다. 남편이 심기가 허약한 중에 준엄한 사람의 한 마디에 몹시 놀라 넋이 나간 채 겨우 집에 돌아왔다. 어머니 앞에서도 얼굴에 핏기가 없고 심신을 안정하지 못하다가 나중에야 그 말을 하고 깊은 염려와 마음 쓰기를 금하지 못하니 병자의 마음에 초조함이 더욱 심해졌다. 슬프다, 천도天道는 어찌 차마 살피지 않는가!

이에 22일부터 생강과 황차를 넣은 강다탕[32]을 여섯 첩을 썼으나 조금도 트이는 것이 없고 설사 횟수도 줄지 않았다. 어떤 사람이 황차가 많으면 너무 부담이 될 수 있다 하여 여섯 첩만 썼다. 육미탕도 체해서 여섯 첩 뒤에는 다시 못 썼다. 이렇게 병이 오래 가고 낫지 않았으나 위급한 병이 아니고 날마다 머리 빗고 세수하는 것과 내외 출입을 그만두지 않았으므로 다시 의약으로 다스리지 않았다. 계고는 혹 썼으나 근위가 가볍지 않았다. 내가 정월 27일에 돌아온 뒤 2월 4일 친정아버지가 오셔서 보고 크게 놀라고 염려하며 말씀하시기를

"저리 기운이 지치고 근위가 가볍지 않은데 어찌 약을 쓰지 않느냐?"

31 사신환四神丸. 비장이 허해서 설사를 할 때 먹는 약.
32 강다탕薑茶湯. 생강과 찻잎을 넣어 끓인 약. 《동의보감》에 이질로 배가 아플 때 묵은 생강과 봄 찻잎을 같은 양을 넣어서 달여 먹는다고 나온다.

하시고 다음날 데려가서 의원에게 보이기를 시아버지에게 청하고 허락을 얻은 뒤 다음날 말과 사람을 보내 남편을 오게 했다. 남편이 몹시 불안해했으나 치료하는 것을 또한 다행히 여겼다. 초닷샛날 쌍동에 가서는 보통 때와 달리 병자로 간데다 나도 없으니 몹시 서운해하였다. 나 역시 답답했으나 의약으로 다스림이 천만다행이라 다만 약효가 있기를 가슴 졸이고 하루에 서너 차례 기별을 듣고 횟수가 줄었는지 늘었는지를 알았다. 시어머니는 더욱 수시로 한시도 잊지 못하고 오갈 때마다 편지로 반기고 속히 차도가 있기를 초조해하며 울적함을 금치 못하셨다. 내가 짐짓 농담으로 말씀드리기를,

"제가 시집와서부터 어른만 모실 뿐 몹시 고단했는데 이제 저 사람이 다만 제 여종 한 사람과 남의 집에서 고적함을 당하니 제가 당한 것을 가히 갚는 것이라고 놀릴 만합니다."

하니 시어머니가 적이 느끼는 바가 있어 한바탕 웃으셨다.

남편이 쌍동에 가자 초엿새 새벽에 의원 유생을 데려와서 보였는데

"양기가 몹시 부족하여 몸이 차고 체한 것이오. 가감건리탕加減建理湯이란 약 열 첩만 인삼 오 푼씩을 넣어 하루에 두 번 복용하면 설사가 줄어들 것이니 상태를 보아 다시 약을 의논하리다."

하여 초이레부터 약을 썼다. 인삼이 마침 시댁에 있었으나 젊은 사람에게는 오히려 어렵고 힘들다고 하여 보내지 않아서 약만 하루에 두 번 복용했다. 이 때 언니가 병을 근심하기는 했지만 남편이 일찍이 하루도 묵은 적이 없다가 하루 넘어 묵는 것을 내심 몹시 다행하게 여겨 지극한 정성을 다하여 간호하였다. 남편은 아침저녁은 된 밥을

들었으나 전혀 듣지 못하고 그 사이에 죽과 미음을 들었는데, 언니가 정성스럽게 때를 어기지 않고 두 번 먹는 약을 친히 달이면서 몹시 소중하게 대하였다. 언니는 내가 없음을 매번 편지에 일컬으며 재미없어하고 대부분 초조하게 약효가 있기를 하늘에 빌었다. 이미 하늘은 살핌이 없어 그 약 세 첩부터 설사 횟수가 더 잦고 더 심하여 혹 물기가 많은 변을 보니 이미 해로운 기미가 보였다. 조금 더 써보려고 다섯 첩까지 썼으나 조금도 약효를 보지 못하고 해가 뚜렷이 나타나서 다시 쓰지 못했다.

초아드레에 남편이 집에 돌아왔다. 시아버지는 마침 밖에 나가셨고, 시할아버지가 설사가 더하다는 말을 듣고 크게 놀라서 안에도 말하지 않고 친히 쌍동으로 걸어가서 남편을 거느리고 오셨다. 이 날은 또 공교롭게도 친정아버지가 안 계신 때라 마부와 말을 변통하지 못했다. 남편의 위태롭고 허약한 기운으로는 실로 걸어서 올 수가 없었으나 시할아버지가 천천히 걸어서 가자고 이르시니 말씀을 거역하지 못하고 속히 행하여 왔다. 겨우 종 하나가 뒤를 좇아 집으로 돌아오니 온 식구가 놀라고 의아해했다. 첫째 할아버지가 안팎 출입에도 지팡이를 의지해서 겨우 걷던 몸으로 갑자기 멀리 가시고, 둘째 남편이 그렇듯 완전히 지친 기운을 생각하면 그 놀라움이 어떠하리오.

시어른들, 병의 위중함을 모르다

사오 일 보지 못한 사이 남편은 더 마르고 병색에 초췌하여 놀라움을 금할 수 없었다. 입맛도 더욱 없어져서 음식을 향내 때문에 더 못 들고 입 안에 침이 마르고 목과 코 부근이 타는 듯하다고 했다. 대개 그 약은 양기가 부족해서 몸이 찬 것으로 보고 쓴 온제라 열이 오르는 증세가 생겼다. 남편이 몹시 마음을 졸이고 서둔 데다 걷느라고 고생을 많이 하여 초열흘은 기운이 혼미하게 가라앉아 기운을 차리지 못하고 음식을 전혀 들지 못했다. 이에 박의원에게 물으니 특별히 약도 지어주지 않고 무엇이라 했는지 그날을 겨우 지내고 그 이튿날은 적이 기운을 수습할 만큼 나아 머리 빗고 세수하고 안팎 출입을 시작하였다.

그러나 이후로 점점 음식은 나날이 못 들고 몸은 늘 차서 움츠러들었다. 설사는 하루에 서너 차례요, 기운이 나른하여 겨우 하루에 서너 차례 사랑 출입을 억지로 하고 안에서는 계속 눈을 감고 가만히 누워 있었으니 그 초조하고 애타는 것을 어디에 비하리오. 아침 저녁은 된밥을 겨우 들고 저녁밥 전과 낮에는 끓인 밥과 죽을 자셨는데 그나마 또 못 자셨다. 그 사이에 대추미음을 쑤었지만 기침이 심해서 생강즙을 탔다. 닭곰국과 양즙도 만들어, 겨우 자셨으나 그다지 기운이 나아지지 않았다.

열흘 즈음에 이르러 의원 정생을 불렀으나 평민이 아니라 그냥 오지 않아서 겨우 말을 타고 12일에 가보니 병세를 적積[33]으로 잡아 소적이기환消積利氣丸[34]이란 약명을 냈다. 오는 길에 쌍동에 잠깐 들렀다 돌아와 약을 쓰고자 했으나 먼저는 완전히 양기가 부족해서 찬 것으로 잡고 다스려 불 같은 온제溫劑를 쓰고, 새 약은 어름 같은 냉제冷劑라 소홀히 쓰지 못하여 다시 정의원을 청하고 비로소 김익신이란 의원을 청하여 자세히 물은 뒤 환丸으로 된 것을 물에 개어 자셨다. 정의원이 이르기를

"닭곰국과 대추 미음, 생강즙이 다 해로우니 쓰지 말고 홍합 미음을 드시오."

하니 쓰던 것은 해롭다 해서 못 쓰고 홍합 미음은 가뜩이나 없는 비위에 자시지 못하여 양즙만 썼는데 환약을 자시면서부터 또 설사가 더하고 구역질을 했다. 사오 일 자시고 다시 쓰지 못하니 점점 기운이 없어지고 자시지 못하며 설사 횟수는 네다섯 번이니 그다지 좋다 할 수 없었다. 병의 근원이 심상치 않고 약은 쓸 때마다 해가 나자 의원들이 병의 증세를 살펴도 자세히 알아내지 못하였다. 적積을 다스리고자 하나 기운이 약하여, 기운을 붙들고 하초下焦[35]를 덥게 하여 설사를 막고자 하나 적이 중간에서 어렵게 해서 내리지 못하니 손을 써서 약을 쓸 길이 없었다. 의원들은 이미 지극히 중하게 여긴 듯 싶은데 시아버지, 시할아버지 두 어른은 의원이 저희 이름을 내려는 공격으로 아셨을 뿐이다. 무릇 가까운 사이는 도리어 어둡기 쉬워서 더욱 굳게 믿기를 장성같이 하시고 비록 하늘의 이치가 순탄치 못하나 선조先祖의 공덕과 두 어른의 겸손하고 검소한 성심이 있는데 이제 와 자손을 어찌 하늘이 차마 앗아가겠는가 하셨으리라. 그러므로 깊은 불길한 염려는 꿈에도 하지 않은 까닭에 의약을 구태여 애써 구하지 않고 스스로 차차 낫기를 기다리셨다. 정작 남편은 스스로 깊이 염려하고 초조해하여 의원이 왔다는 말을 들으면 먼저 놀라 이르기를

"또 무슨 말을 할꼬?"

33 적병積病. 뱃속에 딱딱한 덩어리가 뭉쳐 있는 것.
34 적병을 치료하는 데 쓰는 약.
35 배꼽 아랫부분.

하며 나가보고 들어왔으나 병에 대한 의원의 소견과 기색을 보면 손발이 얼음 같고 마음이 놀라 겁내는 것도 채 깨닫지 못하였으니 이미 말하지 않는 중에 병의 근원과 기운을 헤아려 깊이 겁을 먹은 것이었다. 이때를 생각하면 내 온 몸이 부서지고 창자가 마디마다 꺾어짐을 어찌 견디리오. 2월 26일까지는 머리 빗고 세수하고 측간 출입은 하였으나 종이가 젖듯이 날로 병색이 짙어갔다.

20일 무렵부터 의원 김익신을 하루 걸러 데려왔으나 약명을 적어내지 못하고 진맥만 하고 다녀갔다. 26일, 27일 사이에 박종윤을 청하고 김익신을 함께 데리고 와서 서로 의논하여 처방 내기를 청하니 두 의원이 생각하여 내기를

"팔미탕八味湯[36]을 써서 원기도 붙들고 적을 달래 차차 다스리게 백첩까지 써보되 체하여 설사가 더하지 않으면 효험이 있는 줄로 아시오."

하였다. 이에 그 약을 28일부터 썼는데 이 날부터는 멀리 걸어갈 수가 없어 그릇을 놓고 방에서 뒤를 보았다. 구역질이 날로 심하여 귀찮고 괴로워 싫어하는 것을 겨우 억지로 아침저녁 끓인 밥과 그 사이에 흰 미음 양즙을 겨우 들게 했으나 도로 토하고 복통이 더욱 심해지니 시아버지가 더욱 초조해하셨다. 그동안 친정아버지가 자주 왕래하여 보시며 놀라 말씀하기를

"저렇게 중한데 한시도 눕지 않고 거동하는 것을 보고 천천히 다스리는데, 저런 병으로 어른을 속이니 어찌 위태하지 않겠느냐?"

하고 8일, 9일 사이에 약 쓰는 것을 보려고 연달아 오셔서 자세히 보고 집에 돌아가서 언니에게 이르시기를

"요즘 자세히 보니 그 병이 근위가 심상치 않다. 몸이 마르고 수척한 가운데 팔다리와 장딴지가 다 말라서 아마도 말질末疾, 고치기 어려운 병증이라 회복할 길이 없겠구나. 저를 돌아보니 사람의 꼴이 차마 그 본래 모습과 비교할 수 없는 지경이다. 하늘의 도와 인간의 이치가 어찌 이러한고?"
하고 음식도 안 드시고 초조해 마지않으셨다. 언니가 비록 병의 근원을 염려했으나 조금이나마 위태하다고 생각했으랴. 무심히 있던 중에 이러지도 저러지도 못할 정도라는 말을 듣고 미처 사의로움도 깨닫지 못하고 가슴을 치며 통곡을 하고 또한 밥을 거르고 밤새도록 잠을 자지 못하였다. 다음날 새벽에 언니가 내게 병세를 묻는 편지를 보냈는데 대강 이르기를

"아버님 말씀을 들으니 위중한가 싶어 초조하구나. 아우는 어찌 도리어 중함을 모르고 있는가?"
라고 하였다. 내가 언니의 편지를 보고 크게 놀라 헤아려보니 시아버지, 시할아버지 두 어른이 처음부터 중한 줄을 모르고 의원이 증세가 중하다고 일러도 충동질하는 것으로 알고 의원의 말을 구태여 안에 이르지 않으신 것이다. 다만 눈앞에서 병이 오래 낫지 않는 일이 민망하고 근위가 가볍지 않은 것을 애태웠으나 차마 어찌 위독하다 여겼겠으며, 등잔 밑이 어둡다고 경중을 어찌 알았겠는가. 다만 우연히 염려하다가 편지를 보니 친정아버지는 병증을 많이 겪어서 밝은 식견으로 자세히 관찰한 것이 한 집에서 늘 보는 사람과 달라 반드

36 숙지황, 신약, 산수유, 백복령, 목단피, 택사 등 보약재에 육계肉桂와 부자附子를 넣은 약으로 원기와 혈기를 보하는 데 효과가 있다고 한다.

시 일의 실마리를 풀 도리가 있을 것이라고 여겨졌다. 편지를 가져온 유모에게 아버지가 하신 말을 물으니 문답하신 말과, 음식도 드시지 않고 초조해하신다는 것과 언니의 거동을 전하였다. 또 말하기를 '도리어 여기 와서 뵈니 안심입니다.' 하였다. 말질末疾 두 자를 들으니 심장이 갑자기 무너지고 온몸이 어는 듯하고 손발이 힘이 없어 즉시 움직이지 못하고 최후에 다만 입속으로 "이를 어찌 할꼬?" 소리만 하였다. 겨우 답장을 써서 보내고 안채에 이르니 이 날은 남편이 자리에서 걷지 못하고 시어머니에게 몸을 의지하여 뒤를 보고 있었다. 이를 보니 더욱 심신이 황망하였다.

아침 먹을 때 언니가 편지를 보냈는데 '점을 보니 장소를 옮기라 하는데 어찌할꼬?' 하는 사연이었다. 시어른들께 아뢰니 두 어른이 머뭇거리셨으나 친정아버지도 권하여 피접避接, 거처를 옮겨 요양하기로 정하였다. 그러나 마땅한 집이 없었다. 마을의 좁은 집은 거처하기가 어렵고 넉넉한 집은 얻을 길이 없었다. 친정아버지가 쌍동집 사랑채가 딴 채 같으니 대피 오면 간편하고 당신이 또한 한 집에서 자주 보는 것이 좋으니 그리 하라고 재삼 청하고 언니도 권하였다. 그러나 시어른들이 모두 불안하다고 허락하시지 않고 남편도 피접을 부질없이 여기는 가운데 쌍동으로 가는 것을 더욱 불안해하여 말려서 그만두었다. 내가 달리 듣고 알아보았으나 마땅한 집을 끝내 얻지 못하고 그믐날이 되었다. 달을 곧 넘기면 3월에 피접하게 되는데, 이는 풍속에 피하는 바라 변통하지 못하여 급하게 되었다. 내 마음에는 만일 좁은 한 칸 집을 얻어 피접 나면 내가 함께 갈 수가 없고 병자 곁을 떠나 혼자 있으면 먼저 애가 잦아들 것 같았다. 또 구호하는 음식과 약물을 좁은 피접소에서 만들지 못할 것이고, 집에서 익혀 가면 피접 간 보람이 없을 것 같았다. 쌍동으로 가면 사리와 체모에 조금 불편하기는 하나 내가 함께 가서 병자 곁을 떠나지 않고 친정 아버지는 간병에 익숙하니 병세를 살펴서 때마다 약을 쓰실 것이라 안심할 수 있었다. 내가 다시 시어른들께 가서 고하고 깃들 집을 쌍동으로 정할 것을 아뢰자 날이 급한지라 마지못하여 허락하셨다.

집에 오늘 가는 연유를 통지하여 사랑을 급히 쓸고 닦은 뒤에 옮겼다. 집안 모두가 다 가기 어렵고 시아버지는 할아버님이 홀로 계신 까닭에 낮에만 왕래하시게 하고 할머니는 음식 봉양하는 일로 가지 못하시고 시어머니만 가셨는데, 이 날의 어찌할 바 몰라하던 모습을 어찌 다 이르리오.

처가행, 요양길

내가 먼저 가고 그 뒤를 따라 남편이 시어머니와 함께 가마를 타고 왔는데 머리도 빗지 못하고 세수도 못하고 속옷만 입고 관에 복건을 받쳐 썼다. 마당을 둘러 겨우 와서 청사廳舍에서 가마를 내려 걸어서 방에 들어갔다. 길에서 힘들까 염려하였으나 잠깐 어시러운 듯했지만 그리 대단하지 않았다. 잠깐 쉰 뒤 양즙을 내왔다. 양즙이 나오니 아직 싫어서 물리기에 내가 받아서 협실夾室로 들어가다가 덮은 접시에 물과 기름기가 묻어 실수하여 떨어뜨려 산산이 부서져 크게 놀라고 심히 위축되었다. 언니가 듣고 또한 아쉬워하고 실망해 마지않아 내 스스로 손에 벌을 내리고 싶었다. 남편이 마지못하여 피접을 이끌려와서 불안해하고 좋아하지 않았으나 옮겨와 거처를 정하고 보니 집안이 넓고 살림살이가 반듯하게 정리되어 있는 데다 보통 병자들은 새 것을 좋아하는데 거처와 물건들이 새롭고 잘 정리되어 있고 잠시도 남편 곁에서 떠나지 못하는 어머니를 모시고 내가 협실에서 뜻에 맞게 응대해드리니 남의 집 같은 서글픔이 없었다. 문득 옮겨오던 날 저녁부터 자심하던 복통이 줄고 구역질도 없으며 설사 횟수도 잠깐 덜었으니 이 어찌 피접 나온 효험이 아니라 하리오.

모두 손을 모아 하늘에 빌어 그 증세가 덜한 것에 기쁨을 이기지 못했고, 시아버지부터 모두 피접을 신기하고 다행하게 여긴 것을 어찌 다 말할 수 있겠는가. 그러나 아버지는 오히려 내심 염려하는 마음을 놓지 않으셨다. 그래도 눈앞에서 증세가 덜하고 한 집에 있으니 든든해하셨다. 언니는 며칠간 초조하고 당황해하던 마음을 누여 증세가 덜함을 다행스러워하고 온 가족이 모여 있음을 든든해하며 자주 아픈 사람 옆에 가서 말하니 아픈 사람의 마음에 또한 느껴지는 바가 있었다. 아버지는 시어머니가 계시므로 온전히 병 구완을 못하시나 자주 병증을 살피셨는데 본래 자상하셔서 아픈 사람의 마음에 맞게 해주셨다. 남편이 항상 아버지를 우러르는 정이 남달랐으나 평소 자연스레 찾아뵙는 일이 드물고 조용히 머무르며 마음을 펴지 못해서 마음속에 불편하고 서운함이 맺혀 있었다. 남편이 늘 이야기하는 가운데 이르기를

"조용히 사오일 쌍동에 가서 장인을 옆에서 모시면 어찌 다행이 아니리오."

하면 시어머니가 웃으며

"어찌 정성이 저렇듯 할까? 가히 외짝사랑이로다."

하시면 또한 웃으며 대답하기를

“정이 많은 것이 아니라 장인이 하시는 일을 마음에 몹시 흠모하고 탄복함이 많아 그러합니다.”

라고 하였다. 그렇듯 남다른 마음이었는데 아버지가 아픈 사람의 마음을 맞추어 주시니 남편은 더욱 흡족하여 비록 어려운 일이라도 거스르지 않았다. 본래 더운 음식을 못 자셨는데 아프면서 더욱 조금만 더운 기운이 있어도 짜증을 내고 굳이 차게 식혀 자셨다. 해소와 체증이 주된 증상인데 찬 것이 몹시 해롭고, 팔미탕도 체하지 않아야 효험이 있을 것인데 말릴 수가 없어 답답하였다. 이리 온 뒤로는 아버지가 반드시 새벽에 환자 있는 곳에 오셔서 약을 친히 먹이셨는데 매우 뜨겁게 하여 한 모금씩 불어 자시게 하셨다. 혹시 그릇이 정 뜨거우면 아버지가 잡아서 먹이시니 그릇이 손 대기 어려울 때 약의 더운 기운이 그릇에 있어도 어려워하는 빛이 없었다. 죽과 미음을 자실 때는 반드시 아버지가 앉아서 먹이시면 조금 낫게 자시고 괴로워함이 덜하니 다행하여 꼭 때를 맞추어 아버지가 먹이셨다. 아버지가 본래 음식을 먹음직스럽게 드셔서 옆에 있는 사람이 먹고 싶은 생각이 들 정도인지라 환자의 비위가 열릴까 해서 마땅히 상을 내와서 네 끼 식사를 환자가 있는 곳에서 하셨다. 하루 걸러 김익신을 데려오고 널리 의약에 대해 알아보니 남편 마음에 믿는 의사意思가 있고 두어 가지 병세가 덜하자 적이 안심하였다.

시어머니는 정실에 남편과 함께 계시고 나는 협실에서 약과 차를 준비해서 내오곤 했다. 언니의 침실은 내당 뒷방이었다. 언니가 있는 곳과는 거리가 상당히 멀어서 왕래도 어렵고 한 집에 각자의 처소가 떨어져 있을 뿐만 아니라 간호에다 여러가지 시중을 혼자서 들기는 어려웠다. 언니에게 협실에서 함께 지내기를 청하자 언니가 심히 불편하게 여겼지만 내 마음을 또한 마다하지 못해 스스로 옮겨와서 함께 지내게 되어 근심 중에서도 천만다행이었다. 이것이 가히 한때 세상인 줄 어이 알았겠는가. 남편이 자시는 것은 아침저녁으로 밥을 묽게 끓인 것과 하루 한 번 양즙이고, 식전에는 새벽에 약 자시고 내린 뒤 흰 죽을 자시고 하루 네다섯 번 이상 넘지 못하였다. 그러나 의관을 갖추고 자주 앉아 이야기를 주고받았다. 설사는 낮에는 대여섯 번이요, 밤에는 혹 한 번쯤 할 때가 있기는 했으나 뒷간 출입은 방안에 마룻방이 있어서 그릇을 놓고 걸어 오가며 뒤를 보았다. 이렇듯 차차 증세가 나아지기를 하늘에 빌었다. 시아버지는 본가에서 매일 새벽에 오셔서 하루 종일 환자 곁에 머무시고 시할아버지는 직접 오시지 못하고 닭이 울 무렵부터 시어머니가 계속해서 기별을 알렸으니 곳곳에서 마음 쓰는 것이 어떠하였으리오.

나는 점괘에 따라 목욕 재계하고 칠일 밤을 빌었다. 초이튿날 밤부터 시작해서 밤이 깊은 뒤에 하니 봄추위가 오히려 심했다. 내가 밤낮으로 버티자 언니가 밤마다 잠을 안 자고 함께 빌었는데, 뒤따라와서 반드시 나를 앞세워 방에 들어가고 남은 밤 동안은 나에게 잠깐 쉬라고 하고 다음날 새벽에 올릴 약을 때를 어기지 않고 직접 달였다. 언니는 모든 약을 한결같이 손수 달였는데 집에 돌아갈 즈음에는 심신이 어지러워 못할 지경에 이르렀다. 이는 우애에서 비롯한 것이니 어찌 옛사람이 병든 누이를 위해 구레나룻을 태운 것만 귀하다 하리오.[37]

천명이 다함인가

초팔일까지는 남편의 병세가 그저 그만하여 팔미탕을 쓴 날이 꽤 되었지만 특별한 효험이 없고 해소로 인해 잠을 길게 자지 못했다. 의원에게 의논하여 맥문동[38]이란 약재 하나를 팔미탕에 더 넣어 썼는데 해소는 낫지 않고 초팔일부터 설사 횟수가 한두 번 더 늘었다. 갑갑해하던 차에 신가 의원이 의술이 밝다는 말을 듣고 초열흘날 청하여 왔다. 이때 남편이 죽과 끓인 밥을 싫증내고 간간이 수수에 쌀을 조금 넣어 자셨으나 생각나 하는 것은 국수 개국이었다. 그러나 증세가 심하여 무리였다. 초열흘날 아버지가 송편을 잡수시는 것을 보고 크게 반기며 몹시 자시고자 하였으나 차마 그만 능히 못 자셨다.

이날 신의원이 와서 보고 반총산[39]이란 약명藥名을 내고

"하루에 두 번씩 먹는 것으로 열 첩을 써서 적을 먼저 치고 나중에 원기를 붙들어야 약이 순하게 내려가 원기도 돋우고 비위도 붙들어 나을 겁니다. 그런데 지금 원기는 아주 없고 적으로 기운을 차리고 있으니 이 약을 써서 적을 치면 처음에는 기운이 나른하여 수습을 못하다가도 횟수는 생각지 못하게 줄고 차차 비위를 붙들어 먹고 싶은 생각이 날 것이니 염려 말고 쓰시오."

라고 단단히 이르며 아무 탈이 없을 것이라고 큰소리 치고 갔다. 그

37 당나라 장수 이세적李世勣이 병든 누이를 위해 직접 죽을 끓이다가 수염을 태웠다는 고사가 있다.

38 맥문동麥門冬. 기침을 멎게 하고, 염증 완화에 쓰거나 강장제로도 쓰는 약재.

39 반총산蟠葱散. 뱃속이 냉하고 기운이 체하여 생긴 산증에 쓰는 약.

리하여 팔미탕을 끓고 11일부터 하루에 두 번 일곱 첩까지 쓰니 과연 그 말과 같이 기운은 수습하기 어렵게 가라앉았으나 줄어들 거라던 횟수는 도리어 잦아 밤에도 뒤를 보고, 입맛이 날 거라고 했으나 더 못 자셨다. 그 약을 끊고 다른 의원을 구하니 그 초조하고 황망함을 어찌 헤아릴 수 있으리오.

남편이 병중에 여러 의원 보는 것을 기꺼워하지 않아 이르기를

"다 각각의 소견으로 각종 약을 써서 나중에 휴착이 되면 어찌 할꼬?"

하며 염려하면서도 스스로 병을 겁내는 까닭에 혹 이 약이든 저 약이든 효험을 볼까 초조히 마음 졸이고 그 약한 비위와 없는 입맛에도 약은 마침내 괴로워하지 않고 자셨다. 아아, 하늘이 차마 어찌 이를 살피지 않는가!

증세가 더해지니 시할아버지도 낮으로 왕래하시고 남교의 이숙대인도 머물며 병을 살폈고 할머니도 홀로 더욱 애가 타서 13일 머무는 곳으로 오셨다. 남편이 몹시 반겨 며칠 계시다 가시라고 재삼 만류하자 더 묵으셨다. 병중에 횟수가 잦을 뿐 아니라 2월 그믐 무렵부터 뒤 본 것에 윤기와 백리白痢가 약간 섞여 나오자 놀랐으나 모두 차마 백리라 못하고 시할아버지는 담이 풀렸다고 하셨다. 초순까지는 그만하여 냉뒤같이 각색 빛으로 윤지게 보았는데 그다지 설사를 하지는 않았다. 반총산을 먹은 뒤 횟수가 잦아지면서부터 아주 설사가 되어 적백의 설사를 섞어서 보았다. 설사를 하면서부터 이미 상혼喪魂, 얼이 빠짐함을 어찌 견디리오. 차차 복통과 후증인후의 병이 생기고 기운이 점점 빠져 걸어가서 뒤를 볼 수 없었다. 14일부터 요강을 요

위에 놓고 사람에게 의지하여 뒤를 보았다. 때때로 자시지 못하여 역력히 귀찮아하고 싫어했는데 억지로 자시면 겨우 입맛이 생겨 하루 네다섯 번 자시되 양은 반 보시기 정도였다. 밤에는 더욱 싫어하여 자시지 않았다. 자실 때는 싫어하여 먼저 계당주나 오미자국으로 입맛을 정하고 힘들게 자시니 시작이 몹시 어려웠다. 양즙도 싫어하고 입맛이 더 떨어져 변변히 자시지 못하니 실로 기운을 붙들 것이 없는데 횟수는 잦고 복통이 매우 심하며 후증이 심하고 몹시 구역질이 나서 먹고 싶은 생각이 없어져 종이에 물이 젖는 것처럼 나쁜 증세와 힘이 점점 줄어드는 징조가 계속 나타나니 능히 어찌하리오.

13일 밤이 깊은 뒤 시어머니가 마음을 바로하고 목욕 재계하고 친히 계집종과 더불어 우물에 가서 정화수를 떠다놓고 백번 절하며 하늘에 비셨다. 이후 시할아버지는 본가에서 밤마다 찬물을 무릅쓰고 목욕하시고 밤이 다하도록 하늘에 회복을 빌고 사당에 엎드려 비셨다. 오호라, 연세 팔순에 차마 이런 일을 당하여 이렇듯 하셨건만 하늘이 오히려 살핌이 없으니 차마 이를 어쩌리오.

나 또한 14일 밤에 돌아가신 어머니 묘실에서 내 줄글로 보호해 주시기를 애걸하였으나 저승과 이승이 막막하고 황천이 묵묵하여 살핌이 없으니 슬프도다. 정성이 천신天神을 감동시키지 못함이냐, 천명이 다함이냐.

15일 밤부터는 요강 위에 앉을 수가 없어 누워서 뒤를 봤다. 항상 깔끔하기가 보통이 아니었으나 하릴없이 뒤를 깃기저귀에 싸니 정신은 또렷해서 축축하고 갑갑한 것이 큰 근심거리였다. 또 몸이 파리하다 한들 어찌 그 지경에 이르리오. 얼굴이 말라 형해形骸뿐이요 온

몸이 상하고 수척해져서 다만 뼈와 가죽뿐이었다. 한 곳도 혈육이 엉긴 곳이 없고 살이 다 빠져서 두터운 이부자리에서도 몸과 머리가 배겨 찌르듯 아파하였다. 미음과 약을 자실 때 겨우 붙들려 앉았으나 움직이면 더 배기고 편치 않아서 찌르듯 아픔을 견디지 못하니 옆에서 보는 사람이 차마 어찌 견디리오.

15일 밤부터 노심초사 괴로워하여 의원이나 어서 보이려고 내가 언니와 내당에 들어가 잠자리에 드신 아버지에게 더 못한 까닭을 고하니 아버지가 들으시고 황망히 의관을 수습하고 슬피 부르짖으며 말씀하시기를

"이제는 기운이 마저 처지는가 싶다."

하시고 미처 파루罷漏를 기다리지 못하고 다급히 인마人馬로 뒤를 따르라 하시고 바삐 걸어서 의원 이태만이란 자를 청하여 오시고 본가에 들러 이날 밤에 더 위독한 상태를 전하셨다. 시아버지가 또 당황하여 급히 동행하여 오시니 이때 이 마음이 어떠했으리오.

병증과 지친 모습이 몹시 위독해보였으나 지극한 마음에 차마 위급하다는 생각을 하지 못하다가 아버지의 말씀과 당황해하시는 거동을 보니 다만 황황하고 막막하였다. 그 걸음으로 어머니 묘실사당을 향하여 뒤뜰로 갔다. 새벽 달빛이 음침하고 묘실 앞이 황량하였으나 미처 쓸쓸함도 깨닫지 못하고 한 걸음 한 걸음 앞으로 나가 묘실 앞에 엎드려 한참을 울면서 빌었다. 그러다가 오히려 그 사이 증세가 궁금하여 몸을 일으키고자 하였으나 온몸이 떨려 움직일 수가 없었다. 마침 여종 두매가 내 뒤를 따라왔었는지 나타나 급히 붙들어 겨우 협실로 돌아와 이윽히 한기를 진정하고 환자 있는 곳으로

들어가자 시아버지가 오시고 이어서 아버지가 오셨다. 의원이 와서 진맥하고 조중익기탕이란 약명을 내고 삼蔘을 넣어 쓰라고 하였으나 그때 마음이 하도 어지러워 증세를 무엇이라 했는지 기억할 수가 없다. 의원이 "다만 중하기는 하나 구할 도리가 있으니 약을 차차 쓰라." 하니 천만 번 하늘에 빌면서 그 약을 썼다. 그러나 조금도 효험이 없고 설사 횟수는 점점 더하여 낮에는 열대여섯 번이요, 밤에는 일곱, 여덟 번이었다. 자시기를 제때 못하여 찹쌀 양미음을 끓여 사탕을 타 칠 홉 보시기를 들여가면 반이 도로 나오고 양즙도 거북하여 못 자시고 점점 잦아들어 눈 뜨는 것도 말대답하는 것도 괴로워하였다. 또 그 약을 버리고 새로 박가朴家 의원을 맞았는데 그 약명은 자세히 기억하지 못하나 보중익기탕補中益氣湯[40]인지 무슨 약에 인삼을 넣어 사시巳時, 오전 아홉시부터 열한시에 한 첩, 오시午時, 오전 열한시부터 오후 한 시에 한 첩을 썼다. 그와 같이 이틀을 썼으나 또 조금도 효과가 없었다. 이렇게 하는 중 보름이 지나서는 갑자기 오른손이 부었다. 내가 한 눈에 보고 놀라 당황하고 낙담하였으나 차마 말을 하지 못하고 시어머니에게 직접 눈으로 보시라 하니 시어머니 또한 낙담하고 한참을 자세히 살펴보다가 간신히 이르시기를

"늘 왼쪽으로 누워서 오른손이 밑으로 드리워져 기운이 내려가서 그런 것이다. 왼손은 관계없으니 괜찮다."

하셨다. 자세히 살펴보니 과연 왼손은 예사롭고 두 발을 보니 또 괜찮아서 적이 마음이 놓였다. 남편은 혼미한 가운데도 정신은 또렷하

40 원기를 도우며 피로와 영양실조로 인한 열.땀 등에 쓰는 탕약.

여 조금도 흐려지지 않았다. 스스로 행여나 병이 중해서 회복을 못할까 겁을 내어 옆 사람들의 기색을 세심히 살폈다. 시어머니와 내가 아무 말 하지 않고 있자 그 기색을 이미 깨닫고 스스로 손을 자주 들어 유의하여 보았으나 남편 또한 말하는 것을 썩 싫어하여 모르는 척 말하지 않았다. 20일 새벽에는 혼미한 상태를 어느정도 수습해서 간신히 눈을 뜨고 정신이 잠깐 돌아왔다. 내가 앞에 가서 기운을 물으니 대답하고 이날 밤 어지러운 꿈 두어 가지를 말하고 갑자기 부었던 손을 들어서 내게 보이며 말하기를

"내 손이 오늘은 나아졌지?"

라고 하였다. 알고 있지만 모르는 척 억지로 웃고 답하기를

"언제는 손이 어떠했습니까?"

하자 남편이 불쌍히 여겨 그런 줄 알고 잠자코 대답하지 않았다. 내가 자세히 보니 과연 나아서 두 손이 같아졌으니 혹 병세가 덜한가 하여 다행히 여겼다. 혼침한 가운데 스스로 염려해서 이렇듯 살핀 것이었다.

날이 늦은 뒤에는 도로 기운이 전보다 못해서 혼미하고 약이나 미음을 자실 때 겨우 안기어 자시고, 오래 머리를 들지 못해 겨우 마신 뒤에는 즉시 누웠다. 이웃어른 이덕성이 의원을 보내서 수일을 붙들려 그에 의지하다가 그도 편치 않아 쓰지 아니하였으나 보낸 후에는 또한 감격하였다.

박의원이 말하기를

"환자의 마음이 가라앉는 것이 민망하니 창 밖에서 풍악을 울려 듣게 해보시오."

하니 평소에도 이런 따위를 좋아하지 않은 데다 이때는 더욱 세상 생각이 없고 만사가 경황이 없으니 어찌 환자의 마음을 풀 수 있겠는가. 그러나 혹 들을까 하여 21일 악공을 불러 연주하게 하니 남편이 약을 먹느라 붙들려 의자에 기댔는데 그 소리가 맑아서 들을 만했다. 아버지가 같이 계시며 환자가 마음으로 기뻐하도록 이르시기를

"남자가 좋아하는 소리로구나."

하시며 물었다.

"듣기에 어떠한가?"

남편이 대답하였다,

"무던합니다."

아버지가 다시 묻기를

"듣기 괴롭진 않으냐? 괴로우면 그치게 하리라."

남편이 또 말하길

"괴롭지 아니합니다."

하나 구태여 귀에 머물러 듣지도 않고 괴로이 여기는 빛도 없었다. 마음이 무연하고 얼굴빛이 편안하여 무슨 일이든 놀라는 것도 없고 아무런 마음도 아무런 생각도 없는 듯했다. 아버지가 또 그 마음을 보려고 곡조를 그치라 하고 남편을 향하여 흔연히 이르셨다.

"내가 명복名卜, 이름난 점쟁이에게 점을 쳐보니 네 병이 쉬 나아 올 가을에는 반드시 초시初試를 하고 명년 봄에는 뜻을 얻는다 하니 명년이면 네 할아버지 팔십이니 수직壽職[41]으로 벼슬을 더하실 것이다.

41 조선시대의 노인 우대정책으로 80세 이상에게 내린 관직.

과거 경사에 수연壽宴을 겸하여 이 풍류를 시키면 좋지 않겠느냐?"

남편이 아무 생각 없던 마음에 문득 반기는 빛을 드러내 웃으며 물었다.

"정말입니까?"

아버지가 흔연히

"정녕 그렇다 하는데 가히 믿을 만하더구나."

하자 희미하게 기쁜 빛이 돌았다. 아버지가 이렇게 말씀하시는 데는 또 근거가 있었었다. 명복에게 직접 점을 치니 그가 말하기를

"이 사주는 몹시 귀한 사주로 영화롭고 길하여 수명이 길지만 올해 횡액이 심합니다. 만일 이번에 회복하면 과거 운수도 트여서 과거에 급제하는 경사도 볼 것입니다. 팔자가 흠이 없으나 지금 몹시 위태로우니 회복하기 어렵겠습니다."

라고 하였다.

아아, 하늘이여 남편이 평소에 담백하고 욕심이 없어 다만 과거 공부를 힘써 하였으나 병이 들어서는 더욱 세상에 아무 생각이 없어졌다. 그 경황없고 무연한 마음에 과거에 급제하고 현달한다는 이야기를 듣고는 문득 반기고 기뻐하며 진짜로 믿는 마음이 있었는데 이를 앗아버리니 아아, 슬프도다! 하늘의 뜻인가 운명인가 이를 어찌하리오.

15일 밤부터 뒤를 누워서 보며 뒤 수습을 할머니가 마음에 맞게 하신다고 하고 또 아픈 중에도

"어느 때 집에 돌아갈꼬? 심히 불안하니 얼른 가십시다."

하니 시어머니가 이르시기를

"네가 차도가 있어 나으면 내가 먼저 가고 너는 다음달에 돌아갈 것이다."

하셨다. 20일 무렵에는 자주 집에 가고 싶다 하였으나 3월 달이라 돌아가지 못한다고 말렸다.

점점 기운을 수습하지 못하고 힘들게 붙들고 일어나 마시는 것이 몇 종지가 안 되었다. 그나마 움직이는 것에 더 지쳐 할 뿐 아니라 움직일 때 무수히 아파하고 자시기를 차마 싫어하여 자실 때마다 성가셔했다. 이에 21일부터는 누워서 떠넣었다. 숟가락은 떠지는 것이 없어서 곤지종으로 떠넣으니 움직이기 몹시 힘들어한 것은 적이 편안해졌으나 더 체해서 떠넣는 것이 네, 대여섯 번이나 합하면 두 종지가 되지 않았다. 차차 이렇게 심해져 미음을 떠넣는 지경이 되니 차마 이를 어찌하리오.

이런 중에 22일에 친정아버지가 낙점을 받아 벼슬에 들어가게 되었다. 의약에 관해 의논하셨으나 시어른들이 정신이 없으셔서 편안하게 의논하지 못했다. 아버지가 이숙대인으로 하여금 의원을 청하게 해서 약을 썼으나 낙망하기 이를 데 없고 남편은 더욱 실망을 금치 못하였다. 대체로 장인과 사위 사이가 각별한 바가 이러했다. 남편이 미음 같은 것을 자실 때 괴로이 싫어하여 자시지 않으려 하거나 적게 자시거나 하면 곡기 한 모금이 새로운지라 다들 급급히 마음 졸이며 한두 모금이라도 자시기를 초조히 요구하였다. 마침내 듣지 않으면 시아버지부터 이숙대인과 시어머니와 나까지 어린아이와 다른데도 혹 잠깐이라도 억지로 마시지 않는 것에 짜증을 낼 때도 있었으나 오직 아버지만은 한 번도 거스르거나 억지로 하지 않았고 흔연히 부드럽게 뜻을 받으시며 간절히 권하셨다. 한번은 더운 약을 붙들어 먹이셨는데 정히 다 자시니 아버지가 흔연히 놀리며 이르시기를

"약을 잘 마시니 가히 착하도다. 무엇을 상으로 줄 거나?"

하시자 남편이 문득 그 아픈 마음에 실소하며 말했다.

"나를 세 살 아이로 여기십니다."

내가 혹 마시기를 강권하거나 너무 억지로 권하고 자시지 않는데 급급하여 아픈 마음에 듣기 싫은 말을 하면 아버지가 꾸짖으며 하지 말라고 하시고 뜻을 받으라고 하셨다. 그러니 어찌 둘 사이가 각별하지 않으리오.

나도 좇아가리

22일 식전부터 혼미한 기색과 설사 횟수가 더해지니 그 당황스럽기를 어이 다 이르리오. 이숙대인도 본부시댁에 가 계신지라 급히 청하고 박의원을 데려오니 진맥하고 말하기를 이제 약은 오늘까지만 쓰고 그쳐보라고 하기에 이 날만 쓰고 23일부터는 연이어 좁쌀미음을 만들어 자시게 했다. 이때 혼미한 중에도 안으로 정신은 말짱해서 집으로 돌아가기를 간절히 보챘다. 그 기운과 모습으로는 움직이기 극히 어렵고 또 움직임을 금하는 달이니 차마 다시 돌아오지를 못할 것인데도 병자가 집에 돌아가기를 착급히 재촉하고 이미 병세가 짙어 어떻게 할 수 없는 지경이 되니 이에 24일 피접 들기로 정하였다. 아득한 하늘이여, 이 차마 어찌 된 세상이냐.

병세가 실로 위독하여 하릴없이 되었으나 차마 가까운 사이에 설마 남편이 회복을 못하며 내 설마 천하 박명이 되랴 하다가도 그

병세와 마르고 수척한 거동은 실로 바랄 것이 없었다. 다만 마음에 어찌해야 할지 모르고 허둥대며 하늘만 우러러 입에서 나오는 말이라고는 "차마 이 어쩐 일인고" 할 따름이었다. 사람의 소리는 귀에 머물러 들리지 않고 좌우 물색物色이 눈에 보이지 아니하며 당황하고 마음이 어수선해서 병구완도 때를 맞추지 못했다. 스스로 헤아리건대 '차마 생각지 못할 때를 당하면 마땅히 한번 급히 결단하여 시각을 늦추지 않고 좇을 따름이라. 다른 대처나 생각이 어찌 있으리오.' 스스로 굳게 정하고 작은 칼을 신변에 감추는데 손이 떨리고 마음이 놀라 매양 하늘만 보며 '차마 이 어찌된 세상인고' 하였다. 이미 죽고 사는 것을 따르기로 정하니 남편에 대한 망망한 안타까운 마음은 없고 '시어머니 또 어찌 세상에 사시겠는가 반드시 따라가시리라.' 대강 이리 헤아릴 뿐 다른 마음은 없었다. 다만 사사로운 정으로 친정아버지와 언니를 생각하니 앞이 어둡고 가슴이 막혔으나 또한 이미 끝난 일이라 정한 마음을 바꾸지 않았다. 22일부터 협실에서 언니를 대하면 손을 잡고 낯을 대고 서로 눈물을 흘리며 흐느꼈다. 내가 또 생각하니 결심한 뜻을 무심히 속이고 있다가 불의에 내가 죽으면 언니가 차마 견디지 못할 것 같아 간간이 남편과 함께 죽을 뜻이 있음을 고하니 언니가 뺨을 대고 목을 안은 채 하늘을 우러러 가슴을 치면서 통곡하였다.

"이것이 참인가, 꿈인가. 하늘이 차마 이렇게 할 것인가. 이런 세상을 당하여 내 차마 어찌 동생더러 살라고 하리오. 다만 동생의 뜻만 바라나니 병이 들어 죽는 것은 어찌할 수 없다 하나 생목숨을 끊는 이 지극한 원통함과 혹독한 설움을 내 차마 어찌 견디고 살겠는

가. 내 죽어 이를 모르고자 하나 예로부터 동생을 따라 죽는 의義 없고, 살고자 하나 동생마저 영영 여의면 내 심장이 철석이 아니니 어찌 능히 견디리오."

내가 답하기를

"이를 모르지 않지만 차마 이를 당하여 어찌 살란 말이오? 저에게는 죽어 모르는 것이 즐겁고 차마 당하지 못할 지경을 견디며 사는 것이 더 혹독하니 만일 저를 위하면 살라는 말을 마오."

하였다. 이렇게 서로 말을 주고받은 뒤로 내가 환자 곁을 떠나면 형제가 서로 손을 잡고 슬퍼하였다. 시어머니와 할머니가 밤낮으로 애태우며 눈물을 흘리시다가도 우리 형제가 말하는 것을 들으면 오히려 싫어하여 이르시기를

"하늘이 설마 살핌이 없지 않을진대 어찌 차마 이런 불길한 말을 하느냐?"

하시나 하늘이 어찌 살핌이 있으리오.

그러나 내가 한 번도 희미한 눈물자국이나마 남편에게 보이지 않은 것은 아픈 사람이 마음을 쓸까 두려워해서였다. 밖에서는 눈물을 금치 못하여 눈물 흘리고 황망해하나 병자 옆에 가면 어지러운 행동을 못하고 얼굴빛을 고쳐 밝게 하고 더 평안하고 조용히 있었다. 혹 오래 울어서 눈물자국이 가시지 않으면 병자 옆에 가지 않았다. 내가 마음을 단단히 정한 까닭에 큰어머니와 고모, 숙부님에게 석장의 상서上書를 써두었다.

24일이 되어 누워 있는 환자를 부축하여 집으로 돌아왔다. 실로 잠깐도 움직일 수가 없었으나 남편은 기분이 좋아져 즐거워하며 온

전히 정신을 차리고 아침식사 때 떠났다. 좁은 가마 속에 들어갈 데가 없어 쌍가마에 시어머니가 앉고 남편을 자리째 들어서 가마 속 시어머니 무릎 위에 의지해서 누이고 좌우에서 물러난 뒤 내가 미음을 가지고 가마 속에 머리를 들이밀고 말했다.

"가는 동안이 한참이고 집에 돌아가 자리를 정하고 진정한 뒤에야 드시게 될 것이니 지금 조금이라도 드시기를 청합니다."

남편이 싫다고 답하고 나를 잠깐 본 뒤 시어머니께 말하기를

"저 얼굴이 초췌하여 반쪽이 되었고 형제 떠나는 마음이 오죽잖을 것이니 한 이틀 쉬어오라 하소서."

그 무심한 듯한 마음에도 오히려 나를 염려하는 것을 보니 더욱 마음이 무너져 찢어지는 것 같고 가슴이 떨렸으나 눈물을 씻고 억지로 참으며 시어머니가 미처 답하시기 전에 내가 답하기를

"비록 형제간 헤어지는 정이 힘겹지만 어찌 아픈 사람 곁을 떠나 혼자 있겠습니까."

이렇게 답하고 돌아서는데 그 가는 모습과 병자가 있었던 곳의 쓸쓸한 물색이 먼저 사람의 창자를 끊으니 이 날의 창황한 모양이 세상에 또 어디 있으리오?

할머니도 가마를 타고 가시고 내가 그 뒤를 좇았다. 아아, 남편의 병의 뿌리가 비록 가볍지 않으나 이는 단지 소년少年의 장기에 우연히 병이 낫지 않고 오래 끈 것이고, 또 병이 중해져서 피접을 나갔으나 당당히 소생하여 병 있던 사람이 다 낫고 자리에 누운 사람이 걸어갈 줄로 알았다. 또한 내가 병시중을 들면서 초조하였으나 친정이 든든하고 언니와 함께 있으며 위로받음이 많았으니 이렇듯 천도天

道에 힘입어 집에 돌아갈 때는 부부가 앞서거니 뒤서거니 하여 세상의 즐거움을 맞을까 하였다. 그러나 죄악이 하늘에 닿고 운명이 궁박하여 이 망망한 시절을 만나 백년을 함께 할 것을 기대하고 삼종지도를 맡길 남편은 살 길이 끊어져 이제 큰 변고를 맞아 황황히 집으로 돌아가게 된 것이다. 이내 몸을 생각하니 이십 년 세상에 어려서 어머니를 잃는 슬픔을 품고 또 다시 천지간의 원통한 때를 만나 부모가 주신 몸으로 스스로 목숨을 끊어 죽기를 기약하고, 다시 친정 아버지의 천륜 밖의 각별한 자애와 시부모를 겸한 남다른 정리로 막연히 부녀의 정을 끊고 언니와는 골육보다 더한 남다른 정으로 이때 한 이별이 지하의 영결이 될 것이었다. 이를 헤아리니 마음이 미치는 데마다 오내五內, 오장육부가 미어지고 생각하는 곳마다 영혼이 뛰놀아 잠깐 사이에도 간장이 숯이 되고 재가 되니 차마 손을 나누어 이별을 할 수 없었다. 또 생각하니 세상에 머문 동안이나마 언니를 떠나지 말고자 하여 언니에게 비록 어렵더라도 이때에 이르러 돌아볼 게 없으니 시댁에 확고히 아뢰어 함께 가마 타고 가자고 청하였다. 언니가 차마 떠나지 못하고 자기 시어머니께 편지로 아뢨으나 허락을 받지 못했다. 내가 더욱 낙망하고 놀라서 다시 간절히 애걸하기를 청하자 또 언니가 온갖 슬프고 간절한 이유로 애걸하였으나 그 엄한 시아버지가 끝내 허락을 받지 못했다. 이렇듯 두 번 편지가 오고가는 사이에 날이 기울고 본가에서 두 어른이 어서 오라고 하는 기별이 두 번 이르니 차마 몸을 떼고 손을 놓지 못해 형제 둘이 목을 안고 낯을 맞대고 하늘을 보며 슬피 울고 목을 놓아 울 뿐이었다. 이 참혹한 모습을 어찌 다 기록하리오.

내 목숨이 내 것이 아니고

명복점쟁이의 말이 '지극한 정성으로 삼일 치재致齋[42]하고 26일 자시에 조왕제竈王祭[43]를 하라'고 해서 어찌하든 내 정성을 다해보려고 이날부터 목욕할 참으로 잠깐 벗어나 창망한 심신을 거두어 목욕과 씻기를 마치고 다시 형제끼리 손을 잡고 몸을 끌어안고 통곡하며 슬퍼하며 차마 손을 놓지 못하고 있는데 계집종이 소식을 전하기를 큰아버지가 시골에서 오셨다고 하였다. 이에 우리 형제가 급히 협실 밖으로 나가 큰아버지를 모시고 언니 침소로 들어가 겨우 뵈니 큰아버지가 급히 물으셨다.

"김서방의 병이 어떠하뇨?"

나는 눈물이 흘러 온 얼굴을 뒤덮어 대답하지 못하고 언니가 전후 증세와 현재 황망한 사정을 일장 고하니 큰아버지가 이를 듣고 놀라 얼굴빛이 변해서 이르기를

"병이란 것이 중하다고 해서 가는 건 아니니 너무 초조해하지 마라."

하시고 또 말씀하기를

"내 지난 해 이질에 약을 한번도 쓰지 않고 지난 겨울까지 움직이지 못했는데 우연히 쑥찜을 하고서 아주 움직일 수 있게 되었고 지금 몇 달이 지났는데 아무렇지도 않다. 김서방도 허하고 냉한데 체한 것이 중초中焦[44]에 뭉쳐 있어서 약이 화하여 내리지 못하는가 싶구

42 제관이 제사를 시작한 날부터 제사를 마친 다음 날까지 사흘 동안 몸을 깨끗이 하는 것.

43 부엌을 관할하는 가신家神으로 여겨졌던 조왕신에게 지내는 제사.

나. 쑥찜은 내가 신통하게 효험을 본 바요 아무 해가 없는 것이니 급히 가서 쑥찜을 연달아 해보아라."

하셨다. 이 말을 들으니 믿음이 가면서 효험이 있을 듯하였다. 언니 또한 재촉하여 가마를 탔는데 이때는 쑥찜에 마음이 급하여 이별의 아쉬움도 깨닫지 못하고 홀홀 바삐 돌아왔다. 남편이 집으로 돌아온 지 한나절이 되었기에 기별은 연달아 들었어도 궁금했지만 병소病所에 즉시 들어가지 않고 시어머니에게 그 사이 증세를 물었다. 시어머니와 시할머니가 기쁜 기색으로 이르시기를

"그리 걱정하였더니 움직였어도 기운도 별 탈이 없고 그 사이 연이어 미음도 먹고 마음에 퍽 시원해하더구나. 또 신기한 바는 아까 박의원이 와서 맥을 보고 놀라 이르되 '어제 안 보았더니 며칠 사이에 맥이 많이 낫고 없던 양맥陽脈[45] 하나가 났으니 몹시 기쁩니다. 계속 속미음을 쓰십시오.' 하며 기쁜 빛이 가득해서 갔다니 어찌 천행이 아니겠느냐."

하시며 그 사이 정신이 어떠한지 빨리 나가보라 하셔서 내가 쑥찜 해야 할 사유를 고하고 병소로 향하였다. 사랑 상방上房에 피접을 들어 있어 협문 뒤뜰로 하여 방으로 들어가 남편을 보니 과연 눈을 뜨고 정신도 잠깐 맑은 듯하였다. 다가가 기운이 어떤지 물었더니 마찬가지라 하고 장소를 옮겨 어떠하냐 하니 적이 시원하다고 하였다. 내가 또 쑥찜 말을 하고 급히 쑥찜을 하게 하였다. 이 날 온 집안은 당황하고 염려하던 중 병세가 안온하며 의원의 신기한 말을 듣고 새로 쑥찜까지 하니 거뜬히 신이한 효험을 볼 듯하여 반나절 사이에 경사를 맞는 듯했다. 그날 밤 두 어른과 이숙대인은 소당에서 지내시고

나는 시어머니와 할머니의 뒤를 좇아 병자 옆에서 간호하였다. 초저녁에는 설사 횟수가 적이 드물고 잠을 이윽이 주무시니 어찌 다행스럽지 않으리오.

새벽에 친정아버지가 숙직을 하고 나와 바로 이리로 오셨다. 방에 들어오셔서 미처 자리에 앉기 전에 남편부터 살피셨는데, 남편이 올려다보며 웃음을 머금자 아버지도 또한 웃으며

"네 어찌 웃느냐?"

하시자 남편이 웃으며 대답하였다.

"도망하여 온지라 웃음이 납니다."

사흘간 들어가 숙직하며 초조하게 걱정하셨기에 친정아버지는 기특함을 금치 못하셨다. 조용히 앉아 미음 먹는 것을 보고 가시며

"우리 형님이 와 계신다 하니 잠깐 뵈옵고 식후에 오리라."

하셨다. 이 날은 밤도 수월하게 지내고 설사 횟수도 퍽 줄고 후중한[46] 복통도 적이 줄었다. 날이 밝은 뒤부터 늦은 조반 때까지 다섯 차례 자셨는데 양미음은 거슬려 하고 흰 미음을 드셨다. 그 전에는 겨우 한 종자쯤 자시더니 이 날은 보시기로 칠 홉씩 들여가면 두어 술 남기고 떠넣는 대로 괴로워하지 않고 자시니 식후까지 다섯 번은 되었다. 전날에 비하면 많이 늘고 실로 증세가 눈에 띄게 나아지니 차차 회복하기를 천지신명께 몰래 빌었다. 그런데 홀연 늦은 식후부터 심

44 삼초三焦 즉 상초, 중초, 하초 중의 하나. 비장, 위장, 간장 등을 중심으로 하는 복부를 가리킨다.

45 음양의 속성에 따라 구분한 맥으로 부맥, 구맥, 실맥, 혈맥 등을 말한다.

46 後重. 뒤를 봐도 시원하지 않고 무지근한 것을 말하는 듯하다.

히 숨이 차고 가빠져서 마지막 흉한 기운을 차마 미루지 못하였다. 모두 의논하길 오늘은 미음을 자주 많이 들고 누워 있어 체하여 그런 것이 아닌가 하고 낮부터는 미음을 드물게 적게 떠넣었으나 마찬가지였다. 이날 낮에 박의원이 와서 진맥하고 한가지라 한다고 하였으나 남편이 계속

"의원이 무엇이라 하던고?"

물으니 그대로라고 하였다. 우리도 박의원이 그대로라고 한 줄만 알았지 밖에는 이미 시까지 정하여 이르고 간 줄 어찌 알았으리오.

친정아버지가 식후에 오셔서 종일 계시다가 봉화烽火 즈음에 저녁도 안 들고 집에 가시며 '언니와 밤을 지내고 닭이 울면 오마' 하셨다. 내가 대답하며 속으로 오히려 나아지는 줄 믿고 실로 위태한지 몰랐다. 그런데 이경二更, 밤 아홉시부터 열한시 즈음에 두 시어른이 의관을 바르게 차려입고 마당 가운데서 하늘에 절하며 빌고 눈물을 흘리며 어찌할 바를 모르시니 새삼 당황하였다. 내가 안에 들어와 침소에서 목욕하려 머리를 감다가 종들의 말을 얼핏 들으니 '쌍동 나으리 오시라고 사람이 간다.' 하였다. 채 듣기도 전에 넋이 빠져 날아가는 것 같아 머리를 어떻게 거두어야 할지 깨닫지 못하고 총망히 나가 바로 그때의 증세를 묻고 친정아버지를 청하는 연고를 물었다. 시어머니가 오히려 눅여 이르시기를

"군이 별다른 증세가 없지만 이질姨姪이 이르기를 밤에 막막히 의논할 데가 없어 급급하니 청하여 오시게 하자 해서 보낸 것이다."

하셨으나 황황한 심신을 어찌 안정시키리오. 정히 아버지 오시기를 기다리며 초조하였으나 무지한 잠은 오히려 사람의 마음을 잠기게

하여 어찌하다 잠깐 풋잠에 들었다가 소스라쳐 깨어 보니 벌써 아버지가 오셔서 자리 옆에 앉아 계셨다. 이때 내가 더욱 심신이 황황하고 산란하여 미음 자시는 것도 살피지 못했다. 밖에서 할머니가 데워 들여보내시면 아버지가 먹이시며 연달아 흰 미음, 계고, 좁쌀미음을 자주 떠넣어도 구태여 싫어하지 않고 넣는 대로 자셨다. 아아, 하늘이여 살 길을 줌인가, 시간을 마지막 빌려줌인가. 하늘의 이치가 차마 어찌 이러한가.

이슥하여 친정아버지가 잠깐 소당에 가시기에 내가 함께 가 섬돌에 서서 '파루罷漏[47]를 치면 급히 의원이라도 데려오기'를 고하자 시아버님이 인마를 재촉해서 의원 집에 보내셨다. 그 뒤에도 내가 방에 들어가지 못하고 섬돌에 서서 친정아버지에게 흐느끼면서 아뢨다.

"이를 장차 어찌하리이까?"

아버지도 눈물을 흘리고 길게 한숨을 쉬시며

"차마 이런 일이 네게 닥칠 줄 어찌 알았겠느냐."

하고 말씀을 못하셨다. 내가 심신이 아득하고 정혼이 망망하여 힘없이 섬돌 아래 엎어지니 아버지가 당황하고 놀라 거두어 안고 어쩔 줄 몰라하며 슬피 울부짖었다.

"차마 이 어쩐 일이며 이 무슨 모양인고. 네 비록 망극한 때를 당했으나 차마 내 앞에서 이럴 것이 아니다. 차마 어찌 나를 생각지 않느냐?"

이에 여러가지로 이르시기를 비록 불행한 일을 당해도 구태여

47 통금해제. 새벽 4시에 종을 33번 북을 쳐서 통금해제를 알렸다.

따르는 것이 옳지 않으니 살 생각을 하라고 재삼 당부하며 목을 놓아 흐느끼시는데 절절한 천륜과 구구한 말씀이 지극한 정에서 나오지 않는 것이 없었다. 애타게 내가 살기를 마음 졸이시니 이에 천륜의 정이 아니라 모르는 남의 철석같은 심장이라도 이 지극한 정을 끊기 어렵고 이 말씀을 저버리지 못할 것인데 하물며 부녀의 천륜에 어떠하랴.

창망한 심신을 겨우 진정하여 일장 말씀을 들으니 창자가 마디마디 끊어지고 애가 굽이굽이 미어지니 차마 어찌 정한 마음이 단단히 굳으리오. 황망한 데다 또 슬픔에 사무친 눈물에 앞이 어둡고 아득하였으나 정신을 수습하여 좌우로 헤아리니 여자에게 남편은 오륜五倫의 첫째요, 삼강三綱의 으뜸 중요한 것으로 한 몸을 맡기고 영욕과 고락을 함께하니 중함이 천지天地와 같음이라. 하물며 서로 마음이 맞아 지우지정知遇之情, 벗처럼 알아주는 정이 지극하니 내 홀로 목숨을 훔쳐 천지 사이에 깊은 한을 품고 세상에 머물 마음이 없으니 마땅히 뒤를 좇아 첫째는 남편이 생시에 알아준 정을 갚고, 둘째는 나의 하늘에 사무치는 궁박한 설움을 잊어 넋이라도 둘이 돌아가면 즐거운 혼백이 될 것이로다. 그러나 차마 눈앞에 친정아버지의 이러한 모습을 대하고 보니 내가 만일 죽으면 그 슬프고 끔찍한 설움으로 옛사람처럼 눈이 멀어질 것 같았다. 자식이 되어 효를 이루지 못하나 어머니를 겸하여 낳고 기르고 돌보아 키워주신 아버지의 하늘 같은 큰 은혜를 저버려 참혹한 정경에 더하여 차마 자식의 죽음까지 더할 수는 없었다. 또 생각해보니 한낱 시누이도 하나 없으니 시부모님은 외롭고 의탁할 데가 없고 다시 받들 사람이 없으니 이를 생각하지 않음은 정리는 이를 것도 없고 도리어 남편을 저버리는 것이었다. 또 우리 형제의 각별한 정을 생각할 때 언니가 나와 원통하게 슬픈 이별을 하고 나면 비록 자결하여 따르지는 않겠으나 반드시 그로 인하여 병으로 죽을 것이 분명하였다.

어이 홀로 보낼까

이렇듯 여러가지로 헤아리니 인력으로 못할 것은 어쩔 수 없거니와 내 생목숨을 끊어 여러 곳에 불효하는 것과 참담한 정경을 생각하니 차마 죽을 수가 없었다. 또 생각건대 내 평생은 이미 정해졌으니 의롭지 못한 모진 목숨을 기꺼이 받아들일지언정 다시 양가 부모님에게 참혹한 슬픔을 더하랴 하여 금석같이 굳게 정하였던 마음을 문득 고쳐 스스로 살기로 정하였다. 허나 늘 곡진한 마음과 도타운 정으로 대하던 지우知友를 생각하니 망연히 저버리고 홀로 살기를 탐하는 듯하여, 의리를 지키지 못해 떳떳하지 못한 내 마음과 불쌍하고 원망스러울 남편 생각에 간담이 미어지고 아스러지는 듯하였다. 경각에 더욱 천지가 아득해지며 한시도 견딜 수 없을 것 같았다. 방에 들어선 것도 깨닫지 못하고 있는데 진성아버지가 이끌어 병사 곁에 가만히 나아가 남편의 기색을 살폈다. 시할아버지가 촛불을 들어 얼굴에 비추시고 친정아버지가 낯을 가까이 향하여 물으시기를

"미음을 떠넣으랴?"

하셨으나 대답하지 않자 놀라고 당황하여 얼굴빛이 달라지셨다. 할아버지가 급히 연달아 부르셨으나 잠잠히 대답이 없었다. 내 비록 죽어 따르지는 못하나 생혈生血로 행여나 목숨을 늘리는 힘이 있을까

하여 급히 두어 걸음을 물러나 돌아서서 감추었던 칼을 빼 왼쪽 팔목을 급히 찔렀으나 마음이 황황하고 손이 떨려 능히 꿰뚫지 못했다. 다시 찌르려는데 아버지가 급히 칼을 빼앗고 시할아버지가 이끌어 합내閤內로 나오게 하셔서 말씀을 더듬으며 망령됨을 꾸짖고 비녀까지 빼신 뒤 시비에게 업혀 침소로 들여보내셨다. 이는 생혈을 내려고 한 줄 모르고 자결하는 줄로 잘못 아신 까닭이다. 이때 내 심신이 미처 겨를이 없어 꿈과 평상을 깨닫지 못하고 취한 듯 당황할 즈음 얼핏 들으니 시어머니가 뒤따라 들어오셔서 급히 자결하신다 하였다. 일이 어찌 되는지 깨닫지 못하고 정신이 아득하여 인사를 모르고 있으니 아버지가 청심원淸心元과 동변童便[48]류를 써 마지막에야 정신을 차리니 벌써 새벽이 되었다. 그 사이 위급한 시어머니를 이숙대인과 검천 시숙이 구하고 엄히 방비하여 겨우 무사하였다. 시비가 연달아 들어와 전하기를

"지금은 정신을 차려 계시니 다들 나오라 하십니다."

하되 오히려 믿지 않으니, 또 전하기를

"지금 정신이 또렷하셔서 말을 주고받고 창밖에 풍류를 시켜 들으시며 곡조가 고르지 못함까지 다 이르고 괜찮으니 빨리 나가 보소서."

하였다. 잠깐 정신이 돌아옴을 어찌 길게 믿으리오마는 생전에야 어찌 오래 병자 곁을 떠나 있으리오. 이에 시어머니를 모시고 나갔다. 아버지가 계셔서 시어머니는 합내에 멈추시고 내가 먼저 방에 들어가 보니 새벽 막힌 때와는 달리 눈을 확실히 뜨고 지각은 있으나 얼굴에 시색이 분명하고 두 눈에 정기가 없으며 호흡이 다만 턱밑에서

만 받고 빨랐다. 병중에 워낙 허한虛汗, 식은땀을 흘렸는데 이날은 더 괴이하여 만면에 가득한 땀이 크고 작은 진주가 빈 틈 없이 흩어진 듯 자욱이 솟아나 서로 합해지지 않고 동글동글 맺혀 있었다. 이 광경을 한번 보니 창자와 애가 함께 끊어지고 가슴이 막혔으나 스스로 굳게 진정하고 부드러운 얼굴빛을 하고 가까이 나아가 손을 잡고 물었다.

"그 사이 어떠합니까?"

남편은 문득 손을 밀치며 말했다.

"나는 그런 사람과는 말을 아니 하노라."

이는 새벽에 내가 팔목을 찌르려고 한 것을 자결하려 한 것으로 잘못 알고 그 경솔함과 스스로 많이 놀란 것을 크게 불편하게 여겨서였다. 아버지와 내가 서로 돌아보고 놀라며 남편이 그렇게 막힌 가운데도 아는 것을 이상히 여기고 그 실낱같은 정신에도 맹렬한 지각이 있음을 더욱 감탄하고 탄식하며 아끼는 마음을 금치 못하였다. 그 말소리를 들으니 호흡이 가쁘고, 겨우 잇달아 하는 거동과 비록 위태한 중이나 내가 여자의 유약함을 잃고 지나치게 강한 것을 몹시 편치 않게 여겨 용납하지 않은 듯 보였다. 이에 그윽이 안심되면서도 참담하고 원통함에 골절이 녹는 듯하니 차마 어찌 견디리오.

아버지가 바깥으로 나가시고 시어머니와 할머니가 방으로 들어오셔서 머리맡에 앉으시자 남편이 가쁜 호흡으로 말소리가 이어지지 않은 채 어머니에게 고하기를

48 열두 살 이하 사내아이의 오줌. 민간요법에 쓰였다.

"제가 곧 나을 것이나 놀라서 숨이 이리 찹니다."
하자 시어머니가 물었다.

"어이하여 놀랐느냐?"

"칼을 가지고 무섭게 굴기에 놀라서 칼 둘을 다 앗아서 지금 요 밑에 넣었나이다."

"네가 잘못 보았구나. 칼 가지고 들어온 일이 없느니라."

남편이 말하기를

"분명 보고 앗아 넣었습니다."
하였는데, 실은 칼 둘을 앗아 요 밑에 넣은 일이 없으나 혼미한 가운데 칼 말을 듣고 크게 놀라 마음속으로 앗아 요 밑에 넣은 듯하였기에 시종 그리 알고 있었던 것이다.

무심하고 아득한 하늘이여! 이것이 참인가, 꿈인가. 차마 사람이 능히 이를 견디고 살 것인가. 이윽고 시아버지가 합내로 나오시고 남편과 검천 시숙이 곁에서 시간을 맞춰 미음을 떠넣고 이숙대인과 시숙들이 연이어 병자 있는 곳에 출입하시기에 나는 자주 물러나 합내에서 시아버지를 모시고 있었다. 큰아버지가 오셔서 나를 보려 해서 내가 침소로 들어와 뵙는데 능히 참지 못하고 무릎 위에 엎드려 흐느끼자 큰아버지가 이르시기를

"비록 위태하다가도 혹 회복할 수도 있는데 어찌 이리 과도하게 구느냐? 아까 집에서 들으니 칼을 잡고 섰다 하니 비록 불행한 일을 만나도 내 몸은 스스로 둔 것이 아니라 부모의 유체遺體이니 부모가 남겨준 몸을 가볍게 함은 목숨을 스스로 길이 살게 하지 못하는 것이다. 아까 너의 행동을 네 형이 듣고 가슴을 치고 발을 구르며 한시

도 못 살 듯했으니 네가 만일 죽으면 네 형이 살지 못할 것이다. 그렇게 다 살지 못하면 네 아버지가 너희를 아들같이 여기다가 너희 없이 지탱할 수 있겠느냐?"

하자 내가 대답하기를

"말씀이 자상하시니 질녀姪女 비록 옹색하오나 어찌 이를 생각하지 못하리까. 형편이 이러하므로 능히 엄한 결단을 하지 못하고, 아까 일은 죽고자 함이 아니라 생혈을 써보려고 한 것이고 혹 위독함이 회복된다 한들 지금 벌써 다리가 차고 호흡이 턱밑에 있는데 어찌 한 점 남은 기운이 있으리까."

하였다. 큰아버지가 또 이르시길

"생혈이란 것이 혹 회생하는 도리는 있지만 어찌 생명을 더하기를 바라며 또 부부가 삼십 년을 함께 살아야 혈맥이 상통해서 효험이 있지 지금 네 피는 써도 합해지지 않을 것이니 어찌 기운을 잇겠느냐."

하였다. 아버지가 자리에 있다가 아까 남편이 날 편치 않게 여기던 까닭을 고하니 큰아버지가 더욱 이르시기를

"김서방의 마음이 저러하니 네 내의大義를 널리 생각하고 마음을 굳게 하여 아무쪼록 목숨을 보전하여 시부모를 받들며 돌아간 남편의 후사를 이어 집안을 보존하도록 하여라. 그래야 훗날 네가 돌아가서 서로 만났을 때 빛이 있고 김서방이 네게 감사하며 내 과연 일찍 돌아오고 다른 동생이 없어서 부모와 조상을 받들 이가 없었는데 그대 설움을 참고 도리를 다하여 나의 부모를 받들고 후사를 이은 뒤에 돌아오니 항상 내 뜻을 잊지 않은지라 감격하였다고 할 것이

다. 만일 지금 따라 죽으면 아까 새벽에 불편해하던 뜻을 미루어보건대 지하에 돌아가도 반드시 너를 보지 않을 것인데 어찌 그리 생각하지 않느냐."

하고 대의와 사리로 경계하는 말씀이 자세하고 장황하였으나 이때 보고 듣는 게 다 아득하여 능히 다 새겨듣지 못했다.

큰아버지가 돌아가신 뒤 사랑에 나가 시아버지를 모시고 합내에 머물다가 낮에 시아버지를 모시고 방에 들어가 병자 곁에 나아갔다. 내가 미처 앉지 않고 발치에 한참 동안 서 있자 남편이 그 정신에도 눈을 오래 뜨고 평안한 빛으로 나를 한참이나 빤히 바라보았다. 내가 그 보는 뜻을 살피건대 아픈 중에는 세상 생각이 아주 없어 내게 각별히 유념하지 않았으나 이때 우연히 내가 발치에 서 있으니 자연히 내려다보는 것이 더 편한지라 이윽히 보다가 갑자기 깨닫고 헤아리기를 '내 혹 불행하면 저 신세를 어찌 할꼬?' 하며 유심히 보는 거동이었다. 한눈에 그 마음을 뚜렷이 알아보았는데 할머니도 알아보시고 시어머니에게 말씀하기를

"새댁과 무슨 말이라도 하라 해라."

하자 시어머니가 그 말을 따라 나아가 이르셨다.

"네 아내와 무슨 말이라도 하여라."

남편이 불편한 빛을 고치지 않고 또 대답도 없었다. 내가 그 거동을 보고 애간장이 끊어지려 하였으나 굳게 참고 낯빛을 부드럽게 하여 나아가 정신이 드는지 물어도 답이 없었다. 내가 억지로 웃으며 말하기를

"제가 무슨 잘못한 일이 있나이까?"

남편이 머리를 저어서 다시 물었다.

"무슨 일인지요?"

남편이 숨을 헐떡이며 겨우 말하기를

"지금은 긴 말을 못하겠으니 내 낫거든 하리라."

하니 이는 스스로 회복되리라 믿고 소생한 뒤 경솔하고 망령되이 칼을 잡은 나의 행동을 꾸짖고 한바탕 즐겁게 웃으려 한 뜻이었으리라. 이에 더는 말을 못하고 있는데 한참 뒤에 시아버지가 나오셨다. 이 날은 종일 더하지도 덜하지도 않고 새벽녘에 회복된 뒤로 한결같이 지냈다. 저녁에 불을 켠 뒤 친정아버지가 계셔서 시아버지는 병자 가까이 오시지 않고 내가 들어가 곁에서 돌보았다. 아버지가 머리맡에서 혹 물으시면 남편이 겨우 대답했다. 갑자기 다리 통증이 심해서 무릎을 찌르는 듯하자 아버지가 나에게 주무르라 하셔서 이불 위로 주무르고 있는데 검천 시숙이 방에 들어오셨다. 남편이 시숙에게 다리를 주물러주소서 하여 나는 물러나왔다. 오호, 통재라! 이번에 한 번 나온 것이 천고의 영원한 이별이 되다니. 무심하고 아득한 하늘이여, 차마 이 어찌된 일인가.

한마디 나누지 못하고

인심이 무심하여 오히려 잠깐 사이에 위태할 줄을 모르고 합내에 나와 정신이 나간 채 황망하여 시어머니와 서로 몸을 의지하고 잠깐 기댔는데 설핏 잠이 들었던가 보다. 잠깐 사이 얼핏 외치며 통곡하는 소리가 들렸다. 시어머니와 내가 함께 꿈인지 생신지 깨닫지 못하고 혼백이 날아 다만 계속 슬피 부르짖는 소리만 재차 들리니 부르짖고 통곡하는 이는 시할아버님이었다. 한편 병실 안은 경황이 없고 고복皐復[49]을 의논하는 소리가 들리니 이미 하릴없음을 깨달았다. 다만 천지가 망망하고 정신이 아득하여 심신이 떨릴 따름이니 도리어 나무로 만든 사람같이 할머니 무릎에 엎드려 있는데 시어머니가 가슴을 치고 통곡하셨다. 생각하니 남편이 아플 때는 스스로 겁을 먹어 행여나 의원과 남이 병이 중하다 하는가 싶어 비록 혼미한 중에도 기색을 세세히 살폈기에 차마 눈물 흔적을 보이지 못하였다. 남편은 병에 해롭다고 하는 것은 스스로 몹시 조심했다. 늘 반듯이 누워 손을 가슴에 얹었는데, 친정아버지가 이르시기를

"손을 얹으면 갑갑하기도 할 것이요, 또 아니 하겠다 하니 하지 말라."

하셔서 그 후에는 혹 무심히 얹었다가도 깨닫고 급히 내려놓았다. 이날 낮에도 내가 친정아버지께 아뢰기를

"이미 점점 하릴없으니 차라리 정신이 잠깐 있을 때 저의 품은 소회所懷를 고하고 답말을 듣고자 하나이다."

하였으나 친정아버지가 말리셨다.

"지금도 저는 속으로 지각이 뚜렷해서 남의 기색을 살피는데 차마 어찌 사후死後 말을 이르겠느냐."

남편은 임종까지 스스로 회복되리라 믿었다. 그런 까닭에 초저녁에 내가 합내에서 들으니 남편이 친정아버지께 여쭙기를

"내 병이 끝내 위태하지 않겠습니까?"

하자 친정아버지가 이르시기를

"그러기야 하겠느냐. 네 병이 위태하면 내가 이리 태연할 것 같으

냐? 너는 내 기색만 믿으라."

하셨다. 두어 경更 사이 비록 위태하였으나 오히려 채 숨이 끊어지지 않아 안으로 정신이 있었을 터인데 울고 흐느끼는 소리를 듣고 얼마나 놀라고 서러워하였으리오. 이를 생각하니 이미 하릴없는 바에야 세상에 있을 때에 심려를 허비하지 말게 하려고 시어머니께

"잠깐 기다리시고 울음을 그치소서."

하고 마땅히 들어가 살아 있을 때 마지막 얼굴을 영결하려 하였으나 막상 들어간 뒤에는 차마 견디지 못하고 차마 보지 못할 거동을 대해서는 조용히 있지 않으면 돌아가는 마음을 도리어 어지럽힐 것이요, 또한 고서古書에 죽을 때에는 남녀가 섞여 있지 않는다 하니 종신대사終身大事의 예를 어기는 것이 옳지 않다 하여 다만 소리를 삼키고 가슴을 어루만지며 할머니에게 의지하여 엎드려 있었다.

이윽고 고복을 하자 일시에 곡성이 하늘에 가득하며 누군가 내 머리를 풀어헤치니 이때 내 불의에 하루저녁에 하늘이 무너지는 변을 당하여 온몸이 깨어지듯 천지가 망망하고 심혼心魂이 아득하여 세상을 분간하지 못하였다. 잠깐 사이에 친정아버지가 나를 안아 내 침소로 들어와 계셨다. 겨우 정신을 차렸으나 어이없고 이러지도 저러지도 못해 능히 울음도 울지 못하고 입 속으로 다만

"이것이 세상이냐, 꿈이냐, 차마 이 어인 일인가."

하였다. 황황하여 따르고자 하나 길이 없고 홀홀하여 잡고자 하나 잡을 것이 없으니 아득히 하늘을 불러 울부짖고 발을 구를 뿐이었

49 상을 당하였을 때 죽은 이의 이름을 부르면서 초혼招魂하는 것. 고皐는 길게 빼어 부르는 소리, 복復은 초혼하는 것을 뜻한다.

다. 이슥하여 친척들이 내 침소에 모두 모여 염습할 데 들어갈 것을 친정아버지와 의논하여 발기[50]를 만드는데 내가 차마 어찌 들으며 차마 어찌 생각하리오마는 죽은 사람은 다시 살아올 수 없으니 이미 어쩔 수 없다. 무익한 설움만 사무쳐 만년의 마지막 옷을 유념하지 않을 수 없어 두어 말씀으로 모든 데 고하기를

"수의壽衣를 지나치게 할 것은 아니지만, 또한 다시 못할 것이니 질기기를 취하여 수화주水禾紬로 하소서."

하였다. 이에 중치막[51], 동옷, 적삼, 속것은 수화주로 하고 안감과 그 나머지는 다 명주로 적어서 내간 뒤 미음을 가져와 아버지가 그릇을 잡고 먹으라 하셨다. 시간이 지나지 않아서 차마 물인들 어찌 목으로 넘기리오마는 이미 따라 죽지 않으려면 이런 따위를 가지고 고집을 부려 아버지가 근심하고 옆 사람이 난감해하지 않게 하려고 거짓으로 마시는 체했다. 이 밤을 시할아버님과 친정아버지가 내 침소에서 잠깐 쉬고 주무시는데 내 놀란 정신을 오히려 진정하지 못하고 심히 흔들려 아버지에게 단단히 의지해서 밤을 겨우 지냈다. 날이 밝은 후 시어머니가 시신 있는 곳에 나가신다 하기에 나도 얼굴을 보고자 시비에게 업혀 나갔더니 시어머니가 나가신 지 벌써 오래였으나 모든 사촌시숙들이 문을 막아 가리고

"출입을 번거롭게 하여 만일 찬바람을 쐬면 돌아간 사람에게 그만한 불행이 없으니 못할 일이오. 이제는 이미 끝났으니 보셔서 무엇 하리이까?"

하며 재삼 말리고 문을 열지 않아서 시어머니가 능히 들어가시지 못했다. 내가 곡을 하며 청하니 돈동 시숙이 이르시기를

"지금은 실로 봐도 무익하고 염습한 후 당당히 보는 예법이 있으니 들어가시라 하라."

하였다. 내가 답하기를

"나는 심약하고 상傷하여 저녁과 밤에는 능히 못 보겠으니 지금 보게 해주소서."

하자 참봉 시숙이 이르시기를

"마땅히 보게 하려고 내일 아침에 염습할 것이니 그때 들어가시게."

하기에 하릴없이 시어머니와 내가 그냥 들어왔다. 수의, 적삼, 속것, 건巾, 버선은 친정아버지가 정情으로 하시고 동옷은 언니가 하였다. 사리와 체면으로 말한다면 제부弟夫의 수의를 하는 것이 아니지만 평상시에 언니와 남편이 서로 좋아하고 공경하며 사랑하고 아끼며 서로를 알아주는 마음이 실로 유별했던 바라 각별히 정을 표한 것이다. 수의에 한삼은 하지 않는다고 하나 병 중에 하루는 남편이 나에게 이르기를

"내 요사이 갑자기 의복 호사하고 싶은 마음이 나니 언제 나아서 가벼운 새 옷을 입을꼬. 요사이 장인이 명주 한삼 단 것이 부드러워 몹시 좋아 보이니 나도 달았으면 하오."

하자 내가 웃으며 답하기를

"아픈 것만 어서 나으소서. 마땅히 새 옷과 명주 한삼을 삼가 힘을 다하여 지어드리리다."

50 사람이나 물건의 이름을 죽 적어 놓은 글.

51 벼슬하지 않은 선비가 소창옷 위에 덧입던 웃옷. 넓은 소매에 길이는 길고, 앞은 두 자락, 뒤는 한 자락이며 옆은 터져 있다.

하며 이렇게 말을 주고받았는데 일이 이미 그르게 된 것이다. 이에 드디어 수화주, 한삼을 내가 각별하게 여겼으나 내 손으로 짓지 못한 것이 한이다. 또 할머니가 나에게 마지막 버선이나 지으라 하셨으나 차마 못하였더니 근래에 자주 꿈에 버선이 떨어져 보이고 맞지 않은 것처럼 보이니 어찌 지극한 한이 되지 않으리오. 남편이 평소에 현초대를 좋게 여겼던가 싶은데 미처 알지 못했다. 시어머니가 하늘을 부르고 가슴을 치며 통곡하던 중 이르시기를

"평소 늘 가지고 싶어했는데 못 해주었으니 어찌 산들 죽은들 잊으리오."

하고 통견通絹. 성기고 얇게 짠 비단으로 친히 접어 넣으셨다.

훔친 목숨

내 비록 모진 목숨이 무지하고 시어른이 의탁할 곳이 없는 사정으로 실낱같은 목숨을 훔쳐 살았으나 평소 남편이 자기를 알아주는 벗으로 중히 대해주던 일과 곡진하던 지극한 성심을 생각하고 내 생각하던 바는 본래 고금을 통하여 지아비 죽으면 따라 죽는 의를 옳게 여기고 사는 이를 무지하게 여겼으며, 평상시 남편이 나를 알기를 작은 일에도 맹렬한 결단이 있는 줄 알았는데 내 천만뜻밖에 천지가 무너지는 변을 당하여 문득 나의 본래 뜻을 잊고 남편이 알아주던 것을 저버리고 목숨을 훔치니 죽어도 살아도 저버림이 지극하다 하겠다. 알아줌을 저버린 회포를 남편에게 고하지 않을 수 없어 대여섯 줄 글을 써서 관 속에 넣고자 아득히 막힌 심신을 거두어 겨우 기록하였다. 그 글의 대강은 남편의 맑고 빼어난 품성과 어질고 효성

스럽고 아름다운 성질이며, 탈속한 심사에도 수壽를 얻지 못함과 뛰어난 효심으로 늙으신 할아버지와 노년의 양친에게 불효막대함을 한탄하고, 평소의 독실한 수행과 부부간이라도 조심하면서 피하고 마음을 알아주니 실로 어긋난 곳이 없어 내 그윽이 흠복하고 공경하여 피차에 각별히 생각하여 평생을 우러러 받들며 백년을 함께 늙어갈 것을 기약한 것과, 나의 죄악이 지극히 무겁고 운명이 궁박하여 혼인의 느꺼움과 알아줌을 저버리고 살기를 훔치니 목숨의 모질고 불의함과, 당일 운명하던 때 칼을 들었던 일을 마침내 편치 않게 여기고 돌아가신 바가 지극한 한이 됨을 조목조목 간략하게 기록하여 썼다. 내가 혈서로 쓰려 하니 시비侍婢가 좌우에서 바짝 붙어 막아서 달리 일러 가위를 가져오라 하였다. 정히 이불 사이에서 손가락을 베고자 하자 유모가 병풍 밖에 있다가 알고 급히 칼을 앗아갔다. 망망한 가운데 지극한 원통함을 어찌 다 이르리요마는 다시 이를 길 없어 마지못해 먹으로 썼다. 아버지가 들어오셔서 베갯머리의 종이와 붓을 보고 행여 유서를 쓰는가 하여 크게 놀라서 무엇을 쓰냐고 물으시기에 의심을 풀어드리고자 즉시 대답하였다.

"제 비록 한 목숨을 훔쳐 살지만 스스로 하늘에 닿는 설움과 뭉치고 뭉친 유한이 지극하고 생사간에 저버린 마음을 두어 줄 기록하여 넣으려고 저의 지극한 정을 다해서 혈서로 쓰려고 하나 무지한 종들이 막아서 뜻을 펴지 못하니 더욱 분하고 원통하나이다."

아버지가 답하시기를

"네가 혈서를 넣고자 하는 것이 마땅하나 변을 당하던 날 너의 행동을 끝내 편치 않게 여겼고, 평소의 일로 미루어보면 극히 심약하여 붉은 혈서에 반드시 놀랄 것이니 먹으로 쓰는 것이 마땅하다. 만일 그렇지 않으면 난들 잠깐 네 살 허는 것을 아끼고자 지극한 정을 막겠느냐."

하고 어서 쓰라고 하셨다. 그 말씀을 들으니 그럴 듯하여 이에 쓰기를 마치자 아버지가 바라보며 소리 죽여 오열하고 다 읽어본 후 이르시기를

"지정지절至精至切하여, 지극히 정하며 지극히 간절하니 가히 마땅히 잘하였다."

하고 소매에 넣고 말씀하시기를

"네 형에게 보이고 연복連幅[52]하여 오리라."

하시는데 얼굴에 다행한 빛이 가득하였다. 이는 내가 살기를 고하였어도 믿지 않고 마음속으로 염려하시다가 이 글을 보고는 산 사람을 속여도 죽은 사람을 어이 속이리오 하여 비로소 완전히 믿고 나의 신세를 참담히 슬퍼하나 죽지 않으려 함을 천만다행으로 여기고 반드시 언니에게 보여 마음 졸이며 염려함을 덜려고 하신 것이다. 아버지의 안색과 마음을 우러러 생각하건대 차마 이러한 지극한 정과 천륜을 어찌 저버리리오. 이에 더욱 살기로 굳게 정하였다.

8일 새벽에 염습을 다한 후 천고千古의 영결을 하기 위해 시어머니가 나를 데리고 나가니 오호, 통재라! 이 길이 무슨 길이며 이 이별이 능히 회한悔恨이 있으랴. 창창한 황천이 차마 이렇다 할 것인가, 망망히 하늘을 부르짖으며 방에 들어가 한번 눈을 드니 슬프다 차마 이 어쩐 일인가. 수려한 모습은 고요하여 움직임이 없고 부드러운 안색과 온화한 목소리는 잠잠하여 유명을 달리하였으니 무심한 하늘

이여, 이 누구인가. 차마 그가 이렇지 않으리니 이 어찌된 일인가. 효성스러운 남편이 연로한 할아버지께 자손을 잃는 참혹한 슬픔에 이치를 거스르는 슬픔을 더하고 훤당萱堂의 양친에게 자식 잃는 참혹한 슬픔을 끼친 외에 어린 아우와 누이도 없이 망연히 돌아가니 외로운 시어머니는 무엇을 의탁하시리오. 이러므로 남편이 세상 인연의 느꺼움과 여러가지 유한遺恨이 얽혀 눈을 미처 감지 못하리니 오호, 하늘이여! 이 어찌된 하늘인가, 운명인가. 다름이 아니라 이 모두 나의 죄악이 지극히 중하고 팔자가 궁하고 험해서 화가 낭군에게 미친 것이다. 내 비록 무지하고 모진 목숨이나 삼종을 의탁하고 일생을 우러르며 백년을 함께 할 기약을 하다가 천지의 가혹한 벌을 받아 오늘날 지아비와 천고의 영결을 지으니 오호, 통재라! 아득한 이 세상을 어찌하리오.

망망히 부르나 응함이 없고 황황히 말하나 대답함이 없으니 평소 남편이 나에게 말하고 대답하지 않음을 답답하게 여겼는데 어찌 이토록 묵묵히 말씀이 없단 말인가. 오호, 하늘이여 차마 사람을 내고 이리하면 어찌하오. 황급히 얼굴을 보고자 하나 면모面帽로 굳이 가려놓아서 내 망망히 그 얼굴 보기를 청하였다. 참봉 시숙이 면모를 잠깐 들치자 다만 입술과 턱만 보이기에 소리쳐 통곡하였다. 이숙대인이 남편의 한삼을 헤치고 손을 내주어 급히 잡으니, 오호, 통재라! 오늘 이것이 우리 부부가 영원히 사별하는 것이요, 손을 잡고 이별함이냐. 천지간 인생에 차마 어찌 이같은 혹독한 일이 있으랴. 한

52 피륙이나 종이 따위의 조각을 마주 이어붙이는 것.

번 손을 잡고 소리쳐 통곡하니 심장이 천 길로 무너지고 만 갈래로 찢어지니 황황하여 구천으로 따라갈 듯하고 망망하여 갑자기 뒤를 좇을 듯하다가 가슴이 막혀 정신을 놓은 사이 누군가 벌써 나를 안으로 들여와 아버지와 모두가 환약류로 깨웠다. 천추의 끝없는 이별을 이미 헛되이 하고 황혼에 입관한다고 하여 나갔으나 또 못 보게 막힐까 하여 아버지가 안아 잠깐 보게 들여보내주셨다. 이미 온몸의 모습과 음성이 길이 감추었으니 무엇을 보며 무엇을 들으리오. 속절없이 초종과 성복을 마치니 오호, 통재라! 남편의 유별한 효성은 어디에 이루었으며 빼어난 품성과 자질은 어디에 표하였는가.

남편의 죽음이 천명天命이라 한다면 임종까지 스스로 회복을 기약하지 않았을 것이요, 명이 아니라 한다면 독질을 어찌 얻었으리오. 대개 무신년 겨울 위질을 앓은 뒤에 원기를 보충하는 약과 기를 돋우는 것을 써서 완전히 회복하고 처음 병을 얻었을 때 병의 원인이 깊지 않았으니 의약으로 다스리고 기운이 다하지 않았을 때 원기를 보충하였다면 혹 이 지경에 이르지 않았을 줄 어찌 알겠는가. 절절히 하나하나 유한이 지극하고 원통함이 하늘에 닿을 듯하다. 애는 구천에 끊어지고 넋은 황천에 사라지니 차마 어찌 견디리오. 남편이 본래 형이나 아우가 없고 외로운 몸으로 이제 돌아갔으나 한낱 형제와 한 점 피붙이가 없으니 남편의 모습을 어디로 옮기며 남편의 핏줄을 어찌 이으리오. 남편은 시부모의 기둥인데 기둥이 부러지니 어디에 의탁하며, 남편은 시댁의 주춧돌인데 주춧돌이 꺾어지니 어찌 엎어지지 않으리오.

시할아버지, 시아버지 두 어른이 남편을 중히 믿고 멀리 앞날을 고대하다가 꿈속같이 하루아침에 혹독하고 참혹한 일을 당하니 지극한 원통함과 참혹한 슬픔이 어찌 한갓 아들의 상을 당한 일뿐이리오. 하물며 시어머니는 천금 같은 소중함과 삼종지도三從之道를 맡길 곳임은 말할 것도 없고 모자의 정이 천고에 드물었다. 먹고 자고 춥고 덥고를 살피고 한 번 찡그리고 한 번 웃을 때마다 무심한 적 없이 사랑하고 돌보아 기르시는 것을 어린아이같이 하였다. 잠을 자면 숨쉬는 게 어떤지 살피고, 음식을 먹으면 반드시 곁에 앉혀 국과 반찬을 가려 먹이며, 사랑에 잠깐 나간 사이에는 허전해하시며 마치 무엇을 잃어버린 듯 여기시고, 들어오면 먼저 신발 소리를 반기며 문에서 기다렸다 손을 이끌어 무릎에 놓고 장난하며 즐거워 웃으셨다. 남편 또한 효성이 자별하여 잠깐이라도 곁을 떠나는 것을 몹시 어렵게 여겨 평소 안에 들어가 모시다가 혹 어머니가 측간에 가시면 반드시 가서 모시고 돌아오며 어머니가 적적해하시면 백 가지 희롱과 기괴한 형상을 다하여 웃으시게 하였다. 그러니 시어머니가 더욱 잠시라도 슬하에 없으면 허전해하고 재미없어 하고 우리 부부를 자리 옆에 두는 것을 세상의 둘도 없는 재미로 아셨다. 매사에 지나치게 아끼며 말씀이나 사랑을 표하고 반드시 현달顯達하여 실이 뻗어나갈 거라 기대하며 그간의 궁달窮達과 영욕榮辱, 그리고 노후를 의탁하리라 여기셨다. 또 평소에 품은 회포가 남다른 까닭에 바라고 기약함이 지중지대하였다. 밤낮으로 하루빨리 손자 보는 재미와 현달의 경사 있기를 맘 졸여 고대하고 장성長城같이 든든하게 굳게 믿다가 우연한 병을 얻어 한 달 남짓 병이 낫지 않자 시어머니는 누구보다 심경이 초조하여 밤낮으로 침식을 폐하고 또 황망해하다가 점점 위독해지자 황황히 간위肝胃를 태우고 초조히 심담心膽을 녹이며 천지신명에게 회복과 수명을 더해줄 것을 비셨다. 그러나 하늘이 무지하고 귀신이 악착하여 천지간에 혹독한 참변을 만났으니 오호, 하늘이여 차마 이 어찌된 일인가.

우리 시어머니는 지극한 인자함과 어진 마음, 너그러운 덕으로 엄한 벌이 종들에게 미치지 않고 살생의 마음이 벌레에도 없어 너그럽고 후덕하며 인자하고 부드러운 어진 마음으로 천하의 지극한 외로움을 당하게 되니 하늘의 도가 성심과 어짊을 갚음이 어디에 있는 것인가. 시어머니는 이미 참담하고 지극한 아픔을 당하자 망망히 뒤를 좇으려고 변을 당하던 날 자결하려 하다가 옆 사람에게 칼을 빼앗겨 능히 뜻을 이루지 못하였다. 또 혹 변을 만남에 스스로 반드시 죽을 것을 기약하여 밤낮으로 망망히 울부짖으며 곡하기를 그치지 않고 물 한 모금도 마시지 않았다. 이숙대인이 밤낮으로 붙들어 천만번 달래고 만번 애걸하며 고금의 일을 끌어다 증거로 삼으며 사리와 체면으로 회유하니 그저 애만 태울 뿐이었다. 시할아버지가 이르시기를

"모름지기 슬픔을 누르고 고통을 참아 내 남은 삶을 살게 해주고 잔혹한 처지의 우리 며느리를 보전하게 하라."

하며 천만번 당부하셨다. 친척들과 시숙들이 온갖 말로 간절히 위로하여 부모님을 모시고 있으면서 그리 해서는 안 될 일이라는 것과 목숨을 보전하지 못할 것이니 이제는 이미 끝난 일이라 마땅히 대의를 굳게 하고 슬픔을 끊어내고 고통을 참아 위로 늙은 부모님을 받들고 아래로 대를 보전하여 제사를 받들고 후사를 세우는 것이 도리에 마땅하고 돌아간 사람을 저버리지 않는 것이니 무익한 슬픔을

억제하고 집안을 보전할 것을 생각하소서 하며 위로하고 회유함이 수만 번이었다. 시어머니가 애써 억지로 미음 종지를 드셨는데 반드시 일이 진정된 후 세상을 끝내려고 유서까지 쓰고 틈을 기다렸으나 모두 능히 알 리 없었다. 시어머니가 말씀 끝에 불길한 말씀을 자주 하시기에 내가 하루는 울면서 아뢰기를

"저의 모진 목숨이 살기를 훔쳐 세상에 머무나 천지간에 지극한 슬픔을 품어 다만 우러러 의지할 곳은 시어른이요, 위안을 삼는 바는 친정입니다. 시댁을 생각하면 여러 어른께서 비록 아끼고 어여삐 여기심이 지극하시나 특히 어머니를 의지하는데 어머니께서 매양 이렇게 불길한 말씀을 하시니 어머니께서 만일 저를 버리시면 저는 쌓이고 쌓인 지극한 슬픔으로 살 길이 없나이다. 또 길이 생각건대 아버님은 춘추가 늙지 않고 뒤를 이을 자식이 없으니 반드시 새로 장가를 드실 것이니 일이 이렇게 바뀌면 저는 외롭고 의지할 데 없는 설움과 답답한 신세 하늘을 우러르고 땅을 내려다볼 곳이 없나이다. 어머니께서는 어찌 이를 생각지 않으시며 저의 남은 생을 돌아보지 아니하십니까?"

시어머니가 조용히 들으시더니 문득 깨닫고 애통해하며 한참이나 가슴을 치며 슬피 울다가 비로소 이르시기를

"내 차마 어찌 너를 저버리며 차마 어찌 너를 속이겠느냐. 나의 품은 마음을 다 말하리라. 실로 우리 모자의 천륜보다 더한 특별한 정은 남들이 모두 다 아는 바요, 내 본래 받은 명이 박복해서 평생 즐거운 세상과 빛나는 생활을 보지 못하고 또 자식 운이 기박해서 아들딸 여럿이 참담히 요절하는 것을 거푸 보고 겨우 저 하나를 애

써 장가들여 관 쓴 아들과 아름다운 며느리 쌍雙으로 얻었으니 스스로 돌아보건대 즐겁고 재미로움이 어디에 비할 데가 없었다. 아이가 받은 재주와 문장이 실로 바란 이상이라 보는 이마다 흠애하고 가족이 소중하게 여기니 갈수록 자손의 번창과 입신 현달을 밤낮으로 마음 졸여 기대하고 굳게 믿음이 장성과 태산 같아서 나의 여생의 고락苦樂을 제 한 몸에 맡겼다. 허나 내가 쌓은 악이 무겁고 팔자가 곤궁하고 고통스러워 천지간에 참혹한 일을 당하니 하늘에 닿을 듯한 참담한 슬픔과 뼈에 사무치는 유한을 어찌 견디며 저를 차마 지하地下의 음혼陰魂으로 만들고 내 차마 어찌 세상에 머물 수 있겠느냐. 이런 까닭에 나도 따르기를 결단하여 과연 유서를 쓰고 죽기로 정하였다. 그러나 네가 세세히 하는 말을 들으니 내 새로이 뼈를 부수는 듯 원통 참절함이 스스로 견디기 어려우니 차마 어찌 너로 하여금 천지간 극통 위에 다시 하늘을 보며 울게 하겠느냐. 내 오늘부터 결심을 버리고 내 한 목숨을 네게 붙이고 내가 죽기 전에는 네 몸을 보호하여 아깝고 불쌍 참절한 마음의 만의 하나라도 풀 것이니 다시 염려하지 말아라."

하시고 이후로 비로소 홀홀 망망히 밤낮으로 그치지 않던 곡을 잠깐 억제하고 내 침소에서 밤낮으로 함께 지내셨다. 내가 울면 함께 울고 내가 먹으면 잡수셔서 한 술과 한 모금을 맞추어 하며 내 웃으면 같이 하시고 한 움직임 한 일一動一事에 조금도 어긋나지 않으니 실로 내가 울고 싶어도 오래 울지 못하고 먹기 싫어도 먹지 않을 수 없었다. 이렇듯 서로 의지하며 목숨을 유지하여 시일을 보내니 천지간 참혹한 정경이 아니겠는가.

할머니 또한 어질고 인자한 마음으로 지난날 참혹한 일을 겪고 슬하에 한낱 자녀가 없어 외로운 형편이라 내가 시집오기 전 시누이 둘을 양녀로 삼아 모녀의 도리로 기르셨다. 그러나 하늘의 도가 혹독하여 연달아 참혹한 일을 겪고, 홀로 남편 성장을 보는 것을 평생 즐거움으로 삼아 특별한 사랑이 실로 남달랐다. 그뿐 아니라 내가 시집올 때부터 나를 몹시 사랑하고 귀중하게 여기고 매사 정성스러운 마음으로 간곡히 하심이 시어머니보다 조금도 덜하지 않았다. 우리 또한 사랑하고 아껴주심에 감격하고 외로운 마음을 함께 슬퍼함이 내 실로 시어머니보다 비록 더하진 않으나 조금도 덜하지 않았다. 남편은 할머니를 각별히 의지하고 우러렀기에 매양 내게 이르기를

"할머님이 우리 두 사람을 어루만져 사랑하심은 이를 것도 없고 나를 어머니와 같이 돌보아 길러주시는데, 참담한 지경이 되었으니 그대는 정성을 각별히 하라."

하며 신신당부하니 내 그 정성을 더욱 감탄하고 할머니가 사랑으로 대해주시는 은혜에 감동하여 보잘것없는 정성이나마 다하려 하였다. 할머니가 갈수록 조손祖孫의 정과 모자의 가까움을 겸하여 귀중히 여기고 지극히 사랑하다 이러한 참혹한 변을 당하시니 참혹히 애통해하고 중히 믿는 것이 무너져 옛날의 슬픔과 오늘의 슬픔이 겸하니 참혹함과 억울함이 남달랐다. 시어머니와 나를 간절히 생각하고 보호하는 데 더욱 각별하셨으며, 내게는 더욱 원통하고 슬픈 마음에 진심으로 정성을 쏟으니 어찌 은혜가 뼈에 사무치지 않으리오.

시간은 서러운 이 위해 멈추지 않고

흐르는 시일은 사람의 마음을 머무르게 하지 않아 4월 23일 남편의 관이 선영으로 영원히 돌아가니, 아아 슬프다. 유유한 하늘이여 이 무슨 길이며 이 무슨 일인가. 남편이 한 번 돌아가매 능히 다시 올 기약이 있으랴. 사람이 차마 살아서 이를 견딜 바가 아니니 이때를 당하여 나의 실낱같은 목숨을 늘림이 더욱 한이었다. 남편의 숨이 끊어지던 날 내 마땅히 뒤를 좇아 혼백이 같이 놀고 관이라도 쌍으로 돌아가면 첫째 늘 특별히 알아주던 마음을 갚고, 둘째 나의 하늘에 닿을 듯 원통한 설움을 잊고, 셋째 살아서나 죽어서나 함께 살고 함께 돌아가니 불행 중 다행이었으리라. 그러나 이 세 가지 마땅한 것을 버렸다. 부부는 천지의 도요, 군신의 의이니 하늘이 무너지매 땅이 꺼질 것이요, 나라가 부서지매 신하가 망할 것인데 하물며 부부는 한 몸이라 이미 지아비 죽으매 아내도 마찬가지로 죽음이 떳떳한 의이거늘 나는 하늘을 거스르고 의를 저버려 홀로 목숨을 훔쳐 남편을 천년토록 영결하니 아아 슬프다 나의 간장이 돌이냐 쇠냐.

이에 장례일이 닥치니 이숙대인과 아버지며 사촌시숙들이 각각 제문을 지어 아름다움을 칭송하고 아끼는 뜻을 표하였다. 오호라 남편은 연소한 아랫사람이나 이미 돌아가자 모두 글로써 슬픈 정과 아끼는 마음을 표하니 항상 남편을 모두 중히 여기는 것과 남편이 행한 바를 가히 알만 했다. 하늘은 차마 어찌 이처럼 빨리 앗아가는가. 이미 장례를 마치고 삼우제와 졸곡卒哭을 마치니 속절없는 목소리와 얼굴은 땅으로 가로막히고 천고의 끝없는 이별은 유명을 가로막으니 아아, 하늘이여 이를 장차 어찌하리오. 꿈이라 하나 깰 수가 없고 참이라 하나 차마 이렇지 않을 것이니 이를 능히 어찌 견디리오마는 사나운 하늘이 무지하여 용서함이 없고 시어머니의 고금에 비할 데 없는 지극한 자애를 입어 여전히 목숨을 보전하였다. 시어머니가 밤낮으로 붙들어 위로하고 돌봐주시며 스스로 슬픈 마음을 억제하고 일상사를 살피는 데 지극한 정이 미치지 않은 곳이 없으니 차마 이를 저버리지 못하였다.

성복한 뒤 친정아버지가 권도權道, 형편에 따른 방도를 따르라 일컬으며 애써 이르시기를 육즙을 먹으라 하시니 실로 생각해보니 내 몸을 위할 것이 없고 비록 한 목숨을 훔쳐 산다 하나 차마 어찌 남편의 몸이 식지도 않았는데 육즙을 마시겠는가. 그러나 내 이미 평생 신세와 남편이 중히 알아줌을 생각하지 않고 양가의 부모를 위하여 살기를 정했으니 이러한 작은 일을 고집하면 이는 먼저 뜻을 어기는 것이라 이에 뜻을 받들어 성복한 이튿날 쌍동에서 가져온 육즙을 시어머니에게 올리고 나도 마셨다.

아아, 내 어찌 이토록 모질고 무상할 줄 알았으리오. 비록 한 번

먹긴 했으나 차마 어찌 연달아 먹어 기운을 보양하겠는가만 시어머니가 연일 육즙을 가져와 울면서 간절히 권하고 내가 먹게 스스로 드셨다. 시어머니의 지극한 자애는 이를 것 없고 그 하늘 땅 끝에 닿을 참혹한 슬픔을 서리 담고 쓸모없고 박명한 내게 한 조각 사랑을 보내고 이리 하시는 것을 보고 차마 아니 먹지 못하여 열흘간 육즙을 먹고 다시 채소 반찬을 먹고 죽을 마셨다.

시절과 물색物色은 서러운 사람을 위하여 멈추지 않는지라 때에 따라 새 과실이 연달아 나니 보는 것마다 심장을 녹이는 듯하였다. 비록 목숨이 사납고 흉해서 곡기를 끊지는 않았으나 어찌 그 나머지 맛있는 음식이나 갖가지 과일이야 차마 목에 넘기겠는가. 이에 스스로 끊었는데 시어머니가 과일을 가져와 간절히 말씀하시기를

"내 늘 너희를 위한 마음에 한낱 실과와 한쪽 고기라도 반드시 좌우로 나눠주어 먹는 거동과 재미있는 모양을 일삼다가 내 혹독한 앙화를 받아 그 세상을 마저 잃고 이제 너마저 이런 것을 끊으니 실로 살아도 죽은 거나 다름없구나. 내 차마 어찌 이를 견디며 보겠느냐. 너도 모름지기 마음을 고쳐 내 마음을 적이 위로해다오."

하셨다. 그러나 내 차마 입에 넣지 못하고 남편이 병 중에 실과 따위 여러가지를 먹고자 하였으나 해롭다고 내가 더욱 막은 것이 지극한 한이 되어 차마 스스로 먹지 못하는 연유를 고하였다. 시어머니가 또 이르시기를

"비록 그러하나 이미 하릴없으니 눈앞에서 나의 이 애달픈 뜻을 어찌 받아줄 만하지 않느냐. 바라건대 내 생전까지만 먹어라."

하셨다. 말씀이 이러하니 감동하여 슬프고, 스스로 고집을 굳게 할

길 없어 시어머니가 주시는 과일을 예전처럼 먹었다. 이렇듯 남편을 위하여 내 마음을 표할 곳이 어디 하나라도 있겠는가.

시어머니는 내 얽힌 머리칼과 어지러이 자란 눈썹을 보고 스스럼없이 머리를 빗겨주고 눈썹의 어지러운 털을 뽑아주려 하셨다. 내가 절대 안 된다고 하자 시어머니가 스스로 가슴을 쓸어내리며 말씀하셨다.

"내 어찌 불가함을 모르겠냐마는 차마 눈을 들어 너를 보지 못하겠다. 말라빠진 모습은 한낱 시신이 되었고, 혹 얼굴을 들어도 부끄러워하는 기운이 얼굴 가득하니 이를 대하면 내 가슴이 쇠와 돌이 아니니 어찌 견디랴. 볼 적마다 가슴이 미어지고 애가 끊어진다. 대강 눈썹을 뽑아서 나의 이 마음을 잠깐 위로하는 것이 어찌 상례喪禮에 어긋난다 하겠느냐."

이렇듯 시어머니와 시할머니가 때때로 안경을 끼고 털을 뽑아주셨다. 나는 이미 일마다 부모님 뜻을 삼가 받들기로 정하여 스스로 고집을 세우지 못했다. 한스럽도다 극진한 상례로도 남편에게 갚지 못하니 나의 설움은 어느 때나 없어지리오.

시어머니가 스스로 의복을 마련하고 거처하시나 부모를 모신 처지에 경중이 달라 자유롭지 못하였다. 허나 시어머니가 나의 복식과 거처를 안타까이 여겨서 잠자리와 의복을 다 어둡지 않은 옅은 빛깔로 하며 한 가지 일 한 마디 말도 보호하지 않음이 없었으니, 고부의 정과 모녀의 가까움을 겸하여 곡진한 정성과 자애로움이 한 몸에 넘치셨다. 시아버지, 시할아버지 두 어른이 사랑하고 아끼심은 이전보다 더해서 시할아버지는 이름을 손자며느리라 하지 않고 작은 며느리라 하시고, 시아버지는 또 며느리가 아니라 어린 딸같이 대하니 사랑으로 아껴주시는 은혜와 덕이 마음속 깊이 사무쳤다. 이렇듯 여러 곳에 존경과 우러름을 두터이하며 실낱같은 목숨을 부쳐 세월을 보내나 어찌 살고 싶은 생각이 있겠는가. 스스로 사생死生을 하늘에 맡기고 만사를 젖히고 낮이나 밤이나 벽을 향해 앉아 세상 생각을 마음에 두지 않았다. 그러나 고요히 나의 살아온 이십 년 세상을 점검하니 사람의 가까운 이로는 어머니 같은 이가 없는데 나는 어려서 어머니를 여의어 어머니를 잃은 슬픔이 간혈에 얽혀 어머니가 계신 즐거움을 알지 못하고, 성인이 되어서는 여자의 소중한 이는 남편 같은 이가 없는데 갈수록 팔자가 기박하고 죄악이 하늘에 닿아 혼인한 지 육 년에 남편을 잃는 슬픔을 만나 인생의 즐거움을 알지 못하고, 사람이 바라는 것은 자식 같은 이가 없는데 한낱 자식이 없어 낳아 기르는 정을 알지 못하니, 오호라 이 어찌된 팔자며 이 무슨 신세인가.

슬프다. 혼인한 지 육 년이지만 사귄은 일 년이니 결혼 초부터 서로 생소하고 부끄러워함이 심하였다. 이미 사오 년이 되어 한 집에 있는 날이 오래되고 달포 되니 서로 낯이 익고 마음이 가까워졌다. 경술년부터는 나도 비로소 부끄러움이 줄고 남편도 어색해하지 않아서 서로 어울려 말을 주고받으면 말이 긴 이야기까지 이어지고 의논이 마음에 맞아서 비록 검은 머리 희게 될 때 이르러도 서로 어긋나지 않기를 뜻에 머금고 마음에 새겼다. 내가 마음속으로 생각하기를 마땅히 조상을 정결하게 받들고, 시부모님을 효로 모시며, 남편을 정도로 섬기고, 자녀를 의리로 가르치고 하인들을 위의威儀로 거느려 비록 행실이 미미하나 규모를 정하고 덕이 없으나 집을 다스려 반드시 법도를 잃지 않고 평생을 편안히 지내고자 하였다. 그런데 문득 생각이 그릇되고 계교가 뒤처져 조상 제사가 끊어지기에 이르고 부모 봉양을 상의할 곳이 없으며 백년을 기약한 것은 하루아침 이슬이 마른 것 같아졌구나. 오호라 사람의 아내 되어 음식의 짜고 싱거움을 맞추고, 베고 삶기를 직접 하여 지어미의 소임을 해보지 못하고 남편을 섬긴다는 것이 제기祭器를 다뤄 제사에 정을 표하고 도리를 펼 뿐이니 유유한 설움과 느꺼운 한이 당연한 이치와 다름이 많으니 애통하고 다시 애통하며 원통함이 하늘에 닿을 듯하나 이미 영원히 끝남이로다. 죽은 자가 다시 살아날 길이 없고 나의 평생도 회복할 조각이 없으니 무슨 악을 쌓았기에 내 이렇듯 가혹한 벌을 받았는가. 이미 삼종 가운데 둘이 끊어졌으니 인륜의 죄인이요, 천하의 궁한 백성이라 무엇을 의지하고 어디에서 위로를 얻으리오.

삶도 죽음도 아닌

무정한 세월은 물같이 흘러 잠깐 사이에 봄 지나 여름 가고 가을 오고 추위 닥치니 물색은 완전해서 움직임이 옛과 같은데 인간사만은 여전히 변히고 뒤집혀 시간이 가니 목소리와 얼굴이 희미해지고 발자취 끊어지니 아아, 슬프다, 사람이 목석이 아니니 차마 어찌 견디리오. 절기를 좇아 추위와 더위를 당하나 의복을 받들 곳이 없고 한 자 무명과 한 조각 솜도 위하여 쓸 곳이 없으니 마주치는 일마다 이 지독한 슬픔과 원통함을 어찌 견디리오.

갈수록 세월의 이어짐은 빨라 어느덧 해가 바뀌니 자취는 해가 지나 옛 일이 되었으나 작년 봄 광경이 눈앞에 펼쳐져 작년 오늘과 내일이 다 그날 같아서 혹 병을 근심하는 듯, 낮기를 마음 졸리고 있는 듯하였다. 이미 돌이 되었지만 죽었다는 것이 믿어지지 않아 문득 다시 볼 듯하고 희미하게 기다릴 일이 있는 듯하다 새삼 깨닫곤 한다. 실로 살아서는 기약 없는 일이라 뼈마디가 쑤시는 지극한 슬픔을 차마 견디기 어려우나 설움을 얼굴에 드러내지 못하고 울음의 한을 다 풀지 못했으나 밥을 대하면 배 불리 먹고 베개를 베면 편히 자면서 태연히 설움이 없는 것 같이 하고 까마득히 그를 잊은 듯하니 비록 무지하고 완악한 마음이나 어찌 이토록 하리오. 그러나 위에 시어른이 계시고 몸에 맡겨진 일이 무거워 스스로 몸을 마음대로 하지 못해서 예전처럼 시일을 보내나 하늘에 사무치는 설움과 땅끝까지 이르는 한은 어찌 견디리오. 눈을 뜨면 밝은 세상과 어지러운 소리에 괴로워 밤낮으로 잠겨 있어 살아 있는 것도 아니고 죽은 것도 아닌 시신이 되었으나 한낱 위로할 것이 없으니 유유한 이 세상을 어찌하리오.

나의 남은 해를 생각하니 푸른 머리와 붉은 얼굴이 시들 날이 멀어 남은 세월이 일천 터럭을 묶은 것 같으니 어찌 견디어 살리오. 그러나 사세事勢는 이미 끝났으니 하릴없으나 잠깐 머물다 가는 세상에 사람의 수명은 백세가 되지 않으니 나의 세상이 또 얼마리오. 내 이미 목숨을 훔친 뒤에는 집안을 보전하여 후사를 세우고 제사를 받드는 것立後奉祀이 임무이니 원컨대 길이 기대할 만하고 어질고 효성스러운 양자를 얻어 제사를 맡기고 박명한 여생을 의지하고자 하노라.

임자1792년 늦봄에 풍양 후인은 피눈물을 흘리며 쓰노라.

오호 하늘이여, 내 살아 무슨 죄를 지었기에 어린 나이에 어머니를 잃은 슬픔을 품고, 다시 남편을 잃고도 겨우 목숨을 부지하여 지금에 이르렀는데 황천이 특별히 그 죄를 벌하여 갑자년1804년의 슬픔과 을축년1805년 형제를 잃은 설움으로 오늘날 부모의 후손이 끊어지고 집이 엎어지는 반폐지통半廢之痛을 당하니 오호라 혹독한 원통함이요 참담한 재앙이라. 하늘이 내린 것인가, 운명인가. 내가 신해년1791년 화를 당한 뒤 오늘까지 목숨을 훔쳐 오늘날 이 참혹한 정경을 또 보는 것이냐. 가운家運의 망극함과 정리의 이 원통함을 아홉 하늘을 깨치고 하늘 궁궐의 문을 흔든들 능히 견디랴.

* 발문에 해당되는 이 글은 풍양 조씨가 남편의 죽음(1791년) 이듬해 본문을 쓰고 십여 년 뒤, 갑자년의 슬픔 즉 아버지의 죽음과 양자로 들인 친정남동생의 죽음(1805년) 이후 쓴 것으로 보인다.

제문

지난 날의 자취 아님이 없어라

외숙부가 쓰다

유세차 신해 사월 을사 삭 이십삼 일 정씨 집안의 처조카 김생의 관이 장차 양주 소고 왼쪽 언덕에 영원히 장사지내게 되니 그전 그전 오일 임술에 외숙부는 과일과 술로 곡하며 영결하여 가로되.

오호라 네 죽음이 과연 참이냐 꿈이냐. 장사지낼 기약이 있으매 혼을 상차 실어가니 네 과연 죽은 것이요, 꿈이 아니로다. 오호라 칠한 듯 검은 터럭과 푸른 낯으로 위에 세 어른이 계시니 아침저녁으로 슬하에서 기쁘고 즐겁거늘 네 어찌 이 즐거움을 버리고 길이 가느냐. 오직 네 맑고 빼어나고 화락한 기질을 타고나고 옥이 다숩고 구슬이 밝은 재주를 품어 나이 겨우 관을 쓸 나이에 문채文彩가 일찍이 드러나니 집안이 기대하는 바요, 친척이 사랑하고 아끼는 바였다. 어찌 한 병이 길이 낫지 않아 문득 이에 이를 줄 알았으리오. 하늘이

여 하늘이여, 어찌 앗기를 빨리 하는가.

오호라 세상사람이 뉘 외삼촌과 조카 사이가 없으리오마는 나는 네게 실로 천륜의 사랑함과 골육 같은 친함이 있으며 또 누구 한 번 죽음이 없으리오마는 너의 죽음은 더욱 참혹하고 아깝구나. 옛날 네가 역질을 앓을 때 너희 집에 연고가 있어 다른 곳에 나가 피하여 있고 너희 부형父兄이 다 능히 너를 보지 못했다. 내가 열흘을 함께 가서 네 병을 간호하여 끝내 근심이 없어지고 잘 자라기에 이르렀다. 내게 공부를 배웠으니 초년의 무지함을 깨우친 데 또한 공이 없지 않다.

평소에 너를 보기를 조카와 다름이 없이 하고 네가 날 섬김이 친부형에 다름이 없으니 사는 데는 비록 좀 떨어져 있으나 매양 한 번 서로 만나면 문득 마루를 임하여 웃고 맞으며 상자에 있는 글을 내보여 잘했는지 못 했는지 평가받고 문장에 통하지 않는 것을 질문하여 푸니 사랑스런 마음이 갈수록 더욱 두터웠다. 내 항상 말하기를, '네 능히 이름을 과장에 올리고 어린 나이에 이름을 이루어 너희 어머니를 영화롭게 하는 것이 이 나의 보람'이라 하면, 네 또한 웃음을 머금고 '네, 네' 하며 본분의 일로 알더니 이제 하릴없구나. 하늘아, 하늘아 이 어인 일이며 이 어인 일이뇨.

슬프다 네 성품이 효성스러움은 본래 스스로 하늘에서 타고난 것이라. 어렸을 때부터 부모의 곁에 있으면서 일찍이 급한 말과 총기 있는 빛으로 부모의 뜻을 거스르지 않았다. 을사년에 네 누이가 요절하자 너희 어머니 원한이 뼈에 사무쳐 늘 아무 데도 마음이 없고 즐거워하지 않으니 네 문득 부드러운 얼굴과 부드러운 빛으로 상 앞에서 장난치며 놀다가 이따금 어린아이 어리광 부리는 모습으로 마음을 즐겁게 하니 너희 어머니 이에 힘입어 살아 오늘날까지 이르렀는데 네 이제 죽으니 무슨 말로 너희 어머니를 위로하리오. 네 병들면서부터 먹지 않고 목숨이 끊어지려고 한 때가 여러 번이었고, 고복하던 날 자결하려는 거동이 한두 번이 아니었으나 옆에 있던 사람이 붙들어 보호함에 힘입어 다행히 보전하게 되었다. 그러나 하늘에 닿는 설움과 땅을 다하는 한이 어느 때나 끝날 수 있으며 어느 날에나 가히 잊으리오.

수풀의 달이 창에 들고 섬돌의 꽃이 문에 비치니 너의 얼굴과 모습을 보는 듯하고, 처마의 낙수가 바야흐로 떨어지고 희미한 바람이 귀에 지나가니 너의 목소리를 듣는 듯하여 눈에 다가오는 것이 지난날의 자취가 아님이 없는지라. 사람이 목석이 아니니 어찌 견디어 지내리오. 잔나비의 창자가 마디마다 끊어져 남음이 없는 듯하고 눈에 눈물이 피가 되어 말라가니 비록 길에 지나던 사람으로 하여금 보게 할지라도 오히려 또 혀를 차고 눈물을 흘릴진대 하물며 내가 친한 동기로서 더욱 어찌 마음을 쓰지 않으리오.

아아 슬프다. 네 병 들자 내 몸소 직접 보살피고 네 죽자 내 손으로 스스로 염하였다. 몸에 살이 다 빠졌으나 정신이 오히려 돌아오고 숨이 장차 끊어지는데도 지각이 오히려 있어 이로 조금이라도 회복하기를 바랐더니 잠깐 사이로 인하여 일어나지 못하니 오호 통재라 약이 길을 잃어 조치함이 그 방법을 극진히 못해서 그러하냐, 아니면 또한 하늘의 운수에 물려 사람의 힘이 그 사이에 용납되지 못해 그러하냐? 하늘이 네 집에 화를 내리는 것이 어찌 그처럼 참혹하고 독하랴. 슬프다, 늙고 병든 어머니는 문에 의지하여 기다림이 이미 끊어지고, 청춘의 과부는 설움으로 이미 성이 무너짐에 이르렀으니. 이 학발鶴髮의 어머니 낮과 밤으로 부르짖음을 한 골육도 뒤를 이을 사람이 없음이라. 네가 만일 안다면 분명 지하에서 눈을 감지 못하리라.

슬프다, 내가 남녘 관아에 있을 때 네가 부모를 위하여 약을 구했으나 내 성품이 본래 게으르고 못나서 그 일을 하기에 부족하여 시일을 보내다가 뜻이 있었으나 이루지 못하였다. 이에 대해 네 평소에 의논함이 없지 않았다 하니 이 어찌 나의 본뜻이리오. 이제 영결하는 글에 짐짓 붙여 일컬음으로써 영영 떠나는 사람의 의논함을 깨치노니 네 그것을 아느냐.

아아, 네가 건장한데도 꺾어지니 나 같은 늙고 쇠한 자는 진실로 이 세상에서 오래 있지 않을 것이고 너의 어머니 원한이 속에 얽히고 몸이 날로 녹으니 또한 오래 살 사람이 아니라. 천도를 서로 좇음이 스스로 품 안의 일이니 이로써 너의 원통하고 억울한 혼을 위로하나니 그것을 아느냐 모르느냐. 네 상을 당해 울면서부터 내 갑자기 병들어 열흘을 누워 있다가 요사이 겨우 회복하였으나 슬픔과 원망이 맺혀 있고 정신이 없어 간략한 글이 족히 만의 하나도 회포를 뽑지 못하노라. 오호 슬프다 상향.

아름다운 사위, 백년손

장인이 쓰다

유세차 신해 사월 을사 삭 이십삼일 정묘는 죽은 사위 학생 청풍 김군이 영원히 돌아가는 날이라. 발인 전 2일에 부옹 조趙는 삼가 변변치 않은 제수를 갖추어 몇 줄 글로 곡하며 영결하노라.

오호, 슬프다. 그대 태어남이 하늘이 우연히 함이 아닌 듯하더니 그대 돌아가매 귀신이 어찌 그리 급히 하뇨. 하늘께 묻고자 하나 하늘이 말이 없고, 귀신에게 따져 묻고자 하나 귀신이 응하지 아니하는도다. 또 다 사람이 이치로 끝까지 알아내지 못하는 것은 명命과 수壽로 돌리나니 이른바 명과 수는 과연 크게 정함이 있어 오래 살고 빨리 죽고는壽夭長短 능히 사람의 힘으로 그 사이에 용납지 못하랴. 천리天理 신도神道를 수로써 미루어도 오직 그대의 시작과 끝은 아득하여 가히 알지 못하리로다. 또 생각하니 그대의 기질이 순후하고 성정이 인자하며, 용모의 빼어나고 훌륭함과 언어의 신중함은 의연히 멀리까지 미칠 기상이 있었다. 효성이 하늘에 근본하고 도량이 마음에 드러나니 학업이 날로 나아가고 겸하여 얼음같이 아름다운 용모와 옥玉처럼 행함에 옳고 그름이 분명하여 어질고 사리에 밝은 뛰어난 인물이 분명하니 그대 집에서는 봉의 새끼와 기린아 되고, 내 집에는 아름다운 사위가 되며, 딸에게는 백년 우러르는 하늘이 되니 내 마음에 기뻐하고 사랑하여 소중히 여김이 보통의 장인과 사위와는 다름이 있었다. 그대가 날 보기를 아버지 보듯 하여 가르침을 혹시라도 듣지 않은 적이 없으며, 일을 혹시라도 묻지 않은 적이 없어 차마 하루도 잠깐 서로 떠나지 못하였으니 그 기대하는 정이 다만 장인과 사위로서뿐이 아니었다.

오호 애재라. 어쩌다 한 병이 여러 달을 낫지 않고 계속되기에 처음은 예기치 않은 병으로 알았더니 증세가 점점 중해져서 내 집에 피해 와서 의약으로 시험하고 죽을 권하여 자못 이십여 일에 이르렀다. 앉고 눕고, 서고 앉는 것과 먹고 마시고 간호하는 것을 반드시 내 손으로 하여 주야로 곁에 있으며 떠나지 못하고 가만히 하늘과 귀신께 빌어 거의 감동하여 도움이 있을까 하여 오늘 이 지경에 이르리라 여기지 않았는데 이는 하늘이냐 귀신이냐. 또한 운명과 함께하는 수명이냐. 오호 애재라. 내 처음에 그대 집안에 장가든 지 사 년에 아내를 잃으니 그때 죽은 아내의 나이 겨우 이십이요, 그대 내 집에 납채하고 장가든 지 육 년에 문득 가니 그 나이 또한 이십에 지나지 못하니 이 진실로 두 집이 부합하는도다. 옛날을 더듬어 이제를 서러워하니 참을 수 있으리오.

딸이 열살에 자모慈母를 잃어 내 몸소 길러 시집보내기에 이르러 이미 아름다운 짝을 얻으니 그 아비 기쁘고 가득한 정이 더욱 남보다 더하였다. 부부가 화락하여 가정이 화목한 즐거움이 있기를 늘 마음으로 바라고 축원하였으니, 누가 딸아이가 청상이 될 줄 알았으리오. 이 어찌된 일이며 이 어찌된 명이뇨.

오호 애재라. 그대는 독실한 성품으로 학문에 뜻을 두어 침식을 잊기에 이르러 눈 내리는 창과 얼음 벽 안에서 낮으로 밤을 이어 차고 싸늘함이 몸에 닥치는 줄을 깨닫지 못하였구나. 그로 인하여 병이 되어 드디어 설사와 이질이 되니 병의 근본이 여기서 시작하였던 것을 의원이 능히 증세를 잡지 못하여 정제를 쓰지 못하고 마침내 구하지 못한 데 이르른 것인가. 백 가지로 따라 생각하매 뉘우치는 한이 무궁하도다.

내 숙직 들었다가 그대가 집에 갔다는 말을 듣고 병세의 차도를 몰라 밤새 우려하다가 숙직을 끝내자마자 바로 그대 집으로 가보니 내 소리를 듣고 기쁨이 낯빛에 어리어 머리를 들고 웃음을 머금고 말하기를

"도망하여 왔나이다. 내 모습이 전에 비겨 어떠하며, 병이 비록 이러하나 죽지는 아니하리이까?"

하거늘 내 또 모습을 살펴 괜찮다고 답하고 그날 닥친 일로는 여기지 않았더니 이윽고 증세가 위독하고 기색이 갑자기 끊어지니 딸아이가 칼로 팔을 찔러 생혈로 구하고자 하나 좌우에서 붙들어 말려 그 정성을 다 하지 못하였구나. 잠깐 숨이 돌아와 내가 죽을 권하니 눈을 뜨고 말하기를,

"놀란 마음을 진정치 못하겠습니다."

하거늘 내 또 억지로 권하니 이에 대답하고 마셨으니 그 내 뜻을 순히 받아들이고 나의 바람에 맞추어줌이 대개 이러하였도다.

숨이 끊어질 즈음에 미쳐 구구하게 연연해하는 빛이 없으니 그 정대하게 죽음을 맞는 도리 또한 군자 중의 사람이로다. 그대 아내의 글이 관 속에 갖추어 쓰였으니 어둡지 않거든 정녕 생각하리로다.

오호 애재라. 그대는 삼대독자로 고당에 부모님이 계시거늘 하루아침에 버리고 나의 둘도 없는 사위로 백년손님이 하루저녁에 요절하여 마침내 천지에 닿을 무한한 한을 끼치니 이 어찌된 조화며

귀신이 차마 할 바리오. 죽는 자가 비통함으로 장차 눈을 감지 못하면 산 자도 원통함으로 또한 살아서 죽는다는 말을 면치 못하리로다. 보는 자가 차마 보지 못하고 듣는 자가 차마 듣지 못하는데 하물며 나의 지극한 정으로 무슨 마음으로 회포를 지으리오.

슬프다! 청상 딸아이가 가슴을 치며 울부짖다가 기운이 막히고 한 실낱 같은 목숨이 끊어지기에 이르니 비록 안고 울며 위로한들 그 장차 누구를 위하여 살리오. 오호 애재라. 오늘날 그대 집을 위하여 사생과 존망을 걸고 생각할 것은 오직 일찍 그대의 후사를 정하여 우러러 늙은 부모님의 위로를 삼고 굽어 청상의 몸을 의탁할 곳을 삼는 것이니 이는 구구히 바라는 바로다.

발인이 이미 다다르매 영령이 장차 실려갈 것이니 모든 일이 티끌이오, 온갖 생각이 모두 재 같은지라. 평소 사랑하고 아끼던 정과 지금의 무궁한 설움을 그대가 안다면 지하에서도 눈물을 흘리리라. 일에 매여 이미 상여줄을 잡아 무덤까지 가지 못하고 관을 어루만져 울며 보내니 천지 창망하고 해와 구름이 참담하니 다시 무슨 말을 하리오. 오호 통재라 상향

떨어진 꽃은 다시 피거니와

팔촌형 형보가 쓰다

유세차 신해 사월 을사 삭 이십삼일 정묘에 김군의 관이 장차 크게 저승으로 돌아갈 새 그 전날인 병인에 팔촌형 형보는 변변찮은 제수를 대략 갖추고 술을 부어 영결하며 말하노라.

오호라, 소년을 위해 우는 것보다 더한 슬픔이 없고, 아름다운 선비를 잃는 것보다 심한 한이 없는지라. 내 군이 죽으매 슬플 따름이며 한스러울 따름이라. 오호라, 내 이미 관례하고 혼례한 뒤에 군이 비로소 태어나서 내 아우가 된 지 겨우 이십 년이라. 군이 어린아이 때부터 책상자를 지고 와서 내게 문자를 받은 지가 대개 여남은 해요, 군이 관례를 하고 장가들어 성인의 도를 갖춘 지가 겨우 육 년이라. 문장이 점점 나아가고 가지와 잎이 바야흐로 무성하니 아름다운 곡식이 밭에 있으매 날마다 성숙하여 열매 맺기를 바라고 기특한 재목이 산에 있으매 날마다 온전한 그릇이 되기를 바랐는데 어찌하여 이에 이르렀는가. 내 이미 수염이 희지 못한 때부터 조문한 바 많지만 군과 같이 비통하고 애절한 사람이 있지 않은지라. 또 군은 모습이 빼어나고 맑으며 기운이 환하고 따뜻하니 보는 사람 누가 단정한 사람이요, 어진 선비인 줄 알지 못하리오. 하물며 내 몹시 곤궁하여 어울리는 사람이 적고 또 가까운 친척이 드문데 다행히 군을 일가 내에 얻고 또 더불어 마을이 같은 곳이라 아침저녁으로 지나다니며 따르고 아침저녁으로 학문을 갈고 닦아 여생에 의탁할 곳으로 삼았는데 어찌하여 이에 이르렀는가. 하물며 군이 나를 대접하여 나를 사표師表로 섬기고 나를 보고 표준을 삼아 의심이 있으면 반드시 물어서 바로잡고 일이 있으면 반드시 물어보았다. 돌아보건대 나의 용렬하고 허술함이 군의 바람을 맞추고 그 뜻을 인도함이 없음을 부끄러워하였으나 그러나 내 듣는 바 있으면 반드시 더불어 이르고 내 행할 바 있으면 더불어 좇아 이끌고 밀어주며 성취할 바 있음을 기약하였는데 이제는 하릴없는지라. 어찌 앗아가기를 이처럼 빨리 하는가. 끝없이 아득한 이 한은 대를 넘도록 잊기 어려우니 내 오늘날 울음이 슬플 따름이며 한스러울 따름이 아니라.

오호라! 내가 군의 병이 위독함을 듣고 달려 군의 처가로 가서 지게문을 들어보니 군이 이미 기운이 가라앉고 눈이 어두워져 촉 위에 닿을 듯 누웠는지라. 내 시험하여 부르기를

"창 밖에 아름다운 꽃이 활짝 피었으니, 가히 아깝도다 네 보지 못함이여. 아니 보고자 하는가?"

하자 오히려 능히 말을 지어 말하기를

"그렇소."

하거늘 내 사람으로 하여금 꽃 두어 가지를 꺾어 병에 꽂아 베개 밑에 두니 군이 눈을 열어 퍽 오래 주시하고서야 말하기를

"꽃이 어찌하여 시들어 떨어지지 않으리오."

하니 대략 그 스스로에 비하여 서러워한 것이라 내가 듣고 슬퍼하였는데 군이 과연 꽃처럼 떨어져갔구나. 꽃은 비록 떨어져도 봄이 돌아오면 다시 피거니와 군은 이제 돌아가면 어느 때 다시 돌아오리오? 꽃이며 사람이 이 누가 가히 슬프지 않으리오?

오호라, 군의 집이 군에게 기대함이 기둥과 들보와 같고 군의 할

아버지는 군을 기특한 꽃으로 여기고 군의 부모는 군을 천리마로 믿고 군의 지어미는 군을 하늘처럼 우러러 장차 백년을 같이 할 자였는데 이제 홀연히 부러지며 꺾어지고 거꾸러지며 무너졌으니 장차 그 목숨을 다 그치겠구나. 군이 또 삼대독자로 아들이 없이 죽어서 산 사람의 슬픔이 다 군의 집에 맺혔다. 그러나 영결하며 군의 집을 위하여 슬퍼함이 아니요, 다만 나의 슬픔과 한을 이르노라. 오호 상향.

슬픔이 끝이 있으리오

재종형 기철이 쓰다

유세차 신해 사월 을사 삭 이십삼 일 정묘에 군의 관이 장차 영원히 돌아갈 새 재종형 기철은 통곡하며 말하노라.

오호라, 그대 죽음이 날이 오래 되었으나 오랠수록 믿기지 않아 그 휘장을 헤치며 이르기를 '그 사람이 여기 있으리라' 하였더니 검은 나무와 붉은 명정을 보면 문득 마음이 놀라우니 지친至親의 정이 본래 그러하거니와 오랠수록 잊지 못하고 죽은 이를 산 줄로 아는 것은 또 그대인 까닭이로다.

군이 효성스럽고 유순한 자질에 겸하여 문학의 아담함이 있어 집에 있으매 자못 도리를 알고, 사람을 대접하매 예모를 잃지 아니하였다. 조부모와 부모의 사랑하시는 정과 일가의 친목하는 의가 있어 그대 비록 하루를 살아도 하루 즐거운 사람이 되었거늘 슬프다 나는 모질어서 살아도 죽으니만 같지 못함이 오래로다. 오호라, 그대 형제 없으매 나를 동기처럼 보고 나 또한 외로운지라 그대 마음을 어여삐 여겼는데 이제 백발의 늙은 부모로 하여금 앉아 의탁할 후손이 없음을 보시게 하고, 숙부모로 하여금 궁하고 외로운 사람이 되시게 하니 돌아간 사람이 무슨 죄리오마는 반드시 아득한 저승에서 울음을 머금으리로다. 발인만이 남았으나 검은 나무와 붉은 명정도 다시 얻어 볼 길이 없고 목숨을 가히 살리지 못하리. 슬픔이 어찌 끝이 있으리오. 이에 마음의 향과 정의 술로 그대 신령에 제를 올리노라. 오호 상향.

빼어나며 실하지 못함이라

재종아우 기혁이 쓰다

유세차 신해 사월 을사 삭 이십삼일 정묘에 현형의 관이 장차 땅에 들어가니 전날 병인에 재종아우 기혁은 영결을 고하는 약간의 두어줄 글로 술을 부어 가로되

오호라 우리 형 치영이 난초와 구슬 같은 자질이 있더니 불행하여 명이 짧아 일찍 죽으니 이른바 빼어나면서 실하지 못한 자인가. 오호라, 옛날 우리 고조와 증대부께서 향년하시기를 다 육십 혹은 칠십에 이르니 장수하는 집이거늘 형이 이에 일찍 돌아가니 이를 가히 알지 못하리로다. 오직 우리 종조부께서 덕이 두텁고 좋은 일을 쌓았으니 마땅히 남은 경사 있을 것을 한 손자를 보전치 못하시니 성인이 또한 남을 속였도다. 오호라, 우리 형이 피부가 눈같이 깨끗하고 몸 가지기를 처자같이 하니 한번 보면 그 단아함을 알 수 있고 그 효성과 우애가 오직 성품에 근본함은 내가 배우려고 해도 능히 못할 바이요 내 성품이 심히 추하고 급하여 마땅히 둥근 것과 모난 것을 용납하기 어려우나 형이 능히 포용하고 넓어주어 한 동네에 집을 연이어 살며 서로 형제로 여기고 삼 년을 함께 공부하여 마음을 이에 의탁하였는데 이제 홀연 없으니 쓸쓸하고 외로운 이 몸이 다시 어디로 가 좇으리오. 오호, 슬프도다. 상향.

떠남은 많고 머묾은 잠깐이니

처형이 쓰다

하늘이여, 하늘이여! 혀를 차며 원통해하고 절절히 슬퍼하고 애통해하노라. 내 아우에게 차마 어찌 이런 가혹한 벌을 내리시리오. 사람됨과 타고남, 인물과 행동이 조금이라도 궁박한 태 있으면 가까운 마음에 슬프고 애절함은 참지 못하더라도 이토록 하늘을 부르짖으며 원통함을 호소함이 있으랴. 이 애닯고 원통하고 원통함은 죽기 전 잊힐 때가 없을 듯하나 자주 모여 피차 얼굴 그리는 탄식이나 없으면 나으련마는 떠남은 많고 머묾은 잠깐이니 그만 일도 뜻 같지 못하니 무슨 일로 위로할 것이 있을꼬. 문득 생각이 미치면 가슴이 막혀 깊은 한숨뿐이로다. 이 책을 보고 제문을 베끼니 마음이 더욱 감회에 젖어 능히 슬픈 눈물을 금치 못하리로다.

즈긔록

_ 원문은 가능한 한 한글 필사본 표기를 그대로 따랐다.
띄어쓰기와 한자 병기는 주석자의 해석에 의한 것이다.
편의상 현대역의 단락 구분을 따르고 소제목도 첨가하였다.

기구한 운명, 칼 대신 붓을 들다

오회嗚呼ㅣ라 텬도天道의 지공무사至公無私ᄒᆞᆷ 인니人理의 복션화음福善禍淫은 ᄌᆞ고自古의 샹니常理어ᄂᆞᆯ 당금지세當今之世ᄂᆞᆫ 노텬露天[1]이 무지ᄒᆞ고 인니人理[2]도 상傷ᄒᆞ여 션악善惡의 화복禍福이 밧고이니 인재仁者ㅣ 슈壽ᄅᆞᆯ 엇디 못ᄒᆞ고 덕재德者ㅣ 복福을 밧디 못ᄒᆞ니 이 엇진 텬의天意뇨 기리 ᄉᆡᆼ각ᄒᆞ니 우리 엄뎡嚴庭[3]의 셩명지덕聖明之德과 인ᄌᆞ혜ᄐᆡᆨ仁慈惠澤이 실노 시쇽時俗의 과인過人ᄒᆞ시ᄃᆡ ᄌᆞ궁子宮[4]의 희소稀少ᄒᆞ심과 계활契活[5]의 다마多魔[6]ᄒᆞ시미 심어타인深於他人이오 우리 션ᄌᆞ당先慈堂[7]의 관유통쳘寬裕洞徹ᄒᆞ신 인현셩덕仁賢聖德으로써 놉ᄒᆞᆫ 슈와 너ᄅᆞᆫ 복을 누리디 못ᄒᆞ시고 ᄆᆞᆺᄎᆞᆷ내 ᄒᆞᆫ낫 긔ᄌᆞ己子[8]ᄅᆞᆯ 두디 못ᄒᆞ샤 신휘身後ㅣ ᄆᆡ몰埋沒[9]ᄒᆞ시니 오회라 하ᄂᆞᆯ이 능히 ᄉᆞᆯ피미 잇다 ᄒᆞ며 현賢으로써 복福을 우又ᄒᆞᆫ다 ᄒᆞ랴

차회嗟乎ㅣ라 나의 ᄉᆡᆼ명이 본ᄃᆡ 궁험窮險ᄒᆞ거ᄂᆞᆯ 득죄어텬得罪於天ᄒᆞ고 ᄒᆡᆼ부신명行負神明[10]ᄒᆞ야 ᄉᆡᆼ년生年 십일의 ᄌᆞ당을 여히오니 임의 뉵아蓼莪의 셜우미[11]

1 노천露天: 하늘.
2 인리人理: 사람이 마땅히 행해야 할 도리.
3 엄정嚴庭: 아버지.
4 자궁子宮: 십이궁十二宮 중의 하나. 십이궁은 사람의 생년월일과 시를 별자리에 배당한 것. 자손에 관한 운수를 보는 별자리로 자손을 뜻한다.
5 계활契活: 생활을 위해 애쓰고 고생함.
6 다마多魔: 방해되는 일이 많음.
7 선자당先慈堂: 돌아가신 어머니. 자당은 남의 어머니를 높여 부르는 말. 또는 자신의 어머니를 일컫는 말.
8 기자己子: 자기가 낳은 아들.
9 신후매몰身後埋沒: 죽은 뒤 후사가 없어 흔적이 없다는 뜻.
10 행부신명行負神明: 행실이 천지신명의 뜻을 저버림. 한유韓愈가 쓴 〈제십이랑문祭十二郎文〉에 "나의 행실이 천지신명의 뜻을 저버려 너를 요절하게 하였구나.〔吾行神明, 而使汝夭〕"라는 구절이 나온다.
11 육아蓼莪의 설움: 육아蓼莪는《시경詩經》〈소아小雅〉의 편명. 자식이 부모를 추모하면서 살아 생전에 제대로 봉양하지 못한 것을 후회하는 내용들로 이루어져 있다. 육아의 설움은 부모를 제대로 모시지 못한 슬픔을 말한다. 육아지통蓼莪之痛으로 쓰인다.

간혈肝血의 어리혀[12] 반포反哺ᄒᆞᄂᆞᆫ 가마괴[13]를 늣기고 듕야中夜의 품을 ᄉᆡᆼ각ᄂᆞᆫ ᄒᆞᆫ이 깁거ᄂᆞᆯ ᄯᅩ 민텬지읍旻天之泣[14]이 잇고 ……[15] ᄯᅩ ○○○○[16] 훤쇼萱所[17]의 낙樂과 셰샹 호화豪華ᄅᆞᆯ 아지 못ᄒᆞ고 혈〃셩취孑孑成娶ᄒᆞ여 결가結家ᄒᆞᆯᄉᆡ ᄒᆡᆼ혀 션비先妣[18] 여음餘蔭[19]으로 화평ᄒᆞᆫ 곳의 몸을 의탁ᄒᆞ니 요ᄒᆡᆼ僥倖 구괴舅姑ㅣ[20] ᄋᆡ휼愛恤ᄒᆞ시고 소텬所天[21]이 듕ᄃᆡ重待[22]ᄒᆞ여 신셰 안한安閒ᄒᆞ니 반ᄃᆞ시 긔약期約ᄒᆞ여 평ᄉᆡᆼ平生을 안과安過ᄒᆞᆯ가 ᄒᆞ엿더니 나의 팔ᄌᆡ八字ㅣ 가지록 긔박奇薄ᄒᆞ고 삼ᄉᆡᆼ三生[23]의 죄악罪惡이 극듕極重ᄒᆞ야 결발結髮[24] 뉵ᄌᆡ六載[25]의 붕텬디통崩天之痛[26]을 맛나 일신一身을 분삭分索[27]ᄒᆞᄂᆞᆫ 셜우미 장부臟腑[28]의 얽히니 당〃

12 간혈肝血에 어리어: 간과 피에 어릴 정도로 슬픔이 깊다는 의미이다.

13 반포反哺하는 가마귀: 반포反哺는 새끼 까마귀가 먹이를 물어다가 어미 까마귀에게 먹이는 것. 자식이 자라서 부모의 은혜에 보답하고자 하는 효심을 반포지효反哺之孝라 한다.

14 민천지읍旻天之泣: 민천은 하늘을 뜻하며, 하늘을 부르며 울었다는 것은 부모를 생각하며 울었다는 의미로 보인다. 《맹자孟子》〈만장萬章〉 장에 "순임금이 밭에 가서 하늘을 부르며 울었다.〔舜往于田, 號泣于旻天〕"는 구절이 나온다.

15 한 줄이 보이지 않는다.

16 글자가 정확하게 보이지 않는다.

17 훤소萱所: 훤소는 원추리(萱)가 있는 곳으로. 어머니의 높임말. 훤당萱堂과 같은 뜻이다. 어떤 효자가 별당을 지어 늙은 어머니를 모시고, 마당에 어머니가 좋아하는 원추리를 가득 심은 데서 유래하였다.

18 선비先妣: 돌아가신 어머니.

19 여음餘蔭: 조상의 공덕으로 받는 복.

20 구고舅姑: 시부모.

21 소천所天: 남편.

22 중대重待: 소중하게 대함.

23 삼생三生: 불교 용어로 태어나기 전의 생애인 전생前生, 현재의 삶인 현생現生, 죽어서 다시 태어나는 삶인 후생後生을 모두 포함하여 삼생이라 한다.

24 결발結髮: 결혼. 고례古禮에 성혼하는 날 저녁에 남자는 왼쪽으로, 여자는 오른쪽으로 머리를 빗어서 두 머리를 함께 묶었다. 이로부터 결발은 결혼을 의미하는 말이 되었다.

25 육재六載: 재載는 해를 가리킨다. 육재는 6년.

26 붕천지통崩天之痛: 임금이나 아버지의 죽음이라는 뜻이나 여기서는 남편의 죽음을 가리킨다.

27 분삭分索: 나누어 흩어짐. 불태워 없어진다는 뜻의 분삭焚削이라는 말도 있으나, 여기서는 온몸이 부서져 흩어지는 것 같다는 뜻으로 분삭分索으로 보았다.

28 장부臟腑: 오장 육부. 내장을 통틀어 이르는 말.

이 뒤흘 조차 만ᄉᆞ萬事를 합연溘然[29] 불각不覺ᄒᆞ미 맛당ᄒᆞᄃᆡ 완쳔頑賤[30]이 무지ᄒᆞᆫ 바의 존당尊堂[31]을 긔탁寄託ᄒᆞᆯ 뎨ᄉᆡ娣姒ㅣ[32] 업고 ᄉᆞ졍私情으로 우리 엄뎡의 지ᄌᆞ止慈[33] 텬뉸天倫으로ᄡᅥ 불효不孝를 더으디 못ᄒᆞ고 ᄇᆡᆨ시伯氏[34] 뉵아디통蓼莪之痛[35] 가온대 서로 위회慰懷ᄒᆞ야 심담心膽이 샹됴相照[36]ᄒᆞᆫ 재者ㅣ 다맛 나 일인一人이라 내 만일 죽으면 ᄒᆞᆫ갓 할반割半의 셜움[37]ᄲᅮᆫ 아니라 인니人理의 다ᄅᆞ미 만흐니 이러ᄐᆞᆺ 여러가지 난할難割ᄒᆞ미 만하 여구침식如舊寢食의 뉴어셰샹留於世上ᄒᆞ나 날노 궁ᄒᆞᆫ 셜움은 하늘의 ᄭᅵ치고 깁흔 ᄒᆞᆫ恨은 애를 ᄉᆞᆺ쳐 쥬야晝夜 간혈肝血이 녹으니 이 ᄡᅥ 무슨 셰샹이뇨

사ᄅᆞᆷ이 비록 ᄉᆡᆼ셰生世ᄒᆞ여 오복五福[38]이 구젼俱全키 어려오나 ᄒᆞᆫ두 가지 ᄉᆡᆼ낙生樂[39]은 잇거ᄂᆞᆯ 나는 ᄒᆞᆯ노 텬지간天地間 궁ᄒᆞᆫ 팔ᄌᆡ八字ㅣ ᄒᆞᆫ 일 위회ᄒᆞᆯ 거시 업ᄉᆞ니 오회라 인지소친人之所親은 ᄌᆞ모慈母 ᄀᆞᆺᄒᆞ 니 업고 인지소듕人之所重은 가부家夫 ᄀᆞᆺᄒᆞ 니 업ᄉᆞ며 인지소욕人之所欲은 ᄌᆞ식 ᄀᆞᆺᄒᆞ 니 업ᄉᆞᄃᆡ 임의 이 세 가지 다 ᄭᅳᆫ허져 셰샹 아란 지 겨오 이십년의 쳡봉화고輒逢禍故ᄒᆞ야 뉵아의 셜

29 합연溘然: 갑자기, 홀연히. 또는 갑자기 죽음.
30 완천頑賤: 완고하고 보잘것없음. 여기서는 풍양 조씨가 자신을 낮추어 부르고 있다.
31 존당尊堂: 어머니. 여기서는 시어머니를 가리킨다.
32 제사娣姒: 손아래 동서나 손위 동서.
33 지자止慈: 자녀에 대한 사랑.
34 백씨伯氏: 백伯은 맏이라는 뜻으로 언니를 가리킨다.
35 육아지통蓼莪之痛: 앞의 주 11 참조.
36 심담상조心膽相照: 심담은 심장과 쓸개. 심장과 쓸개를 서로 비추어 볼 정도로 서로의 마음을 잘 알아서 터놓고 지냄. 서로 마음을 터놓고 사귄다는 뜻의 간담상조肝膽相照와 같은 말로 볼 수 있다.
37 할반의 설움: 할반지통割半之痛. 할반은 반을 나누어 베어낸다는 뜻으로 할반지통은 형제 자매가 죽는 슬픔을 말한다.
38 오복五福: 유교에서는 다섯 가지 복으로 오래 사는 것(壽), 부유한 것(富), 건강하고 마음이 편한 것(康寧), 덕을 좋아하여 즐겨 행하는 것(攸好德), 명대로 살다가 편안히 죽는 것(考終命)을 꼽는다.
39 생락生樂: 살아갈 낙.

움과 게셩의 우름[40]이 일신一身의 모도이니 비록 무지無知 완당頑腸[41]이나 비기쳘셕非其鐵石이라 골졀骨節의 ᄉᆞ뭇ᄂᆞᆫ 셜우믄 흉억胸臆[42]의 돌을 드리온 ᄃᆞᆺᄒᆞ고 간경肝經[43]의 얽힌 병은 안시眼視 깁을 ᄀᆞ리온 ᄃᆞᆺ[44] 오회라 됴로朝露ᄀᆞᆺᄒᆞᆫ 인ᄉᆡᆼ과 역녀逆旅[45]ᄀᆞᆺᄒᆞᆫ 셰샹의 엇디 슬프고 셜우미 이대도록 ᄒᆞ뇨

쳑탈셰렴滌脫世念[46]ᄒᆞ고 고요히 누어 ᄉᆡᆼ각ᄒᆞ니 인니人理의 복션명응福善冥應[47]은 고금古今의 덧〃ᄒᆞᆫ 니理로ᄃᆡ 우리 션ᄌᆞ당 현심숙덕賢心淑德과 관유통쳘ᄒᆞ신 셩심으로써 슈복壽福의 단박短薄ᄒᆞ심과 신후身後의 ᄆᆡ몰埋沒ᄒᆞ시미 골돌ᄒᆞᆫ 유ᄒᆞᆫ遺恨이오 샹시常時 ᄲᅢ혀나신 현덕賢德이 사ᄅᆞᆷ의게 지나신 배 만흐ᄃᆡ ᄒᆞᆫ번 합연溘然ᄒᆞ샤 셰샹을 ᄇᆞ리시매 놉흔 위의威儀ᄂᆞᆫ 쳔츄千秋의 아득ᄒᆞ고 어진 덕은 진토塵土의 ᄀᆞᆷ초이샤 다시 일ᄏᆞ라 알 니 업ᄉᆞ니 우리 ᄌᆞᄆᆡ의 더욱 ᄒᆞᆫᄒᆞᄂᆞᆫ 배라

ᄌᆞᆷ쳐潛處[48]ᄒᆞᆫ 가온대 셕ᄉᆞ昔事ᄅᆞᆯ 츄모追慕ᄒᆞ니 셰〃細細히 목하目下의 버려 궁텬무ᄋᆡ窮天無涯ᄒᆞᆫ 셜우미 새로울ᄉᆡ 나의 유시幼時의 어던 바 ᄒᆡᆼ젹行蹟만 대강 ᄀᆡ록記錄ᄒᆞ나 ᄀᆞᆺ재 내 유튱幼沖ᄒᆞᆯ ᄲᅮᆫ 아니라 우리 ᄌᆞ당의 만션萬善이 족ᄒᆞ샤

40 게셩의 우름: '게셩'의 뜻이 분명하지 않으나, 앞뒤 문맥으로 보아 남편을 잃은 슬픔을 뜻하는 붕성지통崩城之痛을 풀어 쓴 것으로 보인다. 붕성지통은 한나라 유향劉向의 《열녀전列女傳》〈제기량처齊杞梁妻〉에 나오는 이야기. 제나라 범기량이 부역을 가 죽었는데 남편을 찾아간 아내 맹강녀가 뒤늦게 사실을 알고 성 아래서 통곡을 하자 성이 무너지고 기량의 유해가 나타났다고 한다.

41 완장頑腸: 완은 우둔함, 어리석음, 모짊을 뜻하고, 장은 내장을 뜻한다. 합하여 완장은 어리석고 모진 목숨으로 볼 수 있다.

42 흉억胸臆: 가슴속의 생각. 여기서는 가슴, 혹은 마음.

43 간경肝經: 간에 붙은 인대를 통틀어 일컫는 말.

44 안시眼視는 궁중에서 눈을 이르던 말. 깁은 명주실로 바탕이 좀 거칠게 짠 비단. 즉 눈을 비단으로 가리운 듯.

45 역려逆旅: 여관.

46 척탈세렴滌脫世念: 세상의 명예와 이익을 구하는 마음을 씻어버림.

47 복선명응福善冥應: 복선은 착한 사람에게 복을 내린다는 뜻이고, 명응은 눈에는 보이지 않지만 신령이 감응해서 이로움을 준다는 뜻.

48 잠처潛處: 깊숙이 숨어 삶. 은거함.

통쳘通徹ᄒᆞ신 식견과 활달ᄒᆞ신 도량의 침원沈遠ᄒᆞ신 지혜 ᄇᆡᆨᄉᆞ百事의 그 ᄆᆞᄃᆡ와 ᄣᅢ예 맛당히 ᄒᆞ샤 사름의 ᄉᆡᆼ각 밧기 만ᄒᆞ시니 엇지 능히 다 형용ᄒᆞ야 긔록ᄒᆞ리오 겨오 만의 ᄒᆞ나흘 긔록ᄒᆞᆯᄉᆡ 부군의 과인히 인ᄌᆞ명쳘仁慈明哲ᄒᆞ신 두어 죠건條件을 올니고 다시 나의 궁ᄒᆞᆫ 팔ᄌᆞ와 결발結髮의 늣거온 셜우므로써 일월이 깁ᄒᆞ매 능히 긔억디 못ᄒᆞᆯ지라 셩혼成婚초로븟허 부ᄌᆞ夫子의 환후시말患候始末과 봉변지ᄉᆞ逢變之事ᄭᆞ지 대강을 긔록ᄒᆞ야 나의 ᄉᆡᆼ젼生前 두고 목젼ᄉᆞ目前事ᄀᆞᆺ치 닛지 말며 ᄯᅩ 후ᄉᆡᆼ비後生輩 네 일을 알과져 잠간 긔록ᄒᆞ나 졍신이 쇼삭消索[49]ᄒᆞ고 심의心意 황난慌亂ᄒᆞ여 ᄌᆞ셔ᄒᆞ믈 엇지 못ᄒᆞ다

집안의 귀감, 아버지

우리 문호門戶는 셰벌世閥[50] 튱효지문忠孝之門이오 유법지가有法之家니 션조로븟허 튱회忠孝ㅣ ᄀᆞᆺ초시고 우직友悌[51] 돗타오시니 우리 부군이 가뎡지훈家庭之訓과 텬품天稟의 츌텬出天ᄒᆞ신 효ᄒᆡᆼ孝行이 지극ᄒᆞ샤 평ᄉᆡᆼ 효우孝友로써 위본爲本ᄒᆞ시니 효셩이 임의 쥬종主宗이시어늘 뎡대ᄌᆞ샹正大仔詳 ᄒᆞ시며 강직관유强直寬宥ᄒᆞ샤 범ᄉᆞ凡事의 명찰明察ᄒᆞ시ᄃᆡ 용셔ᄒᆞ시며 활냑闊略ᄒᆞ시ᄃᆡ[52] 통쵹洞燭[53]ᄒᆞ샤 지인셩심至仁誠心과 인ᄌᆞ후ᄐᆡᆨ仁慈厚澤이 과인ᄒᆞ시니 실노 니른바 ᄉᆡᆼ生을 호好ᄒᆞ시고[54] 물物을 앗기시는 셩덕[55]이시니 셰예 ᄒᆡᆼᄒᆞ시매 겸퇴공근

49 소삭消索: 소진. 모두 쓰여 없어짐.
50 세벌世閥: 지체. 어떤 집의 대대로 이어 내려오는 사회적 신분이나 지위.
51 우제友弟: 우애가 있음. 우제友悌와 같은 말.
52 활략하다: 눈감아주다.
53 통촉洞燭: 깊이 헤아려 살핌.
54 호생지덕好生之德. 살아 있는 것(생명)을 아끼고 사랑하는 덕. 《서경書經》〈대우모大禹謨〉에 "생명을 소중히 여기는 덕이 백성의 마음에 스며들어〔好生之德, 洽于民心〕"라는 구절이 나온다.
55 만물을 사랑하는 덕. 애물愛物. 《맹자》〈진심盡心〉장에 "어버이를 친함으로부터 사람들을 사랑하게 되고 사람들을 사랑함으로써 다시 만물을 사랑하게 된다.〔親親而仁民, 仁民而愛物〕"라는 구절이 나온다. 효가 덕행의 근본임을 강조할 때 자주 인용된다.

謙退恭謹[56] ᄒᆞ시며 닙신立身[57]ᄒᆞ시매 미관말직微官末職이라도 늠〃이[58] 두리시고[59] 자〃히[60] 삼가샤 호발毫髮만ᄒᆞᆫ 텬은天恩이라도 닙ᄉᆞ오시면 황감불승惶感不勝ᄒᆞ샤 거의 감쳬感涕[61] ᄂᆞ리실 ᄃᆞᆺ ᄒᆞ시며 나라 근심을 몸 근심으로 ᄒᆞ시고 나라 경ᄉᆞ慶事ᄅᆞᆯ 몸 경ᄉᆞ로 ᄒᆞ샤 비록 ᄉᆞ〃私事 말ᄉᆞᆷ 둥이나 위국爲國ᄒᆞ신 일편단심一片丹心과 위친爲親ᄒᆞ신 효봉지절孝奉之節은 잠간도 ᄆᆞᄋᆞᆷ 노치 아니시ᄃᆡ 명운命運이 불니不利ᄒᆞ샤 경뉸지ᄌᆡ經綸之材[62]와 위국지튱爲國之忠을 베퍼 표ᄒᆞᆯ 고지 업ᄉᆞ시니 엇지 스ᄉᆞ로 우분통돌尤憤痛咄치 아니리오 텬의天意 가지록 브됴不助ᄒᆞ야 우리 부군의 셩효로써 ᄆᆞᆺᄎᆞᆷ내 션왕고비先王考妣[63]ᄭᅴ 영친현양榮親顯揚[64]을 못ᄒᆞ시니 엇디 ᄒᆞᆫ흡지[65] 아니리오

왕고王考[66]ᄭᅴ셔는 임의 일즉 귀텬歸天[67]ᄒᆞ시고 다만 왕모王母[68]ᄅᆞᆯ 편봉偏奉ᄒᆞ샤 동쵹洞屬[69]ᄒᆞ신 효심이 긔거起居[70]ᄅᆞᆯ 밧드시매 몸이 가ᄇᆡ야오시고 우회憂懷[71]

56 겸퇴공근謙退恭謹: 겸퇴는 겸손히 물러남, 공근은 공손하고 조심성이 있음을 뜻한다.

57 입신立身: 세상에 나아가 떳떳한 지위를 얻다.

58 늠늠이: 늠름凜凜이. 늠름은 의젓하고 당당하다와 두려워하다의 뜻을 함께 가진다. 여기서는 조심스러워하다의 뜻으로 보인다.

59 두리다: 두려워하다.

60 자자히: 자자孜孜히. 꾸준하게 부지런함. 여기서는 매우, 한결같이 정도의 뜻으로 보인다.

61 감체感涕: 감읍感泣. 감격하여 흘리는 눈물.

62 경륜지재經綸之材: 경륜은 국가의 대사를 계획하고 운영함, 경륜지재는 나라를 다스릴 만한 포부와 재능.

63 선왕고비先王考妣: 돌아가신 할아버지와 할머니.

64 영친현양榮親顯揚: 이름을 드날려 부모를 영화롭게 하다.

65 ᄒᆞᆫ흡다: 한스럽다.

66 왕고王考: 돌아가신 할아버지.

67 귀천歸天: 하늘로 돌아가다, 죽음을 뜻한다.

68 왕모王母: 할머니.

69 동촉洞屬: 동동촉촉洞洞屬屬. 공경하고 삼가는 모양. 《예기禮記》〈제의祭義〉에 "효자는 마치 옥을 잡은 듯, 물이 가득찬 그릇을 옮기듯 조심조심하며, 이기지 못할 듯하고, 장차 잃을 듯이 하다.〔孝子如執玉, 如奉盈, 洞洞屬屬然, 如不勝, 如將失之〕"라는 구절이 있다.

70 기거起居: 서고 앉음. 일상생활. 여기서는 두 가지 의미가 다 해당된다.

71 우회憂懷: 근심.

ᄅᆞᆯ 프ᄅᆞ시매 환흡歡洽ᄒᆞ시게[72] ᄒᆞ시며 침식좌와寢食坐臥의 손조[73] 븟드러 ᄉᆞᆯ피시고 아모죠록 ᄒᆞᆫ 곳 슈령守令을 뎜득占得[74]ᄒᆞ야 즐기시믈 돕ᄉᆞ오려 ᄒᆞ시다가 환뇌宦路ㅣ[75] 차타蹉跎[76]ᄒᆞ고 시운時運이 건둔蹇屯[77] ᄒᆞ야 ᄆᆞᆺᄎᆞᆷ내 ᄒᆞᆫ 번 영효榮孝[78]ᄅᆞᆯ 못ᄒᆞ옵고 왕뫼王母ㅣ 도라가실ᄉᆡ 오회라 뎡미丁未 구월九月븟허 슉환宿患이 복발復發[79]ᄒᆞ샤 일월日月노 쳠가添加ᄒᆞ시니 부군이 우황쵸젼尤惶焦煎ᄒᆞ샤 쥬야晝夜 침식좌와寢食坐臥ᄅᆞᆯ 밧드러 동쵹洞燭ᄒᆞ시ᄆᆡ 삼ᄉᆞ 삭朔[80]을 ᄒᆞᆫ골ᄀᆞ치 약을 친히 다ᄉᆞ리시고 ᄆᆡ음의 온ᄂᆡᆼ溫冷을 맛초시며 의쟈醫者ᄅᆞᆯ 보시매 반ᄃᆞ시 거러 ᄒᆡᆼᄒᆞ시고 혹 환휘患候ㅣ 헐歇ᄒᆞ신 ᄣᅢ 외실外室[81]의 휴숙休宿ᄒᆞ시나 일야一夜의 수삼ᄎᆞ數三次ᄅᆞᆯ 창외窓外예 왕ᄂᆡ往來ᄒᆞ샤 침후寢候의 안불安否을 ᄉᆞᆯ피샤 엄한嚴寒이라도 폐치 아니시고 밋 환휘 침듕沈重ᄒᆞ시매 쥬야晝夜로 시측侍側ᄒᆞ샤 벼개와 뇨흘 편히 ᄒᆞ시ᄆᆡ 좌와坐臥ᄅᆞᆯ 친히 븟드러 맛ᄀᆞᆺ게[82] ᄒᆞ시며 듕심中心[83]이 비록 쵸황焦惶ᄒᆞ시나 ᄉᆡᆨ色[84]을 화열和悅히 ᄒᆞ시고 셩음聲音이 온유溫柔ᄒᆞ샤 약을 진進ᄒᆞ올ᄉᆡ 몬져 맛보시고 깃븐 빗ᄎᆞ로 고왈告曰 명의名醫〃 신약神藥이라 여차〃如此如此ᄒᆞᆫ 증症의 여허〃如許如許ᄒᆞᆫ ᄌᆡ류材類니 진進ᄒᆞ시면 가히 속회速效ㅣ 이시리이다 왕뫼 패敗[85]ᄒᆞ신 구미口味의 음飮ᄒᆞ시믈 괴로이

72 환흡歡洽하다: 즐겁고 흡족하다.
73 손조: 손수.
74 점득占得: 차지하여 가짐.
75 환로宦路: 벼슬길.
76 차타蹉跎: 때를 놓치거나 불운해서 뜻을 얻지 못하는 것을 말한다.
77 건둔蹇屯: 운이 풀리지 않음.
78 영효榮孝: 부모를 영화롭게 하는 효도.
79 복발復發: 병이나 근심, 설움이 다시 일어남.
80 삭朔: 달. 삼사 삭은 서너 달.
81 외실: 한옥에서 안채와 떨어져 있는 방으로 손님을 접대하는 곳. 사랑채.
82 맛ᄀᆞᆺ게: 알맞게.
83 중심中心: 마음속.
84 색色: 얼굴빛. 표정이나 태도.
85 패敗하다: 없어지다, 떨어지다.

넉이시다가 환연歡然이 깃그시고[86] 신연信然이 밋으샤 즐겨 음ᄒᆞ시니 이 엇디 약만 잘 진음進飮코져 ᄒᆞ시미리오 젼혀 병회病懷를 프ᄅᆞ시미라 또 ᄆᆞ음을 나오시매 약〃히[87] 괴로이 넉이시나 부드러온 말솜으로 유미柔媚히[88] 고ᄒᆞ신즉 과연 신지信之ᄒᆞ여 음ᄒᆞ시며 나죄 수를 뎡ᄒᆞ시며 밤의 죵고鐘鼓[89]를 드러 ᄣᅢ를 맛초아 친히 그ᄅᆞ술 잡으시고 몸을 밧드샤 진ᄒᆞ시고 쵹ᄉᆞ觸事의 근졀이 보호ᄒᆞ샤 회두回頭[90]를 츅텬祝天ᄒᆞ시ᄃᆡ 텬되天道ㅣ 슬리미 업고 신명神明이 돕지 아냐 환휘患候ㅣ 위극危極ᄒᆞ시니 황〃이 칼을 잡아 단지진혈斷指進血ᄒᆞ시나 임의 츈취春秋ㅣ 고심高深ᄒᆞ시고 졍녁精力이 쇼진消盡ᄒᆞ여 계시니 엇디 능히 회양回陽[91]ᄒᆞ시리오 홀〃忽忽이[92] 셰샹을 ᄇᆞ리시니 부군의 망〃望望[93]ᄒᆞ신 극통極痛이 엇더ᄒᆞ시리오 ᄒᆞ믈며 왕모의 놈다ᄅᆞ신 ᄌᆞᄋᆡ慈愛로 쥬야 현달顯達ᄒᆞ심과 셩손姓孫[94]을 기ᄃᆞ리시다가 죵시 뵈옵디 못ᄒᆞ니 부군이 무궁ᄒᆞᆫ 유ᄒᆞᆫ遺恨을 품으시고 임의 초로初老를 지내시매 빈하鬢下의 서리 쇼〃疏疏ᄒᆞ시니[95] 엇디 두립지 아니ᄒᆞ리오

우리 부군의 관인후덕寬仁厚德과 인ᄌᆞ셩심仁慈誠心이 지극ᄒᆞ샤 도로혀 심약心弱ᄒᆞ시기의 갓가오시니 친붕親朋간 빈곤ᄒᆞᆫ ᄂᆡ를 보신즉 형셰를 다ᄒᆞ고 힘을

86 깃그시고: 깃거ᄒᆞ다에서 온 말. 깃거ᄒᆞ다는 기뻐하다.
87 약약하다: 싫증이 나서 귀찮고 괴롭다.
88 유미柔媚하다: 살살 녹이며 아첨하다. 여기서는 부드럽게 달랜다는 뜻으로 보인다.
89 종고鐘鼓: 종과 북. 시각을 알릴 때 치는 기구. 조선시대에는 종을 쳐서 통행금지와 해제를 알렸는데, 이것을 인정人定과 파루罷漏라고 한다. 인정은 밤 10시경 종을 28번 치고, 파루는 새벽 4시에 33번을 쳤다. 여기서 밤의 종고는 통행금지를 알리는 인정의 종소리를 가리키는 것으로 보인다.
90 회두回頭: 좋은 방향으로 나아감. 호전됨.
91 회양回陽: 원기를 회복시킴.
92 홀홀忽忽이: 홀홀히. 문득 갑작스럽게.
93 망망望望: 그리워하는 모양.《예기》〈문상問喪〉에 나오는 "그 가는 것을 보냄에 그리워하고 애타하며 따라가는 데도 미치지 못하는 것처럼 하라.〔其往送也, 望望然, 汲汲然, 如有追而弗及也〕"라는 구절에서처럼 망망연은 그리워하는 모습을 나타낸다.
94 성손姓孫: 후손.
95 소소疏疏하다: 드문드문하다.

갈渴ᄒᆞ야 구ᄒᆞ시며 소ᄆᆡ素昧[96] 부지不知라도 긔한飢寒의 심ᄒᆞ믈 드ᄅᆞ신즉 스ᄉᆞ로 측은ᄒᆞ믈 춤지 못ᄒᆞ샤 반ᄃᆞ시 구급救急ᄒᆞ시미 셩심誠心의 발ᄒᆞ시니 현賢ᄒᆞ시다 우리 엄뎡嚴庭이여 효孝ᄂᆞᆫ ᄒᆡᆼ지본行之本이요 의義ᄂᆞᆫ 덕지종德之宗이라 일노 드ᄃᆡ여 인효셩덕仁孝誠德을 가히 볼 거시오 비ᄇᆡ쳔획婢輩賤獲[97]이라도 병들매 반ᄃᆞ시 친히 고혈苦歇[98]을 ᄉᆞᆯ피시고 약음藥飮을 다ᄉᆞ려 주샤 ᄉᆞᄉᆡᆼ死生을 앗기시미 디극ᄒᆞ시며 비ᄇᆡ의 죄벌罪罰을 다ᄉᆞ리시나 몬져 ᄉᆞ졍事情을 ᄉᆞᆯ피시고 경듕輕重 가부可否ᄅᆞᆯ ᄇᆞᆰ이 수죄數罪[99]ᄒᆞ샤 ᄉᆞ〃원민私事怨悶ᄒᆞ믈 품지 아니케 ᄒᆞ시며 슬하膝下 ᄌᆞᄋᆡ慈愛 텬뉸天倫[100] 우희[101] ᄌᆞ별自別ᄒᆞ시ᄃᆡ 교훈을 지극히 ᄒᆞ샤 언쇼言笑간 미과微過라도 무심히 보지 아니샤 대의大義로써 ᄀᆞᄅᆞ치시고 삼가므로써 경계警戒ᄒᆞ샤

부덕婦德은 너그러오며 겸손ᄒᆞ미 읏듬이라 비록 올흐나 긍과矜誇치 말며 능能ᄒᆞ나 넘게 말지니 가도家道ᄂᆞᆫ 젼혀 쥬댱主張[102]ᄒᆞᆫ 가모家母[103]의 이시니 ᄆᆡᄉᆞ每事ᄅᆞᆯ 너그러이 용납ᄒᆞ며 후히 쳐 일가지ᄂᆡ一家之內ᄅᆞᆯ 화평히 ᄒᆞ며 내 몸은 업슨 것 ᄀᆞᆺ치 ᄒᆞ미 부덕의 큰 본이라 슌〃諄諄[104] 경계ᄒᆞ시고 므릇 범ᄉᆞ의 과히 ᄒᆞ여 ᄂᆞᆷ의게 지나게 말며 사치ᄒᆞᆫ 의장衣裝을 말지니 임의 분分의 넘고 손복損福ᄒᆞᄂᆞᆫ 징픠라 어린 아ᄒᆡᄂᆞᆫ 더욱 브졀업ᄉᆞ니 오만ᄒᆞᆫ ᄯᅳᆺ을 도〃고[105] 슈복壽福의 해로오니 더욱 삼가믈 경계ᄒᆞ샤

96 소매素昧: 소매평생素昧平生. 한번도 만나본 적이 없음.
97 비배천획婢輩賤獲: 비배는 여종들을 가리키며, 획은 장획臧獲과 같은 말로 종을 가리킨다.
98 고헐苦歇: 오래 앓는 병이 더했다 덜했다 하는 것.
99 수죄數罪: 범죄 행위나 잘못한 일을 하나하나 들추어냄.
100 천륜天倫: 하늘이 정해준 부모 자식 간의 관계.
101 우희: 위에, 그보다 더.
102 주장主張: 어떤 일을 맡아서 책임지고 맡아서 처리하는 것.
103 가모家母: 주부.
104 순순諄諄: 곡진하게 타이르는 모양.
105 도도다: 돋우다.

검소간냑儉素簡略ᄒᆞ시미 더극ᄒᆞ시니 실노 셩심인덕誠心仁德이 시쇽時俗의 과인過人ᄒᆞ신지라 텬우신조天佑神助ᄒᆞ샤 신셕晨夕[106]의 우탄ᄒᆞ시며 오미寤寐의 현망懸望[107]ᄒᆞ시던 소원을 일우샤 하늘이 쳔니긔린千里麒麟[108]으로써 오가吾家의 ᄂᆞ리오시니 엄뎡의 평ᄉᆡᆼ무한平生無恨이라 ᄇᆡᆨ슈상빈白首霜鬢의 환〃歡歡ᄒᆞ신 깃븜과 희〃嬉嬉ᄒᆞ신 즐거오미 엇더 놈의 예ᄉᆞ 아들 나흐매 비기리오 비로소 고위孤危ᄒᆞᆫ 집이 완셕[109]의 구드미 잇고 엄뎡의 슬픈 회푀 환열歡悅ᄒᆞ신지라 엇디 효ᄌᆡ 아니며 현ᄌᆡ賢者 아니리오 일노조차 우리 집 복조ㅣ福祚ㅣ 챵셩昌盛ᄒᆞ야 부군의 만ᄂᆡ영양晩來榮養[110]을 긔필期必ᄒᆞᆯ 거시오 종宗의 흥興홈과 ᄉᆞ社의 빗나믈 알지라 엇디 쳔만대ᄒᆡᆼ千萬大幸이 아니리오 다만 원願ᄒᆞ고 튝祝ᄒᆞᄂᆞ니 부군이 향슈만년享受萬年의 ᄇᆡᆨ셰안강百歲安康ᄒᆞ시믈 텬디 조종祖宗긔 튝祝ᄒᆞ노라

규중의 사군자, 어머니

우리 션비先妣는 계츌명문系出名門ᄒᆞ시고 댱어유덕지가長於有德之家ᄒᆞ시니 ᄉᆡᆼ셩지덕生成之德[111]이 츌어과인出於過人ᄒᆞ시며 톄뫼體貌ㅣ 장슉壯肅ᄒᆞ시고 위의威儀 침뎡沈靜ᄒᆞ시며 용안容顏이 슈려秀麗ᄒᆞ시고 긔뷔肌膚ㅣ ᄇᆡᆨ셜白雪이 엉긴 ᄃᆞᆺᄒᆞ시니 본ᄃᆡ 조쇠早衰ᄒᆞ샤 츈츄春秋ㅣ 삼십여의 아미지간蛾眉之間의 간〃間間이 흰 빗치 소〃疎疎ᄒᆞ시고 쇠패衰敗[112]ᄒᆞ시미 심ᄒᆞ시ᄃᆡ ᄉᆡᆨ부色膚의 묽고 조흐시믄 더욱 쇄연灑然ᄒᆞ시니 놉흔 긔샹과 완듕婉重ᄒᆞ신 동지動止[113]의 위의威儀 슉

106 신석晨夕: 새벽과 저녁.
107 현망懸望: 걱정, 근심함.
108 천리기린千里麒麟: 하루에 천리를 달린다는 기린. 이런 상징성으로 재주가 뛰어나고 비상한 사람을 가리켜 기린아로 부른다.
109 완석頑石: 굳은, 단단한 돌.
110 영양榮養: 지위와 명망을 얻어 부모를 잘 모심.
111 생성지덕生成之德: 만물을 키워내고 성취시키는 덕.
112 쇠패衰敗: 늙어서 기력이 약해짐.
113 동지動止: 행동거지.

〃肅肅[114]ᄒᆞ시니 너른 도량은 만ᄉᆞ를 운용運用ᄒᆞ시나 부족지 아니시고 너그러운 덕튁德澤은 지친至親 인니隣里를 화협和協ᄒᆞ시매 넉〃ᄒᆞ시니 텬품天稟이 뎡대관유正大寬宥ᄒᆞ시며 활달인ᄌᆞ豁達仁慈ᄒᆞ시고 화평유열和平愉悅ᄒᆞ샤 젹은 일의 애쳬礙滯[115]치 아니시며 지극ᄒᆞ신 ᄋᆡ인셩심愛人誠心과 인ᄌᆞ후덕仁慈厚德이 관홍寬弘ᄒᆞ시나 편샤偏私[116]ᄒᆞᆫ 니ᄅᆞᆯ ᄇᆡ쳑ᄒᆞ샤 격상광명格尙廣明ᄒᆞ시미 호리毫釐의 구챠ᄒᆞ미 업ᄉᆞ시니 닐온 결군結軍ᄒᆞᆫ 댱부丈夫ㅣ오 규듕閨中 ᄉᆞ군ᄌᆞ士君子ㅣ시라 거샹居常의 ᄒᆞᆫ 번 침음묵연沈吟默然ᄒᆞ시매 방인傍人이 슉연긔탄肅然忌憚ᄒᆞ야 공경ᄒᆞ믈 더으고 슈하재手下者ㅣ 숑연悚然이 조심操心을 닐위며 ᄒᆞᆫ 번 화열和悅이 우으시고 유화愉和ᄒᆞᆫ 말ᄉᆞᆷ을 발ᄒᆞ시매 화ᄒᆞ시미 봄긔운 ᄀᆞᆺ고 ᄉᆞ랑홉ᄉᆞ오미[117] 겨울날 ᄀᆞᆺᄒᆞ시니 만복萬福이 유챵流暢ᄒᆞ고 ᄇᆡᆨᄉᆡ百事ㅣ 화길和吉ᄒᆞ믄 지쟈知者를 기ᄃᆞ리지 아냐 알거시로ᄃᆡ 향슈다복享壽多福을 다 못ᄒᆞ시니 이 엇딘 텬의天意뇨

ᄌᆞ당慈堂이 우귀于歸[118] 초ᄅᆡ시初來時의 대고大故[119] 듕 분곡奔哭[120]을 ᄒᆞ여 계신 고로 신혼의 비록 왕고王考긔 ᄇᆡ현拜見ᄒᆞ미 계시나 신부의 경근敬謹[121] 듕이라 오히려 존안尊顔을 긔억지 못ᄒᆞ시는 바의 임의 입문入門ᄒᆞ시나 무ᄋᆡ撫愛ᄒᆞ시믈 밧ᄌᆞᆸ지 못ᄒᆞ시며 우러〃 셩효誠孝를 펴ᄋᆞᆸ디 못ᄒᆞ여 계신 고로 ᄀᆞᆨ골유ᄒᆞᆫ刻骨遺恨ᄒᆞ샤 남은 셩효를 왕모王母긔 다ᄒᆞ올ᄉᆡ 시봉侍奉ᄒᆞ시매 동쵹洞蜀ᄒᆞ

114 숙숙肅肅: 공손한 모양 또는 엄정한 모양을 뜻하는데 여기서는 엄정하다는 뜻으로 보았다.
115 애체礙滯: 걸려서 막힘.
116 편사偏私: 특정한 사람에게 치우쳐서 호의를 보이는 것을 말한다.
117 사랑스러움이. ᄉᆞ랑홉다에서 온 말. ᄉᆞ랑홉다는 사랑스럽다.
118 우귀于歸: 신부가 처음 시집에 들어가는 것. 《시경詩經》〈주남周南〉 도요桃夭에 "시집가는 아가씨여! 한 집안을 화락케 하리.〔之子于歸, 宜其室家〕"라는 구절이 나온다.
119 대고大故: 어버이의 상喪.
120 분곡奔哭: 결혼한 여자가 친정 부모님이 돌아가셨다는 부고를 듣고 하는 곡. 먼 곳에서 어버이의 부고를 듣고 급히 돌아간다는 뜻도 있다.
121 경근敬謹: 공경하고 삼감.

샤 미양微恙[122]의 쵸황ᄒᆞ심과 우회憂懷예 위열慰悅[123]ᄒᆞ시미 졀〃ᄒᆞ시고 감지甘旨의 더욱 근근勤勤ᄒᆞ샤 반ᄃᆞ시 친히 할핑割烹ᄒᆞ여 쥬하廚下를 님ᄒᆞ샤 싱슉生熟을 간검看儉ᄒᆞ시고 쳥ᄉᆞ廳事[124]의 솟과 화로를 써 온닝溫冷을 맛초시며 함담鹹淡을 각별 맛보샤 늉한隆寒이라도 쳥ᄉᆞ를 ᄶᅥ나지 아니시고 셩셔盛暑라도 손조 블 픠오믈 폐치 아니샤 쵸〃焦憔히[125] ᄣᆡ를 어긔지 아니케 다ᄉᆞ려 봉진奉進ᄒᆞ시고 상을 물녀오매 다쇼多少를 술피샤 진ᄒᆞ시미 만흔즉 흔연欣然이 깃그시고 혹 진ᄒᆞ신 배 젹은즉 크게 경녀驚慮ᄒᆞ샤 더욱 친히 다ᄉᆞ려 조심진봉操心進奉ᄒᆞ시니 왕뫼 ᄀᆞᆯ오샤ᄃᆡ 가히 맛당ᄒᆞᆫ져 내 듕심의 ᄒᆞ고져 ᄒᆞᄂᆞᆫ 바를 밋처 말의 발치 아냐셔 ᄯᅳᆺ을 맛초니 엇지 그러틋 지심총명知心聰明ᄒᆞ리오 ᄒᆞ시고 ᄉᆞ〃事事의 션지익ᄃᆡ善之愛待ᄒᆞ시며 ᄌᆞ당이 부군을 셤기시매 화평ᄒᆞ고 곡진ᄒᆞ샤 돕ᄉᆞ오매 반ᄃᆞ시 후ᄒᆞᆫ 말ᄉᆞᆷ과 덕된 일노 ᄒᆞ시니 부군이 써 긔지탄복機智歎服ᄒᆞ샤 공경듕ᄃᆡ恭敬重待ᄒᆞ시며 샹친샹화相親相和ᄒᆞ시미 지극ᄒᆞ신 바의 뉘 부뷔 샹득相得ᄒᆞ니야 업ᄉᆞ리오마는 우리 부군과 ᄌᆞ당은 밧그로 부〃지의夫婦之義와 안흐로 지심지긔知心知己를 아오로샤 부군의 듕심지긔를 말ᄉᆞᆷ 젼의 예탁豫度ᄒᆞ시고 ᄌᆞ당이 의논을 내시매 부군이 맛당이 어그릇지[126] 아니샤 의논이 ᄀᆞᆺ고 ᄯᅳᆺ이 합ᄒᆞ시니 옹용雍容ᄒᆞ시고 ᄃᆞᆺ타오시미 디극ᄒᆞ시나 그러나 부군이 거죄擧措ㅣ 경듕敬重ᄒᆞ시ᄂᆞᆫ 가운ᄃᆡ도 미과微過의 칙망責望이 듕ᄒᆞ시고 ᄌᆞ당이 비록 특질特質이 츌인出人ᄒᆞ시나 슌화평담順和平淡ᄒᆞ샤 텬셩天性이 완젼ᄒᆞ실 ᄲᅳᆫ이오 시쇽時俗 교사민혜巧詐敏慧ᄒᆞᆫ 쳐변處變의 엇지 합ᄒᆞ시며 경향京鄕이 다ᄅᆞ니 ᄯᅩ

122 미양微恙: 작은 병.
123 위열慰悅: 위안하여 기쁘게 함.
124 청사廳事: 마루의 별칭. 전통가옥에서 방과 방 사이나 방 앞을 지면으로부터 떨어지게 해서 널빤지를 길게 깐 곳.
125 초초焦憔히: 애를 태우며 근심스럽게.
126 어그릇지: 어그롯다에서 온 듯하다. 어그롯다는 어그롳다를 달리 적은 것으로, 어기다는 뜻.

엇지 경ᄉᆞ京師 사ᄅᆞᆷ의 눈의 닉지 아니미 잘 업ᄉᆞ리오 그러므로 시비是非 듕로怒ᄒᆞ미 만ᄒᆞ시니 니친지회離親之懷예 심위心違 듕하시ᄃᆡ 텬품天稟이 관달寬達ᄒᆞ신지라 침연沈然이 셩ᄉᆡᆨ聲色을 동動치 아니시고 뎨사쇼고娣姒小姑 ᄉᆞ이의 화협和協ᄒᆞ심과 지친至親 간 돈목敦睦ᄒᆞ시미 평ᄉᆡᆼ平生 소본所本이시라 ᄃᆡ졉ᄒᆞ시믈 관후寬厚히 ᄒᆞ시며 셩심誠心을 곡진히 ᄒᆞ샤 졔 비록 박ᄒᆞ나 ᄌᆞ당은 반ᄃᆞ시 지졍至情으로 ᄒᆞ시고 동긔지간同氣之間의 의복 음식을 반ᄃᆞ시 ᄂᆞᆫ화ᄒᆞ시며[127] 촌수寸數의 원근遠近을 ᄀᆞᆯ히지[128] 아니시고 후ᄒᆞᆫ 졍과 너그러온 ᄯᅳᆺ을 고로〃ᄒᆞ샤 미微ᄒᆞᆫ 찬물饌物이라도 시졀時節 죠흔 거신즉 반ᄃᆞ시 만히 댱만ᄒᆞ샤 봉양의 남은 바를 일가一家의 보내여 지친의 졍을 통ᄒᆞ시며 귀쳔무론貴賤毋論ᄒᆞ고 긔한飢寒의 심홈과 일의 급ᄒᆞ믈 드ᄅᆞ시매 참연慘然ᄒᆞᆫ ᄆᆞᄋᆞᆷ이 스ᄉᆞ로 능히 침식을 편히 못ᄒᆞ샤 맛ᄎᆞᆷ내 의식으로 구급ᄒᆞᆫ 후야 ᄉᆡ훤히 됴하ᄒᆞ시고 부군이 더욱 깃거ᄒᆞ샤 밧글 구ᄒᆞ며 안흘 ᄌᆞ뢰藉賴[129]ᄒᆞ샤 서로 의논ᄒᆞ야 ᄌᆡ물을 앗기지 아니시며 힘을 갈竭ᄒᆞ여 ᄒᆞ시ᄃᆡ 셩심으로 ᄒᆞ시며 셕년昔年의 계동桂洞[130] 판셔 오촌님[131]ᄭᅴ셔 우리 외왕고外王考[132]ᄭᅴ 감격지 아닌 일을 ᄒᆞ시니 ᄌᆞ당이 깁히 유감ᄒᆞ샤 흡연洽然치 아니시더니 그후의 계동 오촌님ᄭᅴ셔 죄뎍罪謫[133]ᄒᆞ실ᄉᆡ 우리 외향外鄕 근지近地의 뎍소謫所ᄒᆞ시니 기시其時 ᄌᆞ당이 귀근歸覲[134]ᄒᆞ여 계시던지라 변시타향봉고인便是他鄕逢故人[135]이라 셕ᄒᆞᆫ昔恨을 개회介懷[136]치

127 ᄂᆞᆫ호다: 나누다.
128 ᄀᆞᆯ히다: 가리다, 구별하다.
129 자뢰藉賴: 기대고 의지함.
130 계동桂洞: 현 서울 종로구 계동·가회동·원서동에 걸쳐 있던 마을 이름.
131 판서 오촌님: 조엄趙曮(1719~1777)을 이르는 것으로 보인다. 해제 참고.
132 외왕고外王考: 돌아가신 외할아버지. 하명상河命祥(1702~1774). 해제 참고.
133 죄적罪謫: 죄를 지어 유배가는 것.
134 귀근歸覲: 임금이나 어버이를 찾아뵘.
135 변시타향봉고인便是他鄕逢故人: 변시便是는 '바로 이것'. 이것이 바로 타향에서 옛 친구를 만난다는 말이다.
136 개회介懷: 개의介意. 언짢은 일을 마음에 두는 것.

아니시고 ᄌᆞ로[137] 노복奴僕을 부려 존문尊問[138]ᄒᆞ실ᄉᆡ 잇ᄯᅢ 죵숙부從叔父[139]
의셔 비록 당녹堂錄[140] ᄌᆡ샹宰相으로 뉵경六卿[141] 방ᄇᆡᆨ方伯[142]으로 부귀 극ᄒᆞ
나 임의 좌쳔左遷ᄒᆞ야 타향 뎍ᄀᆡᆨ謫客[143]이 되시니 다만 부인으로 더브러 ᄉᆞ면
四面의 고문叩門[144]ᄒᆞᆯ 사ᄅᆞᆷ이 업고 뎍막寂寞ᄒᆞ미 심ᄒᆞ거ᄂᆞᆯ ᄌᆞ당이 지친의 후의
厚誼ᄅᆞᆯ ᄃᆞᆺ터이 ᄒᆞ샤 수삼數三 일뎡日程이로ᄃᆡ ᄌᆞ로 글월노 문후問候[145]ᄒᆞ고 ᄯᅢ
의 과품果品[146]과 아ᄅᆞᆷ다온 찬물饌物노 졍을 표ᄒᆞ샤 지셩곡진至誠曲盡ᄒᆞ시니
비로소 죵숙부의셔 구연ᄒᆞ고 감격ᄒᆞ야 새로이 후ᄒᆞᆫ 말솜 ᄃᆞᆺ타온 졍의 친ᄋᆡ親
愛ᄒᆞ기 지극ᄒᆞ시니 박ᄒᆞᆫ 곳의 후히 갑하 스ᄉᆞ로 화和ᄒᆞ고 친ᄒᆞ여지니 이 ᄒᆞᆫ 일
노 츄이推移ᄒᆞ여도 가히 우리 ᄌᆞ당의 너그럽고 후ᄒᆞᆫ 셩덕盛德을 알지라 이러
므로 인니隣里 덕을 일ᄏᆞᆺ고 동긔同氣 화목ᄒᆞ며 대가 족친族親이 일ᄏᆞ라 후품
厚品을 칭찬 긔ᄃᆡ期待ᄒᆞ고 종가宗家 죵숙모從叔母ᄭᅴ셔ᄂᆞᆫ 봉죠하ᄃᆡᆨ奉朝賀宅[147]
셩품이 관후인ᄌᆞᄒᆞ샤 후품이 일가 등 ᄌᆞ별ᄒᆞ시더니 더욱 ᄌᆞ당을 격졀칭복擊節
稱福[148]ᄒᆞ시며 왕모王母ᄭᅴ 고ᄒᆞ샤 맛당이 춍부冢婦[149]의 가타 ᄒᆞ시더라
셕년昔年의 ᄯᅩ 비ᄇᆡ婢輩의 뎐어傳語로 ᄒᆞᆫ 곳의 ᄉᆞ족士族 규쉬閨秀ㅣ 이시ᄃᆡ 무

137 ᄌᆞ로: 자주.
138 존문尊問: 물어보거나, 방문하는 것을 높여 부르는 말.
139 종숙부從叔父: 아버지의 사촌 형제로 오촌이 되는 관계. 당숙.
140 당록堂錄: 조선시대 홍문관원의 후보자를 선발하기 위해 홍문관에서 작성한 선거 기록.
141 육경六卿: 이조·호조·예조·병조·형조·공조 등 육조의 판서.
142 방백方伯: 조선시대 각 도에 파견되어 지방 통치의 책임을 맡았던 장. 감사. 도백 등으로도 불렸다.
143 적객謫客: 귀양살이하는 사람.
144 고문叩門: 남을 찾아가 문을 두드림.
145 문후問候: 웃어른의 안부를 물음.
146 과품果品: 과일.
147 봉조하奉朝賀: 전직 관원을 예우하여 종이품의 관원이 퇴직한 뒤에 특별히 내린 벼슬. 종신토록 신분에 맞는 녹봉을 받으나 실무는 보지 않고 의례에만 참여했다.
148 격절칭복擊節稱福: 무릎을 치며 감탄하면서 복이 있을 것이라 일컫다.
149 총부冢婦: 종가의 맏며느리.

부고ᄋᆞ無父孤兒로 뎨형諸兄이 무타無他ᄒᆞ고 기뫼其母ㅣ 패려悖戾ᄒᆞ여 실절죵부失節從夫ᄒᆞ니 혈〃일신孑孑一身이 무의무탁無依無托히 긔한飢寒이 참혹慘酷ᄒᆞ믈 드ᄅᆞ시고 참측慘惻ᄒᆞ믈 춤지 못ᄒᆞ샤 거두어 치실ᄉᆡ 무휼撫恤ᄒᆞ시며 고렴顧念ᄒᆞ시믈 극진이 ᄒᆞ시고 ᄉᆞ랑ᄒᆞ시믈 아등我等과 ᄀᆞᆺ치 ᄒᆞ시며 ᄃᆡ졉ᄒᆞ시기를 ᄉᆡ누의 ᄀᆞᆺ치 ᄒᆞ시니 비ᄇᆡ婢輩 감히 만모慢侮치 못ᄒᆞ니 엇지 ᄌᆞ당의 어지ᄅᆞ신 ᄆᆞ음과 너ᄅᆞ신 덕이 아니리오마ᄂᆞᆫ 부군이 만일 불관不寬이 용납지 아니시면 ᄌᆞ당慈堂이 엇지 능히 ᄆᆞ음을 펴시리오마ᄂᆞᆫ 부군의 인ᄌᆞ관유仁慈寬宥ᄒᆞ시미 그런 일을 심히 깃거ᄒᆞ시니 실노 우리 부모의 인현셩심仁賢誠心이 셰샹의 ᄯᅩ 엇지 흔ᄒᆞ리오마ᄂᆞᆫ 노텬露天이 무지ᄒᆞ야 갑흐미 업고 인니人理도 상ᄒᆞ여 션악의 슈복壽福이 밧고이니 텬의天意를 가히 모ᄅᆞ리도다

ᄌᆞ당이 ᄌᆞᄋᆡ 지극ᄒᆞ샤ᄃᆡ 반ᄃᆞ시 의훈懿訓[150]을 두샤 샹히 경계ᄒᆞ샤 어룬의게 삼가고 조심ᄒᆞ며 손슌遜順ᄒᆞ고 겸공謙恭ᄒᆞ라 ᄒᆞ시며 잠간도 게어ᄅᆞ고 오만ᄒᆞ지 말나 ᄒᆞ시고 ᄯᅩ ᄀᆞᆯᄋᆞ샤ᄃᆡ 내 평ᄉᆡᆼ의 으지ᄒᆞᄂᆞᆫ 바ᄂᆞᆫ 일편一偏되고 협狹ᄒᆞ 니를 깃거 아닛ᄂᆞ니 너희 삼가 힝혀도 말지어다 ᄂᆞᆷ이 비록 문견이 업거나 텬셩이 우용愚庸커나 ᄒᆞ여 실톄失體ᄒᆞ미 이시면 맛당이 ᄌᆞ시 ᄀᆞᄅᆞ치고 졍다이 닐너 곳치게 ᄒᆞ리니 씌치게ᄂᆞᆫ 아니코 타인과 비쇼죠롱誹笑嘲弄ᄒᆞᄂᆞᆫ 거시 극히 통ᄒᆞᆫ痛恨ᄒᆞ고 스ᄉᆞ로 복의 해로오니 브ᄃᆡ 삼가라 ᄒᆞ시며 아등我等이 혹 비ᄇᆡ婢輩를 ᄎᆡᆨ責ᄒᆞᆫ즉 긋때ᄂᆞᆫ 죵의 ᄐᆡ만ᄒᆞ믈 ᄎᆡᆨ責ᄒᆞ여 분을 프러주시고 죠용이 ᄎᆡᆨᄒᆞ여 ᄀᆞᆯᄋᆞ샤ᄃᆡ 죵이 비록 귀쳔貴賤이 다ᄅᆞ나 ᄯᅩᄒᆞᆫ 사ᄅᆞᆷ이오 지각이 잇ᄂᆞ니 우히 어룬이 〃셔 검찰檢察ᄒᆞᄂᆞᆫ 바의 아희들이 ᄯᅩ ᄉᆞ〃로이 치ᄎᆡᆨ致責ᄒᆞ미 어룬을 압두壓頭[151]ᄒᆞ미오 인ᄌᆞᄒᆞᆫ ᄆᆞ음이 덕으미니 비록 어룬이 ᄎᆡᆨ벌責罰ᄒᆞ나 노怒를 풀고 죄를 덥혀 주미 올흐니라 ᄒᆞ시고 우리 혹 압히 일이라도 죵을 ᄌᆞ로 식인즉 경계

150 의훈懿訓: 아름다운 가르침. 혹은 의훈儀訓, 즉 바른 가르침으로 볼 수도 있다.
151 압두壓頭: 남을 누르고 첫째를 차지함.

ᄒᆞ야 ᄀᆞᆯᄋᆞ샤ᄃᆡ 유시幼時로븟허 ᄆᆞᄋᆞᆷ을 ᄂᆞᆽ초고 몸을 부ᄌᆞ러니 ᄒᆞ여야 타문他門의 공근恭勤ᄒᆞᆫ 사ᄅᆞᆷ이 되ᄂᆞ니라 ᄒᆞ시며 비복婢僕을 어하御下ᄒᆞ시매 의식衣食을 후히 ᄒᆞ시며 친소親疎와 ᄋᆡ증愛憎을 두지 아니샤 공정ᄒᆞ시미 ᄒᆞᆫ결 ᄀᆞᆺᄒᆞ시고 규뫼規模ㅣ 엄숙ᄒᆞ시며 법되法度ㅣ 계샤 비록 신임ᄒᆞᄂᆞᆫ 비ᄇᆡᆨ라도 셰쇄細瑣ᄒᆞᆫ 슈작을 친압親狎지 아니시ᄃᆡ 질고疾苦 ᄉᆞ졍事情을 통쵹洞燭ᄒᆞ샤 고렴顧念 무휼撫恤ᄒᆞ시믄 디극ᄒᆞ신 고로 비복이 치죄治罪를 닙으나 감히 원망치 못ᄒᆞ고 인니隣里 하ᄇᆡ下輩 긔탄忌憚ᄒᆞ고 두려ᄒᆞᄃᆡ 소疎치 아니코 친히 ᄒᆞᄃᆡ 아당阿黨[152]치 못ᄒᆞ니 숙연肅然ᄒᆞ고 화평ᄒᆞ야 치가治家ᄒᆞ시매 법되 잇고 풍비豐備ᄒᆞ야 넉〃ᄒᆞ며 간냑簡略ᄒᆞ믄 곳의 맛게 ᄒᆞ시며 만물의 총명 통쳘洞徹ᄒᆞ샤 ᄉᆞᄆᆞᆺ디[153] 못ᄒᆞ실 배 업ᄉᆞ니 젼혀 우리 외왕고外王考의 관인대도寬仁大度와 외왕모外王母의 현심숙덕賢心淑德을 품슈稟受ᄒᆞ샤 셩덕盛德 규범이 실노 시쇽時俗의 드므시ᄃᆡ

어머니의 지극한 슬픔

ᄌᆞ당의 부명賦命이 박ᄒᆞ샤 외왕고의 쳔금千金 소교小嬌[154]요 외왕모의 무남일녀無男一女로 부귀교ᄋᆡ富貴嬌愛 듕 ᄉᆡᆼ댱生長ᄒᆞ샤 결가結家ᄒᆞ시매 쳔니千里 원별遠別의 친측親側을 니격離隔ᄒᆞ샤 쵸〃峭峭ᄒᆞᆫ 관산關山의 애각崖角[155]을 즈음치니[156] 됴운모우朝雲暮雨의 영모친안永慕親顔ᄒᆞ샤 단댱회우斷腸懷憂ᄒᆞ시고 인ᄒᆞ야 외왕뫼 하슈下壽[157]를 엇지 못ᄒᆞ샤 듕도의 귀텬歸天ᄒᆞ시니 ᄆᆞᆺᄎᆞᆷ 귀근歸覲시의 별회別懷를 단취團聚ᄒᆞ시고 시측侍側 종효終孝[158]ᄒᆞ시나 임의 늣아의 통

152 아당阿黨: 알랑거림.
153 ᄉᆞᄆᆞᆺ다: ᄉᆞᄆᆞᆺ다. 사무치다, 꿰뚫다.
154 소교小嬌: 어린 딸.
155 애각崖角: 벼랑의 귀퉁이.
156 즈음치다: 가로막다, 격하다.
157 하수下壽: 예순 살. 노인의 나이를 상·중·하로 나눌 때 상수는 백 살, 중수는 여든 살, 하수는 예순 살로 나눈다.
158 종효終孝: 어버이의 임종 때에 곁에서 효성을 다하는 것.

이 최극最極ᄒᆞ시거ᄂᆞᆯ 계유癸酉[159] 종상終喪 후 외왕고의 대고大故를 쳔니千里 원별遠別의 문부聞訃ᄒᆞ시니 쳘텬徹天ᄒᆞᆫ 유ᄒᆞᆫ遺恨과 망〃茫茫ᄒᆞᆫ ᄃᆡ통至痛이 풍슈風樹[160]의 얽히시니 임의 친당親堂을 우러〃 고혈孤孑ᄒᆞ신 ᄃᆡ통至痛이 ᄌᆡ심再深ᄒᆞ시거ᄂᆞᆯ

ᄌᆞ궁子宮이 더욱 슌치 아니샤 우리 삼 형뎨를 년ᄉᆡᆼ連生ᄒᆞ샤 듕형仲兄은 유하乳下[161]의 굿기시고[162] ᄉᆡᆼ남生男을 죄오시다가[163] 갑오甲午[164]의 ᄉᆡᆼᄌᆞ生子ᄒᆞ시니 부군과 ᄌᆞ당의 영ᄒᆡᆼ榮幸일 ᄲᅮᆫ 아냐 ᄇᆡᆨ뷔伯父ㅣ 무후無後ᄒᆞ신 고로 냥가兩家 소듕所重과 왕모의 귀듕貴重이 셰샹의 무비無比러니 부모ᄭᅴ 참통慘慟을 깃치오랴 을미乙未[165] 홍질紅疾의 우리 형뎨 무ᄉᆞ히 지내고 소듕所重[166]이 불ᄒᆡᆼ不幸ᄒᆞ니 참통慘痛ᄒᆞ시미 상명喪明의 갓가오시거ᄂᆞᆯ 다시 ᄉᆡᆼ남生男을 튝텬祝天 신지信之ᄒᆞ샤 겨오 뎡유丁酉[167]의 득남得男ᄒᆞ시니 아ᄒᆡ 슈발秀拔ᄒᆞ고 쥰일俊逸ᄒᆞ야 실노 완뵈完寶라 쳔만귀듕千萬貴重과 만금소탁萬金所託이 견조아 비ᄒᆞᆯ 고지 업고 인ᄒᆞ여 수삼 셰를 무양無恙히 ᄌᆞ라니 부뫼 소쳑ᄇᆡᆨ우掃滌百憂ᄒᆞ샤 즐기실ᄉᆡ 잇ᄯᅢ 우리 형뎨 왕뫼 ᄌᆡ당在堂ᄒᆞ샤 ᄒᆞᆨ발鶴髮이 강건ᄒᆞ시고 쌍친雙親이 구존俱存ᄒᆞ시니 듕남中男으로 더브러 슬하의 교ᄋᆡ嬌愛를 밧ᄌᆞ오니 인ᄉᆡᆼ 셰간의 잇ᄯᅢᄀᆞᆺ치 무우환낙無憂歡樂ᄒᆞ미 업고 ᄌᆞ당이 만ᄉᆞ萬事의 환흡歡洽ᄒᆞ샤 효봉존

159 계유癸酉: 계유년이 아니라 계사년(1773년, 영조 49년). 풍양 조씨가 잘못 기억하거나 기록한 듯하다. 계유년은 1753년으로 어머니가 아직 어릴 때여서 내용과 맞지 않다.
160 풍수風樹: 풍수지탄風樹之嘆. 부모가 돌아가셔서 자식의 도리를 다하지 못한 슬픔. 중국 초나라 고어皐魚가 읊은 "나무는 고요하고자 하나 바람이 그치지 않고, 자식이 봉양하고자 하나 부모는 기다려주지 않는다.〔樹欲靜而風之止, 子欲而親不待〕"에서 나왔다.
161 유하乳下: 젖먹이. 두보의 시 〈석호리石壕吏〉에 "방 안엔 아무도 없고 젖먹이 손자만 있네.〔室中更無人, 惟有乳下孫〕"라는 구절이 있다.
162 굿기다: 궂기다. 윗사람이 죽는 것을 정중하게 이르는 말.
163 죄오시다: 죄다의 높임말. 죄다는 마음을 몹시 졸이거나 긴장되게 하다.
164 갑오甲午: 1774년, 영조 50년.
165 을미乙未: 1775년, 영조 51년.
166 소중所重: 종자宗子. 종가의 맏아들.
167 정유丁酉: 1777년, 정조 1년.

당孝奉尊堂ᄒᆞ시고 승슌군ᄌᆞ承順君子ᄒᆞ시며 교휼ᄌᆞ녀敎恤子女ᄒᆞ샤 만ᄉᆡ 무흠환낙無欠歡樂으로 수삼 년을 지내니 오회라 우리 부모 형뎨의 즐거온 셰샹이 잇ᄯᅢᄲᅳᆫ이런 줄 엇디 ᄉᆡᆼ각ᄒᆞ며 ᄎᆞᄉᆡᆼ此生의 다시 엇기 어려온 즐거온 셰샹을 일ᄉᆡᆼ으로 알고 무심히 지낸 줄 더욱 엇디 유ᄒᆞᆫ이 아니리오

임의 가운家運이 불ᄒᆡᆼᄒᆞ고 ᄌᆞ당의 촉슈促壽ᄒᆞᆯ 징죄徵兆ㅣ라 긔ᄒᆡ己亥[168] 동冬의 범역犯疫[169]ᄒᆞ여 내슌히 지내니 가듕家中이 닐오ᄃᆡ 지극ᄒᆞᆫ 슌역順疫[170]이니 듕ᄋᆡ重愛ᄒᆞ면 죠흘다 ᄒᆞ고 퍽 기ᄃᆞ리더니 과연 듕남이 시역時疫[171]ᄒᆞᆯᄉᆡ 믄득 슌역이 변ᄒᆞ여 극히 듕ᄒᆞᆫ지라 부군과 ᄌᆞ당이 쥬야 쵸황망조焦惶罔措ᄒᆞ샤 서로 안아 보호ᄒᆞ시며 일긔日氣 계동季冬 엄한嚴寒이로ᄃᆡ 부군과 ᄌᆞ당이 빙슈氷水ᄅᆞᆯ 무릅써 호구戶口[172]와 텬지신명天地神明ᄭᅴ 일명一命을 비르시ᄃᆡ 하ᄂᆞᆯ이 무지ᄒᆞ고 귀신이 악착ᄒᆞ야 ᄆᆞᆺᄎᆞᆷ내 구치 못ᄒᆞ니 오호 통ᄌᆡ라 왕모의 셔하참경西河慘景[173]과 부군과 ᄌᆞ당의 지원극통至冤極痛이 부군은 슈발鬚髮[174]이 서리되시고 ᄌᆞ당은 고황지질膏肓之疾[175]의 근원根源을 닐위시니 통ᄌᆡ라 하ᄂᆞᆯ이 박ᄒᆞ미냐 우리 가운家運이 불니不利ᄒᆞ미냐 우리 부군의 디극ᄒᆞ신 인ᄌᆞ셩심仁慈誠心과 ᄌᆞ당의 슉덕현심淑德賢心을 이리 갑흐미 업ᄂᆞ뇨 이에 길남의 참경慘景 후 ᄌᆞ당이 간위肝胃 아조 쵸샥焦爍[176]ᄒᆞ샤 풍화豐華[177]ᄒᆞ신 긔샹이 쇠쳑衰瘠ᄒᆞ시고 흑

168 기해己亥: 1779년, 정조 3년.
169 범역犯疫: 전염병에 걸림.
170 순역順疫: 홍역을 무사히 넘기는 것.
171 시역時疫: 철에 따라 발생하는 돌림병 또는 천연두.
172 호구戶口: 호구별성戶口別星. 호구대감戶口大監. 천연두 귀신을 높여 이르는 말.
173 서하참경西河慘景: 자식을 잃은 참혹한 슬픔. 서하지통西河之痛. 공자의 제자 자하子夏가 벼슬에서 물러나 서하西河에 있을 때 아들을 잃고 비통한 나머지 실명한 일에서 유래하였다. 여기서는 할머니의 손자를 잃은 슬픔으로 쓰였다.
174 수발鬚髮: 수염과 머리털.
175 고황지질膏肓之疾: 고황에 든 병. 고황은 심장과 횡경막 사이로 여기에 병이 들면 고치기 어렵기 때문에 고치기 어려운 병을 고황지질이라 한다.
176 초삭焦爍: 초삭은 태워 녹인다는 뜻. 여기서는 애가 타서 녹는 듯하다는 뜻.
177 풍화豐華: 몸집이 풍만하고 아름다움.

발黑髮이 화빅化白ᄒᆞ시니 다시 ᄉᆡᆼ산生產을 ᄇᆞ라지 못ᄒᆞ시고 부군과 ᄌᆞ당이 서로 ᄃᆡᄒᆞ시매 무후無後의 근심과 상명喪明의 통痛[178]을 춤디 못ᄒᆞ시더니 의외 신튝辛丑[179]의 ᄌᆞ당이 ᄐᆡ휘胎候ㅣ 계시니 이 엇디 ᄌᆞ당의 원긔元氣를 진탈盡脫ᄒᆞ여 슈壽를 ᄆᆞᄌᆞ막 ᄎᆞᆺᄂᆞᆫ ᄆᆞᄃᆡ 아니리오 일개一家ㅣ 챠경챠희且驚且喜ᄒᆞ니 놀라믄 단망斷望[180]의 슈ᄐᆡ受胎ᄒᆞ시미오 깃그믄[181] ᄉᆡᆼ남生男을 죄오미라 ᄌᆞ당이 ᄯᅩ ᄒᆞᆫ 분만分娩을 념녀ᄒᆞ시나 ᄉᆡᆼ남을 쥬야晝夜 죄와 쇠력衰力의 부췌附贅[182]ᄒᆞ시믈 괴로와 아니시고 신고辛苦히 십삭十朔을 기ᄃᆞ려 납월臘月[183]의 분산分產ᄒᆞ시니 오회라 가지록 하늘이 술피미 업서 ᄉᆡᆼ녀生女ᄒᆞ시니 부군의 실망ᄒᆞ심과 ᄌᆞ당의 악연愕然ᄒᆞ시믈 엇지 다 긔록ᄒᆞ리오 ᄌᆞ당이 탈진脫盡ᄒᆞ신 원긔元氣예 겨오 분산分產ᄒᆞ시고 심긔心氣 지극히 허약ᄒᆞ신ᄃᆡ 남녀를 쵸갈焦渴[184]히 죄오시다가 ᄉᆡᆼ녀 두ᄌᆞ 의급히 놀나시고 산후 년ᄒᆞ여 용녀用慮를 과히 ᄒᆞ샤 인ᄒᆞ여 별증別症이 층ᄉᆡᆼ層生ᄒᆞ고 빅최百草ㅣ 무효無效ᄒᆞ여 칠삭七朔을 신고辛苦ᄒᆞ실ᄉᆡ 우리 형뎨 다 미거未擧ᄒᆞ여[185] 병측病側을 구호救護치 못ᄒᆞ고 부군이 쥬야 근노勤勞ᄒᆞ샤 병후病候를 술피시며 의약을 빅방百方으로 다ᄉᆞ려 힘을 다ᄒᆞ시고 정셩을 갈竭ᄒᆞ야 지셩곡진至誠曲盡ᄒᆞ시미 밋디[186] 아니신 배 업서 아모죠록 회두回頭를 튝祝ᄒᆞ시나 임의 근위筋痿[187] 고황을 침범ᄒᆞ고 원긔 쇼진消盡ᄒᆞ여 계시며 우

178 상명喪明의 통痛: 상명지통喪明之痛. 눈이 멀어진 아픔, 즉 아들을 잃은 슬픔을 말한다. 이 말은 자하가 아들을 잃고 실명한 데서 나왔다. 앞의 주 173의 서하지통西河之痛의 다른 표현이다.
179 신축辛丑: 1781년, 정조 5년.
180 단망斷望: 희망이 끊어짐.
181 깃금: 깃거ᄒᆞ다, 기뻐하다의 명사형. 기쁨.
182 부췌附贅: 군더더기. 쓸데없이 붙어 있는 것을 말한다. 여기서는 임신한 것을 말한다.
183 납월臘月: 음력 섣달.
184 초갈焦渴: 애가 탐, 초조함.
185 미거未擧하다: 아둔하다.
186 밋다: 및다의 다른 표기로 보인다. 미치다.
187 근위筋痿: 간열로 담즙이 지나치게 나와서 생기는 병. 근육이 이완되어 거동하기 힘들고 입이 쓰고 손발톱이 마르고, 여윈다.

리 형뎨의 죄역罪逆[188]이 듕ᄒᆞ고 부군의 복이 박ᄒᆞ시니 엇디 능히 회양回陽의 경ᄉᆞ慶事를 어드리오 일월日月노 침듕沈重ᄒᆞ샤 진퇴고헐進退苦歇[189]이 무상無常ᄒᆞ시니 그러틋 환셰換歲ᄒᆞ여 임인壬寅[190] 츈하春夏의 두어 곳 우소寓所를 올므시나 능히 감셰減勢를 엇지 못ᄒᆞ시고 시일노 듕ᄒᆞ시니 왕모의 외오셔[191] 쵸조ᄒᆞ심과 부군의 쥬야침식晝夜寢食을 물니치샤 쵸젼망조焦煎罔措ᄒᆞ심과 우리 형뎨의 망극쵸황罔極焦惶ᄒᆞ믈 ᄎᆞ마 무어ᄉᆡ 비ᄒᆞ리오마는 나는 오히려 환후患候의 경듕輕重과 망극ᄒᆞᆫ 원녀遠慮[192]를 채 ᄭᆡ돗디 못ᄒᆞ고 부군과 빅시 쵸황ᄒᆞ시매 ᄯᆞ라 애ᄡᅳ고 그러치 아니면 위틱ᄒᆞ신 줄을 바히[193] 아디 못ᄒᆞ고 침식을 무ᄉᆞ無事히 ᄒᆞ야 약음藥飮과 시측侍側의 촌효寸效[194]로 자식의 도를 못ᄒᆞᆫ즉 셰〃히 ᄉᆡᆼ각ᄒᆞ니 비록 유튱幼沖타 ᄒᆞᆫ들 그대도록 불쵸미거不肖未擧ᄒᆞ리오 이제 더옥 유ᄒᆞᆫ遺恨이 쳡〃疊疊ᄒᆞ고 셜움이 ᄒᆞᆫ 덩이 모시 되여 죽기 젼 엇디 풀니리오 임의 환휘患候ㅣ 위극危極ᄒᆞ시매 ᄌᆞ당이 ᄉᆞᄉᆞ로 ᄒᆞᆯ 일 업ᄉᆞᆫ 줄 아ᄅᆞ시고 피졉避接[195] 들기를 쳥ᄒᆞ샤 뉵월六月 십일〃十一日 집으로 드ᄅᆞ실ᄉᆡ 수일數日을 두고 부군ᄭᅴ 유언遺言을 깃치실ᄉᆡ[196] 흑발鶴髮 셔하西河의 불효를 슬허ᄒᆞ시며 감지甘旨 봉양을 근심ᄒᆞ시고 부군의 듕년中年 상우喪偶의 괴로온 계활契活과 의식衣食 칙봉責奉[197]의 소임所任이 븨여 몸이 샹ᄒᆞ실가 권〃拳拳[198]이 념녀ᄒᆞ시

188 죄역罪逆: 이치에 거슬리는 큰 죄.
189 고헐苦歇: 오래 앓는 병이 덜했다 더했다 하는 것.
190 임인壬寅: 1782년, 정조 6년.
191 외오셔: 외따로, 혼자.
192 원려遠慮: 앞으로 올 일을 헤아리는 깊은 생각.
193 바히: 바이. 아주, 심히.
194 촌효寸效: 아주 작은 효험.
195 피접避接: 비접의 원 말. 비접은 병을 앓는 사람이 거처를 옮겨서 요양한. 병을 가져오는 액운을 피한다는 뜻이다.
196 깃치다: 기티다. 끼치다, 남기다.
197 책봉責奉: 받드는 책임을 맡음.
198 권권拳拳: 매우 정성스러운 모양. 끔찍이 사랑하는 모양.

고 가ᄉᆞ家事를 샹논詳論ᄒᆞ시며 우리 형뎨로ᄡᅧ 쵹부囑付ᄒᆞ여 ᄀᆞᆯ오ᄃᆡ 본ᄃᆡ ᄌᆞ이慈愛 늠다ᄅᆞ시고 ᄌᆞ상명쳘仔詳明哲ᄒᆞ시니 나의 쵹부ᄒᆞᆯ 배 아니로ᄃᆡ 도라가는 ᄆᆞ음이 구〃ᄒᆞ고 일즉 어미 일는 졍ᄉᆡ情事ㅣ 참연慘然ᄒᆞ믈 쵹부ᄒᆞ노라 ᄒᆞ시고 날을 더욱 권〃拳拳 부탁ᄒᆞ시니 이는 다ᄅᆞ미 아니라 ᄇᆡᆨ시白氏는 유하乳下로븟허 왕뫼 ᄌᆞ별自別이 휵양畜養ᄒᆞ시고 오히려 년긔年紀 잠간 만흐미오 나는 더 뎍은 고로 이러틋 더욱 권년眷戀ᄒᆞ시미니 오호 통ᄌᆡ라 ᄌᆞ당은 도라가시기ᄭᆞ지 불쵸不肖 등을 이러틋 ᄒᆞ시ᄃᆡ 우리는 능히 ᄌᆞ당을 여희ᄋᆞᆸ고 명완命頑[199] 무지無知히 사라 호발毫髮의 갑ᄉᆞ올 길히 업ᄉᆞ니 엇디 이리 불쵸무상不肖無狀[200]ᄒᆞ뇨

다시 보고 듣지 못할

ᄌᆞ당이 스ᄉᆞ로 반ᄉᆡᆼ심우半生深憂[201] 듕 셰샹의 늦거오심[202]과 ᄆᆞᆺ좀내 ᄒᆞᆫ낫 긔ᄌᆡ근子ㅣ 업서 평ᄉᆡᆼ지원平生之願을 일우디 못ᄒᆞ심과 ᄇᆡᆨ시 임의 당혼當婚ᄒᆞ여시ᄃᆡ 밋처 셩인成姻ᄒᆞ여 ᄌᆞ미를 보지 못ᄒᆞ시고 타일他日 부군의 영귀榮貴를 능히 ᄒᆞᆫ 가지로 당치 못ᄒᆞᆯ 바를 결ᄉᆡᆨ結塞ᄒᆞᆫ 유ᄒᆞᆫ遺恨이 되여 셜워ᄒᆞ시나 오히려 쳑용비어戚容悲語를 아니ᄒᆞ시고 슈복壽福이 ᄌᆡ텬在天ᄒᆞ므로ᄡᅧ 도로혀 부군의 관회寬懷[203]ᄒᆞ시믈 ᄌᆡ삼 쳥ᄒᆞ시고 셰〃ᄒᆞᆫ 유언이 수어 만이로ᄃᆡ 미거ᄒᆞ여 텬ᄌᆡ일시千載一時 ᄎᆞᄉᆡᆼ此生의 다시 어더 듯ᄌᆞᆸ지 못ᄒᆞᆯ 말ᄉᆞᆷ을 능히 ᄌᆞ시 삭여 듯ᄌᆞᆸ디 못ᄒᆞ여 다 긔억記憶디 못ᄒᆞ니 엇디 지ᄒᆞᆫ至恨이 아니리오 부군이 평ᄉᆡᆼ平生 듕ᄃᆡ샹합重待相合ᄒᆞ시던 부〃로 ᄇᆡᆨ슈동노白首同老를 긔약ᄒᆞ시다가 일됴一朝 듕도中道의 쳔고千古 영결永訣을 당ᄒᆞ샤 ᄆᆞᄌᆞ막 가ᄉᆞ家事를 의논ᄒᆞ시며 쵹탁囑託을 바드시니 그 지원극통至冤極痛이 엇더ᄒᆞ시리오 만면쳬루滿面涕淚의 실셩뉴쳬失

199 명완命頑: 목숨이 모짐.
200 불초무상不肖無狀: 변변치 않고 못남.
201 반생심우半生深憂: 반평생 깊은 근심이란 뜻으로 보이나 정확하지 않다.
202 늦겁다에서 온 말. 늦겁다는 느껍다. 어떤 느낌이 북받쳐서 벅차다.
203 관회寬懷: 마음을 크게 가짐. 마음을 편히 함.

聲流涕ᄒᆞ샤 언〃言言이 고개 조으시고 삼가 닛지 아닐 바를 답ᄒᆞ시며 가슴의 품은 바를 ᄌᆞ시 니ᄅᆞ라 ᄒᆞ샤 낫〃치 ᄌᆞ당의 ᄒᆞ고져 ᄒᆞ시ᄂᆞᆫ 바를 다 조ᄎᆞ시며 닉두ᄉᆞ來頭事를 다 무러 ᄌᆞ당 의논을 당〃이 다 조ᄎᆞ려 ᄒᆞ시며 최후 부군이 ᄌᆞ당 심의深意를 알고져 ᄒᆞ샤 ᄃᆡᄒᆞ여 ᄒᆞ시ᄃᆡ 내 임의 쳐궁妻宮[204]이 박ᄒᆞ여 두 번이 졍경情景을 당ᄒᆞ고 나히 ᄯᅩ ᄉᆞ십이니 다시 취쳐娶妻를 말고져 ᄒᆞ노라 ᄌᆞ당이 뎡ᄉᆡᆨ正色ᄒᆞ여 답ᄒᆞ시ᄃᆡ 엇디 이런 통치 못ᄒᆞᆫ 말ᄉᆞᆷ을 ᄒᆞ시ᄂᆞ니잇가 그런 형세ᄂᆞᆫ ᄯᅩ 잇ᄂᆞ니 우흐로 존당尊堂이 계시니 감지甘旨를 밧들 니 업고 군이 년댱ᄉᆞ슌年將四旬의 신후身後를 탁託ᄒᆞᆯ 아ᄃᆞᆯ이 업고 미혼未婚ᄒᆞᆫ 양녜兩女ㅣ 잇고 건긔巾箕[205]를 밧들며 듕궤中饋[206]를 당ᄒᆞᆯ 리 업ᄉᆞ니 맛당이 급히 취娶ᄒᆞ실 터히어ᄂᆞᆯ 엇디 그릇 혜아리시믈 이ᄀᆞᆺ치 ᄒᆞ리잇고 부군이 더욱 감창탄복感愴歎服ᄒᆞ샤 의논이 명달明達[207]ᄒᆞ믈 일ᄏᆞᄅᆞ시고 우왈又曰 그리면 간찰幹察[208]ᄒᆞᆫ 쳡妾을 두나 봉친奉親 가ᄉᆞ家事의 해롭지 아니코 ᄉᆞ속嗣續[209]을 두나 소듕所重이 아니오 신후身後ᄲᅳᆫ이니 엇더ᄒᆞ뇨 ᄌᆞ당이 ᄯᅩ 말니샤 왈 쳔인賤人은 죵시 간음姦淫ᄒᆞ기 쉬오니 맛당이 신취新娶[210]를 ᄒᆞ쇼셔 ᄒᆞ여 다시옴 권ᄒᆞ시고 조ᄎᆞ 우리 형뎨를 경계ᄒᆞ샤 다른 말ᄉᆞᆷ이 업고 다만 드러오ᄂᆞᆫ 모친긔 삼가고 공슌ᄒᆞ여 스ᄉᆞ로 신셰身勢 안한安閒ᄒᆞ고 도라간 어미로 하여곰 못 나흔 허물이 밋게 말나 지삼 당부ᄒᆞ시니 통지〃〃라 잇때의 ᄌᆞ모의 종요로운 ᄌᆞ이와 권〃拳拳ᄒᆞᆫ 텬뉸天倫으로 쳔고千古의 그음[211] 업ᄉᆞᆫ 영결永訣을 당ᄒᆞ여 경계ᄒᆞ시ᄂᆞᆫ 유교遺教

204 처궁妻宮: 처첩궁妻妾宮. 처궁은 처에 관한 운수를 점치는 별자리.
205 건기巾箕: 수건과 쓰레받기. 수건을 들고 비질한다는 뜻으로 건즐巾櫛, 기추箕箒와 같이 아내가 되어 남편을 섬긴다는 의미로 쓰인다.
206 중궤中饋: 부인이 집안일을 관장하는 것을 가리킨다. 때로는 집안 살림 가운데 특히 음식에 관한 일을 말하기도 한다.
207 명달明達: 지혜롭고 사리에 밝음.
208 간찰幹察: 다스리고 살핌.
209 사속嗣續: 대를 잇는 아들.
210 신취新娶: 새 장가.
211 그음: 끝, 한도.

를 밧ᄌᆞ오니 오호 통직며 유〃창텬悠悠蒼天이여 ᄎᆞ마 엇디 하늘이 사름을 내고 ᄌᆞ모慈母의 정 싄키를 이러ᄐᆞᆺ 급히 ᄒᆞ리오 다만 듯ᄌᆞᆸ는 거시 망〃ᄒᆞ고 뵈ᄋᆞᆸ는 거시 황〃ᄒᆞ야 통흉痛胸 톄읍涕泣ᄒᆞ여 듯ᄌᆞ올 ᄲᅳᆫ이니 ᄌᆞ당이 니ᄅᆞ샤ᄃᆡ 너희 내 말을 다시 듯고져 ᄒᆞ나 밋디 못ᄒᆞ려든 울고 ᄌᆞ시 듯디 아니미 그ᄅᆞ지 아니랴 ᄒᆞ시고 최말最末의 ᄋᆡ정의게ᄭᆞ지 유교遺教를 두시니 ᄎᆞ비此婢는 ᄌᆞ당 신혼新婚 교젼비轎前婢[212]로 나의 유뫼乳母ㅣ니 긋ᄯᅢ 측하側下의셔 머리를 집흐며 발을 쥐물너 호읍號泣ᄒᆞ니 이는 다른 비ᄇᆡ婢輩와 달나 쳔니千里의 죵시ᄒᆞ여 듕도中途의 실쥬失主ᄒᆞ는 졍ᄉᆞ情事를 깁히 궁측窮惻ᄒᆞ샤 수어數語로 경계 왈 어려서븟허 노쥬奴主의 〃를 ᄆᆡᆺ자 졍이 둣거온 바의 쳔니千里를 조차와 비고悲苦를 격고 듕도의 내 불힝ᄒᆞ니 가히 무의무탁無依無托히 셜우려니와 대쥬군大主君이 계시고 어린 두 쥬인이 이시니 ᄯᅩᄒᆞᆫ 무의無依치 아니ᄒᆞ고 새 쥬모主母ᄭᅴ 근ᄉᆞ謹事하여 모로미 년[213]의 질슌튱근質順忠勤ᄒᆞ믈 ᄇᆡ호라 ᄒᆞ시고 다시 부군과 우리의게 ᄌᆞ〃히 미리로써 부탁과 경계ᄒᆞ시믈 셰〃히 ᄒᆞ시ᄃᆡ 그 후의 ᄌᆞ당 말솜이 낫〃치 어긋나미 업ᄉᆞ시니 엇디 그리 신명통쳘神明洞徹ᄒᆞ시며 긋ᄯᅢ 돌포[214] 병환의 졍긔精氣 쇼삭消索ᄒᆞ여 계시ᄃᆡ 졍신과 총명이 ᄒᆞᆫ 일 유루遺漏ᄒᆞ며 도착倒錯ᄒᆞ미 업ᄉᆞ시니 셩덕과 총명을 하늘ᄭᅴ 특별이 타나시고 엇디 단슈단박短壽短薄ᄒᆞ시미 이러ᄐᆞᆺ 심ᄒᆞ시뇨

임의 십일〃十一日 ᄲᅡᆼ동 큰집 외헌外軒[215]으로 드ᄅᆞ시니 왕모王母와 ᄇᆡᆨ뫼伯母ㅣ 나와 보시니 반기시고 슈작을 ᄒᆞ시ᄃᆡ 유ᄋᆞ幼兒를 내여와 뵈오니 잠간 보신 후 즉시 드려보내시고 압히 두기를 괴로이 넉이시며 이후로 ᄎᆞ〃 슈작을 슬희여 아니시고 더욱 긔운을 슈습디 못ᄒᆞ샤 시〃時時로 줌졀暫絶ᄒᆞ시더니 십ᄉᆞ일十四

212 교전비轎前婢: 예전에 혼례 때 신부가 데리고 간 계집종.
213 분명치 않으나, 문맥상 다른 여종의 이름으로 보인다.
214 달포: 한 달 조금 넘는 기간.
215 외헌外軒: 집의 안채와 떨어져 바깥주인이 거처하며 손님을 접대하는 곳.

日은 더옥 지각知覺이 몽농ᄒᆞ샤 브ᄅᆞ나 응應ᄒᆞ믈 괴로와 ᄒᆞ시고 미음을 ᄡᅧ 너ᄒᆞ나 밧기를 ᄉᆡᄃᆞᆺ디 못ᄒᆞ시니 부군이 ᄒᆞ시ᄃᆡ 임의 ᄒᆞᆯ 일 업ᄉᆞᆫ 바의 무익無益ᄒᆞᆫ 미음으로 괴로이 ᄇᆞᆺ채미 브졀업다 ᄒᆞ샤 됴반朝飯 째붓허 미음을 ᄉᆞᆺ고 변變을 기ᄃᆞ릴ᄉᆡ 즉시 운졀殞絶ᄒᆞ실 거시로ᄃᆡ 약을 만히 쓰고 ᄉᆞᆷ녁蔘力이 진盡치 아녓ᄂᆞᆫ 고로 오히려 희미ᄒᆞᆫ 호읍呼吸이 긋지 아니시ᄂᆞᆫ지라 발상發喪[216]을 못ᄒᆞ고 부군이 비호ᄌᆞ차悲號咨嗟 왈 내 임의 ᄒᆞᆯ 일 업ᄉᆞᆫ 줄 알ᄃᆡ 요ᄒᆡᇰ僥倖을 ᄇᆞ라고 ᄉᆞᆷ蔘을 ᄡᅥ 도라가ᄂᆞᆫ 사ᄅᆞᆷ으로 ᄒᆞ여곰 져러틋 신고辛苦킈 ᄒᆞ니 엇디 나의 타시 아니며 애ᄃᆞᆲ지 아니리오 ᄒᆞ시고 ᄇᆡᆨ시伯氏 망〃 듕 ᄉᆡᆼ혈生血을 ᄡᅥ 보고져 칼을 엇고져 ᄒᆞ나 블셔 다 곰초고 ᄉᆡᆼ혈이란 거시 거즛 거신 줄노 ᄇᆡᆨ부伯父와 부군이 니ᄅᆞ시고 셔헌西軒 월방越房[217]으로 졀곡絶穀 후붓허ᄂᆞᆫ 우리 형뎨를 옴겨 병측病側의 가디 못ᄒᆞ게 엄금嚴禁ᄒᆞ시니 ᄇᆡᆨ시 능히 조슈助壽를 못ᄒᆞ고 속슈ᄃᆡ변束手待變[218]ᄒᆞ야 죵일 월방의셔 황〃쵸조ᄒᆞ고 병측의 뫼셔 죵효終孝를 못ᄒᆞ니 비록 ᄇᆡᆨ부와 부군이 잡고 보내디 아니시나 ᄌᆞ당 ᄉᆡᆼ젼이 이 날ᄲᅳᆫ이어ᄂᆞᆯ 비록 지각이 업ᄉᆞ신들 맛당이 몸을 안고 시호侍護ᄒᆞ야 모녀의 덧업고 늣거온 졍을 다 ᄒᆞᆯ 거시어ᄂᆞᆯ 다만 황〃ᄒᆞᆫ 심신의 일공一空이 회ᄉᆡᆨ悔塞[219]ᄒᆞ여 부교父敎만 준봉遵奉ᄒᆞ고 죵일 월방의셔 텬디망〃天地茫茫ᄒᆞ고 흉억胸臆이 젼ᄉᆡᆨ塡塞ᄒᆞ야 ᄇᆡᆨ시ᄂᆞᆫ 다만 ᄀᆞᆸ〃이 가ᄉᆞᆷ을 ᄯᅳ더 혈육血肉이 님니淋漓ᄒᆞᆯ 븐이오 ᄌᆞ당을 븟드러 죵결終訣을 못ᄒᆞ니 엇디 쳔고불멸지ᄒᆞᆫ千古不滅之恨이 아니리오 이에 초혼招魂[220]의

216 발상發喪: 사람이 죽은 뒤에 사람의 혼을 부르고 나서 상제가 머리를 풀고 슬피 울어 초상난 것을 알리는 것.

217 월방越房: 건넌방.

218 속수대변束手待變: 속수무책으로 변을 기다림. 어쩔 방도가 없이 변을 기다림.

219 일공一空이 회색悔塞: 일공一空은 하늘. 회색하다는 꽉 막혀 캄캄하다. 즉 놀라서 하늘이 캄캄해 보인다는 뜻이다.

220 초혼招魂: 사람이 죽었을 때 혼을 부르는 것. 죽은 사람이 생시에 입던 저고리를 왼손에 들고 오른손은 허리에 대고 지붕에 올라서거나 마당에 서서 북쪽을 향해 '아무 동네 아무개 복復'이라고 세 번 부른다.

쇽광屬纊[221]ᄒᆞ시니 오호챵텬아 ᄎᆞ마 이 엇진 일이뇨

오호통직라 뉘셔 하늘이 어진 사ᄅᆞᆷ을 슈壽를 주며 복福을 우又ᄒᆞᆫ다 ᄒᆞ더뇨 우리 ᄌᆞ당의 평ᄉᆡᆼ 관홍寬弘ᄒᆞ신 셩ᄐᆡᆨ聖澤과 인ᄌᆞ후품仁慈厚品으로 ᄌᆞ비현심慈悲賢心이 디극ᄒᆞ시거ᄂᆞᆯ 긴 슈壽를 엇디 못 ᄒᆞ시고 평ᄉᆡᆼ 심두心頭의 디극히 ᄇᆞ라시고 디극히 원ᄒᆞ시던 ᄒᆞᆫ낫 아들을 ᄆᆞᆺᄎᆞᆷ내 두디 못ᄒᆞ시고 부군이 임의 등과닙신登科立身ᄒᆞ시니 비록 미직微職이나 영ᄒᆡᆼ榮幸ᄒᆞ믈 이긔지 못ᄒᆞ샤 쳣 슈고受苦를 ᄌᆞ심滋甚이 ᄒᆞ시고 필경畢竟의 즐거온 계활契活을 ᄒᆞᆫ 가지 보지 못 ᄒᆞ시고 우리 형뎨를 두샤 ᄇᆡ시ᄂᆞᆫ 임의 당혼ᄒᆞ니 혼슈婚需를 경영經營ᄒᆞ시며 혼긔婚期를 일ᄏᆞ라 두긋기고[222] 깃거ᄒᆞ시믈 금치 못ᄒᆞ시다가 ᄆᆞᆺᄎᆞᆷ내 셩인成姻ᄒᆞᄂᆞᆫ ᄌᆞ미를 보디 못 ᄒᆞ시고 치가治家를 쥬야晝夜 근노勤勞ᄒᆞ샤 댱구長久히 경영ᄒᆞ시다가 듕도中道의 도라가시니 셰샹의 낫브미 극ᄒᆞ시고 유ᄒᆞᆫ이 쳡〃ᄒᆞ시니 오회라 텬되天道ㅣ 무지ᄒᆞ미냐 부명賦命이 박薄ᄒᆞ시미냐 이 엇진 일이뇨

우리의 쳘텬극통徹天極痛은 니ᄅᆞ지 말고 부군이 ᄒᆞᆫ갓 범연泛然ᄒᆞᆫ 고분鼓盆의 슬픔[223]과 상우喪偶의 통痛븐 아니신디라 환후시患候時로븟허 지셩至誠을 다ᄒᆞ샤 구호救護의 근노를 ᄭᅴ닷디 못 ᄒᆞ시고 ᄇᆡᆨ초百草와 만방萬方으로 시험ᄒᆞ시며 비록 허망虛妄ᄒᆞᆫ 무복巫卜이라도 환후의 차도差度를 어드리라 ᄒᆞ면 맛당이 금치 아니ᄒᆞ시고 다 조ᄎᆞ시며 필경은 변變 나시기 오뉵일五六日 젼 문복問卜ᄒᆞ니 복재卜者ㅣ 왈 임의 ᄇᆞ랄 배 뎍으되 요ᄒᆡᆼ을 ᄇᆞ라시거든 옥츄경玉樞經[224]이란 거ᄉᆞᆫ 년슈延壽ᄒᆞᄂᆞᆫ 경經이니 ᄇᆡᆨ여금百餘金을 드려 닑으라시면 닑고 브졀업거든

221 쇽광屬纊: 임종 때의 한 절차. 햇솜인 광纊을 코나 입에 대어 숨이 끊어졌는지 여부를 알아보는 것.
222 두긋기다: 몹시 기뻐하다.
223 고분의 슬픔: 고분지통鼓盆之痛. 아내를 잃은 슬픔. 장자의 아내가 죽어 혜자惠子가 조문하러 갔는데, 장자가 다리를 뻗고 앉아 질그릇을 두드리며 노래하고 있었다는 고사에서 나온 말. 《장자》〈지락至樂〉에 나온다.
224 옥추경玉樞經: 도교 계통의 경전. 위서僞書로 추정된다.

마ᄅᆞ쇼셔 ᄒᆞ니 부군이 ᄀᆞᆯᄋᆞ샤ᄃᆡ 힝혀 효험을 보면 텬힝天幸이오 비록 힘을 닙디 못ᄒᆞ나 ᄒᆞᆫ을 업게 ᄒᆞ라 ᄒᆞ샤 ᄇᆡᆨ금百金을 드려 경經을 ᄒᆞᄃᆡ 임의 대운大運과 텬의天意ᄅᆞᆯ 엇디ᄒᆞ리오 비록 힘을 닙디 못ᄒᆞᆯ지언뎡 의약醫藥 구호救護의 극진치 아니미 업고 임의 변變을 맛나시매 슈의壽衣로써 능단綾緞[225]과 화쥬禾紬[226]로 쓰시고 판ᄌᆡ板材ᄅᆞᆯ ᄯᅩ 호품好品으로 쓰샤 샹시常時 ᄃᆞᆺ터온 정과 긔ᄃᆡ期待ᄒᆞ시던 ᄠᅳᆺ으로 ᄉᆡᆼ젼生前 사후死後의 갑흐미 디극ᄒᆞ샤 유신有信ᄒᆞ믈 극진이 ᄒᆞ시고 우리 형뎨로 하여곰 의약醫藥 초죵初終의 브족ᄒᆞᆫ 유ᄒᆞᆫ遺恨을 업게 ᄒᆞ시니 오회嗚呼ㅣ라 비록 부뫼 일톄一體시나 ᄯᅩ 엇디 망극ᄒᆞᆫ 감은感恩이 아니리오 이에 초죵셩복初終成服을 ᄆᆞ차 ᄌᆞ당의 몸으로 ᄒᆞ여곰 ᄒᆞᆫ 궤듕櫃中의 ᄀᆞᆷ초아 음용音容을 아조 쳔고千古의 영격永隔ᄒᆞ니 ᄋᆡ호哀呼 통ᄌᆡ라 텬호〃〃여 황〃皇皇[227]이 ᄯᆞ르고져 ᄒᆞ나 길히 업고 망〃望望이 브ᄅᆞ지〃나 응ᄒᆞ시미 업ᄉᆞ니 오호 통ᄌᆡ라 비록 우흐로 왕뫼王母ㅣ 무ᄋᆡ撫愛ᄒᆞ시고 부군이 강보ᄋᆞ襁褓兒ᄀᆞᆺ치 ᄆᆡᄉᆞ每事의 년ᄌᆞ휼지憐慈恤之ᄒᆞ시미 디극至極ᄒᆞ시나 ᄌᆞ당慈堂을 ᄎᆞ마 엇디 닛ᄌᆞ오며 ᄯᅩ 엇디 ᄌᆞ모慈母의 회리지ᄋᆡ懷裏之愛 ᄀᆞᆺᄒᆞ리오 머리ᄅᆞᆯ 드러 ᄌᆞ당 좌측을 보니 황연皇然이 븨여 몸을 븟칠 고지 업ᄉᆞ며 셔나 조출 ᄃᆡ 업고 안ᄌᆞ나 혈연孑然이 의지 업ᄉᆞ니 형뎨 두 사ᄅᆞᆷ이 몸을 의지ᄒᆞ고 ᄂᆞᆺ촐 격隔ᄒᆞ여 시〃時時 상읍相泣ᄒᆞ며 됴셕朝夕 증샹烝嘗[228]을 인ᄒᆞ야 빙연의 님ᄒᆞ매 몬져 슬픈 향ᄂᆡ와 흰 댱帳이 애 믜여지고 심혼心魂이 놀납거ᄂᆞᆯ 망〃호통望望號慟의 ᄌᆞ위慈闈[229]ᄅᆞᆯ

225 능단綾緞: 능라주단綾羅綢緞의 줄임말. 명주로 짠 직물을 통칭하는 뜻으로 쓰인다.

226 화주禾紬: 수화주水禾紬를 이르는 것으로 보인다. 수화주는 품질이 좋은 비단을 뜻하는 수아주의 본래말.

227 황황皇皇: 허둥지둥하는 모양. 《예기》〈문상問喪〉의 "其反哭也, 皇皇然."이라는 구절에서 황황연은 그 모습을 구하여도 얻지 못해 허둥지둥하는 모양을 일컫는다.

228 증상烝嘗: 증烝은 겨울에 지내는 종묘제사, 상嘗은 가을에 지내는 종묘제사를 가리키나 제사를 총칭하기도 한다. 《예기》〈왕제王制〉에 "천자와 제후의 종묘제사는 봄에 지내는 것을 약, 여름에 지내는 것을 처, 가을에 지내는 것을 상, 겨울에 지내는 것을 증이라 한다.〔天子諸侯宗廟之祭, 春曰礿, 夏曰禘, 秋曰嘗, 冬曰烝〕"라 하였다.

229 자위慈闈: 남에게 자기 어머니를 높여 부르는 말.

열 번 호呼ᄒᆞ나 현궤玄櫃[230] 묵〃ᄒᆞ고 유명幽明이 막〃ᄒᆞ야 ᄒᆞᆫ 말ᄉᆞᆷ과 ᄒᆞᆫ 아름이 업ᄉᆞ니 통지라 이 길흔 무ᄉᆞᆷ 길히완ᄃᆡ 이대도록 박졀迫切 급〃汲汲[231]ᄒᆞᄂᆞ

어머니의 빈자리

흐르는 시일은 가기를 ᄲᆞᆯ니ᄒᆞ여 얼프시 수삼삭朔을 밧고아 팔월 초삼일 양녜襄禮[232]를 지내올시 ᄌᆞ당 톄ᄇᆡᆨ體魄[233]이 ᄆᆞᆫ자 집을 ᄯᅥ나시고 우리 모녀의 만년萬年의 그음 업ᄉᆞᆫ 니별이라 오호 통지라 만일 우리 형뎨 남일진대 슈상隨喪[234] 죵혈從穴[235]의 ᄌᆞ식의 도를 펼거시로ᄃᆡ 임의 무용無用으로 집 가온ᄃᆡ셔 영결을 지어 외로온 녕귀靈柩ㅣ ᄒᆞᆫ낫 상쥬喪主ㅣ 업시 다만 부군이 슈상隨喪ᄒᆞ시고 ᄒᆞᆫ낫 뎨딜弟姪이 업서 복인服人도 조ᄎᆞ 니 업고 ᄆᆞᆺᄎᆞᆷ 고모부 민슉閔叔이와 계시다가 상ᄒᆡᆼ喪行의 고위孤危ᄒᆞᆷ과 졍경의 참연慘然ᄒᆞ믈 츄연惆然ᄒᆞ여 ᄒᆞᆫ가지로 호상護喪[236]ᄒᆞ니 망극罔極ᄒᆞᆫ ᄒᆡᆼ거行車의 참담ᄒᆞᆫ 경ᄉᆡᆨ景色을 더옥 엇디 니ᄅᆞ리오

임의 수일만의 반혼返魂[237]ᄒᆞ시니 ᄒᆞᆫ 조각 분면粉面[238]이 더옥 묘막渺漠ᄒᆞ시니 쇽절업시 음용音容이 아조 ᄭᅳᆫ허지시고 니별이 유명을 격ᄒᆞ니 오호 통지라 궁텬窮天ᄒᆞᆫ 셜움과 망극罔極ᄒᆞᆫ 졍ᄉᆡ情事ㅣ[239] 시일時日노 층ᄉᆡᆼ層生ᄒᆞᄃᆡ 우흐로 왕

230 현궤玄櫃: 관.
231 급급汲汲: 마음이 급박하고, 애태우는 모양.
232 양례襄禮: 죽은 사람의 장례를 지내는 일.
233 체백體魄: 시체. 사람이 죽은 뒤 혼은 올라가고 넋은 몸에 남아 있다고 여긴 데서 나온 말.
234 수상隨喪: 장례 지내는 데 따라감.
235 종혈從穴: 무덤까지 따라감.
236 호상護喪: 장례를 주관하여 처리하거나, 그렇게 하는 사람, 또는 영구를 장지까지 호송함. 여기서는 영구를 장지까지 호송하는 것을 말한다.
237 반혼返魂: 장례를 지낸 뒤 집을 신주를 모시고 오는 것.
238 분면粉面: 신주神主의 분을 바른 앞쪽.
239 정사情事: 사정. 정황. 형편.

뫼 무휵撫畜ᄒᆞ시고 부군이 긔한질양飢寒疾恙의 셰쇄細瑣히 술피샤 권〃ᄒᆞ신 ᄌᆞ이慈愛 텬눈 우희 타별他別ᄒᆞ시니 의구依舊히 일월을 보내며 유뎨幼弟 힘혀 유모의 유양乳養을 힘닙어 무양보명無恙保命ᄒᆞ니 왕모와 부군이 이측哀惻ᄒᆞᆫ 경ᄉᆞ를 민지愍之ᄒᆞ샤 교ᄋᆡ嬌愛 극ᄒᆞ시고 우리 형뎨 궁원극통窮寃極痛 듕 유뎨幼弟를 보매 더욱 ᄋᆡ샹통도哀傷痛悼ᄒᆞ나 회포를 붓쳐 무ᄉᆞ히 셩댱成長ᄒᆞ기를 ᄇᆞ라며 거의 돌ᄉᆞᆺ지 무양無恙[240]ᄒᆞ니 ᄋᆡ듕긔힝愛重奇幸ᄒᆞ믈 측디 못ᄒᆞ더니 여앙餘殃이 미진未盡ᄒᆞ야 그희 디월至月[241]의 홀연 독질毒疾을 어더 십여 일만의 저를 종시終始 구救치 못ᄒᆞ니 제 비록 무용無用ᄒᆞᆫ 거시나 정ᄉᆞ의 ᄋᆡ챵哀愴ᄒᆞ믈 ᄋᆡ지민지愛之愍之ᄒᆞ여 왕모와 부군이 슈즁농쥬手中弄珠로 슬샹膝上의 ᄂᆞ리오디 아니시고 ᄉᆡᆼ셩生成ᄒᆞ미 절츌絶出ᄒᆞ여 모진 얼골은 ᄇᆡᆨ셜이 엉긘 듯 ᄆᆞᆰ은 눈이 별 ᄀᆞᆺ고 븕은 입의 품싊稟受ㅣ 긔묘奇妙ᄒᆞᆫ디라 집안이 다 혹ᄋᆡ惑愛ᄒᆞ더니 홀연 일흐니 ᄋᆡ지〃〃라 제 엇디 그리 명박命薄단초ᄒᆞ야 ᄉᆡᆼ지초일生之初日노붓허 ᄌᆞ모의 유양乳養과 텬눈디독天倫舐犢[242]의 졍을 아디 못ᄒᆞ고 유모 쳔비賤輩의게 근고勤苦히 보휵保畜을 바다 다시 댱셩長成ᄒᆞ믈 엇디 못ᄒᆞ고 초〃草草[243]히 몰歿하니 ᄋᆡ哀라 텬눈의 정과 골육의 친으로써 참졀 ᄋᆡ도慘切哀悼ᄒᆞ믈 엇디 참으리오

이러틋 부군이 상쳑우괴傷慽憂苦ㅣ 년면連綿ᄒᆞ니 셰ᄉᆡ世事ㅣ 무황無遑ᄒᆞ시고 ᄯᅩ 초긔初忌[244]도 지나디 못ᄒᆞ여 신ᄎᆔ新娶 심히 급ᄒᆞ시나 왕뫼 년녕年齡이 최고最高ᄒᆞ시고 듕궤中饋 뷔엿ᄂᆞᆫ디라 시러곰 마지 못ᄒᆞ여 널니 구혼求婚ᄒᆞ여 납월臘月의 모친이 닙승入承[245]ᄒᆞ시니 가되家道ㅣ 여젼如前ᄒᆞ여 뷘 곳이 며이고 니즈

240 무양無恙: 몸에 탈이 없음.
241 지월至月: 음력으로 한 해의 열한 번째 드는 달. 11월. 동짓달.
242 지독舐犢: 어미 소가 송아지를 혀로 핥아줌. 자식에 대한 어버이의 지극한 사랑을 비유적으로 이르는 말.
243 초초草草: 급히 서두르는 모양. 바쁜 모양.
244 초기初忌: 첫 기제. 사람이 죽은 지 일년이 되는 날.

러진 곳이 완젼ᄒᆞ니 물ᄉᆡᆨ物色이 의구依舊ᄒᆞ고 ᄒᆡ 오히려 변치 아니시ᄃᆡ 홀노 ᄌᆞ당이신 ᄌᆡ 밧고이시고 인ᄉᆡ人事ㅣ 환역換易ᄒᆞ여 ᄌᆞ당 음용音容과 자최ᄂᆞᆫ 쳔고千古의 졀원絶遠ᄒᆞ시니 오호 통ᄌᆡ라 쵹쳐觸處 물ᄉᆡᆨ物色의 슬프지 아니며 셟지 아닌 거시 업ᄉᆞ니 됴모朝暮의 ᄉᆞ모思慕ᄒᆞ고 쥬야晝夜의 근졀ᄒᆞ여 밤을 당ᄒᆞ나 다만 형뎨 외로온 금니衾裏의 솔흘 졉ᄒᆞ고 몸을 의지ᄒᆞ나 ᄌᆞ당 회리懷裏를 ᄉᆡᆼ각ᄒᆞ매 그립고 슬프미 근졀ᄒᆞ니 다만 눈물이 벼개를 즘울[246] ᄯᆞ름이라 듕야中夜의 그리온 거ᄉᆞᆫ 더욱 견ᄃᆡ기 어려오나 임의 날이 ᄇᆞᆰ으매 져기 위회慰懷ᄒᆞ고 ᄯᅩ 부군ᄭᅴ 고〃비읍呱呱悲泣ᄒᆞ믈 뵈옵디 아니ᄒᆞ오랴 ᄇᆡᆨ시 구지 춤고 경계ᄒᆞ시니 시러곰 무지無知히 일월日月을 보내여 연ᄉᆞ練祀[247]와 초긔初忌를 지내오니 ᄌᆞ당을 ᄯᅥ나완 지 임의 긔년朞年[248]이라 갈ᄉᆞ록 망〃ᄒᆞᆫ 셜움과 급〃ᄒᆞᆫ 그리옴이 지박至迫ᄒᆞ여 견ᄃᆡ기 어려오ᄃᆡ 불쵸무지不肖無知ᄒᆞ여 능히 닛ᄌᆞᆸ고 구연시식苟延[249]視息ᄒᆞ니 광음은 도〃 불뉴ᄒᆞ여 얼프시 죵상終喪[250]을 ᄆᆞᆺᄌᆞᆸ고 결복闋服[251]ᄒᆞᆫ지 ᄒᆞ니 아조 쳔고千古예 일이 되신지라 오호 통ᄌᆡ라 ᄎᆞᄉᆡᆼ此生의ᄂᆞᆫ 다시 모녀의 텬뉸天倫과 훤쇼萱所의 낙을 엇기 어려오니 궁텬무ᄋᆡ窮天無涯ᄒᆞᆫ 셜우미 죵텬불멸終天不滅이니 디통至痛이 임의 흉간胸間의 병이 〃러 ᄒᆞᆫ 덩이 긔운이 응결ᄒᆞ여 잠간 심여心慮를 동ᄒᆞ면 음식을 ᄂᆞ리오지 못ᄒᆞ고 ᄇᆡᆨ시ᄂᆞᆫ 더옥 음식을 슌강順降치 못ᄒᆞᄂᆞᆫ 거시 슉질宿疾[252]이 되여 ᄒᆞᆫ 포병지인抱病之人이니 엇디 슬프디 아니리오

245 입승入承: 들어와서 앞 사람을 이음.
246 즘울: 즘으다. 잠기게 하다. 잠기게 할.
247 연사練祀: 아버지가 살아 있는 경우 어머니의 소상小祥을 미리 앞당겨 열한 달 만에 지내는 제사.
248 기년朞年: 한 돌이 되는 해.
249 구연苟延: 구차히 삶을 이어감.
250 종상終喪: 부모의 상을 마침.
251 결복闋服: 탈상. 상복을 입는 기간이 끝나는 것.
252 숙질宿疾: 오래 가지고 있는 병. 지병.

환셰換歲ᄒᆞᄂᆞᆫ ᄣᅢ를 당ᄒᆞ여 셰월이 깁허가믈 ᄉᆡᆼ각ᄒᆞ니 디통至痛이 새롭고 봄을 맛나 ᄃᆞᄉᆞᄒᆞᆫ 볏과 한가ᄒᆞᆫ 긴 날이 슬픈 회포를 돕거ᄂᆞᆯ 만물이 ᄉᆡᆼ긔生氣를 ᄯᅴ여 도라오ᄂᆞᆫ 거ᄉᆞᆯ 보매 구원九原[253]을 영모永慕[254]ᄒᆞ여 디통이 쳡츌疊出ᄒᆞ니 오회라 우리 형뎨ᄂᆞᆫ 무ᄉᆞᆷ 뎍앙積殃으로 불과 져ᄉᆞᆯ ᄉᆞ랑ᄒᆞᆯ 나히 뉵아의 통이 풍슈風樹의 얽혀 인ᄉᆡᆼ의 즐거오믈 아디 못ᄒᆞ고 ᄭᅩᆺ출 슬허ᄒᆞ고 ᄀᆞ을을 늣겨 월광月光의 셤낭纖朗ᄒᆞᆫ 거ᄉᆞᆯ ᄃᆡᄒᆞ여 넉시 ᄉᆞ라지고 츄ᄉᆡᆨ秋色이 ᄂᆡᆼ낙冷落ᄒᆞ여 만물이 조락凋落ᄒᆞᆯ 제 애 일쳔 고ᄇᆡ의 ᄭᅳᆫ허지니 인ᄉᆡᆼᄌᆡ셰人生在世예 슬프고 셜우미 엇디 이러틋 심ᄒᆞ뇨 셰〃히 셕ᄉᆞ昔事를 ᄉᆡᆼ각ᄒᆞ매 우리 다 유튱幼沖ᄒᆞ여 ᄌᆞ당 ᄉᆡᆼ신生辰의 ᄒᆞᆫ 번 진슈珍羞로ᄡᅥ 즐거이 밧드디 못ᄒᆞ미 지ᄒᆞᆫ至恨이오 ᄯᅩ 샹시常時 ᄌᆞ당이 비록 뎍막寂寞ᄒᆞᆫ 간고艱苦를 격지 아냐 계시나 번극繁劇[255]ᄒᆞᆫ 가ᄉᆞ家事의 슈응酬應[256]이 여족如足ᄒᆞ고 식솔이 수다ᄒᆞᆫ 고로 비록 치위나 ᄣᅢ 어긘 후 최만最晩의 진식進食ᄒᆞ시며 상 우ᄒᆡ 찬ᄉᆡᆼ을 노복奴僕의게 믈자 ᄉᆞ辭ᄒᆞ시고 진반進飯이 므양 웃부리를 헐 ᄯᆞ름이시니 긋ᄣᅢ 일을 샹〃컨대 쵹ᄉᆞ觸事의 유ᄒᆞᆫ遺恨이 얽히ᄂᆞᆫ디라 이제 우리 상의 반찬이 여러 가지 노히믈 당ᄒᆞ여 ᄇᆡᆨ시 일ᄏᆞᆺ지 아니실 ᄣᅢ 업서 서로 비통ᄒᆞ믈 엇디 면ᄒᆞ리오

지극한 형제애

우리 ᄇᆡᆨ시ᄂᆞᆫ 텬품天稟이 탁츌卓出ᄒᆞ시니 실노 우리 부모의 ᄉᆡᆼ휵生畜을 밧ᄌᆞᆸ고 교훈을 져ᄇᆞ리디 아냐 계시니 텬분天分의 디극ᄒᆞᆫ 거ᄉᆞᆫ 효위孝友ㅣ오 ᄂᆡ외광명內外廣明ᄒᆞ고 인후ᄌᆞ량仁厚慈良ᄒᆞ며 슌박침듕淳朴沈重ᄒᆞ야 ᄇᆡᆨᄉᆞ百事의 투텰통달透徹通達ᄒᆞ며 ᄒᆡᆼᄉᆞ行事의 일호 구챠ᄒᆞ믈 두지 아니〃 진짓 안과 밧기 놉고 셩

253 구원九原: 전국시대 진나라 경대부의 묘지를 일컫던 말로, 묘지 또는 황천을 뜻한다.
254 영모永慕: 죽을 때까지 어버이를 잊지 아니함.
255 번극繁劇: 일이 몹시 번거롭고 힘듦.
256 수응酬應: 남의 요구나 부탁을 들어주는 것.

실ᄒᆞ니 진실노 션비先妣의 여풍餘風이니 엇디 감창感愴치 아니며 셰샹의 뉘 동긔 업고 골육지졍骨肉之情이 헐ᄒᆞ리오마는 실노 우리 형뎨는 놈다른 졍니情理라 ᄌᆞ당을 여히올 ᄯᅢ 빅시는 십뉵十六이오 나는 십일十一이니 나는 빅시를 의지ᄒᆞ고 빅시는 날을 무ᄋᆡ撫愛ᄒᆞ야 ᄌᆞ당 견ᄇᆡ見背[257] 시로붓허 벼개와 니블을 ᄒᆞᆫ가지로 ᄒᆞ며 슈유須臾를 불니不離ᄒᆞ야 안ᄌᆞ매 무릅흘 년連ᄒᆞ고 힝ᄒᆞ매 그림재 합合ᄒᆞ니 내 잠간 업ᄉᆞ면 빅시 좌坐를 뎡定치 못ᄒᆞ고 빅시 잠간 ᄯᅥ나면 내 의지依支 업ᄉᆞ니 쥬야의 긔거좌와起居坐臥ㅣ ᄒᆞᆫ몸 ᄀᆞᆺ고 음식을 당ᄒᆞ매 상을 ᄒᆞᆫ가지로 ᄒᆞ고 ᄒᆞᆫ 그ᄅᆞᄉᆡ 두 술흘 ᄭᅩ자 ᄒᆞ나히 업ᄉᆞ매 ᄒᆞ나히 능히 먹지 못ᄒᆞ며 죠흔 것과 아롬다온 거ᄉᆞᆯ 반ᄃᆞ시 서로 ᄉᆞ양辭讓ᄒᆞ고 서로 권ᄒᆞ여 피ᄎᆞ彼此의 권〃ᄒᆞᆫ ᄉᆞ랑과 디극至極ᄒᆞᆫ 졍이 각〃 몸 우희 이시니 ᄌᆞ모慈母의 졍과 동긔同氣의 친親을 겸ᄒᆞ야 서로 위회ᄒᆞ고 보호ᄒᆞ야 일월을 보내나 광음光陰이 ᄌᆞ로 밧고일ᄉᆞ록 션친先親을 ᄉᆞ모ᄒᆞᄂᆞᆫ 디통至痛과 ᄌᆞ연自然ᄒᆞᆫ 가온ᄃᆡ 난연灁然ᄒᆞ고 민통愍痛ᄒᆞᆫ 셜우미 여러 가지니 부군이 비록 별는別倫ᄒᆞ신 ᄌᆞᄋᆡ 디극ᄒᆞ샤 셰쇄미ᄉᆞ微事의도 힘혀 무모ᄒᆞᆫ 셜움과 괴로온 졍ᄉᆡ 이실가 명찰고렴明察顧念ᄒᆞ시미 밋디 아니신 고지 업ᄉᆞᄃᆡ 임의 박힌 디통과 ᄌᆞ연ᄒᆞᆫ 졍ᄉᆞ를 엇디 ᄒᆞ시리오 다만 근노勤勞와 용녜用慮ㅣ 더으실 ᄯᆞᄅᆞᆷ이니 스ᄉᆞ로 궁ᄒᆞᆫ 슬프믈 안아 ᄉᆡᆼ명의 험조險阻ᄒᆞ믈 ᄒᆞᆫᄒᆞᆯ ᄲᅮᆫ이니 ᄎᆞᄉᆡᆼ의 엇디 다시 구경지하具慶之下[258]의 즐거옴과 셰샹 호화를 ᄡᅴᄃᆞ리오 우리 ᄌᆞᄆᆡ는 ᄒᆞᆫ갓 ᄌᆞ별ᄒᆞᆫ 졍ᄲᅮᆫ 아냐 지긔샹합志氣相合ᄒᆞ니 빅시 ᄒᆞ시는 배 내 ᄆᆞ음의 맛당ᄒᆞ고 내 ᄒᆞ는 배 빅시 ᄯᅳᆺ의 합ᄒᆞ며 내 심듕의 ᄒᆞ고져 ᄒᆞ는 바ᄅᆞᆯ 말의 발發치 아냐셔 빅시 임의 ᄒᆞ시매 과연 나의 소샹所想[259]의 지극ᄒᆞ고 빅시 심듕의 두신 바ᄅᆞᆯ 내 예탁豫度ᄒᆞ여 ᄒᆞ매 빅시 ᄯᅳᆺ의 마

257 견배見背: 어버이를 여읨.
258 구경지하具慶之下: 구경具慶은 부나 모 또는 부모가 모두 살아 있는 것을 말한다. 구경지하는 부모가 다 생존해서 모시고 있는 것을 뜻한다.
259 소상所想으로 추정된다. 소상은 생각하는 바.

ᄌᆞ니 서로 말의 발치 아니며 형용의 모착摹捉[260]디 아냐셔 합ᄒᆞ고 빗최여 미ᄉᆡ微事ㅣ라도 어긋나미 업ᄉᆞ며 그러나 오히려 ᄇᆡᆨ시의 날 ᄉᆞ랑ᄒᆞ시미 더욱 둣터오시니 나는 다만 의앙依仰을 션비先妣로 ᄒᆞ여 긔포한난飢飽寒暖을 ᄇᆡᆨ시ᄭᅴ 봇채고 ᄋᆡ락哀樂을 ᄇᆡᆨ시ᄭᅴ 샹의ᄒᆞ여 유ᄋᆡ幼兒ㅣ ᄌᆞ모를 ᄯᆞ롬 ᄀᆞᆺᄒᆞ니 실노 슈유샹니여삼츄須臾相離如三秋ᄒᆞᄃᆡ 녀ᄌᆞ의 죵부從夫는 고금의 폐廢치 못ᄒᆞᆯ 일이니 엇디 능히 ᄯᅥ나디 아니믈 어드리오

결복闋服 후 갑진甲辰[261] 츄秋의 ᄇᆡᆨ시 결가結嫁ᄒᆞ시니 구개舅家ㅣ 혹문지가學問之家로 가졍이 슌후淳厚ᄒᆞ고 인품이 관인寬仁ᄒᆞ며 김숑이 현명단ᄉᆡ賢明端士ㅣ니 계활이 안한安閒ᄒᆞ시믈 긔필期必ᄒᆞᆯ지라 엇디 다ᄒᆡᆼ치 아니리오마는 구원九原 션비先妣를 츄모追慕ᄒᆞ옵는 디통이 층졀層絶ᄒᆞ거ᄂᆞᆯ ᄇᆡᆨ시 신혼新婚을 인ᄒᆞ여 구가舅家 왕ᄂᆡ往來를 ᄌᆞ로 ᄒᆞ시니 홀연忽然이 몸이 의지依支 업는 ᄃᆞᆺ 침식寢食을 당ᄒᆞ여 흐ᄅᆞ는 눈물ᄲᆞᆫ이오 더욱 지박至薄[262]ᄒᆞ야 견ᄃᆡ기 어려오ᄃᆡ ᄒᆡᆼ혀 ᄇᆡᆨ시 졔 삼부三婦의 한가ᄒᆞ믈 어더 불과 수삼일식 뉴留ᄒᆞ여 오시니 그런 만ᄒᆡᆼ萬幸이 어ᄃᆡ 이시리오

이러ᄐᆞᆺ 수년을 지내고 병오丙午[263] 동冬의 내ᄆᆞ자 셩인成姻ᄒᆞ니 형뎨 고혈孤孑ᄒᆞᆫ 졍ᄉᆞ로 무ᄉᆞ댱셩無事長成ᄒᆞ여 요ᄒᆡᆼ僥倖 덕문德門의 의탁ᄒᆞ니 ᄉᆞ심私心의 ᄯᅩᄒᆞᆫ 다ᄒᆡᆼᄒᆞ미 업ᄉᆞ리오마는 ᄡᅡᆼ〃雙雙이 죵신終身[264]을 결과ᄒᆞᄃᆡ ᄌᆞ당의 두굿기심과 근졀ᄒᆞᆫ 무ᄋᆡ撫愛를 밧ᄌᆞᆸ디 못ᄒᆞ니 비환悲歡의 슬픔과 셜우미 층ᄉᆡᆼ層生ᄒᆞ고 쇽어俗語의 왈 질통疾痛의 호부뫼呼父母ㅣ라 ᄒᆞ니 기언其言이 ᄯᅩᄒᆞᆫ 근니近理

260 모착摹捉으로 짐작된다. 모착은 헤아리거나 파악한다는 뜻으로 여기서는 얼굴에 나타낸다는 뜻인 듯하다.

261 갑진甲辰: 1784년, 정조 8년.

262 지박至薄: 지극히 절박하다는 뜻으로 至迫이라 볼 수 있으나, 薄에 초라하다, 불운하다, 불행하다, 각박하다는 뜻이 있어 至薄으로 보았다.

263 병오丙午: 1786, 정조 10년.

264 종신終身: 종신대사終身大事. 평생에 관계되는 큰 일로 결혼을 말한다.

ᄒᆞ여 셩인취가成姻娶嫁의 칙임을 당ᄒᆞ매 ᄉᆞ용지졀使用之節의 간핍艱乏한 ᄣᆡ를 당ᄒᆞ야 츄모追慕ᄒᆞ미 더욱 근졀ᄒᆞ니 혹 자ᄎᆞ咨嗟 왈 엇디 괴로운 ᄆᆞᄃᆡ의 ᄌᆞ당을 더옥 ᄉᆞ모ᄒᆞ미 도로혀 불쵸치 아니리오 ᄒᆞ나 ᄯᅩ 능히 말오리오 샹시 부군이 남녀 귀쳔간 이목작인耳目作人[265]의 샹격相格[266]을 ᄉᆞᆯ펴 취샤取捨ᄒᆞ시며 아등ᄇᆡ我等輩를 알펴 두샤 격의 빈부궁달貧富窮達을 니ᄅᆞ실ᄉᆡ 우리 형뎨 다 남ᄋᆞ男兒의 격으로 품슈稟受ㅣ 용쇽庸俗지 아니ᄃᆡ 무용無用이믈 차탄 통개痛慨ᄒᆞ시며 각〃 샹법相法을 의논ᄒᆞ시고 날을 ᄀᆞᄅᆞ쳐 복녹지인福祿之人으로 ᄒᆞ시며 조달早達ᄒᆞᆯ 텬뎡天定[267]이니 미뤼여 부영쳐귀富榮處貴를 긔약ᄒᆞ시고 샹법의 텬뎡이 됴흐면 부뷔히로夫婦偕老ᄒᆞᆫ다 ᄒᆞ시며 스ᄉᆞ로 깃거ᄒᆞ시니 부교父敎를 감불승당敢不承當[268]이언뎡 ᄉᆞ심私心의 ᄯᅩᄒᆞᆫ ᄌᆞ하신지自何信之ᄒᆞ고 ᄯᅩ 복셜卜說이 비록 허망ᄒᆞ나 문복問卜ᄒᆞᆫ즉 여러 복재卜者ㅣ 우리 부〃의 ᄉᆞ쥬四柱를 본즉 여츌일구如出一口히 칭찬 과댱誇張ᄒᆞ여 ᄀᆞᆯ오ᄃᆡ 이 ᄉᆞ쥬ᄂᆞᆫ 슈부다남ᄌᆞ壽富多男子와 영귀극진榮貴極盡ᄒᆞ여 ᄒᆞᆫ 희살[269]과 마魔이 업ᄉᆞ니 실노 예방豫防의 손ᄌᆡ損財와 심녁心力의 허비ᄒᆞᆯ 거시 업고 좌이안복座而安福ᄒᆞ리라 ᄒᆞ니 우리 집이 본ᄃᆡ ᄌᆞ궁子宮이 슌順치 아닌 고로 망탄妄誕ᄒᆞ믈 알ᄃᆡ 무복巫卜을 호챡好着하ᄂᆞᆫ 고로 문뎐門前이 너ᄅᆞᄃᆡ 내게 다ᄃᆞ라ᄂᆞᆫ ᄒᆞᆫᄀᆞᆯᄀᆞᆺ치 무흠無欠이 니ᄅᆞ니 저히 강졀康節[270]이 아니어니 과히 밋디 아니ᄃᆡ ᄯᅩᄒᆞᆫ 다마多魔ᄒᆞ고 슌順치 아니라 ᄒᆞ매 셔츅ᄒᆞ지 아니코 일븐 밋ᄂᆞᆫ 의ᄉᆡ意思ㅣ 잇고 ᄇᆡᆨ시 ᄯᅩᄒᆞᆫ ᄒᆞ시ᄃᆡ 텬되天道ㅣ 복션화음福善禍淫이 비록 명〃明明치 아니나 현마 우리 ᄌᆞ당 현심뎍덕賢心積德으로

265 작인作人: 행동함, 처신함. 또는 사람의 생김새나 됨됨이.
266 상격相格: 관상에서 얼굴 생김새의 격을 일컫는 말.
267 천정天庭: 관상가들이 말하는 사람의 두 눈썹 사이. 또는 이마의 중앙.
268 감불승당敢不承當: 승당은 감당함. 어찌 감히 받들지 않겠는가.
269 희살: 헤살. 짓궂게 훼방함.
270 강절康節: 소강절(邵康節, 1011～1077). 북송시대의 철학자로 상수학象數學에 뛰어나 운세를 잘 알았다.

슈복壽福이 하원遐遠치 못ᄒᆞ시나 음蔭[271]이 반ᄃᆞ시 우리게 ᄒᆞ롤 거시오 현뎨賢弟는 당〃이 복녹지상이니 ᄂᆡ두來頭 유챵流暢은 불견가지不見可知니라 내 답答ᄒᆞᄃᆡ ᄌᆞ당 심덕心德으로 니ᄅᆞ면 음蔭이 필유지必有之어니와 말셰末世 노텬露天의 텬니天理를 알기 어렵고 작인作人을 더욱 엇디 알니오 이러틋 문답ᄒᆞ여 평싱을 미가복未可卜ᄒᆞ니 텬도天道와 인니人理 엇더홀고

출가, 새로운 만남

내 십유오十有五의 김문金門의 결가結嫁홀ᄉᆡ 이 곳 타문他門이 아니라 우리 젼비前妣[272] 친당親堂이시니 가엄家嚴과 존당尊堂이 당년 남미지졍男妹之情과 슉딜지의叔姪之義로써 다시 인친姻親의 후厚ᄒᆞᆷ을 ᄆᆡᄌᆞ시니 엇지 더욱 두텁지 아니리오

병오丙午[273] 십월의 녜禮를 드리고 규구規矩[274]를 조차 존문尊門의 입현入見ᄒᆞ니 왕존王尊[275] 구경具慶ᄒᆞ샤 북당츈훤北堂椿萱[276]이 구죡具足ᄒᆞ시니 인가人家의 극낙極樂이어늘 가졍이 화평ᄒᆞ고 냥ᄃᆡ兩代 존당의 무휼撫恤ᄒᆞ시는 혜튁惠澤이 디극至極ᄒᆞ시니 신셰 안한安閒ᄒᆞᄃᆡ ᄒᆞᆫ낫 뎨ᄉᆞ弟姒와 슉ᄆᆡ叔妹 업ᄉᆞ니 진퇴進退의 녕졍零丁ᄒᆞ기 심ᄒᆞ고 일을 조ᄎᆞ며 가풍家風을 무롤 고지 업ᄉᆞ니 더욱 막〃ᄒᆞ미 만코 존당 좌와坐臥ㅣ 뎍막寂寞ᄒᆞ신 고로 신혼新婚으로븟허 귀근歸覲을 오래 못ᄒᆞ고 시봉侍奉을 ᄌᆞ로 홀ᄉᆡ 내 불혜불민不慧不敏으로 일즉이 ᄌᆞ당을 여희와 종요로온 교훈을 일흐니 실노 ᄇᆡ혼 배 업고 미거未擧ᄒᆞ므로써 부

271 음蔭: 자손이 조상의 공덕으로 벼슬을 하거나 죄를 면하는 일. 음덕蔭德
272 전비前妣: 선비先妣. 돌아가신 어머니. 풍양 조씨의 아버지 조감趙瞰의 첫째 부인은 안동 김씨이고 풍양 조씨의 어머니 하씨 부인은 둘째 부인이었다. 풍양 조씨는 안동 김씨의 친정 집안에 시집간 것이다.
273 병오丙午: 1786년, 정조 10년.
274 규구規矩: 예법. 법도.
275 왕존王尊: 할아버지와 할머니.
276 춘훤椿萱: 춘당椿堂과 훤당萱堂. 남의 부모를 일컫는 말.

도婦道의 어긔미 만흐되 존고尊姑의 탐혹과이耽惑過愛ᄒᆞ샤믄 실노 세샹의 무빵無雙ᄒᆞ시니 입문入門 초일初日노붓허 고부姑婦의 의와 모녀의 졍을 겸ᄒᆞ샤 ᄉᆞ〃事事의 이지듕지愛之重之ᄒᆞ시고 년지휼지憐之恤之ᄒᆞ샤 우로지턱雨露之澤[277]이 일신一身의 저ᄌᆞ니 황공감튝惶恐感祝홈과 궁〃췌〃窮窮[278]惴惴[279]ᄒᆞ믈 일시도 노치 못ᄒᆞ고 하회下懷[280] ᄯᅩᄒᆞᆫ ᄌᆞ별自別ᄒᆞ온 밧 권〃ᄒᆞ신 ᄌᆞ이慈愛를 밧ᄌᆞ올 적마다 ᄌᆞ모의 졍을 ᄭᅢᄃᆞ라 더욱 감창感愴ᄒᆞ믈 엇디 춤으리오

ᄯᅩ 심ᄂᆡ心內의 혜아리건대 녀ᄌᆞ의 소텬所天은 뉸강倫綱의 듕重홈과 고락苦樂을 붓친 재者ㅣ니 가히 현우賢愚의 방하放下[281]홀 배 아니라 부ᄌᆞ夫子의 위인爲人을 그윽이 술피니 텬품天稟이 슌후유열淳厚愉悅ᄒᆞ고 인효개졔仁孝愷悌ᄒᆞ야경계警戒 붉으되 침듕沈重ᄒᆞ며 관유화평寬宥和平ᄒᆞ야 일즉 경조輕佻ᄒᆞ믈 보지 못ᄒᆞ니 ᄉᆞ심私心의 힝환幸歡ᄒᆞ미 극ᄒᆞ고 호혹슈힝好學修行ᄒᆞ여 부박浮薄ᄒᆞ매 졀원絶遠ᄒᆞ니 이 더욱 영힝榮幸이오 부지 본ᄃᆡ 독ᄌᆞ獨子의 귀홈과 종손宗孫의 듕ᄒᆞ므로써 존괴尊姑ㅣ 여러 번 요쳑夭戚을 보시고 근고勤苦히 셩댱成長ᄒᆞ여 계신 고로 만금소듕萬金所重과 쳔금교이千金嬌愛 세샹의 드므샤 셩관成冠ᄒᆞᆫ 댱ᄌᆡ長子로ᄃᆡ 슬샹膝上의 완농玩弄ᄒᆞ시믈 강보ᄋᆞ襁褓兒 ᄀᆞᆺ치 ᄒᆞ시며 침식寢食과 한셔寒暑의 보호ᄒᆞ시믈 여린 옥玉 ᄀᆞᆺ치 ᄒᆞ샤 쳔만귀듕千萬貴重이 견조아 비홀 ᄃᆡ 업ᄉᆞ시고 부지 ᄯᅩ 효셩孝誠이 특츌特出ᄒᆞ여 본셩本性이 소활疎闊[282]ᄒᆞᄃᆡ 존고ᄭᅴ는 종요로온 효셩과 이릐[283]ᄒᆞ는 거동이 샹ᄋᆡ上愛와 하졍下情이 텬뉸天倫 밧긔 ᄌᆞ별ᄒᆞ시니 뵈ᄋᆞ매 탄복ᄒᆞ옴과 감창ᄒᆞ이믈 금치 못ᄒᆞᄋᆸ고 존괴 본ᄃᆡ ᄌᆞ이 이

277 우로지택雨露之澤: 은택.
278 궁궁窮窮: 신중하고 진지한 모양.
279 췌췌惴惴: 몹시 두려워하고 삼가는 모양. 《시경》〈소아〉'소완小宛'에 "두려워하고 조심하기를 깊은 골짜기에 임하듯 하라.〔惴惴小心, 如臨于谷〕"라는 구절이 있다.
280 하회下懷: 아랫사람의 사정.
281 방하放下: 마음을 놓다.
282 소활疏闊: 서먹서먹함. 친하지 않음. 소홀함.
283 이릐: 총애, 응석.

러틋 ᄌᆞ별ᄒᆞ신ᄃᆡ 나의 입문入門 작년의 십세 소교小嬌의 참경慘景을 보시고 참상慘喪 ᄋᆡ도哀悼ᄒᆞ시미 극ᄒᆞ여 위질痿疾[284]을 일워샤 내 입문 시의 겨오 회두回頭 차복差復ᄒᆞ여 계시다 ᄒᆞᄃᆡ 슬하膝下의 님臨ᄒᆞ와 뵈옵건대 오히려 용체容體 고〃쵸췌枯槁憔悴ᄒᆞ신 바의 신셕晨夕의 ᄋᆡ호哀呼 참통慘痛ᄒᆞ샤 능히 화열和悅히 즐기시믈 뵈옵디 못ᄒᆞ니 믄득 우리 션비先妣 녜일이 ᄉᆡᆼ각혀 감창感愴ᄒᆞ옴과 하회下懷 우민憂悶ᄒᆞ오ᄃᆡ 능히 위열慰悅ᄒᆞ올 길 업ᄉᆞ오나 존괴 우리 부〃로써 안묵긔화眼目奇貨로 아ᄅᆞ샤 일시 니슬離膝을 극난極難이 녁이시고 내 ᄯᅩᄒᆞᆫ 품은 디통至痛으로 본ᄃᆡ 심ᄉᆡ心事 비고悲苦ᄒᆞ거ᄂᆞᆯ 구당舅堂의 도라오매 다만 존젼尊前을 시측侍側홀 ᄯᆞᄅᆞᆷ이오 ᄉᆞ실私室의 물너오매 그림재ᄅᆞᆯ ᄯᆞᆯ오며 심ᄉᆞᄅᆞᆯ 논홀 ᄒᆞᆫ낫 져믜 업ᄉᆞ니 무미無味ᄒᆞ고 울억鬱抑ᄒᆞ미 심홀 ᄲᅮᆫ 아냐 존고尊姑 슬해膝下ㅣ 뎍막寂寞ᄒᆞ시믈 ᄉᆡᆼ각ᄒᆞ니 일시一時ᄅᆞᆯ ᄆᆞᄋᆞᆷ 노치 못ᄒᆞ여 신혼新婚 초初로 븟허 삼시三時 문안問安과 신혼셩졍晨昏省定만 출히디 못ᄒᆞ여 신됴문안晨朝問安의 죵일시좌終日侍坐ᄒᆞ여 삼ᄉᆞᄎᆞ三四次 식반食飯 밧근 좌측坐側을 ᄇᆡᄋᆞ지 아니ᄒᆞ니 존고尊姑의 근〃勤勤[285]ᄒᆞ신 ᄌᆞᄋᆡ慈愛와 쳬〃棣棣ᄒᆞ신[286] ᄉᆞ랑이 날노 깁ᄒᆞ샤 픽 우회憂懷ᄅᆞᆯ 프ᄅᆞ시고 혹 회희詼諧[287]ᄅᆞᆯ 챵슈唱酬ᄒᆞ시며 희롱戲弄을 두샤 우리로써 잡기雜技ᄅᆞᆯ 명ᄒᆞ시면 크게 슈참羞慚ᄒᆞᆫ 바의 존젼尊前의 셜만褻慢ᄒᆞᆫ지라 심히 난연赧然ᄒᆞᄃᆡ 더욱 유미有味히 녁이샤 ᄌᆡ삼再三 강권强勸ᄒᆞ시면 시러곰 봉ᄒᆡᆼ奉行ᄒᆞ여 우으시믈 돕ᄉᆞᆸ고 시〃時時로 샹비傷悲ᄒᆞ샤 우〃憂虞[288]히 불낙不樂ᄒᆞ신 즉 부ᄌᆡ夫子ㅣ 화和ᄒᆞᆫ 빗과 유열愉悅ᄒᆞᆫ 소ᄅᆡ로 작영ᄋᆞ희作嬰兒喜ᄒᆞ여 만단萬端 이ᄅᆡ와 ᄇᆡᆨ단百端 유희遊戲로 반ᄃᆞ시 쳬루涕淚 가온대 우으시도록 ᄒᆞ며 ᄌᆞ젼慈前 일시一時 ᄠᅥ나오믈 극난極難히 녁여 비록 외헌外軒의 시측侍側ᄒᆞ나

284 위질痿疾: 감각을 잃어 마음대로 움직일 수 없는 병.
285 근근勤勤: 간절한 정성. 또는 끊임없이 이어짐.
286 체체棣棣: 위엄이 있거나 예의에 밝음.
287 회해詼諧: 우스운 말이나 행동.
288 우우憂虞: 걱정하고 근심함.

식경食頃으로 드러와 슬하膝下의셔 각식各色 희롱戲弄과 무양 유주乳子를 먹어 유우幼兒의 모양을 ᄒᆞ면 존괴尊姑 ᄯᅩ 완농울회玩弄鬱懷 져ᄀᆞᆺ치 ᄒᆞ샤 근〃절〃勤勤切切ᄒᆞ시다가 혹 물녀 골오샤ᄃᆡ 오ᄇᆡ吾婦 반ᄃᆞ시 모ᄌᆞ母子의 정情을 보고 상회傷懷ᄒᆞ리로다 ᄒᆞ시고 부ᄌᆡ夫子ㅣ ᄯᅩᄒᆞᆫ 날을 보매 슈렴[289]ᄒᆞᆯ 제 만코 내 과연 모ᄌᆞ母子의 ᄌᆞ별ᄒᆞ신 텬뉸天倫을 뵈올 적 흠복欽服 감창感愴ᄒᆞ오믈 면免치 못ᄒᆞᆯ너라

조뫼祖母 ᄯᅩ 계시ᄃᆡ 부ᄌᆞ夫子를 존고尊姑와 ᄀᆞᆲ[290] 휵양畜養ᄒᆞ신 고故로 조손祖孫간 타별他別ᄒᆞ신 밧 날 ᄉᆞ랑ᄒᆞ시미 곡진曲盡ᄒᆞ시니 디극至極 감격感激ᄒᆞ온 밧 남녀간 ᄌᆞ녀子女ㅣ 업ᄉᆞ시고 신후소탁身後所託을 부ᄌᆞ夫子긔 븟쳐 계신지라 더옥 참연慘然ᄒᆞ옴과 감오感悟ᄒᆞ믈 겸ᄒᆞ니 하회下懷 더욱 ᄌᆞ별ᄒᆞ더라

남편, 가깝고 먼

부ᄌᆡ 우리 집 싱관甥館[291]의 손이 되니 부군夫君이 구의舊誼로ᄡᅥ 옹셔翁壻의 졍情을 ᄆᆡᄌᆞ시니 ᄉᆞ랑과 졍이 범연泛然이 비ᄒᆞᆯ 배 아니오 ᄇᆡᆨ시伯氏 귀듕貴重ᄒᆞ믈 금禁치 못ᄒᆞ여 ᄃᆡᄒᆞ매 ᄉᆞ랑ᄒᆞᄂᆞᆫ 졍과 친ᄒᆞ온 ᄯᅳᆺ이 뎨남弟男[292] ᄀᆞᆺᄒᆞ여 듕ᄒᆞᆫ 톄면體面을 도로혀 니ᄌᆞ며 ᄣᅥ나매 훌연欻然이 일흔 거시 잇ᄂᆞᆫ ᄃᆞᆺ 망연茫然이 실조失措ᄒᆞ며 ᄇᆡᆨ시 ᄆᆡ양 닐오ᄃᆡ 김낭金郞의 ᄉᆞ랑홉고 귀듕ᄒᆞ믄 실노 현뎨賢弟의 우히라 ᄒᆞ시며 부ᄌᆡ 역亦 빙가聘家 알오믈 불범不凡이 ᄒᆞ야 가엄家嚴 우러ᄅᆞ미 범연泛然ᄒᆞᆫ 빙부聘父로 ᄒᆞ미 업고 긔경起敬ᄒᆞᄂᆞᆫ 가온ᄃᆡ 가엄의 ᄒᆡᆼᄉᆞ行事를 션지심복善之心服ᄒᆞ야 맛당이 ᄇᆡ화 법측法則고져 ᄒᆞ며 ᄇᆡᆨ시의 곡진曲盡ᄒᆞᆫ 셩의誠意를 감격ᄒᆞ며 동용규모動容[293]規模의 관유화열寬宥和悅ᄒᆞ믈 십븐十分 칭

289 수렴: 자신의 몸과 마음을 단속함.
290 ᄀᆞᆲ: 나란히.
291 생관甥館: 옛날 요임금의 사위인 순舜이 거처한 곳. 이후 사위가 거처하는 곳을 이르게 되었다.
292 제남弟男: 남동생.

지稱之ᄒᆞ야 실노 쳐형妻兄의 서의ᄒᆞ믈[294] ᄉᆡᆼ각지 아니코 향의向意[295] 디극ᄒᆞ니 피ᄎᆞ彼此 타인의 쳐형뎨낭妻兄弟郎 ᄉᆞ이와 타별ᄒᆞ나 그러나 ᄌᆞ당慈堂이 아니 계시니 빙모聘母의 종요로온 ᄉᆞ랑을 모ᄅᆞ고 왕ᄂᆡ往來 드믈며 자최 서의ᄒᆞ니 부ᄌᆡ 듕심中心의 심히 무미無味코 애ᄃᆞᆯ와 간〃間間이 차ᄒᆞᆫ嗟恨ᄒᆞᆯ 제 만코 존괴 ᄯᅩᄒᆞᆫ 그 귀듕ᄒᆞᆫ ᄌᆞ뎨子弟 빙모의 ᄉᆞ랑 밧디 못ᄒᆞ믈 아쳐로이 넉이시며 날을 더욱 ᄋᆡ련무ᄋᆡ哀憐撫愛ᄒᆞ시니 쵹ᄉᆞ의 디통을 ᄎᆞᆷ기 어렵더라

내 본ᄃᆡ 부〃간 친ᄒᆞ므로써 무례無禮ᄒᆞ믈 통ᄒᆞᆫ痛恨이 넉이고 부ᄌᆡ ᄯᅩᄒᆞᆫ 부박浮薄ᄒᆞ믈 ᄇᆡ쳑排斥ᄒᆞᄂᆞᆫ디라 서로 ᄃᆡ對ᄒᆞ매 슈렴ᄒᆞ여 ᄉᆞ실私室의셔 부ᄌᆡ 츌입ᄒᆞ매 내 일죽 긔거起居[296]를 폐廢ᄒᆞ미 업고 내 거ᄅᆡ去來의 부ᄌᆡ 반ᄃᆞ시 침와寢臥ᄒᆞ엿다가도 뎡관긔신整冠起身ᄒᆞ며 내 샹시常時 죵일終日 시측侍側의 ᄆᆞ양 야심夜深후 퇴실退室ᄒᆞ니 ᄯᅩᄒᆞᆫ 한가히 ᄉᆞ실의셔 부ᄇᆡ夫婦 샹졉相接ᄒᆞ미 드믄지라 내 혹 피곤ᄒᆞ물 인ᄒᆞ여 ᄉᆞ침私寢의 쉬ᄂᆞᆫ ᄣᆡ 존괴 ᄌᆡ삼再三 권勸ᄒᆞ샤 부ᄌᆡ 침소寢所의 니ᄅᆞ나 반ᄃᆞ시 좌坐를 동셔東西 분分ᄒᆞ고 슈작 ᄉᆞ이의 우음이 발發치 아니ᄒᆞ며 좌ᄎᆡ坐次ㅣ[297] 슉연肅然ᄒᆞ여 피ᄎᆞ彼此의 존경ᄒᆞ고 슈습[298]ᄒᆞ미 심ᄒᆞᆫ디라 존괴 간〃間間이 규찰糾察ᄒᆞ시고 그후 ᄆᆞ양 회히로 부ᄌᆞ를 ᄎᆡᆨ責ᄒᆞ샤 왈曰 너희 고쳬古體ᄒᆞᆫ 녜문禮文[299] 보기 슬흐니 ᄌᆞ미로온 담소談笑ᄂᆞᆫ 업고 엇디 그리 무미無味ᄒᆞ고 졸拙ᄒᆞ리오 도라 날ᄃᆞ려 닐ᄋᆞ샤ᄃᆡ 네 아니 너모 ᄆᆡ물ᄒᆞ고 외ᄃᆡ外待[300]ᄒᆞ여 졸ᄒᆞᆫ 아ᄒᆡ 긔운을 발뵈디[301] 못ᄒᆞ미냐 모ᄅᆞ미 이후ᄂᆞᆫ 유화宥和히 ᄃᆡ졉ᄒᆞ여

293 동용動容: 행동과 용모.
294 서의ᄒᆞ다: 쓸쓸하다, 처량하다.
295 향의向意: 마음이 쏠리는 것.
296 기거起居: 서고 앉음. 일상생활. 여기서는 앞의 뜻. 150면 주 70 참조.
297 좌ᄎᆡ坐次: 좌차. 앉는 순서.
298 수습: 수삽羞澀. 몸둘 바를 모를 정도로 수줍고 부끄러움.
299 예문禮文: 예법.
300 외대外待: 푸대접.
301 발뵈다: 자랑하느라고 다른 사람에게 자기의 재주나 생각을 드러내 보이다.

나의 귀ᄒᆞᆫ 아둘을 셔의히 말나 ᄒᆞ시니 우리 ᄆᆞ양 웃줍고 듯자오니라
부ᄌᆞ 나의 불민不敏ᄒᆞ므로써 과히 아라 슈작 ᄉᆞ이의 닐ᄋᆞᄃᆡ 그ᄃᆡ는 인명효우仁明孝友ᄒᆞ니 내 깁히 밋고 듕히 넉이ᄂᆞ니 가지록 우리 ᄌᆞ젼의 별눈別倫ᄒᆞ신 ᄌᆞ익와 비고悲苦ᄒᆞ신 심ᄉᆞ를 싱각하여 셩효誠孝를 동쵹洞屬히 ᄒᆞ여 나의 깁히 밋는 뜻을 져ᄇᆞ리디 말나 내 그 돗타온 효심孝心을 심복心腹ᄒᆞ야 답ᄒᆞ여 왈 부ᄌᆞ의 칭과稱誇ᄒᆞ시는 말숨은 유명무실有名無實이니 스ᄉᆞ로 븟그럽거니와 비록 용널庸劣ᄒᆞ나 엇디 존고의 지극ᄒᆞ신 ᄌᆞ익와 군의 지극ᄒᆞ신 효의를 져ᄇᆞ리〃잇가 부ᄌᆞ 쏘 골오ᄃᆡ 안해는 닐온 ᄂᆡᄌᆞ內子ㅣ라 ᄒᆞᄂᆞ니 그ᄃᆡ 소견所見이 붉으믈 내 아ᄂᆞ니 모로미 나의 불찰不察ᄒᆞᆫ 곳을 규졍規正[302]ᄒᆞ여 보과습유補過拾遺의 칙임을 당ᄒᆞ미 엇더ᄒᆞ뇨 내 웃고 답ᄒᆞᄃᆡ 이러틋 위쟈慰藉ᄒᆞ믄 졍이 아니오 ᄒᆞ물며 무식ᄒᆞ고 암ᄆᆡ暗昧[303]ᄒᆞᆫ 녀ᄌᆞ의 소견이 엇디 남ᄌᆞ의 지난 슬긔 이셔 부ᄌᆞ를 훈슈ᄒᆞ리잇가 부ᄌᆞ 답왈 나는 임의 깁히 밋고 심혈을 다ᄒᆞ여 ᄃᆡ졉ᄒᆞ거놀 그ᄃᆡ는 믄득 의문矣門[304]을 외ᄃᆡ外待ᄒᆞ기를 이러틋 심히 ᄒᆞ리오 사룸이 허물 업기 쉽디 아니코 임의 이시매 그ᄃᆡ 붉이 알니〃 알며 니ᄅᆞ지 아니믄 졍이 아니오 나는 써 서ᄅᆞ 심ᄉᆞ를 빗최여 ᄀᆞ리미 업고져 ᄒᆞᄃᆡ 그ᄃᆡ는 날을 ᄂᆡ도히[305] ᄃᆡ졉ᄒᆞ니 엇디 애둛디 아니리오 내 답왈 부ᄌᆞ 비록 곡진ᄒᆞ나 녀ᄌᆞ의 소텬所天 앙망仰望ᄒᆞ여 듕히 넉임갓ᄒᆞ리잇가 셰샹의 무심無心ᄒᆞᆫ 거슨 사나히라 안해 사라셔는 관곡款曲ᄒᆞ미 ᄃᆡ치 ᄒᆞᆫ가지나 불힝ᄒᆞ여 상쳐喪妻ᄒᆞᆫ 후는 호신기고好新棄故ᄒᆞ여 녯사룸 니저ᄇᆞ리기를 듯글ᄀᆞᆺ티 ᄒᆞᄂᆞ니 군이 비록 시방時方 위곡委曲ᄒᆞ나 혹 그런 일을 당ᄒᆞᆫ즉 엇디 홀노 그러치 아니리오 능히 슈의守義ᄒᆞ여 유신有信ᄒᆞ리잇가 부ᄌᆞ 답쇼答笑왈 이는 ᄉᆞ쳬事體의 마지 못ᄒᆞ미오 사나희 슈졀守節이 업

302 규졍規正: 간언하여 바로잡음. 충고하여 바로잡음.
303 암매暗昧: 어리석음.
304 의문矣門: 矣는 '저'라는 뜻의 이두. 의문은 저의 집안. 김기화가 자신을 가리키는 말로 보인다.
305 ᄂᆡ도히: 멀게, 무심하게.

고 만일 소듕所重으로 무ᄌᆞ無子ᄒᆞ면 더옥 부득이 폐치 못ᄒᆞᆯ 배어니와 그러나 됴흔 말을 ᄒᆞ리니 어이 이런 붓치 말을 ᄒᆞᄂᆞ뇨 내 답ᄒᆞᄃᆡ 우연이 ᄒᆞ미니 아쟈俄者ㅣ ᄒᆡᆼᄉᆞ行事의 불찰을 일ᄭᆡ오라 ᄒᆞ시니 혹 좁은 소견이 〃신들 발언ᄒᆞ여 신청信聽치 아니시면 엇디 무익디 아니리오 부지 답왈 그럴 니 엇디 이시리오 그러면 듯기를 ᄌᆞ구自求ᄒᆞ리오 ᄒᆞ기 내 혹 아는 바를 긔이디[306] 아니코 불쳬不逮[307]한 곳을 일ᄭᆡ와 피ᄎᆞ 소견을 조ᄎᆞ니 존당이 ᄆᆞ양 회희로 닐ᄋᆞ시ᄃᆡ 너희는 지심지긔知心知己로 엇지 져리 유명ᄒᆞ뇨 ᄒᆞ시며 존괴 글ᄋᆞ샤ᄃᆡ 우리는 평ᄉᆡᆼ 안과 밧기 규뫼規模ㅣ 어긋나 나의 ᄒᆞᆫᄒᆞᄂᆞᆫ 배니 너희는 지긔샹합志氣相合ᄒᆞ여 가도家道를 슉졍肅正ᄒᆞ고 복녹福祿을 유챵流暢ᄒᆞ여 나의 평ᄉᆡᆼ 믹친 ᄒᆞᆫ을 풀고 만ᄂᆡ晩來 즐거오믈 도으라 ᄒᆞ시며 샹시 니ᄅᆞ시ᄃᆡ 너희 내 압희셔 슈작ᄒᆞ믈 보면 엇디 긔특디 아니리오마는 능히 보지 못ᄒᆞ니 굼겁기[308] 심타 ᄒᆞ시며 ᄆᆞ양 슈작ᄒᆞ라 권ᄒᆞ시ᄃᆡ 존젼의 셜압褻狎[309]ᄒᆞ매 갓갑고 문답ᄒᆞᆯ 슈작이 업ᄉᆞ며 슈란羞赧ᄒᆞ미 심터니 경슐庚戌[310]븟허야 혹문답或問答이 〃시나 나는 존고ᄭᅴ 향ᄒᆞ여 ᄒᆞ고 부ᄌᆞ는 쥬착디 아니코 모母 업시 ᄒᆞ니 ᄉᆞ이의셔 존고와 조뫼 피ᄎᆞ 문답을 통ᄒᆞ여 주시ᄂᆞᆫ디라 희롱ᄒᆞ샤 왈 너희는 이역異域의 풍쇽이냐 통ᄉᆡ通事ㅣ[311] 아니면 문답을 통치 아니〃 이 녜문禮文은 어ᄃᆡ 잇ᄂᆞ뇨 ᄒᆞ시고 두굿기시믈 마지 아니시더라

어질고 위약한

부지 본셩이 너모 인약仁弱[312]ᄒᆞ여 샹시 ᄂᆞᆷ의 칼질ᄒᆞ믈 ᄎᆞ마 위틱ᄒᆞ여 보지 못

306 긔이다: 속이다.
307 불체不逮: 미치지 못함. 부족한 곳. 또는 잘못.
308 굼겁기: 궁금함.
309 설압褻狎: 스스럼 없음. 허물 없음.
310 경술庚戌: 1790년, 정조 14년.
311 통사通事: 통역을 맡은 관리.

ᄒᆞ고 실노 물욕物慾이 젼혀 업서 도로혀 셰졍世情의 소여掃如ᄒᆞ미[313] 극極ᄒᆞᆫ 지라 문듕門中이 탈쇽脫俗ᄒᆞ믈 일ᄏᆞᆺ고 존괴 일희일우一喜一憂ᄒᆞ여 갈ᄋᆞ샤ᄃᆡ 나의 ᄋᆞᄌᆞ兒子ᄂᆞᆫ 다만 인효호ᄒᆞᆨ仁孝好學ᄲᅮᆫ이오 셰리世利ᄅᆞᆯ 아디 못ᄒᆞ니 가히 아ᄅᆞᆷ답거니와 ᄯᅩᄒᆞᆫ 태고太古적 사람도 아니오 너모 셰욕世慾이 업ᄉᆞ니 엇디 민망치 아니리오 ᄒᆞ시고 깁히 근심ᄒᆞ시며 부ᄌᆡ ᄯᅩ 년소年少 유희遊戲로 답교화류踏橋花柳[314]와 졀셰풍경絶世風景을 즐기미 업ᄉᆞ니 도로혀 활발ᄒᆞᆫ ᄀᆡ운이 브족不足ᄒᆞᄃᆡ 다만 글을 됴하ᄒᆞ여 쥬야晝夜 힘써 아모죠록 일즉 셩공成功ᄒᆞ여 왕대인王大人의 셔하 현영顯榮[315]을 ᄒᆞᄋᆞᆸ고져 쥬야 용녀用慮 독셔ᄒᆞ며 힝혀 진취進就치 못ᄒᆞᆯ가 댱[316] 우심초〃尤甚焦憔여ᄂᆞᆯ 내 혹 ᄀᆞᆯᄋᆞᄃᆡ 부ᄌᆞ의 슈ᄒᆡᆼ호ᄒᆞᆨ修行好學ᄒᆞ시믈 보면 스ᄉᆞ로 듕보重寶ᄅᆞᆯ 어든 ᄃᆞᆺ 환ᄒᆡᆼ歡幸이 극ᄒᆞᄃᆡ 다만 집 가온대셔 홀노 독셔ᄒᆞ시니 댱취將就[317]키 어렵고 져러ᄐᆞᆺ 번뇌ᄒᆞ시니 비록 니측離側이 뎔박切迫ᄒᆞ나 삼동三冬이어든 근ᄉᆞ近寺의 공부ᄒᆞ시매 외롭기 덜ᄒᆞ여 동졉同接[318]이 〃실 거시오 쥬야晝夜 젼일專一ᄒᆞᆯ 거시니 엇디 그리 아니시ᄂᆞ니잇가 답왈 이ᄅᆞᆯ 모ᄅᆞ미 아니로되 냥대인兩大人 좌와坐臥ㅣ 뎍막ᄒᆞ시고 신임信任ᄒᆞ 리 업ᄂᆞᆫ디라 됴모朝暮 쇄소지졀灑掃之節과 셔찰슈응書札酬應ᄒᆞ 리 업고 ᄌᆞ뎡慈庭이 ᄯᅩ 고뎍孤寂ᄒᆞ샤 그ᄃᆡ 만일 귀근歸覲ᄒᆞᆫ 즉 더욱 니ᄅᆞᆯ 배 업ᄉᆞ니 여러가지로 니측이 뎔박ᄒᆞ고 왕대인이 ᄯᅩ 불허不許ᄒᆞ시니 능히 이ᄅᆞᆯ 엇디 못ᄒᆞ고 집의 동졉을 둘길 업고 홀노 공뷔工夫 진취키 어려오니 졈〃 일월만 허비ᄒᆞ여 비록 셩공ᄒᆞ나 만일 왕대인이 ᄌᆡ존在存치 못ᄒᆞ시면 내 과경科慶을 무어싀 쓰며 유ᄒᆞᆫ遺恨을 엇

312 인약仁弱: 성품이 어질고 여림.

313 소여掃如하다: 남김없이 쓸어낸 듯하다.

314 답교화류踏橋花柳: 답교는 정월 대보름날 밤에 재액을 물리치기 위해 다리를 밟으며 건너는 것. 화류는 봄에 경치 좋은 곳에 놀러가는 것. 모두 놀러다니는 것을 이른다.

315 현영顯榮: 영친현양榮親顯揚. 이름을 드날려 부모를 영화롭게 함.

316 당: 당상. 늘, 항상.

317 장취將就: 일취월장.

318 동접同接: 한 곳에서 함께 공부하는 것. 또는 함께 공부하는 사람.

디ᄒᆞ리오 날을 ᄉᆞ오四五 세로븟허 문ᄌᆞ文字를 ᄀᆞᄅᆞ치샤 디금ᄭᆞ지 쥬야 권당勸獎 훈혹訓學ᄒᆞ샤 날노 과경을 죄오시며 당〃이 수년 닉 셩공홀 줄노 아ᄅᆞ시고 시일時日노 죄오시니 이를 당ᄒᆞ여 됴모祖母의 박일薄日[319] 년녕年齡을 싱각ᄒᆞ니 더옥 심녀心慮ㅣ 쵸젼焦煎ᄒᆞ여라 내 답ᄒᆞ딕 실노 그러ᄒᆞ리로소이다마는 궁달窮達이 지텬在天ᄒᆞ고 득실得失이 유수有數ᄒᆞ니 엇디 인녁人力으로 ᄒᆞ리잇가 다만 원컨대 힘쓰고 공부ᄒᆞ여 혹 불힝不幸 셩공을 못홀지라도 문명文名 잇는 놉흔 션비 되믈 원ᄒᆞᄂᆞ이다 부ᄌᆡ 답왈 당셰當世 과문科文은 오히려 쉽거니와 원문 놉기 그리 쉬오리오

이리 문답ᄒᆞ엿더니 경슐庚戌 동冬의 부ᄌᆡ 닐ᄋᆞ딕 그딕 ᄆᆡ양 날을 뎔 공부를 권ᄒᆞ더니 금동今冬은 내 쇼서[320] 묘막墓幕[321]의 가 수월數月을 공부ᄒᆞ고져 ᄒᆞ노라 내 웃고 답ᄒᆞ딕 군의 니가離家ᄒᆞ기 그리 쉬오리잇가 부ᄌᆡ 답쇼答笑 왈 날을 엇디 져리 졸케 넉이ᄂᆞ뇨 내 역쇼亦笑 브답不答ᄒᆞ니라

내 본ᄃᆡ 디통至痛을 품고 심ᄉᆡ心事ㅣ 슬픈지라 비록 일월이 깁흐나 환세지시換歲之時와 졀셰節歲[322] 물ᄉᆡᆨ物色의 통회익졀痛悔益切이어늘 다만 존고의 비쳑悲慽ᄒᆞ시믈 뵈옵고 고뎍孤寂ᄒᆞ믈 인ᄒᆞ여 심ᄉᆡ 더욱 쇼삭蕭索ᄒᆞ니 닐온 심화즉긔화心和則氣和여늘 듕심中心이 슬프매 ᄉᆡᆨ화色和를 일흐미 만흔디라 부ᄌᆡ 샹시常時 크게 아쳐ᄒᆞ여[323] ᄆᆡ양 니ᄅᆞ딕 남녀 업시 발화發和[324]흔 거시 됴타 ᄒᆞ며 죵용이 날ᄃᆞ려 닐ᄋᆞ딕 그딕 힝ᄉᆡ行事ㅣ 내 ᄆᆞ음의 불합不合ᄒᆞ미 업서 가히 션지善之ᄒᆞ딕 다만 그딕 ᄆᆞ음이 너모 곡哭ᄒᆞ믈 그윽이 애들와 하ᄂᆞ니 그딕를 닉이 술피니 침식寢食 언쇼言笑 ᄉᆞ이의 다 깁흔 한숨과 홍샹 얼골 우희 심〃이 화和흔

319 박일薄日: 지는 해. 할머니의 나이가 많음을 비유하였다.
320 소서: 지명인 듯하나 정확히 알 수 없다.
321 묘막墓幕: 무덤 가까이 묘지기가 사는 작은 집.
322 절세節歲: 사철의 절기와 명절.
323 아처하다: 싫어하다. '아쳐러ᄒᆞ다'에서 온 말.
324 발화發和: 화목한 정서를 드러냄.

빗출 보지 못ᄒᆞ니 이 ᄯᅩᄒᆞᆫ 효ᄋᆡ지심孝愛之心[325]이니 내 가可히 넉이ᄃᆡ 그러나 너모 이럴 거시 아니〃 어ᄂᆞ 사ᄅᆞᆷ이 혹 늙아디통을 맛나지 아니며 션친先親을 니ᄌᆞ리오마ᄂᆞᆫ 임의 셰월이 깁고 두루 위회慰懷ᄒᆞᆯ 고지 만커ᄂᆞᆯ 댱 수쳑瘦瘠ᄒᆞ여 면모面貌의 화긔和氣ᄅᆞᆯ 일코 ᄆᆞ음이 쇼됴蕭條ᄒᆞ니 이 너모 ᄋᆡᆨᄉᆡᆨ阨塞[326]ᄒᆞ미오 팔ᄌᆞ八字의 극히 유해有害ᄒᆞ니 나ᄂᆞᆫ 남녀간 화챵和暢ᄒᆞ고 유열愉悅ᄒᆞᆫ 니ᄅᆞᆯ 츼取ᄒᆞᄂᆞ니 이후 곳치믈 원ᄒᆞ노라

내 답ᄒᆞᄃᆡ 군의 말숨이 올커니와 군은 다만 안항雁行이 외로와 형뎨兄弟의 졍을 모ᄅᆞ니 ᄒᆞᆫ이언뎡 왕존王尊 구경지하具慶之下의 즐거오미 ᄀᆞ득ᄒᆞ고 셰간비고世間悲苦ᄅᆞᆯ 모ᄅᆞ시ᄂᆞᆫ 고로 이리 ᄒᆞ시나 실노 셰월노 츄모지회追慕之懷 층가層加ᄒᆞ니 스ᄉᆞ로 억뎨키 어렵도소이다 부ᄌᆞᆨ 또 ᄀᆞᆯᄋᆞᄃᆡ 엇디 녕ᄇᆡᆨ시令伯氏[327]의 동인動人ᄒᆞᆫ 화긔和氣와 영발英發[328]ᄒᆞᆫ 품슈稟受ᄅᆞᆯ 밋디 못ᄒᆞ뇨 내 간즉 유화柔和ᄒᆞᆫ 긔상氣象의 흔연欣然ᄒᆞᆫ 우음을 ᄯᅴ여 쳥ᄉᆞ廳舍의 나와 반겨 마ᄌᆞ시ᄂᆞᆫ 화챵ᄒᆞᆫ 긔운이 실노 복녹福祿이 둣거워 뵈니 엇디 담디 못ᄒᆞ뇨

내 답쇼 왈 과연 우리 ᄇᆡᆨ시 유열ᄒᆞ믈 밋디 못ᄒᆞ니와 이ᄂᆞᆫ ᄇᆡᆨ시 부ᄌᆞᄅᆞᆯ ᄉᆞ모思慕 듕 맛나 듕심中心의 반기미 극ᄒᆞᆫ 고로 더옥 화和ᄒᆞ미오 심ᄉᆡ心事ㅣ 각〃各各으로 그러미 아니〃이다 부ᄌᆞᆨ 왈 그러나 아마도 그ᄃᆡᄂᆞᆫ 화긔 브족ᄒᆞ니 내 심히 아쳐ᄒᆞ노라 ᄒᆞ며 내 혹 문ᄌᆞ文字븟치[329]와 당언문류唐諺文類[330] 본즉 심히 깃거 아니코 침션針線 듕 바ᄂᆞᆯ겨리ᄅᆞᆯ 믠ᄃᆞ니 보고 크게 불열不悅ᄒᆞ여 닐ᄋᆞᄃᆡ 져런 공상空想된 일을 무숨ᄒᆞ리오 져런 븟치 팔ᄌᆞ의 해로오니 ᄎᆞ후此後ᄂᆞᆫ 삼

325 효애지심孝愛之心: 잘 섬기고 공경하며 사랑하는 마음.
326 액색阨塞: 운수가 막혀 어렵고 궁색함.
327 영백씨令伯氏: 영令은 남의 친족을 높여 부르는 말로 영백씨는 언니를 높여 부른 것.
328 영발英發: 재기가 두드러짐.
329 한문으로 된 글류를 이르는 것으로 보인다.
330 당언문唐諺文: 모음은 그대로 두고 자음은 한자의 숫자를 적은 독특한 글자. 암호풀이를 하듯 즐기게 하는 일종의 언어 유희.

가 말지어다 내 답왈 이 무슴 지조며 사름의 팔즈는 싱지지초生之之初의 텬뎡天定훈 거시어늘 이런 붓치의 이시리잇가 도로혀 부즈의 념네 셰쇄細瑣호시니 믈녀勿慮호쇼셔 호고 내 오히려 폐廢치 아냣더니 엇디 스스로 무음이 동호여 이러틋 마잣느뇨

과거장에서 병을 얻다

내 입문入門호여 보니 부지 비록 긔품이 약호나 굿호여 미양微恙도 즈로 드는 일이 업더니 무신년戊申年[331] 츄위秋闈[332]를 볼식 입과入科호미 처음이라 존당의 두굿기심과 가듕家中의 진경進慶호미 극호여 댱옥場屋의 들식 그 히 션빅 서르 즈볼와 죽는 니 부지기쉬不知其數ㅣ라 년連호여 차악嗟愕훈 소문이 들니〃 혼새渾舍ㅣ 굿득 우려 둥 더옥 심신이 니쳬異體호여 무수히 입문훈 쇼식 듯기를 챡급着急히 죄오더니 일츌日出의 비로소 문 든 쇼식을 듯고 오후의 무수환가無事還家호니 혼샤渾舍의 환열歡悅호미 극호여 과거科擧 득실得失은 싱각지 아니코 잇튼날은 아니 보려 호다가 문을 미리 열고 념네 업수믈 듯고 사辭치 못호여 쏘 댱옥의 드럿더니 문의 념녀는 업수나 그날 나조히 대위臺位[333] 오니 츄긔秋氣 퍽 한닝寒冷훈디 블과 쵸셕草席 우 닝지冷地라 죵일 구치호고 오후 환가還家호니

본디 장치 못훈 긔질의 쵹닝觸冷호여 치질痔疾 긔운이 나고 쵸댱初場날 참혹훈 거동들을 목견目見[334]호고 문 들 제는 피훌 길 업서 븖기싯디 호고 심약훈

331 무신년戊申年: 1788년, 정조 12년.

332 추위秋闈: 향시鄕試, 또는 초시初試. 조선시대 과거시험은 두 번 시험을 치르는데, 처음 시험을 가을에 지방에서 실시하기 때문에 향시, 또는 추위라고 했다. 여기에 합격하면 서울에서 복시覆試를 볼 수 있다.

333 대위臺位: 영의정, 우의정, 좌의정 삼공.

334 묵견으로 되어 있으나 묵묵히 보았다는 뜻의 묵견默見보다는 직접 보았다는 뜻의 목견目見을 잘못 쓴 것으로 보인다.

디 놀나기를 과히 ᄒᆞ여 토혈졈吐血點도 잇고 심히 셩치 못ᄒᆞ니 민망ᄒᆞ더니 다ᄒᆡᆼ이 즉시 나으니 여렴慮念이 업더니 십월 초ᄉᆡᆼ初生[335]븟허 도로 치질 긔운이 셩ᄒᆞ여 심히 괴로와 하ᄃᆡ 굿ᄒᆞ여 위둔[336]ᄒᆞᆫ 병이 아니오 치질은 니ᄅᆞ기를 숙질宿疾이라 ᄒᆞ니 다 우연히 알고 나도 념녀ᄒᆞᆯ 배 아니라 십월 초뉵일 귀근歸覲ᄒᆞ엿더니 그 후 치질이 졈〃 셩ᄒᆞ고 ᄒᆡᆨ核[337]이 ᄌᆞ라 큰 죵긔腫氣되여 쥬야로 통셰痛勢 고극苦劇ᄒᆞᆯ식 죵쳐腫處ㅣ 긔거좌와起居坐臥의 요해쳐要害處[338]라 쳔식좌와喘息坐臥를 임의로 못ᄒᆞ고 고극苦劇히 신고辛苦ᄒᆞ여 셩농成膿ᄒᆞ니 지월至月 슌간旬間의야 의쟤醫者ㅣ 두 번 파죵破腫ᄒᆞ여 비로소 통셰痛勢 져기 우연ᄒᆞ나 월여月餘를 셩농ᄒᆞᆯ제 침식을 젼혀 못ᄒᆞ고 쥬야晝夜 고통의 두 번 파죵ᄒᆞᄂᆞ라 원긔元氣 뎍패積敗[339] 대허大虛ᄒᆞ여 내 지월 십구일 와 보니 오히려 통셰痛勢 잇고 신관[340]이 환형換形ᄒᆞ여 그 지난 바의 듕턴 줄을 알 거시오 보기의 놀나오믈 면치 못ᄒᆞ리러라 그러나 구미口味는 바히 업고 긔운은 슌허純虛[341]ᄒᆞ여 침ᄆᆡ寢寐 ᄉᆞ이의 도한盜汗[342]과 잠간 거동의 허한虛汗[343]이 물 ᄀᆞᆺ치 흐ᄅᆞ고 댱 긔운을 슈습收拾디 못ᄒᆞᄃᆡ 존당 냥대인이 본ᄃᆡ 검박儉薄ᄒᆞ고 간냑簡略ᄒᆞ샤 졀용節用을 굿게 ᄒᆞ시고 의약醫藥을 블관不關이 넉이시ᄂᆞᆫ 고로 그 듕질지여重疾之餘의 원긔元氣 대패大敗ᄒᆞ고 비위脾胃 좀겻거ᄂᆞᆯ 약치藥治로 비위를 열고 계고鷄膏[344] 육즙肉汁[345] 븟치로 보원補元을 아니시고 흰 밥 미육국을 극보極補

335 초생初生: 초승.
336 위둔: 위돈委頓. 힘이 빠짐. 기진함.
337 핵核: 치핵痔核. 항문 주위에 생긴 혹 같은 종기.
338 요해처要害處: 몸의 중요한 부분.
339 적패積敗: 실패를 거듭한다는 뜻으로 몹시 지쳐 있음을 이른다.
340 신관: 남의 얼굴을 높여 부르는 말로 건강 상태를 말할 때 주로 쓴다.
341 순허純虛: 진짜 허증. 허증은 기혈이 부족하거나 내장의 기능이 약하여 몸이 쇠약해진 증상.
342 도한盜汗: 몸이 쇠약해서 잠을 잘 때 흘리는 식은땀.
343 허한虛汗: 몸이 허약해서 나는 땀.
344 계고鷄膏: 닭을 고아서 만든 곰국.

로 아ᄅᆞ샤 글노 보원補元코져 ᄒᆞ시나 약ᄒᆞᆫ 비위 엇디 믈니디 아니리오 구긔嘔氣[346]와 념식厭食이 극ᄒᆞ고 소셩蘇醒ᄒᆞᆯ 긔약이 업ᄉᆞ니 존당이 우려ᄒᆞ시고 존괴 쥬야晝夜 용녀用慮 듕 보원치 못ᄒᆞᄆᆞᆯ 더욱 챡급着急ᄒᆞ시나 이곳 가졍과 규뫼規模ㅣ 놈의 집과 다ᄅᆞ미 만흔디라 비록 듕궤中饋ᄅᆞᆯ 당ᄒᆞ여 계시나 젹슈공권赤手空拳으로 조슈助手ᄒᆞᆯ 길히 업ᄉᆞ샤 약간 찬육饌肉이 무숨 힘이 〃시리오마ᄂᆞᆫ 힝혀 텬우신조天佑神助ᄒᆞ야 납월臘月 즈음은 져기 가경佳境[347]의 드러 비록 ᄉᆞ셰事勢ᄅᆞᆯ 일우고 ᄂᆡ외內外 츌입은 ᄒᆞ나 침ᄆᆡ寢寐 ᄉᆞ이 도한이 긋디 아니코 오한증惡寒症이 발發ᄒᆞ여 한열寒熱[348]을 진뎡ᄒᆞᆫ 후ᄂᆞᆫ 긔운은 슈습디 못ᄒᆞ고 식음을 바히 못ᄒᆞ여 근위筋痿 비경非輕[349]ᄒᆞ고 ᄉᆞ이 소완蘇完ᄒᆞᆯ 길이 업ᄉᆞ니 우례憂慮ㅣ 깁흔ᄃᆡ 가엄家嚴이 드ᄅᆞ시고 닐ᄋᆞ시ᄃᆡ 져리 긔허氣虛ᄒᆞᆫ 병이 쇠면[350] 노졈癆漸[351]이 되ᄂᆞ니 노졈이 되면 극히 듕증重症이라 ᄒᆞ시니 더옥 심경心境 초젼焦煎ᄒᆞ더니 그후 약간 진계도 쓰고 둘포 미류彌留[352]ᄒᆞ여 명츈明春 츈하春夏간의야 비로소 소셩蘇醒ᄒᆞᄆᆞᆯ 어드나 ᄆᆞᆺᄎᆞᆷ내 소복蘇復을 못ᄒᆞ엿ᄂᆞᆫ 고로 긔ᄇᆡ肌膚 육탈肉脫[353]ᄒᆞ고 면모面貌의 병ᄉᆡᆨ病色이 가ᄉᆡ디 아냐 수년이 지나ᄃᆡ 도한이 긋디 아니코 긔운이 완실完實치 못ᄒᆞ나 ᄎᆞ마 엇디 미뤼여 깁흔 념녀ᄅᆞᆯ ᄒᆞ리오 오호嗚呼 텬도天道여 하ᄂᆞᆯ이 ᄎᆞ마 이러치 아닐 거시오 귀신이 ᄎᆞ마 이러치 아니리니 내 ᄎᆞ마 엇디 이 텬지붕탁天地崩拆ᄒᆞᄂᆞᆫ 시죵始終을 셩언成言ᄒᆞ여 긔록記錄ᄒᆞ리오

345 육즙肉汁: 쇠고기를 다져서 삶아 짠 물.
346 구기嘔氣: 속이 메스껍고 역겨워 토할 것 같은 느낌.
347 가경佳境: 좋은 상태라는 뜻으로 보인다.
348 한열寒熱: 한기와 열기가 번갈아 일어나는 증세.
349 비경非輕: 가볍지 아니하다. 병세가 가볍지 않다고 할 때 '병세가 비경하다'고 쓴다.
350 쇠다: 정도가 점점 심해지는 것.
351 노점癆漸: 폐결핵.
352 미류彌留: 병이 오래 낫지 않음.
353 육탈肉脫: 몸이 여위어 살이 빠짐.

내 싱명이 긔험崎險하고 삼싱三生의 죄악罪惡이 지듕至重ᄒᆞ여 싱년수십生年數十의 쳡봉화고疊逢禍苦ᄒᆞ고 다박험조多薄險阻ᄒᆞᄃᆡ 무지완쳔無知頑賤이 불ᄉᆞ투싱不死偸生ᄒᆞ여 여구싱세如舊生世예 이를 긔록ᄒᆞ니 궁독흉완窮毒凶頑ᄒᆞ미 날 ᄀᆞᆺᄒᆞ니 어ᄃᆡ 이시리오

차디찬 사랑방, 병을 키우다

부ᄌᆡ 임의 무신戊申 동冬 위질痿疾을 지내고 긔유己酉[354] 츈春의야 비로소 차복差復ᄒᆞ나 그후 죵시終始 진패盡敗ᄒᆞᆫ 거ᄉᆞᆯ 회복回復디 못ᄒᆞ여 경슐庚戌ᄭᆞ지 허한 도한이 흐ᄅᆞ고 원긔元氣 부실不實ᄒᆞ여 안ᄉᆡᆨ顔色의 윤틱潤澤ᄒᆞᆫ 긔운이 업ᄉᆞᄃᆡ 각별 다른 질양疾恙이 업더니 경슐庚戌 구월九月븟허 ᄒᆡᄉᆡ咳嗽ㅣ[355] 심ᄒᆞ니 민망하ᄃᆡ 이 불과 환졀換節ᄶᅢ 한담寒痰[356]으로 난 거시라 우연히 념녀치 아니코 됴셕朝夕 식반食盤을 무미無味ᄒᆞ여 감식甘食디 못ᄒᆞ니 존괴 우려ᄒᆞ시나 상시 원 식냥이 뎍고 음식을 ᄀᆞᆺᄒᆞ여 ᄉᆞ랑치 아닛ᄂᆞᆫ지라 각별 념녀치 아니코 경슐庚戌 겨울이 ᄆᆞ이 치웟ᄂᆞᆫᄃᆡ 존구尊舅 대인大人은 츄슈秋收를 인因ᄒᆞ여 하향下鄕ᄒᆞ시고 부ᄌᆡ 홀노 왕대인ᄭᅴ 시측侍側홀ᄉᆡ 구월븟허 첫 치위이 심ᄒᆞ고 부ᄌᆞᄂᆞᆫ 치위를 견ᄃᆡ디 못ᄒᆞᄂᆞᆫᄃᆡ 긔 약ᄒᆞ니 더옥 치운 거ᄉᆞᆯ 춤디 못ᄒᆞ거ᄂᆞᆯ 외실外室 소링蕭冷ᄒᆞᆫ 곳의 아ᄎᆞᆷ 불은 폐廢ᄒᆞ고 져녁만 약ᄉᆡ弱柴[357]를 ᄯᅵ드니 밤마다 한괴寒苦ㅣ ᄌᆞ심ᄒᆞᆫ지라 ᄆᆡ됴每朝의 존당尊堂의 드러와 민망ᄒᆞ믈 일ᄏᆞᄅᆞ나 능히 변통變通을 못ᄒᆞ고 십월 초한初寒[358]ᄭᆞ지 그 한고寒苦를 지내고 십월 념念[359]

354 기유己酉: 1789년, 정조 13년.
355 해소咳嗽: 한방에서 기침을 이르는 말. 해수(咳嗽)의 변한 말.
356 한담寒痰: 담병의 하나. 팔과 다리가 차고 마비되어서 근육이 군데군데 쑤시고 아픈 병.
357 약시弱柴: 문맥상 가는 섶으로 보인다.
358 초한初寒: 첫 추위. 또는 초겨울.
359 념念: 이십.

이일二日이야 대인 ᄒᆡᆼᄎᆡ行次ㅣ 환가還家ᄒᆞ시니 부ᄌᆡ 내 침소寢所의셔 슉쳐宿處ᄒᆞᆯᄉᆡ 다ᄒᆡᆼᄒᆞ여 닐ᄋᆞᄃᆡ 이제야 잠간 온실溫室의셔 ᄆᆡ야每夜 경과經過ᄅᆞᆯ 면ᄒᆞ리로다 ᄒᆞ더니 내 디월至月 초삼일 귀근ᄒᆞ니 도로 츌외出外ᄒᆞᆯᄉᆡ 존당 냥대인은 한쳐寒處ᄅᆞᆯ 슉지熟知ᄒᆞ샤 왕대인은 더옥 본ᄃᆡ ᄎᆞᆫ 거ᄉᆞᆯ 낫게 넉이시고 엄한嚴寒이라도 과히 더운 거ᄉᆞᆯ ᄎᆔ取치 아니 ᄒᆞ시기 외실外室은 댱 소ᄅᆡᆼ蕭冷ᄒᆞᄃᆡ ᄯᅩ 그 한고寒苦ᄅᆞᆯ 당ᄒᆞᆯᄉᆡ 극한極寒이라도 글 닑기ᄂᆞᆫ 폐廢치 아냐 반야半夜ᄉᆡᆨ 닑을ᄉᆡ 어ᄂᆞ 션ᄇᆡ 야독夜讀을 아니리오마ᄂᆞᆫ 한실ᄂᆡᆼ지寒室冷地의셔 시좌侍坐ᄒᆞ여 밤이 깁도록 글을 닑다가 냥대인이 취침ᄒᆞ신 후 ᄌᆞ개自家ㅣ ᄯᅩ 취와就臥ᄒᆞᆯ ᄯᅢ ᄆᆞ양 입ᄂᆡ入內ᄒᆞ여 ᄌᆞ젼慈前의 담쇼談笑와 이ᄅᆡᆨᄒᆞ고 총〃悤悤이 나가더니 디월至月의 극한極寒ᄒᆞᆫ 날이면 한긔寒氣와 허핍虛乏을 인ᄒᆞ여 수삼ᄎᆞ數三次ᄅᆞᆯ 존괴 국슈ᄅᆞᆯ ᄆᆞ라 먹이실ᄉᆡ 본ᄃᆡ 식셩食性이 너ᄅᆞ지 아냐 음식을 즐기디 아니되 서너 가지 편기偏嗜ᄒᆞᄂᆞᆫ 거시 이시니 국슈 개국 약밥이라 ᄌᆞ로 ᄉᆡᆼ각하던 가온ᄃᆡ 어한禦寒을 겸ᄒᆞ야 자시기ᄅᆞᆯ 과히 ᄒᆞ고 냥대인의 기ᄃᆞ리시물 념念ᄒᆞ여 총〃이 나가 ᄎᆞᆫ 몸의 ᄂᆞ리오디 못ᄒᆞ고 한슉寒宿ᄒᆞ니 엇디 쳬滯치 아니리오 이러틋 수삼 ᄎᆞᄅᆞᆯ 간일間日[360]ᄒᆞ여 ᄒᆞ엿더니 믄득 쳬셜滯泄[361]이 되니

오호 챵텬蒼天아 이 우연ᄒᆞᆫ 빌미로써 ᄎᆞ마 사ᄅᆞᆷ의 단슈短壽ᄒᆞᆯ ᄆᆞᄃᆡ 되게 ᄒᆞ리오 그러나 셜새泄瀉ㅣ 대단치 아니코 쳬ᄒᆞᆫ 것도 현〃顯現[362]치 아닌지라 약간닷 강차뉴薑茶類[363]ᄅᆞᆯ 자시나 굿ᄒᆞ여 셜새 낫도 아니코 ᄯᅩ 더ᄒᆞᆫ 일도 업ᄉᆞ니 굿ᄒᆞ여 깁히 념녀ᄒᆞᆯ 거시 업ᄉᆞᆫ지라 대되[364] 무심히 넉이고 글 닑기ᄂᆞᆫ 폐치 아니ᄒᆞ엿더니 내 디월至月 념 삼일 와보니 신ᄉᆡᆨ神色[365]이 만히 패ᄒᆞ여시되 그

360 간일間日: 하루씩 거르거나 하루를 거르는 것. 하루 걸러. 격일.
361 체설滯泄: 먹은 음식이 체하여 설사를 하는 것.
362 현현顯現: 뚜렷이 드러나는 것.
363 강차류(薑茶): 생강차 종류.
364 대되: 대도히. 모두. 통틀어. 대체로.
365 신색神色: 얼굴빛을 높여서 부르는 말.

리 대단튼 아니코 그즈음은 신긔身氣 져기 못ᄒᆞ다 ᄒᆞ여 념ᄉᆞ일 졔ᄉᆞ祭祀ᄒᆞᆫ 후 ᄂᆞᆫ 글닑기ᄅᆞᆯ 긋치고 잡ᄎᆡᆨ雜冊으로 쇼일消日ᄒᆞ며 소셰梳洗와 ᄂᆡ외 츌입은 여일如一히 ᄒᆞᄃᆡ 음식을 ᄎᆞ〃 못 자시고 긔거起居의 긔운이 업서 슈습收拾을 어려이 넉이고 셜샤ᄂᆞᆫ ᄆᆡ일 수삼 ᄎᆞ요 쥬야 치우믈 금치 못ᄒᆞ니 납월 망간望間붓허ᄂᆞᆫ 뎡당正堂의 드러와 ᄌᆞ뎐의 시침侍寢ᄒᆞ니 밤 치위ᄂᆞᆫ 나으나 나ᄌᆞ로ᄂᆞᆫ 한긔寒氣ᄅᆞᆯ 스ᄉᆞ로 금치 못ᄒᆞ고 각별ᄒᆞᆫ 질양疾恙과 통셰痛勢 업서 다만 수삼ᄎᆞ 셜샤와 간〃間間ᄒᆞᆫ 복통ᄲᅳᆫ이로ᄃᆡ 형뫼形貌ㅣ 날노 쵸쳬憔悴ᄒᆞ고 일신一身이 니쳑羸瘠ᄒᆞ며 긔운이 날연茶然[366]ᄒᆞ여 ᄂᆞᆷ과 슈작을 슬히 넉이고 슈족手足이 댱 ᄎᆞ고 몸이 한튝寒縮[367]ᄒᆞᄃᆡ ᄆᆡ일 됴반朝飯 ᄯᆡ면 면모面貌의 긔운이 올나 샹긔上氣ᄒᆞ기를 반일半日ᄉᆡᆨ지나 ᄒᆞ고 이러틋 미류ᄒᆞ니 부ᄌᆡ 스ᄉᆞ로 깁히 념녀ᄒᆞ고 안ᄒᆡ셔ᄂᆞᆫ 존고로븟허 대되 용녜用慮ㅣ 듕ᄒᆞᄃᆡ 존당 냥대인ᄭᅴᄂᆞᆫ 부ᄌᆡ 용녀ᄒᆞ시믈 두려 각별 병근病根을 휘지諱之ᄒᆞ여 무ᄅᆞ신ᄌᆞᆨ 대단치 아니므로 고ᄒᆞ니 ᄌᆞ시 모ᄅᆞ실 ᄲᅳᆫ 아냐 원간[368] 닐ᄋᆞ샤ᄃᆡ 담ᄂᆡᆼ痰冷이니 지츈至春ᄒᆞ면 나으리라 ᄒᆞ시ᄃᆡ 그 졈〃 ᄉᆡ패衰敗[369]ᄒᆞᄂᆞᆫ 거시 민망ᄒᆞ여 존괴 약간 ᄎᆡ뎐債錢[370]으로ᄡᅥ 양즙胖汁[371]을 ᄒᆞ여 쓰시고 내 ᄯᅩ 민망ᄒᆞᄃᆡ 공슈空手ㅣ라 치마 ᄒᆞᆫ ᄎᆞ[372]ᄅᆞᆯ ᄆᆡ買ᄒᆞ여 ᄇᆡᆨ시ᄭᅴ 보내여 ᄌᆞ웅고ᄅᆞᆯ ᄒᆞ여 보내쇼셔 ᄒᆞ니 양과 ᄒᆡᄉᆞᆷ을 너허 ᄡᅡᆼ계고雙鷄膏 수삼 ᄎᆞᄅᆞᆯ ᄒᆞ여 왓거ᄂᆞᆯ 진進ᄒᆞ니 잇ᄯᆡᄂᆞᆫ 납월臘月 망간望間이라 구미口味 바히 업지 아닌 고로 념ᄒᆞ지 아니코 자시ᄃᆡ 년쇽連續히 ᄒᆞᆯ 길도 업거니와 왕대인이 닐ᄋᆞ샤ᄃᆡ 양즙이란 거ᄉᆞᆫ 쳥보淸補[373]ᄒᆞᄂᆞᆫ 거시라 브졀업ᄉᆞ니 말나ᄒᆞ시고 계고 말숨은

366 날연茶然: 피곤하여 기운이 없음.
367 한축寒縮: 추워서 기운을 내지 못하고 움츠림.
368 원간: 원래.
369 쇠패衰敗: 쇠락하고 손상됨.
370 채전債錢: 남에게 빌린 돈.
371 양즙胖汁: 소의 양(내장)을 잘게 썰어 짓이겨서 중탕으로 끓이거나 볶아서 짜낸 물. 영양이 풍부한 유동식으로 노인이나 환자가 몸을 보하기에 좋은 음식.
372 차: 옷 따위의 '감'.

드ᄅᆞ시고 부ᄌᆞᄅᆞᆯ ᄎᆡᆨ責ᄒᆞ샤 쳐가妻家 거ᄉᆞᆯ 엇지 그리 됴하ᄒᆞᄂᆞ뇨 ᄒᆞ시고 스ᄉᆞ로 집의셔 보원치 못ᄒᆞ고 ᄂᆞᆷ 미듬 ᄀᆞᆺᄒᆞ여 혐의로이 넉이시니 부ᄌᆡ 임의 미흡未洽ᄒᆞ시믈 아랏거니 엇디 그후 다시 자시리오 엄졀嚴絶이 믈니치고 존괴 다시 양즙뉴ᄅᆞᆯ ᄒᆞ시나 부ᄌᆡ 만븐萬分 불열不悅ᄒᆞ여 마지 못 자시나 ᄌᆡ삼 말니〃 이에 ᄀᆞᆺ치고 회간晦間 셰초歲初 ᄌᆞ음은 셜샤와 구미ᄂᆞᆫ 일양一樣이나 신긔ᄂᆞᆫ 잠간 나은디라

깊어지는 병, 백약무효

신구셰ᄇᆡ新舊歲拜ᄅᆞᆯ 인ᄒᆞ여 츌입出入ᄒᆞᄃᆡ 신관이 졈〃 환탈換奪ᄒᆞ고 긔ᄇᆡ肌膚 니쳑ᄒᆞ기 날노 심ᄒᆞ니 부ᄌᆡ 스ᄉᆞ로 깁흔 심우心憂ᄅᆞᆯ 품고 대되 우려憂慮ㅣ 깁더니 뉘 혹 닐ᄋᆞᄃᆡ 져런 젹패미류積敗彌留ᄒᆞᆫ 병의 원긔ᄅᆞᆯ 실히 븟드러야 ᄒᆞ리니 식보食補와 뉵미원뉴六味元類[374]ᄅᆞᆯ 쓰라 ᄒᆞᄃᆡ 존구대인이 우연히 드ᄅᆞ시고 죵ᄎᆞ從此 관셰觀勢ᄒᆞ여 ᄒᆞ시랴 일월日月을 쳔연遷延[375]ᄒᆞ시니 존괴 챡급히 넉이샤 뎡월正月 초삼일 내 귀근 시의 닐ᄋᆞ시ᄃᆡ 아희 병이 근위비경ᄒᆞ고 뎍패ᄒᆞ기 극ᄒᆞ니 맛당이 보원補元과 의약醫藥을 쁠니 치료ᄒᆞᆯ 거시로ᄃᆡ 져러틋 ᄇᆞ려두니 극히 민망ᄒᆞᆫ지라 이 말슴이 실노 어려오ᄃᆡ 제 병의 유익有益ᄒᆞᆯ 일이야 내 인ᄉᆞᄅᆞᆯ 엇디 도라보리오 모물 념치廉恥ᄒᆞ고 사돈씌 쳥ᄒᆞᄂᆞ니 뉵미원 두어 졔劑ᄅᆞᆯ 지어주쇼셔 ᄒᆞ라 ᄒᆞ시기 내 승명承命ᄒᆞ여 초삼일 셰알歲謁[376]의 가 이 말슴을 고ᄒᆞ니 가군家君이 허ᄒᆞ시고 즉시 지어 보내려 ᄒᆞ시ᄃᆡ 셰최歲初ㅣ라 약계藥契[377] 즉시 나지 아닛ᄂᆞᆫ 고로 초십일初十日이야 ᄒᆞᆫ 졔ᄅᆞᆯ 몬져 지어 와시ᄃᆡ 환丸은

373 청보淸補: 순하고 부드러운 약물이나 음식물로 몸을 보양하는 것.
374 육미원六味元: 육미탕六味湯을 가리키는 듯하다. 육미탕은 숙지황, 마 뿌리, 산수유, 백복령, 목단피, 택사 따위를 달여서 만드는 가장 흔히 쓰는 보약이다.
375 천연遷延: 일이나 날짜 등을 오래 끌어 미루는 것.
376 세알歲謁: 세배.
377 약계藥契: 한약을 지어 팔던 곳. 약국과 비슷한 말.

완하여[378] 탕湯으로 흔 제 십오 쳡을 지어다가 십일〃 신됴晨朝[379]의 보내니 존괴 답간答簡의 깃브물 일크르시고 부지 본셩本性이 념결廉潔[380]흐여 지어쳐가至於妻家라도 구챠苟且흐며 비편非便흔 거슨 굿게 빅쳑排斥흐더니 약의 다드라는 십븐十分 희열喜悅흐여 년連흐여 미일 자신다 흐더니 망일望日 약밥을 편기偏嗜흐던 거술 식젼食前의 흔 보오[381]는 자시고 즉시 차례 참亽參祀를 흐고 속이 근긔根氣[382] 이셔 됴반朝飯도 졀絶흐고 오후午後야 됴식朝食을 죠곰 흐엿더니 그날붓허 셜새 더흐여 도싊度數ㅣ 즛고 복통이 심흐니 한담寒痰[383]의 약밥이 응결凝結흐여 쳬셜滯泄이런지 그날 치위 극흔디 식젼食前 오래 한쳐寒處흐여 촉닝觸冷흔 셜새런지 임의 실셥失攝흐여 더흔지라 존괴 왕대인씌 亽유事由를 고흐시니 경녀驚慮흐샤 념간念間 박중윤이란 의쟈醫者를 친히 부즈를 드려가 보시니 박의朴醫 셜샤 소유所由를 듯고 답흐디 이는 닝쳬冷滯로 나시니 황다黃茶[384]서 돈 민강閩薑[385] 흔 냥식 너허 흔 쳡이 되게 흐여 열 쳡만 쓰라 흐고 다시 집믹執脈 냥구良久의 믹을 더지고 닐으디 군이 이 믹을 가지고 살냐 흐느냐 위틱危殆흐미 십샹팔귀十常八九ㅣ[386]니 십븐十分 치료흐고 셜새 우연커든 亽신환四神丸[387]을 지어 먹으라 흐는지라 부지 심긔心氣 허약흔 가온대 쵸직峭直[388]흔 쟈의 일언一言의 낙담상혼落膽喪魂[389]흐여 겨오 집의 도라와 즈젼

378 완하다: 느리다.
379 신조晨朝: 아침. 묘시卯時와 사시巳時 사이, 즉 오전 여섯시에서 열시 사이.
380 염결廉潔: 마음이 깨끗하고 욕심이 없음.
381 보오: 보시기. 작은 사발.
382 근기根氣: 음식을 먹고 난 뒤에 오래도록 배고픈 줄 모르게 하는 든든한 기운.
383 한담寒痰: 담병의 하나. 팔다리가 차고 근육이 쑤시고 아픈 병.
384 황다黃茶: 황차.
385 민강閩薑: 생강을 설탕에 졸여 만든 것.
386 십상팔구十常八九: 열 가운데 여덟이나 아홉은 그렇다는 뜻. 십중팔구와 비슷한 말.
387 사신환四神丸: 한약의 이름. 비장이 허해서 설사를 할 때 먹는 약.
388 초직峭直: 성품이 준엄하고 강직함.
389 낙담상혼落膽喪魂: 몹시 놀라거나 마음이 상해서 넋을 잃음.

을 님臨ᄒᆞ나 면무인ᄉᆡᆨ面無人色ᄒᆞ고 심신心身을 뎡치 못ᄒᆞ여 최후最後의야 셜파說破ᄒᆞ고 깁흔 념녀와 ᄆᆞᄋᆞᆷ 쓰믈 금치 못ᄒᆞ여 병심病心의 쵸례焦慮ㅣ 더옥 극ᄒᆞ니 ᄋᆡ哀라 텬되天道ㅣ ᄎᆞ마 엇디 슬피미 업ᄂᆞ뇨

이에 념이일念二日븟허 강다탕薑茶湯[390]을 여ᄉᆞᆺ 쳡을 쓰ᄃᆡ 죠곰도 트이ᄂᆞᆫ 거시 업고 도수度數도 감減치 아니〃 혹或이 왈 황대黃茶ㅣ 쥰俊ᄒᆞᆫ 거시 너모 훌친다[391] ᄒᆞ여 여ᄉᆞᆺ 쳡만 쓰고 뉵미탕六味湯도 쳬ᄒᆞ기 여ᄉᆞᆺ 쳡 후ᄂᆞᆫ 다시 못 쓰고 이러틋 미류ᄒᆞᄃᆡ 위둔ᄒᆞᆫ 병이 아니오 날마다 소셰梳洗와 ᄂᆡ외內外 츌입은 폐치 아닛ᄂᆞᆫ지라 다시 의약을 다ᄉᆞ리디 아니코 계고鷄膏ᄂᆞᆫ 혹 쓰ᄃᆡ 근위비경ᄒᆞ더니 내 뎡월正月 념칠일念七日 도라온 후 이월二月 초ᄉᆞ일初四日 가군이 와 보시고 크게 경녀ᄒᆞ샤 왈 져리 젹패ᄒᆞ고 근위비경ᄒᆞ거ᄂᆞᆯ 치약治藥을 어이 아닛ᄂᆞ뇨 ᄒᆞ시고 명일明日 ᄃᆞ려가 의원醫員 뵈믈 존당의 쳥ᄒᆞ시고 허락을 어든 후 명일 인마人馬를 보내여 부ᄌᆞ를 쳥ᄂᆡ請來ᄒᆞ니 부ᄌᆡ 심히 불안ᄒᆞ믈 먹음으ᄃᆡ 치료를 ᄯᅩᄒᆞᆫ 다힝하여 초오일初五日 쌍동으로 갈ᄉᆡ 샹시常時와 달나 병ᄀᆡᆨ病客으로 가며 나도 업ᄉᆞ니 심히 서운ᄒᆞ여 ᄒᆞ고 내 역시 답〃ᄒᆞ나 의약을 다ᄉᆞ리미 만힝萬幸이라 다만 약효 닙기를 죄오고 일〃 삼ᄉᆞ ᄎᆞ 긔별을 드러 도수의 가감加減을 알고 존괴 더욱 훌연欻然[392]이 일시 불망不忘ᄒᆞ샤 왕ᄂᆡ往來마다 슈셔手書[393]로 반기시고 착급히 차도差度를 죄오시며 오히려 울억鬱抑ᄒᆞ믈 금치 못ᄒᆞ시거ᄂᆞᆯ 내 회히詼諧로써 고ᄒᆞ여 ᄀᆞᆯᄋᆞᄃᆡ 아히 입문入門시로븟허 시측侍側ᄲᆞᆫ이오 고단ᄒᆞ미 극ᄒᆞ더니 이제 부ᄌᆡ 다만 오吾 시비侍婢 일인一人으로 타문他門 서의ᄒᆞᆫ 고젹孤寂을 당ᄒᆞ니 가히 갑흔 줄을 긔쇼譏笑[394]ᄒᆞ염즉ᄒᆞ이다 존괴 져기 쇼

390 강다탕薑茶湯: 생강과 찻잎을 넣어 끓인 약. 《동의보감》에 이질로 배가 아픈 것을 치료할 때 묵은 생강과 봄 찻잎을 같은 양을 넣어서 달여 먹는다고 나와 있다.

391 훌치다: 한쪽으로 쏠리다는 뜻으로 여기서는 몸이 약에 휘둘린다 뜻으로 보인다.

392 훌연欻然: 갑자기. 문득.

393 수서手書: 손수 쓴 편지. 손윗사람이 아랫사람에게 쓰는 편지.

394 기소譏笑: 놀리고 비웃음.

회ᄒᆞ샤 일댱一場을 역쇼亦笑ᄒᆞ시니라

부ᄌᆞ 쌍동 니ᄅᆞ러 초뉵일初六日 신됴晨朝의 의쟈醫者 뉴싱을 ᄃᆞ려와 뵈니 젼혀 허링虛冷[395]ᄒᆞ고 쳬ᄒᆞ여 나시니 가감건니탕加減建理湯[396]이란 약 열 쳡만 ᄉᆞᆷ參 오 푼分식 너허 일日 ᄌᆡ복再復ᄒᆞ면 셜새 감ᄒᆞᆯ 거시니 동졍動靜을 보아 다시 논약論藥ᄒᆞ리라 ᄒᆞ니 초칠일初七日붓허 쓸 ᄉᆡ ᄉᆞᆷ은 ᄆᆞᆺ참 존당의 이시ᄃᆡ 쇼년少年의 오히려 듕난重難타 ᄒᆞ샤 아니 보내시니 약만 일 ᄌᆡ복ᄒᆞᆯ ᄉᆡ 잇ᄣᅢ 빅시 병근病根을 근심ᄒᆞᆯ지언뎡 부ᄌᆞ 일즉 날로 묵으미 업다가 날포[397] 뉴留ᄒᆞᆯ 바ᄅᆞᆯ 만심영힝滿心榮幸ᄒᆞ야 지셩至誠을 다ᄒᆞ야 구호救護ᄒᆞᆯᄉᆡ 됴셕朝夕은 된밥을 자시나 바히 자시디 못ᄒᆞ고 ᄉᆞ이는 듁과 미음을 자시ᄂᆞᆫ디라 동〃ᄒᆞ여 ᄣᅢᄅᆞᆯ 어긔지 아니코 두 ᄣᅢ 약을 친히 달히며 ᄀᆞ득이 귀듕貴重ᄒᆞ여 나의 업ᄉᆞᆫ 모양 셔찰書札의 일ᄏᆞ라 무미ᄒᆞ여 ᄒᆞ며 대되 쵸려히 약효藥效ᄅᆞᆯ 튝텬祝天ᄒᆞᄃᆡ 임의 창텬蒼天이 ᄉᆞᆯ피미 업ᄂᆞᆫ지라 그 약이 세 쳡붓허 도쉬 더 잣고 더 활活ᄒᆞ여 혹 슈셜水泄[398]도 보고 임의 해害가 빗최ᄃᆡ 죠곰 더 써보랴 다ᄉᆞᆺ 쳡ᄭᆞ지 쓰ᄃᆡ 촌효寸效ᄅᆞᆯ 보디 못ᄒᆞ고 해가 현〃顯現ᄒᆞᆫ디라 다시 못 쓰고 초구일初九日 환가ᄒᆞᆯᄉᆡ 존구대인은 ᄆᆞᆺ춤 츌입ᄒᆞ신 ᄣᅢ 왕존대인이 셜사 더ᄒᆞ다 말ᄉᆞᆷ을 드ᄅᆞ시고 크게 놀나샤 안히도 니ᄅᆞ디 아니시고 친히 빵동 보〃步步히 힝ᄒᆞ샤 부ᄌᆞᄅᆞᆯ 거ᄂᆞ려 오실ᄉᆡ 이 날 가군이 ᄯᅩ 공교工巧로[399] 아니 계신 ᄣᅢ라 인마人馬도 변통치 못ᄒᆞ고 부ᄌᆞ의 위약危弱ᄒᆞᆫ 긔운으로 실노 힝보行步ᄒᆞᆯ 길히 업ᄉᆞᄃᆡ 완보緩步ᄒᆞ여 가기ᄅᆞᆯ 니ᄅᆞ시니 역명逆命치 못ᄒᆞ여 조손祖孫이 힝ᄒᆞ여 오실ᄉᆡ ᄒᆞᆫ낫 노ᄌᆡ奴子ㅣ

395 허랭虛冷: 양기가 부족하여 몸이 참.

396 가감건리탕加減建理湯: 건리탕은 비위가 차고 기가 위로 치고 올라오는 것을 치료하는 처방. 인삼, 마른 생강, 계지, 백출, 백작약 초, 구운 감초 등을 넣어 달인다. 가감건리는 증세를 참작해서 넣거나 빼고 달인다는 뜻이다.

397 날포: 하루를 조금 넘는 동안을 말한다.

398 수설水泄: 변에 물기가 많은 것.

399 공교工巧로: 공교롭게.

뒤흘 조차 환가ᄒᆞ시니 일개一家ㅣ 경아驚訝ᄒᆞ니 일쟈一者ᄂᆞᆫ 왕대인이 ᄂᆡ외 츌입의도 궤댱几杖을 의디ᄒᆞ여 겨오 ᄒᆡᆼ보ᄒᆞ시던 바로 졸연猝然[400] 먼니 ᄒᆡᆼᄒᆞ시미오 이쟈二者ᄂᆞᆫ 부ᄌᆞ의 그 젼패全敗ᄒᆞᆫ 긔운을 ᄉᆡᆼ각ᄒᆞ니 그 놀납기를 어이 다 ᄒᆞ리오

시어른들, 병의 위중함을 모르다

이에 부ᄌᆞ를 보니 ᄉᆞ오일 아니 보던 눈이라 고〃枯槁ᄒᆞᆫ 의용儀容의 병ᄉᆡᆨ이 더옥 쵸〃草草[401]ᄒᆞ니 보매 놀나오믈 ᄎᆞᆷ디 못ᄒᆞ고 구미 더옥 감ᄒᆞ여 음식을 향니의셔 더 못 자시고 입 안의 춤이 걸고 후비喉鼻 즈음이 번조煩燥[402]ᄒᆞ니 대개 그 약은 허ᄅᆡᆼ虛冷으로 잡아 디극ᄒᆞᆫ 온졔溫劑[403]라 조열潮熱[404]ᄒᆞᆫ 해가 낫ᄂᆞᆫ 디라 극히 쵸박焦迫[405]ᄒᆞ거ᄂᆞᆯ ᄒᆡᆼ보行步의 노췌勞瘁[406]ᄒᆞ믈 만히 ᄒᆞ여 초십일初十日은 긔운이 혼침昏沈ᄒᆞ여 슈습을 못ᄒᆞ고 자시기도 바히 못ᄒᆞᄂᆞᆫ디라 이에 박의朴醫ᄃᆞ려 무ᄅᆞ니 각별 약도 ᄒᆞ여 주디 아니코 무어시라 ᄒᆞ던지 그날을 겨오 지내고 그 잇ᄐᆞᆫ날은 져기 긔운 슈습기 나아 소셰를 일우고 ᄂᆡ외 츌입을 작긔作起[407]ᄒᆞ여 ᄒᆞ나 이후로 졈〃 음식은 날노 못 자시고 몸은 댱 한튝寒縮ᄒᆞ며 셜사ᄂᆞᆫ 일〃 삼ᄉᆞᄎᆞ요 긔운이 날연ᄒᆞ여 겨오 일〃 삼ᄉᆞᄎᆞ 외헌外軒 츌입을 강작强作ᄒᆞ여 ᄒᆞ고 안히셔ᄂᆞᆫ 댱 눈을 ᄀᆞᆷ고 즘와 ᄒᆞ여시니 그 쵸젼焦煎ᄒᆞ믈 어ᄃᆡ 비ᄒᆞ리오 자시기ᄂᆞᆫ 됴셕은 된밥을 겨오 덤고 만식晩食 젼과 나즌 ᄉᆞᆯ힌 밥과 듁을 자시ᄃᆡ 또 못 자시고 ᄉᆞ이ᄂᆞᆫ 대쵸 ᄆᆡ음을 쓰ᄃᆡ ᄒᆡ쇠咳嗽ㅣ 심ᄒᆞ기 강즙

400 졸연猝然: 갑자기.
401 초초草草: 행색이 보잘 것 없고 초라함.
402 번조煩燥: 몸에 열이 나서 몸과 마음이 편안하지 못해 손발을 가만두지 못하는 증세.
403 온제溫劑: 성질이 따뜻한 약.
404 조열潮熱: 일정한 시간마다 열이 오르는 것.
405 초박焦迫: 마음을 졸이며 급히 서두르는 것.
406 노췌勞瘁: 몸이 고달파서 파리함. 여기서는 고생스럽게 온 것을 이른다.
407 작기作起: 일으킴.

薑汁[408]을 타며 계고 양즙도 ᄒᆞᄃᆡ 겨유 자시나 ᄀᆞᆺᄒᆞ여 긔운의 나은 거시 업고 슌간旬間의 니ᄅᆞ러 의원醫員 뎡싱을[409] 볼ᄉᆡ 평인平人이 아니라 오지 아닛ᄂᆞᆫ 고로 겨오 ᄆᆞᆯ을 타 십이일十二日 가보니 젹積[410]으로 잡아 쇼젹니긔환消積利氣丸[411]이란 약명藥名을 내니 이에 올 길히 빵동 잠간 ᄃᆞ녀 도라와 약을 쓰고져 ᄒᆞ나 몬져ᄂᆞᆫ 젼혀 허ᄅᆡᆼ虛冷으로 다ᄉᆞ려 불 ᄀᆞᆺᄒᆞᆫ 온졔溫劑ᄅᆞᆯ 쓰고 새 약은 어름 ᄀᆞᆺᄒᆞᆫ ᄂᆡᆼ졔冷劑라 소리히[412] 쓰디 못ᄒᆞ여 다시 뎡의ᄅᆞᆯ 근쳥懇請ᄒᆞ고 비로소 김익신이란 의원을 쳥ᄒᆞ여 ᄌᆞ시 무른 후 작환作丸ᄒᆞ여 ᄌᆞᆫ 거ᄉᆞᆯ ᄀᆡ여 자실ᄉᆡ 뎡의 닐ᄋᆞᄃᆡ 계고와 대쵸 미음 강즙이 다 해로오니 쓰디 말고 홍합 미음을 쓰라 ᄒᆞ나 쓰던 거ᄉᆞᆫ 해롭다 ᄒᆞ니 못쓰ᄃᆡ 홍합 미음은 ᄀᆞᆺ득ᄒᆞᆫ[413] 비위예 자시디 못ᄒᆞ고 양즙만 쓰ᄂᆞᆫᄃᆡ 환약 자시며븟허 또 셜새 더ᄒᆞ고 구역이 나니 ᄉᆞ오 일 자시고 다시 쓰디 못ᄒᆞ니 졈〃 긔운은 ᄉᆡ패衰敗ᄒᆞ고 자시든 못ᄒᆞ며 셜샤 도수度數ᄂᆞᆫ ᄉᆞ오 차次니 ᄀᆞᆺᄒᆞ여 좃다ᄒᆞᆯ 거시 아니로ᄃᆡ 병근이 심샹치 아니코 약은 쓴 적마다 해가 나니 의쟈醫者ㅣ 집증執症[414]을 ᄌᆞ시 못ᄒᆞ며 젹積을 치고져 ᄒᆞ나 기운의 위ᄐᆡ危殆ᄒᆞ고 긔운을 븟들고 하초下焦[415]ᄅᆞᆯ 더여 셜샤를 막고져 ᄒᆞ나 젹이 듕간의셔 작난作難ᄒᆞ여 ᄂᆞ리오지 못ᄒᆞ니 챡슈着手ᄒᆞ여 약 쓸 길히 업서 ᄒᆞ니 의원들은 임의 극듕히 ᄒᆞ엿던가 시브ᄃᆡ 존당 냥대인ᄭᅴ셔ᄂᆞᆫ 의원이 저히 명을 내랴ᄂᆞᆫ 공격으로 아ᄅᆞ실 ᄉᆡᆫ 아냐 범ᄉᆡ凡事ㅣ 디극ᄒᆞᆫ ᄉᆞ이ᄂᆞᆫ 도로혀 어

408 강즙薑汁: 생강을 짓찧거나 갈아서 짜낸 즙.

409 원문에 '뎡싱을을'로 되어 있으나 두 번 겹쳐 쓴 것으로 보고 '을' 하나를 뺐다.

410 적積: 적병積病. 뱃속에 딱딱한 덩어리가 뭉쳐 있는 것.

411 소적이기환消積利氣丸: 적병을 치료하는 데 쓰는 약. 먹은 것이 체하거나 어혈로 가슴과 명치 끝이 아프고 뱃속에 멍울 같은 것이 있고 배 끓는 소리가 나며 배가 불러오르고 어지럼증이나 추웠다 열이 났다 하는 데 쓰는 약.

412 소리히: 솔이率爾히. 경솔하게 말이나 행동이 신중하지 못하고 가볍게.

413 ᄀᆞᆺ득ᄒᆞᆫ: 가뜩이나와 같은 뜻으로 보인다. 가뜩이나는 그렇지 않아도 어려운데 그 위에 더한다는 뜻.

414 집증執症: 병의 증세를 살펴 알아내는 것.

415 하초下焦: 배꼽 아래 부분.

둡기 쉽고 더욱 굿게 밋으시믈 댱셩ᄀᆞᆺ치 ᄒᆞ시고 비록 텬니天理 미슌未順ᄒᆞ나 션조先祖 젹덕積德과 냥 대인 겸손 공검恭儉ᄒᆞ신 셩심誠心으로써 이ᄌᆞ와 손孫을 엇디 하ᄂᆞᆯ이 ᄎᆞ마 아ᄉᆞ시리오 그러므로 깁흔 불길ᄒᆞᆫ 념녀ᄂᆞᆫ 몽ᄆᆡ夢寐의도 두지 아니시ᄂᆞᆫ 고로 의약을 굿ᄒᆞ여 셩실誠實이 아니시고 ᄉᆞᄉᆞ로 ᄎᆞ〃 낫기를 기ᄃᆞ리시ᄃᆡ 부ᄌᆞᄂᆞᆫ ᄉᆞᄉᆞ로 깁흔 념녀를 쵸삭히 ᄒᆞ여 의원이 왓다 말 드ᄅᆞ면 몬져 놀나 닐ᄋᆞᄃᆡ 쏘 무슨 말을 ᄒᆞᆯ고 ᄒᆞ며 나가보고 드러와 의원의 병논病論과 긔ᄉᆡᆨ氣色을 보면 슈죡手足이 어름 ᄀᆞᆺ고 ᄆᆞᄋᆞᆷ이 경동驚動ᄒᆞ야 겁내믈 ᄊᆡ둣디 못ᄒᆞ니 임의 불언지듕不言之中의 병근과 긔운을 혜아려 깁히 겁ᄒᆞ미니 이 ᄆᆞᄃᆡ를 ᄉᆡᆼ각ᄒᆞ면 일신一身 ᄇᆞ아지고[416] 챵ᄌᆞ ᄆᆞᄃᆡ마다 썻거지믈 엇디 견ᄃᆡ리오 그러나 이월 념뉵일念六日ᄭᆞ지ᄂᆞᆫ 소셰梳洗ᄒᆞ고 측간厠間 츌입은 ᄒᆞᄃᆡ 시일時日노 됴희[417] 되즘ᄀᆞᆺ치 짓허가ᄂᆞᆫ디라

념간念間븟허 김익신을 간일間日ᄒᆞ여 ᄃᆞ려오ᄃᆡ 약명을 젹내지 못ᄒᆞ고 진ᄆᆡᆨ만 ᄒᆞ고 ᄃᆞᆫ니더니 념뉵칠念六七간 박종윤을 쳥ᄒᆞ고 김익신을 ᄒᆞᆫ가지로 ᄃᆞ려와 샹논詳論ᄒᆞ여 약 내믈 쳥ᄒᆞ니 두 의원이 샹냥商量ᄒᆞ여 내ᄃᆡ 팔미탕八味湯[418]이나 써 원긔도 븟들며 젹積을 달내여 ᄎᆞ〃 다ᄉᆞ리게 ᄒᆞᆫ 빅 쳡ᄒᆞ고 써보ᄃᆡ 체ᄒᆞ여 셜새 더ᄒᆞ지 아니커든 효험 잇ᄂᆞᆫ 줄노 알나 ᄒᆞ니 이에 그 약을 념팔일念八日븟허 쓸 ᄉᆡ 이날븟허ᄂᆞᆫ 먼니 ᄒᆡᆼ보行步ᄒᆞᆯ 길 업서 그ᄅᆞᄉᆞᆯ 노코 방의셔 보고 구역은 날노 심ᄒᆞ여 약〃히 슬흔 거ᄉᆞᆯ 겨오 강잉强仍ᄒᆞ여 됴셕朝夕 ᄡᆞᆯ힌 밥과 ᄉᆞ이 흰 미음 양즙을 겨오 자시나 도로 토ᄒᆞ고 복통이 ᄌᆞ심滋甚ᄒᆞ니 존당이 더욱 쵸려焦慮ᄒᆞ시고 그동안 가군이 ᄌᆞ로 왕ᄂᆡ往來ᄒᆞ여 보시며 놀나샤 왈 져러틋 듕ᄒᆞᄃᆡ 일시 위둔치 아니코 긔거ᄒᆞ믈 보고 완히[419] 다ᄉᆞ리나 져런 병이 어룬을 속

416 ᄇᆞ아지다: ᄇᆞᆺ아디다. 부서지다.

417 됴희: 죠희. 종이.

418 팔미탕八味湯: 숙지황, 산약, 산수유, 백복령, 목단피, 택사 등 보약재에 육계肉桂와 부자附子를 넣은 약으로 원기와 혈기를 보하는 데 효과가 있다고 한다.

419 완하다: 느리다. 천천히라는 뜻으로 보인다.

이ᄂᆞ니 엇디 위틱치 아니리오 ᄒᆞ시더니 팔구일간 약 쓰는 거ᄉᆞᆯ 보랴 년ᄒᆞ여 오샤 ᄌᆞ시 보시고 집의 도라가샤 ᄇᆡᆨ시伯氏ᄃᆞ려 니ᄅᆞ시ᄃᆡ 근간近間 ᄌᆞ시 보건대 그 병이 근위 심샹치 아니코 몸이 고〃枯槁히 니쳑羸瘠ᄒᆞᆫ 가온대 비각臂脚[420] 어복魚腹[421]이 다 ᄆᆞᆯ나 아마도 말질末疾[422]이니 회두回頭ᄒᆞᆯ 길히 업거ᄂᆞᆯ 도라져ᄅᆞᆯ 보니 작인긔상作人氣象이 ᄎᆞ마 그 형상形狀을 비겨 ᄉᆡᆼ각디 못ᄒᆞᆯ지라 텬도天道와 인니人理 엇디 이러ᄐᆞᆺ ᄒᆞᄂᆞ뇨 ᄒᆞ시고 폐식쵸젼廢食焦煎ᄒᆞ믈 마지 아니시니 ᄇᆡᆨ시 비록 병근을 념녀ᄒᆞ나 위려危厲[423]야 촌寸 ᄒᆞ나 두어시리오 무심듕無心中 망단望斷[424]ᄒᆞᆫ 말ᄉᆞᆷ을 듯ᄌᆞᆸ고 밋쳐 샤의로옴도 ᄭᆡ닷디 못ᄒᆞ고 통흉톄읍痛胸涕泣ᄒᆞ여 ᄯᅩᄒᆞᆫ 궐식闕食ᄒᆞ고 죵야불ᄆᆡ終夜不寐ᄒᆞ여 명효明曉의 문병問病 셔찰이 와시ᄃᆡ 대강 닐너시ᄃᆡ 부군 말ᄉᆞᆷ을 듯ᄌᆞ오니 위듕危重ᄒᆞ신가 시브니 쵸젼ᄒᆞ여라 현뎨賢弟ᄂᆞᆫ 엇디 도로혀 듕ᄒᆞ믈 모ᄅᆞ고 잇ᄂᆞ뇨 ᄒᆞ엿거ᄂᆞᆯ 내 ᄇᆡᆨ시 셔찰을 보니 크게 놀나와 혜아리건대 존당 냥대인이 초도初度[425]ᄇᆞᆺ허 듕ᄒᆞᆫ 줄을 모ᄅᆞ시고 의재醫者ㅣ 병증病症을 듕히 니ᄅᆞ나 격동激動[426]으로 아ᄅᆞ시고 의원의 말을 굿ᄒᆞ여 안히 니ᄅᆞ지 아니시니 다만 목하目下의 미류彌留ᄒᆞᄂᆞᆫ 일이 민망ᄒᆞ고 근위 경치 아니믈 쵸려ᄒᆞ나 ᄎᆞ마 위려의야 ᄆᆞᄋᆞᆷ이 엇디 가며 등하불명燈下不明으로 경듕輕重을 엇디 알니오 다만 우연히 념녀ᄒᆞ다가 셔ᄉᆞᄅᆞᆯ 보니 가군은 병증을 만히 경녁經歷ᄒᆞ샤 명견明見이 샹찰詳察ᄒᆞ신 바의 ᄒᆞᆫ 집의셔 ᄃᆞᆼ 보ᄂᆞ 니와 달나 필유묘ᄆᆡᆨ必有苗脈[427]이어ᄂᆞᆯ 편지 가져온 유모ᄃᆞ려 부군의 슈작ᄒᆞ시던 ᄉᆞ어私語[428]ᄅᆞᆯ 무ᄅᆞ니 문답소유問答所由와 가군의 폐식쵸젼廢食焦

420 비각臂脚: 팔다리.
421 어복魚腹: 장딴지.
422 말질末疾: 고치기 어려운 나쁜 병.
423 위려危厲: 두렵고 불안함.
424 망단望斷: 이러지도 저러지도 못하는 딱한 처지.
425 초도初度: 처음. 첫번째.
426 격동激動: 충동하는 것.
427 필유묘맥必有苗脈: 반드시 묘맥이 있다는 뜻. 묘맥은 일의 실마리를 말한다.

煎ᄒᆞ심과 빅시의 거동을 써 젼ᄒᆞ고 우왈又曰 도로혀 예와 뵈오니 안심ᄒᆞ이다 ᄒᆞ니 내 말질末疾 두 ᄌᆞ字를 드ᄅᆞ니 심담心膽이 급히 문허지고 일신一身이 어리며 슈족이 브드러워 즉시 움즉이디 못ᄒᆞ고 최후의 다만 입 가온대 이를 엇디 홀고 소릐만 ᄒᆞ다가 겨오 회셔回書를 일워 보내고 뎡당正堂의 니ᄅᆞ니 이 날은 자리도 것디 못ᄒᆞ고 존고씌 몸을 의지ᄒᆞ여 뒤를 보ᄂᆞᆫ디라 이를 보니 더옥 심신이 창망悵惘ᄒᆞ더니[429]

됴반朝飯 ᄢᅢ 빅시 셔찰을 보내여 문복問卜ᄒᆞ니 소所를 올므라 ᄒᆞ니 엇질고 ᄒᆞᆫ ᄉᆞ연이어늘 존당의 고ᄒᆞ니 냥대인이 유예猶豫ᄒᆞ시니 가군이 역권力勸ᄒᆞ여 피졉避接 나기를 뎡ᄒᆞ나 맛당ᄒᆞᆫ 집이 업서 ᄆᆞ올 협칙狹窄[430]ᄒᆞᆫ 집은 거쳬居處ㅣ 어렵고 넉〃ᄒᆞᆫ 방샤房舍를 어들 길 업ᄉᆞ니 가군이 쌍동집 외헌外軒을 ᄯᅩᆫ 채ᄀᆞᆺ치 버혀 대피오시면 경편輕便ᄒᆞ고 당신이 ᄯᅩᄒᆞᆫ ᄒᆞᆫ 집의셔 ᄌᆞ로 보미 됴흐니 그리 ᄒᆞ쇼셔 직삼 청ᄒᆞ시고 빅시 안흐로 근청ᄒᆞ딕 존당이 대되 불안ᄒᆞ므로써 불허不許ᄒᆞ시고 부지 ᄯᅩ 피졉을 브졀업시 넉이ᄂᆞᆫ 가온대 쌍동 가믈 더옥 불안ᄒᆞ여 말니〃 듕지ᄒᆞ여 달니 듯보딕 맛당ᄒᆞᆫ 집을 종시 엇디 못ᄒᆞ고 금음날이 되니 ᄃᆞᆯ 곳 넘으면 삼월의 피졉나기 쇽긔俗忌[431]라 변통업시 급히 되고 내 ᄆᆞ음은 만일 협칙ᄒᆞᆫ ᄒᆞᆫ 간間 방샤를 어더 피졉나면 내 시러곰 ᄒᆞᆫ가지로 갈 길 업고 병측病側을 ᄯᅥ나 외오셔ᄂᆞᆫ 몬져 애가 ᄌᆞ즐 거시오 구호救護ᄒᆞᄂᆞᆫ 식믈약음食物藥飮을 좁은 피졉소避接所의셔 못홀 거시오 집의셔 익혀 가면 피졉난 보람이 업고 쌍동으로 가면 ᄉᆞ체事體 잠간 비편非便ᄒᆞ나 내 ᄒᆞᆫ가지 가 병측을 ᄯᅥ나지 아니코 가군이 구병救病의 닉으신지라 병증病症을 ᄉᆞᆯ펴 ᄢᅢ의 약을 쓰시나 다힝홀 고로 내 존당의 근고ᄒᆞ여 우소寓所를 쌍동으로 뎡ᄒᆞ믈 고ᄒᆞ니 ᄯᅩᄒᆞᆫ 날이

428 사어私語: 드러나지 않게 속삭이며 하는 말.
429 창망悵惘하다: 근심 걱정 때문에 경황이 없다.
430 협칙: 문맥상 좁다는 뜻으로 보아 협착狹窄이라고 보았다.
431 속기俗忌: 민간에서 꺼리는 것.

급흔지라 민면黽勉이 허許ᄒᆞ셔늘 집의 금일今日 가는 소유所由를 통ᄒᆞ여 외헌을 급히 슈쇄掃灑흔 후 올믈식 일개一家ㅣ 다 가시기 어려워 대인은 왕대인이 홀노 계신 고로 낫만 왕늬ᄒᆞ시게 ᄒᆞ고 조모祖母는 식봉지절食奉之節노 힝치 못ᄒᆞ시고 존괴 가실식 이날 망조罔措흔 경식景色을 엇지 다 니ᄅᆞ리오

처가행, 요양길

내 몬져 힝ᄒᆞ고 종후從後ᄒᆞ여 부직 존고와 동교同轎ᄒᆞ여 오실식 소세梳洗를 능히 못ᄒᆞ고 속옷만 닙고 관의 복건을 밧쳐 쓰고 ᄆᆞ당을 둘너 겨오 힝ᄒᆞ여 청ᄉᆞ廳舍의셔 츌교出轎ᄒᆞ여 거러 입실入室홀식 길히 노동ᄒᆞ믈 념녀ᄒᆞ엿더니 잠간 어즐흔 듯 ᄒᆞᄃᆡ 굿ᄒᆞ여 대단치 아니코 잠간 쉬여 양즙을 가져왓거늘 나오니 아직 슬흐므로 믈니기 내 바다 협실夾室노 드러가다가 덥흔 졉시 믈과 기름씌 무덧는 거슬 내 실슈失手ᄒᆞ여 ᄂᆞ려져 산〃이 ᄇᆞ으지니 ᄆᆞ음의 크게 놀납고 축縮ᄒᆞ미[432] ᄀᆞ이 업고 빅시 듯고 또흔 축ᄒᆞ고 아쳐ᄒᆞ믈 마지 아니시기 내 스ᄉᆞ로 손을 형벌코져 ᄒᆞ니라 그러나 부직 피졉을 마디못 잇글녀오나 불안불열不安不悅ᄒᆞ여 ᄒᆞ더니 밋 올마와 소所를 뎡ᄒᆞ니 실듕室中이 광활廣闊ᄒᆞ고 포진鋪陳이 정제整齊ᄒᆞ니 예ᄉᆞ 병심病心이 새 거슬 됴하ᄒᆞ는지라 거쳐居處 물식物色이 신〃안정新新安定ᄒᆞ거늘 슈유須臾를 니슬離膝치 못ᄒᆞ는 ᄌᆞ당을 뫼시고 내 협실의셔 슈응酬應을 맛ᄀᆞᆺ게 ᄒᆞ니 잠간도 놈의 집의 서글르미[433] 업거늘 믄득 올마오던 날 져녁븟허 ᄌᆞ심ᄒᆞ던 복통腹痛이 감減ᄒᆞ고 구역이 업ᄉᆞ며 도수도 잠간 덜니〃 이 엇디 피졉난 효험이 아니라 ᄒᆞ리오

대되 합슈合手 튝텬祝天ᄒᆞ여 그 감세減勢이시믈 환약불승歡躍不勝ᄒᆞ고 희약텬지喜躍天地ᄒᆞ여 존당으로븟허 피졉의 신긔코 다힝ᄒᆞ믈 엇디 다 ᄒᆞ리오마는

432 축縮하다: 풀이 죽거나 생기가 없다.
433 서글름: 서긇다. 서글퍼하다에서 온 말. 서글름은 서글픔, 섭섭함.

가군이 오히려 닉심 위려를 노치 아니시딕 아모려나 목젼目前의 감셰 잇고 훈 집의 든〃훈믈 겸훈시며 빅시 수일 쵸황焦惶하던 용녀를 눅여 감셰의 다힝홈과 일가의 모다 든〃훈믈 겸훈여 주로 병측의 님臨훈여 말숨훈니 병심의 쏘훈 기오開悟[434]훈는 때 잇고 가군이 존괴 계시므로 젼일專一히 구병救病치 못훈시나 주로 병증을 술피실서 본딕 주샹훈샤 병회病懷예 맛굿게 훈실 쁜 아냐 부지샹시 가군씌 우러옵는 정이 주별훈딕 주연 빅현拜見[435]이 드믈고 죠용히 뉴슉留宿훈여 무음을 펴디 못훈고 심듕의 무양 낫브고 챵결悵缺훈미[436] 미쳣기 샹시 담쇼 듕 닐오딕 죠용이 수오일 쌍동 가 댱인丈人을 시측侍側훈면 엇디 힝幸이 아니리오 존당尊堂이 우어 닐우시딕 엇디 정셩이 져대도록 훈리오 가히 외싹수랑이로다 훈시면 역쇼亦笑훈여 딕답훈딕 정이 만흐미 아니라 댱인丈人 힝수行事를 무음의 흠복欽服훈미 만흐므로 그러훈이다 그러툿 주별훈던 무음의 병회를 맛게 훈여 주시니 더욱 흡연洽然훈여 비록 어려온 일이라도 거수지[437] 아니키 본딕 더운 음식을 못 자시던딕 병듕病中은 더옥 잠간 온긔溫氣만 이셔도 심증心症[438]을 내여 브딕 추게 식여 자시니 히소咳嗽와 쳬증滯症이 쥬증主症인딕 춘 거시 극히 해롭고 팔미탕도 쳬滯치 아냐야 효험이 〃실딕 능히 말닐길 업서 답〃훈더니 이리 온 후븟허 가군이 반두시 효명曉明의 병소病所의 오샤 약을 친히 먹이실서 무이 덥게 훈여 훈 먹음식 브러 자시게 훈딕 혹 그루시 뎡 더우면 가군이 써 잡아 먹이시니 그루시 손 다키 더울 제 약의 덥기 직기 듕이로딕 쏘훈 어려온 빗치 업고 듁과 미음을 자실 제는 반두시 보면 가군이 좌훈샤 먹이신즉 죠곰 낫게 자시고 고염苦厭[439]훈미 덜훈니 다힝훈여 부딕 때를

434 개오開悟: 깨달음.
435 배현拜見: 삼가 뵙는다는 뜻. 존경하는 사람을 찾아뵙는 것.
436 창결悵缺하다: 몹시 서운하거나 섭섭하다.
437 거수지: 거스르지.
438 심증心症: 마음에 마땅하지 않아 화를 내는 것.
439 고염苦厭: 괴로움.

맛초아 가군이 먹이시며 가군이 본디 음식을 진음進飮ᄒᆞ시미 충화[440]ᄒᆞ여 방인傍人이 욕식지심欲食之心이 나ᄂᆞᆫ디라 병구病軀의 비위 열닐가 ᄒᆞ여 맛당이 상을 내여와 ᄉᆞ시四時 진반進飯을 병소病所의셔 ᄒᆞ시며 김익신을 간일間日ᄒᆞ여 ᄃᆞ려오고 의약을 광문廣問ᄒᆞ시니 ᄆᆞᄋᆞᆷ의 잠간 밋ᄂᆞᆫ 의ᄉᆡ意思ㅣ 잇고 두어 가지 감셰減勢 극ᄒᆡᆼ極幸이니 져기 안심ᄒᆞ거ᄂᆞᆯ

존고ᄂᆞᆫ 뎡실正室의 부ᄌᆞ로 더브러 쳐處ᄒᆞ시고 나ᄂᆞᆫ 협실의 이셔 약음차탕藥飮茶湯을 ᄃᆡ후待候ᄒᆞᆯ ᄉᆡ ᄇᆡᆨ시 침쇠寢所ㅣ 닉당 후실後室이라 ᄉᆞ이 졀원絶遠ᄒᆞ니 왕닉도 어렵고 ᄒᆞᆫ집의 각쇠各所ㅣ 결연缺然[441]ᄒᆞᆯ 쁜 아니라 구호救護의 여러가지 슈응酬應이 홀노 어려워 ᄇᆡᆨ시ᄭᅴ 협실의 동쳐同處ᄒᆞ기를 쳥ᄒᆞ니 ᄇᆡᆨ시 심히 비편非便이 넉이시ᄃᆡ ᄆᆞᄋᆞᆷ을 ᄯᅩ한 버히디 못ᄒᆞ여 스ᄉᆞ로 올마 동쳐同處ᄒᆞ니 우고듕憂苦中 만ᄒᆡᆼ萬幸이라 이거시 가히 ᄒᆞᆫ때 셰샹이런 줄 어이 아라시리오 부직 자시기ᄂᆞᆫ 됴셕으로 밥을 ᄆᆞᆰ게 � 자시고 ᄒᆞᄅᆞ ᄒᆞᆫ번 양즙과 식젼食前은 효명의 약 자시고 ᄂᆞ린 후 흰 듁즙을 자시고 ᄒᆞᄅᆞ ᄉᆞ오ᄎᆞ 밧ᄭᅴ 넘지 못ᄒᆞᄃᆡ 의과衣冠[442]를 ᄀᆞᆺ초아 ᄌᆞ로 안자 슈작ᄒᆞ고 낫 도수ᄂᆞᆫ 오륙 ᄎᆞ요 밤은 혹 ᄒᆞᆫ 번이나 볼 ᄍᆡ 이시ᄃᆡ 굿ᄒᆞ여 밤뒤를 아니 보고 뒤츌입은 방안희 마로방이 잇ᄂᆞᆫ 고로 그ᄅᆞ슬 노코 거러 왕닉ᄒᆞ여 뒤를 보니 이러틋 ᄎᆞ〃 감셰를 특텬ᄒᆞ며 본부本府의셔 존구 대인은 ᄆᆡ일 신됴晨朝의 오샤 종일 병소病所의 뉴留ᄒᆞ시고 왕대인은 친님親臨치 못ᄒᆞ시기 계명鷄鳴븟허 시뫼 년쇽連續ᄒᆞ야 긔별을 아ᄅᆞ시니 곳〃이 용녜 엇더ᄒᆞ리오

내 복셜을 인ᄒᆞ여 목욕치지沐浴致齋ᄒᆞ고 칠야七夜를 도튝禱祝ᄒᆞᆯᄉᆡ 초이일 야夜븟허 시작ᄒᆞ여 밤이 깁흔 후 홀ᄉᆡ 츈한春寒이 오히려 극極ᄒᆞ고 몸을 쥬야로

440 맛있게 먹는 모습을 뜻하는 것으로 보인다.
441 결연缺然: 만족스럽지 않음. 부족함.
442 의과는 의관衣冠의 오기인 듯하다. 의관은 남자의 웃옷과 갓. 209면의 '의과'도 해당된다.

씻치니 ᄇᆡᆨ시 밤마다 ᄌᆞᆷ을 폐ᄒᆞ고 나의 ᄇᆡ츅陪祝ᄒᆞᆯ 제 죵후從後ᄒᆞ여 반ᄃᆞ시 날을 압세워 입실入室ᄒᆞ고 남은 밤은 날을 잠간 휴슉休宿ᄒᆞ믈 니ᄅᆞ고 명신明晨의 진ᄒᆞᆯ 약을 친히 달혀 ᄣᆡ의 어긔지 아냐 시죵始終의 약은 ᄒᆞᆫ갈ᄀᆞᆺ치 손조 달히시다가 환가還家 즈음은 심신이 황난慌亂 능히 못ᄒᆞ시나 이 써 우ᄋᆡ友愛로 비로ᄉᆞᆫ 배니 엇디 녯 사ᄅᆞᆷ의 나롯 그을니믈[443] 홀노 귀貴타 하리오

천명이 다함인가

초팔일ᄭᆞ지ᄂᆞᆫ 일양一樣 그만ᄒᆞ여 팔미탕을 썬 디 날로 되ᄃᆡ 각별ᄒᆞᆫ 효해效害[444] 업고 ᄒᆡ소로 ᄌᆞᆷ을 길게 못 자ᄂᆞᆫ디라 의원의게 의논ᄒᆞ니 ᄆᆡᆼ문동麥門冬[445]이란 약ᄌᆡ藥材 ᄒᆞ나흘 팔미탕의 더 너허 썻더니 ᄒᆡ소ᄂᆞᆫ 낫지 아니코 초팔일븟허 도쉬 일이ᄎᆞ一二次나 더ᄒᆞ니 ᄀᆞᆸ〃ᄒᆞᆯ 차 신가 의원이 의슐醫術이 ᄇᆞᆰ으믈 듯고 초십일 쳥ᄒᆞ여 올ᄉᆡ 잇ᄣᆡ 부ᄌᆡ 듁과 ᄉᆞᆯ힌 밥을 약〃ᄒᆞ여[446] ᄒᆞ고 혹 ᄉᆞ이의 슈〃[447]의 이[448]를 져기 나아 자시나 ᄉᆡᆼ각ᄂᆞᆫ 거시 국슈 개국이로ᄃᆡ ᄎᆞ마 즁난重難ᄒᆞ여 못ᄒᆞ고 초십일 가군이 숑편을 잡ᄉᆞ오시니 크게 반겨 ᄀᆞ장 자시고져 ᄒᆞᄃᆡ ᄎᆞ마 듕난 능히 못자시니라

이날 신의 와보고 반총산蟠葱散[449]이란 약명藥名을 내고 닐ᄋᆞᄃᆡ 일日 ᄌᆡ복再服으로 열 쳡만 쓰면 젹을 몬져 치고 나죵 원긔를 붓드러야 약이 슌히 ᄂᆞ려 원긔도 도〃고 비위도 붓드러 나을 거시니 시방時方 원긔ᄂᆞᆫ 아조 업고 젹으로

443 당나라 장수 이세적李世勣이 병든 누이를 위해 직접 죽을 끓이다가 수염을 태웠다는 고사에서 따온 것이다.

444 효해效害: 효험과 해로움.

445 맥문동麥門冬: 기침을 멎게 하거나 염증을 낫게 하는 데 쓰거나 강장제로도 쓰는 약재.

446 약약하다: 싫증이 나서 괴롭고 귀찮다.

447 수수.

448 이: 입쌀. 입쌀은 멥쌀을 말한다. 입쌀을 니밥이라고도 하기 때문에 '이'라고 한 듯하다.

449 반총산蟠葱散: 뱃속이 냉하고 기운이 체하여 생긴 산증에 쓰는 약.

긔운을 출히매 이 약을 써 젹을 치면 처음은 긔운이 날연ᄒᆞ여 슈습을 못ᄒᆞ다가도 도수ᄂᆞᆫ 엉똥히 감ᄒᆞ이고 ᄎᆞ〃 비위를 붓드러 ᄉᆞ식지념思食之念이 날 거시니 념여 말고 쓰라 졍녕이 니ᄅᆞ고 무방無妨ᄒᆞ리라 대언大言ᄒᆞ고 가니 이에 팔미탕을 긋치고 십일〃븟허 일日 ᄌᆡ복再服으로 일곱 쳡ᄭᆞ지 쓰니 과연 제 말과 ᄀᆞᆺ치 긔운은 슈습을 못ᄒᆞ게 ᄉᆡ라지고 감ᄒᆞ리라 ᄒᆞ던 도수ᄂᆞᆫ ᄂᆡ도히 ᄌᆞ〃 밤뒤도 보고 구미口味 나으리라 ᄒᆞ던 거시 더 못 자시니 그 약을 긋치고 다른 의원을 구훌ᄉᆡ 대되 그 쵸황ᄒᆞ믈 엇디 측냥測量ᄒᆞ리오

부ᄌᆡ 병듕病中 여러 의원 보믈 깃거 아냐 닐ᄋᆞᄃᆡ 다 각〃 소견所見으로 각ᄉᆡᆨ各色 약을 써 나죵 휴착[450]이 되면 엇디 훌고 ᄒᆞ여 념녀훌지언뎡 스ᄉᆞ로 병을 겁ᄒᆞᄂᆞᆫ 고로 혹 이 약藥의나 져 약藥의나 효험效驗을 볼가 쵸려히 죄오ᄂᆞᆫ 고로 그 약ᄒᆞᆫ 비위와 패ᄒᆞᆫ 구미의도 약은 ᄆᆞᆺ츰내 괴로와 아니코 자시니 오회라 하ᄂᆞᆯ이 ᄎᆞ마 엇디 이를 살피디 아니ᄒᆞ뇨

병증病症이 더으므로 왕대인도 나ᄌᆞ로 왕ᄂᆡᄒᆞ시고 남교 니슉 대인도 뉴슉留宿ᄒᆞ여 병을 보시며 조뫼祖母ㅣ 외오셔 더욱 쵸젼ᄒᆞ시므로 십삼일 우소寓所로 오시니 부ᄌᆡ 심히 반겨 수일만 둔녀 가라시더니 부ᄌᆡ ᄌᆡ삼再三 말뉴ᄒᆞ여 인ᄒᆞ여 묵으시다 병증의 도쉬 ᄌᆞ줄 쁜아냐 이월 회간晦間[451]븟허 뒤본거시 윤긔潤氣[452]와 ᄇᆡᆨ니白痢[453] 약간 섯ᄭᅵ기 놀나와 대되 ᄎᆞ마 ᄇᆡᆨ니白痢라 못ᄒᆞ고 왕대인ᄭᅴ셔ᄂᆞᆫ 담이 풀녀난다 ᄒᆞ시고 초슌初旬ᄭᆞ지 그만ᄒᆞ여 ᄂᆡᆼ뒤ᄀᆞᆺ치 각ᄉᆡᆨ 빗ᄎᆞ로 윤지게 보ᄃᆡ 과히 니변痢便은 아니러니 반총산 후 도수 ᄌᆞ〃며븟허 아조 니변이 되여 젹ᄇᆡᆨ니赤白痢를 섯거 보니 임의 니변을 보매 상혼喪魂ᄒᆞ믈 엇디 ᄎᆞᆷ으리오 ᄎᆞ〃 복통과 후듕喉症[454]이 나고 긔운이 졈〃 지쳐 ᄒᆡᆼ보行步ᄒᆞ여 뒤볼 길 업

450 휴착: 서로 엉긴다는 뜻인 듯하다.
451 회간晦間: 그믐께.
452 윤기潤氣: 반들거리는 기운.
453 백리白痢: 변에 흰 곱이 많이 나오는 이질. 곱은 이질이 걸린 사람의 변에 섞여 나오는 희거나 피가 섞인 끈끈한 물질.

기 십ᄉᆞ일븟허 그ᄅᆞ술 뇨 우희 노코 사ᄅᆞᆷ의게 의지ᄒᆞ여 보고 자시기ᄂᆞᆫ ᄣᅢ로 못ᄒᆞ여 약〃히 슬흔 거ᄉᆞᆯ 겨오 욱여[455] 자시면 구괴 발ᄒᆞ며 수ᄂᆞᆫ 하ᄅᆞ ᄉᆞ오 ᄎᆞ나 자시ᄂᆞᆫ 거ᄉᆞᆫ 반 보오식은 되고 밤은 더욱 슬희여[456] 자시지 아니코 자실제 약〃ᄒᆞ여 몬져 계당쥬[457]나 오미ᄌᆞ국이나 입마ᄉᆞᆯ 뎡ᄒᆞ고 신고辛苦ᄒᆞ여 자시니 시작이 극난極難ᄒᆞ고 양즙도 약〃ᄒᆞ여 구괴 더 심ᄒᆞ기 변〃이 자시디 못ᄒᆞ니 실노 괴운 븟들 거시 업ᄂᆞᆫ듸 도쉬 ᄌᆞᆺ고 복통이 ᄌᆞ심ᄒᆞ며 후듕喉症이 극ᄒᆞ고 구역이 심ᄒᆞ며 ᄉᆞ식지념思食之念이 아조 업ᄉᆞ니 됴희예 물이 되즘ᄀᆞᆺ치 흉즁凶證[458]과 패죄敗兆[459] 쳡츌疊出ᄒᆞ니 능히 엇디ᄒᆞ리오

십삼일 야심후夜深後 존괴 뎡심치ᄌᆡ正心致齋ᄒᆞ샤 친히 시비로 더브러 우물의가 뎡화슈를 ᄯᅥ다가 노코 ᄇᆡᆨᄇᆡ百拜 튝텬祝天ᄒᆞ시고 이후로븟허 왕대인이 본부本府의셔 밤마다 한슈寒水를 무릅써 목욕ᄒᆞ시고 밤이 ᄆᆞᆺ도록[460] 하늘ᄭᅴ 회두回頭를 비ᄅᆞ시고 가묘家廟의 복걸伏乞ᄒᆞ시니 오회라 년고팔질年高八耋[461]ᄒᆞ샤 ᄎᆞ마 이를 당ᄒᆞ셔 여ᄎᆞ如此ᄒᆞ시ᄃᆡ 하늘이 오히려 ᄉᆞᆯ피미 업ᄉᆞ니 ᄎᆞ마 이 엇디오 내 ᄯᅩ 십ᄉᆞ일 야夜의 션비 묘실廟室의셔 내 줄글[462]노 보우保佑ᄒᆞ시믈 ᄋᆡ걸ᄒᆞ되 유명幽明이 막〃ᄒᆞ고 황텬黃泉이 묵〃ᄒᆞ여 ᄉᆞᆯ피미 업ᄉᆞ니 통ᄌᆡ痛哉라 졍셩이 텬신天神을 감동치 못ᄒᆞ미냐 텬명天命이 다ᄒᆞ미냐

십오일 밤븟허ᄂᆞᆫ 능히 그릇 우희 안잘 길히 업서 누어 뒤를 볼ᄉᆡ 샹시常時 졍

454 후증喉症: 훗증. 인후병.
455 욱이다: 우기다. 강제하다.
456 슬희다: 싫어하다.
457 계당주: 桂糖酒 또는 桂當酒. 계당주桂糖酒는 소주에 계피와 꿀을 넣어 삭힌 술. 계당주桂當酒는 소주에 계피와 당귀를 넣어 삭힌 술.
458 흉증凶證: 흉조.
459 패조敗兆: 싸움에 질 조짐. 나쁜 조짐.
460 ᄆᆞᆽ다: 뫃다. 마치다.
461 팔질八耋: 팔순.
462 줄글: 한문에서, 글의 대구를 맞추지 않고 글자 수가 일정하지 않게 죽 잇달아 지은 글.

淨ᄒᆞ기 이샹ᄒᆞ던 바로 할일 업시 뒤를 기ᄉᆡ[463] ᄊᆞ나 졍신은 료〃了了ᄒᆞᆫ지라 축ᄒᆞ고[464] 급〃ᄒᆞ여 심우深憂를 삼으며 몸이 파려타 ᄒᆞᆫ들 엇디 그대도록 ᄒᆞ리오 면뫼 고〃ᄒᆞ여 형히形骸ᄲᅳᆫ이오 일신一身이 훼쳑毁瘠ᄒᆞ여 다만 피골皮骨이 브듸칠 ᄲᅳᆫ이며 ᄒᆞᆫ곳도 혈육이 엉긘 고지 업고 쇼〃히 쳑탈瘠脫ᄒᆞ여 와셕臥席이 듕후重厚ᄒᆞ나 일신과 머리 박이여 ᄌᆞ통刺痛ᄒᆞ고 미음과 약을 자실 제 겨오 븟들녀 안ᄌᆞ나 거동의 더 박히고 편치 아냐 ᄌᆞ통ᄒᆞ믈 견ᄃᆡ지 못ᄒᆞ니 좌우左右 보ᄂᆞᆫ 사ᄅᆞᆷ이 ᄎᆞ마 엇디 견ᄃᆡ리오

십오일 밤을 쵸삭히 신고辛苦ᄒᆞ여 의원이나 어셔 보고져 내 빅시와 ᄂᆡ당의 드러가 가군ᄭᅴ 침슈듕寢睡中 더 못ᄒᆞᆫ 소유所由를 고ᄒᆞ니 가군이 드ᄅᆞ시고 황망이 의관衣冠를 슈습收拾ᄒᆞ시며 ᄋᆡ호哀號 왈 이제ᄂᆞᆫ 긔운이 ᄆᆞ자 처지ᄂᆞᆫ가 시브다 ᄒᆞ시고 밋처 파로罷漏를 기ᄃᆞ리디 못ᄒᆞ고 급〃ᄒᆞ여 인마人馬를 뒤흘 ᄯᆞᆯ오라 ᄒᆞ시고 총망悤忙이 보〃步步ᄒᆞ샤 의원 니톅만이란 쟈를 쳥ᄒᆞ여 오시며 본부의 들너 금야今夜의 더 위극ᄒᆞᆫ 소유를 젼ᄒᆞ시니 대인이 ᄯᅩ 창황蒼惶이 동힝ᄒᆞ여 오시니 잇ᄣᆡ의 이 ᄆᆞ음이 엇더ᄒᆞ리오

병증病症과 패ᄒᆞᆫ 거시 만븐위극萬分危極ᄒᆞ나 디극ᄒᆞᆫ ᄆᆞ음의 ᄎᆞ마 위려를 두디 못ᄒᆞ다가 가군의 말숨과 망졸ᄒᆞ신 거동을 뵈오니 다만 황〃ᄒᆞ고 삭막ᄒᆞ여 그 거름으로 션비 묘실을 향ᄒᆞ여 후뎡後庭으로 갈ᄉᆡ 새벽 ᄃᆞᆯ빗치 음침ᄒᆞ고 묘젼廟前이 황냥ᄒᆞᄃᆡ 밋처 휘〃홈[465]도 ᄭᆡ돗디 못ᄒᆞ고 보〃步步 젼경[466]ᄒᆞ여 묘젼의 업더져 냥구良久히 톄읍涕泣 복튝伏祝ᄒᆞ다가 오히려 그 ᄉᆞ이 증후症候를 몰나 몸을 닐고져 ᄒᆞ나 일신이 젼튝[467]ᄒᆞ여 능히 거동홀 길히 업더니 ᄆᆞᆺ춤 비ᄌᆞ婢子 두ᄆᆡ 내 뒤흘 ᄯᆞᆯ와 왓던가 낫ᄐᆞ나 급히 븟드러 겨오 협실夾室노 도라와

463 깃: 기저귀.
464 축축하다는 뜻으로 보이나 정확하지 않다.
465 휘휘하다: 몹시 쓸쓸하다.
466 전경: 앞으로 나가다의 뜻인 듯하다.
467 전축: 떨려서 오그라들다의 뜻으로 보인다.

이ᄋᆞᆨ이 한긔寒氣를 진뎡ᄒᆞ여 병측病側의 드러가니 대인이 오시고 죵ᄎᆞ從此 가군이 오시며 의재醫者ㅣ 와 진ᄆᆡᆨᄒᆞ고 됴듕익긔탕調中益氣湯[468]이란 약명藥名을 내고 ᄉᆞᆷ參을 너허 쓰라 ᄒᆞᄃᆡ 긋ᄶᆡ ᄆᆞ음이 하 황난惶亂ᄒᆞ여 집증을 무어시라 ᄒᆞ던 줄 긔억디 못ᄒᆞ다 의재 다만 즁ᄒᆞᄃᆡ 구홀 도리 이시니 약을 ᄎᆞ〃 쓰라 ᄒᆞ니 쳔만튝쳔千萬祝天ᄒᆞ며 그 약을 쓰ᄃᆡ 촌회寸效ㅣ 업고 도수ᄂᆞᆫ 졈〃 더ᄒᆞ여 나직 십수삼 ᄎᆞ요 밤의 칠팔 ᄎᆞ요 자시기ᄂᆞᆫ 시로 못ᄒᆞ여 출쏠 양미음을 글여[469] 사당[470]을 타 칠홉 보오를 드려가면[471]반이 도로 나오고 양즙도 ᄎᆞ마 약〃ᄒᆞ여 못 자시고 졈〃 즘쳘ᄒᆞ여 눈 ᄯᅳ기와 말 ᄃᆡ답을 괴로와 ᄒᆞ니 ᄯᅩ 그 약을 ᄇᆞ리고 새로 박가朴哥 의원을 뵈니 그 약명은 ᄌᆞ시 긔억디 못ᄒᆞᄃᆡ 보듕익긔탕補中益氣湯[472]인지 무슨 약의 ᄉᆞᆷ參을 너허 ᄉᆞ시巳時의 ᄒᆞᆫ 쳡 오시午時의 ᄒᆞᆫ 쳡 쓰ᄃᆡ 약 쓴 후 즉시 〃양즙 일 죵 뉵즙 일 죵을 타 약후 쓰고 그와 ᄀᆞᆺ치 잇틀을 쓰ᄃᆡ ᄯᅩ 촌회寸效ㅣ 업고 이러틋 망후望後 홀연 우슈右手ㅣ 부엇거ᄂᆞᆯ 내 일쳠一瞻의 경황驚惶 낙담ᄒᆞᄃᆡ ᄎᆞ마 셩언成言을 못ᄒᆞ여 눈으로써 존고ᄭᅴ 보시게 ᄒᆞ니 존괴 역 상혼傷魂ᄒᆞ샤 냥구良久 샹찰詳察의 누여 닐ᄋᆞ시ᄃᆡ ᄆᆞ양 좌편左便으로 눕기 우슈 드리워 긔운이 ᄂᆞ려 그러ᄒᆞᄃᆡ 좌슈左手ᄂᆞᆫ 관겨치 아니〃 무방타 ᄒᆞ셔ᄂᆞᆯ ᄌᆞ시 술피건대 과연 좌슈ᄂᆞᆫ 예ᄉᆞ롭고 두 발을 보니 ᄯᅩ 관겨치 아니키 져기 방심放心ᄒᆞ엿더니 부지 혼침昏沈ᄒᆞᆫ 가온대나 정신은 뇨료了了ᄒᆞ여 죠곰도 흐리미 업고 스ᄉᆞ로 힝혀 듕重ᄒᆞ여 회두를 못홀가 겁ᄒᆞ기 방인傍人의 긔ᄉᆡᆨ氣色을 세찰細察ᄒᆞᄂᆞᆫ디라 고부姑婦의 불언지듕不言之中 긔ᄉᆡᆨ氣色을 임의 ᄊᆡᆨ닷고 스ᄉᆞ로 손을 ᄌᆞ로 드러 뉴의留意ᄒᆞ여 보ᄃᆡ 부지 역亦 ᄊᆡᆨ 말ᄒᆞ믈 아쳐로이

468 조중익기탕調中益氣湯: 비위脾胃가 허하고 차서 위통을 치료할 때 쓰는 약. 감초, 목향, 승마, 시호, 인삼, 건피 등을 넣어 만든다.
469 글여: 글히다에서 온 것으로 보인다. 글히다는 끓이다.
470 사당: 사탕. 설탕.
471 원문에 '면'이 두 번 쓰여 있으나 오기인 듯하여 하나를 뺐다.
472 보중익기탕補中益氣湯: 원기를 도우며 피로와 영양실조로 인한 열·땀 등에 쓰는 탕약.

넉여 모ᄅᆞᄂᆞᆫ둧 말ᄒᆞ지 아니터니 념일念日 신됴晨朝의ᄂᆞᆫ 혼침ᄒᆞ기를 져기 슈습ᄒᆞ여 이시히 눈을 ᄯᅳ고 졍신이 잠간 낫거ᄂᆞᆯ 내 나아가 긔운을 믓ᄌᆞ오니 ᄃᆡ답ᄒᆞ고 금야今夜 번난繁亂ᄒᆞᆫ 몽ᄉᆞ夢事 두어 됴건을 옴기고 홀연 부엇던 손을 드러 날을 뵈며 왈 내 손이 오ᄂᆞᆯ은 ᄂᆞᄌᆞᆺ지 ᄒᆞ거ᄂᆞᆯ 내 그 아던 줄을 놀나 스리쳐[473] 강잉強仍ᄒᆞ여 웃고 답ᄒᆞᄃᆡ 언제ᄂᆞᆫ 손이 엇더ᄒᆞ더니잇가 ᄒᆞ니 부지 그 휼쳐ᄒᆞ믿 줄 알고 이연怡然히 브답不答ᄒᆞ거ᄂᆞᆯ 내 ᄌᆞ시 보니 과연 ᄂᆞ자 냥슈兩手ㅣ ᄀᆞᆺᄒᆞ니 혹 감셰減勢가 긔힝期幸ᄒᆞ고 그 혼침ᄒᆞᆫ 가온대 스ᄉᆞ로 념여ᄒᆞ여 슬피미 이러ᄐᆞᆺ 하더라

느즌 후븟허ᄂᆞᆫ 도로 긔운이 못ᄒᆞ여 혼침ᄒᆞ고 약이나 미음이나 자실 제 겨오 안기여 자시나 오히려 오래 머리를 드디 못ᄒᆞ여 겨오 마신 후ᄂᆞᆫ 즉시 눕더니 닌댱隣丈 니덕셩이 의ᄌᆞ醫者를 보내엿기 수일을 븟들녀 게[474] 지혀다가[475] 게도 편치 아냐 ᄡᅳ지 아니ᄒᆞ나 보낸 후의 ᄯᅩᄒᆞᆫ 감격ᄒᆞ더라

박의朴醫 니ᄅᆞᄃᆡ 병심病心의 즘쳘ᄒᆞᆫ 거시 민망ᄒᆞ니 창외窓外예셔 풍악風樂을 식여 듯게 ᄒᆞ라 ᄒᆞ니 부지 상시常時도 이런 븟치를 됴하 아니턴 바의 잇ᄯᅢᄂᆞᆫ 더옥 셰렴世念이 삭연索然ᄒᆞ여 만ᄉᆡ萬事ㅣ 무황無遑ᄒᆞ니 엇디 병회病懷를 풀니오마ᄂᆞᆫ 혹 드러도 념일〃念一日 악공樂工을 일위여 식이니 부지 졍히 진악進樂ᄒᆞ노라 븟들녀 의ᄌᆞ의 지혓더니 그 소ᄅᆡ 뇨량嘹喨ᄒᆞ여 드럼즉ᄒᆞ고 가군이 좌在座ᄒᆞ샤 그 병심의 깃그믈 돕고져 니ᄅᆞ시ᄃᆡ 남ᄌᆞ男子의 ᄉᆞ랑ᄒᆞᄂᆞᆫ 소ᄅᆡ라 ᄒᆞ시며 므러 ᄀᆞᆯᄋᆞ샤ᄃᆡ 듯기의 엇더ᄒᆞ뇨 부지 ᄃᆡ왈 무던ᄒᆞ이다 가군이 우문又問 왈 듯기 괴롭든 아니냐 괴로오면 긋치게 ᄒᆞ리라 부지 ᄯᅩ ᄀᆞᆯ오ᄃᆡ 괴롭지 아니ᄒᆞ이다 ᄒᆞ나 구ᄐᆞ여 귀예 머물워 드름도 업고 괴로이 넉이ᄂᆞᆫ 빗도 업서 ᄆᆞ음이 탈연脫然ᄒᆞ고 싀워 이연怡然ᄒᆞ여 만ᄉᆞ萬事의 경이 업고 무심무려無心無慮ᄒᆞ니 가군

473 스리쳐: 스리텨와 같은 말로 보인다. 스리텨는 슬쩍.
474 게: 그에. 거기.
475 지혀다: 기대다.

이 또 ᄆᆞ음을 보고져 ᄒᆞ샤 곡됴曲調를 파罷ᄒᆞ라 ᄒᆞ시고 부ᄌᆞ를 향ᄒᆞ여 흔연欣然이 닐ᄋᆞ시ᄃᆡ 내 명복의게 측졈測占ᄒᆞ니 네 병이 수이 나아 금츄今秋의는 반ᄃᆞ시 초시初試를 ᄒᆞ고 명츈明春의 득의得意ᄒᆞ리라 ᄒᆞ니 명년明年이면 너의 조뷔祖父 팔십八十이시니 슈직壽職[476] 가ᄌᆞ加資[477]를 ᄒᆞ실 거시니 과경科慶의 슈연壽宴을 겸ᄒᆞ여 이 풍뉴風流를 식이면 아니 됴흘가 시브냐 부ᄌᆡ 그 무려無慮ᄒᆞ던 ᄆᆞ음의 번연飜然이[478] 반기믈 동ᄒᆞ야 웃고 뭇ᄌᆞ오ᄃᆡ 뎍실的實ᄒᆞ니잇가 가군이 흔연 왈 졍녕丁寧이 그리ᄒᆞ니 가히 밋엄즉ᄒᆞ더라 ᄒᆞ시니 의희依俙히[479] 깃븐 빗출 두니 가군의 이 말솜이 또ᄒᆞᆫ 근본根本이 〃시니 과연 명복의게 친히 축졈ᄒᆞ시니 기 복이 닐ᄋᆞᄃᆡ 이 ᄉᆞ쥐四柱ㅣ 극귀極貴 영길榮吉ᄒᆞ여 슈ᄒᆞᆫ壽限이 댱원長遠ᄒᆞᄃᆡ 금년 횡익橫厄이 듕重ᄒᆞ니 만일 이번 회두ᄒᆞ면 과쉬科數ㅣ 트여 과경科慶도 볼 거시오 팔ᄌᆡ 무흠無欠ᄒᆞᄃᆡ 극히 위틱危殆ᄒᆞ여 회뒤 어려오리라 ᄒᆞ니 오호 창텬蒼天아 부ᄌᆞ의 샹시常時 담연淡然 무욕無慾ᄒᆞ므로 다만 과공科工의 힘써 흠과 병듕病中은 더옥 셰렴이 아조 업서 그 무황ᄒᆞ고 탈연ᄒᆞᆫ ᄆᆞ음의 과거와 현영顯榮의 다ᄃᆞ라 번연이 반기고 깃거 신연信然이 밋는 의ᄉᆡ意思ㅣ 잇거ᄂᆞᆯ 이를 아사ᄇᆞ리니 오호 통ᄌᆡ痛哉라 텬여天歟아 명여命歟아 ᄎᆞ하위야此何爲也오

십오일 밤븟허 뒤를 누어 보며 뒤 슈습을 조뫼 ᄆᆞ음의 맛당이 ᄒᆞ신다 ᄒᆞ며 또 병듕病中의 니ᄅᆞᄃᆡ 어ᄂᆞ씌[480] 환가還家를 ᄒᆞ고 심히 불안不安ᄒᆞ니 수이 가사이다 존괴 닐ᄋᆞ샤ᄃᆡ 더 차복差復ᄒᆞ면 내 몬져 환가ᄒᆞ고 너는 ᄂᆡ월來月노 환가ᄒᆞ리라 ᄒᆞ여 계시더니 념간念間은 환가를 ᄌᆞ로 일ᄏᆞᄅᆞ나 삼월들이니 환가를 못ᄒᆞ

476 수직壽職: 조선시대에는 노인을 우대하는 정책이 있어 80세 이상인 자에게 관직을 내렸다.
477 가자加資: 정삼품 통정대부 이상으로 품계를 올림.
478 번연飜然이: 갑자기 깨달아.
479 의희依俙이: 어렴풋하게.
480 씌: 무렵, 쯤.

리라 밀막으니라[481]

졈〃 긔운 슈습을 못ᄒᆞ기 근고勤苦히 븟들녀 니러나 쳘음啜飮이 수죵이 못되니 그 운동의 더 지칠 쌴 아냐 거동홀 제 무수히 ᄌᆞ통ᄒᆞ고 자시기를 ᄎᆞ마 슬희여 자실 적마다 셩이 가싀ᄂᆞᆫ더라 이에 념일〃念一日븟허는 누어 써너흘싀 술은 쓰이는 거시 업기 곤지죵[482]으로 써너흘싀 거동의 극난極難ᄒᆞᆫ 거ᄉᆞᆫ 져기 경편輕便ᄒᆞ나 더 쳬ᄒᆞ기 써넛ᄂᆞᆫ 싀 네대엿 번이니 합ᄒᆞ면 두 죵ᄌᆞ가 변〃치 아니코 ᄎᆞ〃 이리 짓허 ᄆᆞ음을 써 넛ᄂᆞᆫ 지경이 되니 ᄎᆞ마 이를 엇디 ᄒᆞ리오

이 가온대 념이일念二日 가군이 낙졈落點 입직入直이 되니 의약醫藥을 의논ᄒᆞ시나 존구尊舅 대인大人은 심신心身이 창망ᄒᆞ샤 능히 안온安穩이 의약을 의논치 못ᄒᆞ시고 가군이 니슉대인李叔大人으로 의원을 쳥ᄒᆞ여 약치藥治를 ᄒᆞ시다가 낙막落寞ᄒᆞ미 ᄀᆞ이 업고 부ᄌᆡ 더욱 홀연ᄒᆞ믈 금禁치 못ᄒᆞ니 대개 옹셔翁壻 냥졍兩情이 ᄌᆞ별ᄒᆞᆫ 바ᄂᆞᆫ 부ᄌᆡ ᄆᆞ음 븟치를 자실 제 약〃히 슬희여 아니 자시려 ᄒᆞ거나 덕게 자시거나 ᄒᆞ면 곡긔穀氣 ᄒᆞᆫ 먹음이 새로온ᄃᆡ다 급〃이 죄와 ᄒᆞᆫ 두 먹음을 쵸샥히 요구ᄒᆞ다가 ᄆᆞᆺ츰내 듯지 아니면 존구대인으로븟허 니슉대인과 존고와 나ᄭᆞ지 유ᄋᆞ乳兒와 다ᄅᆞ거ᄂᆞᆯ 잠간도 강음强飮치 아니믈 심증心症 낼 적이 혹 이시ᄃᆡ 홀노 가군이 ᄒᆞᆫ 번 거ᄉᆞ려 욱이디 아니시고 흔연ᄒᆞ고 화열和悅이 ᄯᅳᆺ을 바드시며 근권懇勸ᄒᆞ시고 ᄒᆞᆫ 번은 더운 약을 븟드러 먹이실싀 졍히 다 자시니 가군이 흔연이 희롱ᄒᆞ샤 니ᄅᆞ시ᄃᆡ 음약飮藥을 잘ᄒᆞ니 가히 착ᄒᆞᆫ지라 무어ᄉᆞᆯ 샹賞을 줄고 ᄒᆞ시니 부ᄌᆡ 믄득 그 병심病心의 실쇼失笑ᄒᆞ여 ᄀᆞᆯᄋᆞᄃᆡ 날을 삼셰ᄋᆞ三歲兒만 넉이신다고 내 혹 진음進飮을 강권强勸ᄒᆞ거나 너모 강잉ᄒᆞ여 자시지 아니믈 급〃ᄒᆞ여 병심의 불열不悅ᄒᆞᆫ 말을 ᄒᆞᆫ즉 가군이 칙責ᄒᆞ여 말나 ᄒᆞ시고 ᄯᅳᆺ을 바드라 ᄒᆞ시니 엇디 피ᄎᆞ彼此의 ᄌᆞ별치 아니리오

481 밀막다: 못하게 하거나 말리다.
482 곤지종: 작은 종지를 뜻하는 듯하다.

나도 좇아가리

념이일念二日 식젼食前붓허 혼침昏沈ᄒᆞ기와 도쉬 더ᄒᆞᆫ지라 그 창황ᄒᆞ기 니ᄅᆞᆯ 배 어이 〃시리오 니슉대인도 본부의 가 계신지라 급히 청ᄒᆞ고 박의朴醫ᄅᆞᆯ ᄃᆞ려오니 진ᄆᆡᆨᄒᆞ고 닐ᄋᆞᄃᆡ 아직 약은 ᄀᆞᆺ쳐보게 오ᄂᆞᆯᄭᆞ지만 쓰라 ᄒᆞ기 이날만 쓰고 념삼일念三日붓허ᄂᆞᆫ 년連ᄒᆞ여 속미음[483]을 ᄒᆞ여 쓰니라 잇ᄯᆡ 혼침 듕이나 안흐로 졍신은 명〃明明ᄒᆞᆫ지라 환가ᄒᆞ기ᄅᆞᆯ 근졀懇切이 봇채나 그 긔운과 경ᄉᆡᆨ景色으로써 노동勞動ᄒᆞ기 극히 듕난重難ᄒᆞ고 ᄯᅩ 구긔拘忌[484]ᄒᆞᄂᆞᆫ ᄃᆞᆯ이니 ᄎᆞ마 회환回還을 못ᄒᆞᆯ 거시로ᄃᆡ 병인이 환가ᄅᆞᆯ 착급着急히 죄오고 임의 병셰ᄂᆞᆫ 짓허 ᄒᆞᆯ 일 업ᄉᆞᆫ 지경이 되니 이에 념ᄉᆞ일念四日노 피졉避接 들기ᄅᆞᆯ 뎡ᄒᆞ니 유〃텬ᄒᆞ悠悠天下여 이 ᄎᆞ마 셰상世上이냐

병셰 시時로 위극危極ᄒᆞ여 ᄒᆞᆯ 일 업ᄉᆞᆫ 바의 이시나 ᄎᆞ마 지졍간至情間[485]의 현마 부ᄌᆡ 회두回頭ᄅᆞᆯ 못ᄒᆞ며 내 현마 텬하 박명薄命이 되랴 ᄒᆞ다가도 그 병증病症과 고〃枯槁 쇼쳑瘦瘠[486]ᄒᆞᆫ 거동은 실노 ᄇᆞ랄 거시 업ᄉᆞ니 다만 심신이 창망ᄒᆞ고 거지擧止 황〃ᄒᆞ여 하ᄂᆞᆯ만 우러〃 입 속의 나ᄂᆞᆫ 거시 ᄎᆞ마 이 엇진 일인고 ᄒᆞᆯ ᄯᆞᄅᆞᆷ이오 사ᄅᆞᆷ의 소ᄅᆡ 귀예 머물워 들니지 아니코 좌우左右 물ᄉᆡᆨ物色이 눈의 뵈지 아니ᄒᆞ며 구호救護의도 황〃 산난散亂ᄒᆞ여 ᄯᆡᄅᆞᆯ 맛초지 못ᄒᆞ고 스ᄉᆞ로 혜아리건대 ᄎᆞ마 ᄉᆡᆼ각지 못ᄒᆞᆯ ᄯᆡᄅᆞᆯ 당ᄒᆞ면 맛당이 ᄒᆞᆫ 번 급히· 결決ᄒᆞ여 시ᄀᆡᆨ時刻을 지완遲緩치 아니코 조출 ᄯᆞᄅᆞᆷ이라 다ᄅᆞᆫ 쳐변處變과 ᄉᆡᆼ각이 엇디 이시리오 스ᄉᆞ로 ᄀᆞᆺ게 뎡定ᄒᆞ고 져근 칼을 신변身邊의 ᄀᆞᆷ출ᄉᆡ 손이 ᄯᅥᆯ니고 ᄆᆞᄋᆞᆷ이 놀나와 ᄆᆞ양 하ᄂᆞᆯ만 보아 ᄎᆞ마 이 엇진 셰상인고 임의 ᄉᆞᄉᆡᆼ死生을 조ᄶᅵ[487] 뎡

483 속미음粟米飮: 좁쌀미음.
484 구기拘忌: 금기. 꺼림.
485 지정간至情間: 지정은 아주 가까운 친척. 여기서는 부부를 가리킨다. 지정간은 가까운 사이에 혹은 부부 사이에라는 뜻으로 볼 수 있다.
486 쇼쳑: 파리하게 말랐다는 뜻의 수척으로 보인다.
487 조ᄶᅵ: 좇다의 명사형. 좆다는 좇다. 따름, 좇음.

ᄒᆞ니 부ᄌᆞ를 위ᄒᆞ여 망〃 안탓가온 ᄆᆞ음은 업고 존괴 ᄯᅩ 엇디 지셰在世ᄒᆞ시리오 반ᄃᆞ시 죵결終決ᄒᆞ실디라 대강을 이리 혜아리매 다른 ᄆᆞ음이 업ᄉᆞᄃᆡ 다만 ᄉᆞ졍私情으로 가군과 ᄇᆡᆨ시를 ᄉᆡᇰ각ᄒᆞ니 압히 어둡고 가슴이 막히ᄃᆡ ᄯᅩᄒᆞᆫ ᄉᆞ싀 이의已矣라 뎡ᄒᆞᆫ ᄆᆞ음을 요기搖改치 아니코 념이일念二日붓허 내 협실의셔 ᄇᆡᆨ시를 ᄃᆡᄒᆞ면 손을 잡고 ᄂᆞᆺ출 졉ᄒᆞ여 서ᄅᆞ 뉴톄통읍流涕慟泣ᄒᆞ며 내 ᄯᅩ ᄉᆡᇰ각ᄒᆞ니 결決ᄒᆞᆫ ᄯᅳᆺ을 ᄂᆡ도히 긔이고 잇다가 불의不意예 내 죽으미 ᄎᆞ마 견ᄃᆡᆯ 배 아니라 간〃間間이 동결同決ᄒᆞᆯ ᄯᅳᆺ을 고告ᄒᆞ니 ᄇᆡᆨ시 내 ᄂᆞᆺ출 다히고 목을 안아 앙텬仰天 통흉痛胸 왈 ᄎᆞ하진여此何眞歟아 몽여夢歟아 창텬蒼天이 ᄎᆞ마 이를 ᄒᆞᆯ 것가 ᄎᆞ마 이 셰상을 당ᄒᆞ여 내 ᄎᆞ마 엇디 현뎨賢弟ᄃᆞ려 살나 ᄒᆞ리오 다만 현뎨賢弟의 ᄯᅳᆺ만 ᄇᆞ라ᄂᆞ니 위질危疾 진명盡命은 ᄒᆞᆯ 일이 업거니와 ᄉᆡᇰ목숨을 ᄭᅳᆺᄂᆞᆫ 이 지원쳘텬至冤徹天 혹독ᄒᆞᆫ 셜움을 내 ᄎᆞ마 엇디 견ᄃᆡ고 살니오 내 써 죽어 모ᄅᆞ고져 ᄒᆞ나 고금古今의 동ᄉᆡᇰ을 ᄯᆞ라 죽ᄂᆞᆫ 의義 업고 살고져 ᄒᆞ나 현뎨로ᄡᅥ 쳔고千古의 극원極遠히 ᄆᆞ자 여희고 내 심댱心腸이 비기쳘셕非其鐵石이니 엇디 능히 견ᄃᆡ리오 내 답ᄒᆞᄃᆡ 능히 이를 모ᄅᆞ미 아니로ᄃᆡ ᄎᆞ마 이를 당ᄒᆞ여 엇디 사쟈 말이니잇가 뎨弟의게ᄂᆞᆫ 죽어 모ᄅᆞᄂᆞᆫ 거시 즐겁고 ᄎᆞ마 당치 못ᄒᆞᆯ 경계境界를 견ᄃᆡ여 사ᄂᆞᆫ 거시 더 혹독ᄒᆞ니 만일 뎨弟를 위ᄒᆞ시거든 살기를 니ᄅᆞ디 마ᄅᆞ쇼셔 이러틋 서ᄅᆞ 슈작ᄒᆞ여 내 병측病側 곳 ᄯᅥ나면 형뎨兄弟 집슈執手 샹통傷痛ᄒᆞ니 존고와 조뫼 쥬야晝夜 쵸황焦惶 뎨읍涕泣 ᄃᆞᆼ이시나 우리 형뎨의 슈작 곳 드ᄅᆞ시면 오히려 아쳐ᄅᆞ와 니ᄅᆞ시ᄃᆡ 창텬이 현마 슬피미 업슬 것 아닌ᄃᆡ 엇디 이런 불길不吉ᄒᆞᆫ 슈작을 ᄎᆞ마 하리오 ᄒᆞ시나 창텬이 엇디 슬피미 이시리오

그러나 내 ᄒᆞᆫ 번 희미ᄒᆞᆫ 누흔淚痕으로도 부ᄌᆞ를 뵈디 아니ᄒᆞ니 이ᄂᆞᆫ 병심을 동ᄒᆞᆯ가 두리미라 밧긔셔ᄂᆞᆫ 능히 금禁치 못ᄒᆞ여 뎨루涕淚 황〃ᄒᆞ나 병측을 님臨ᄒᆞ여ᄂᆞᆫ 황난慌亂ᄒᆞᆫ 거동을 못ᄒᆞ고 ᄀᆡ용改容 화긔和氣ᄒᆞ여 더 안셔安舒히 ᄒᆞ며 혹 깁히 뎨읍涕泣ᄒᆞ여 누흔淚痕이 가싀디 아니ᄒᆞ면 병측의 드러가지 아니ᄒᆞ니라 내 ᄆᆞ음을 단연斷然이 뎡ᄒᆞᆫ 고로 ᄇᆡᆨ모ᄭᅴ와 고모ᄭᅴ며 존슉대인ᄭᅴ 셕 당 샹

셔上書를 일워두고 념ᄉ일念四日이 되니 병와病臥를 븟드러 환가홀식 실노 잠간 운동運動홀 길히 업ᄉ되 부ᄌ ᄆ음의 흔연이 깃거 십븐十分 졍신을 슈습ᄒ여 됴반朝飯 ᄯ새 갈ᄉ 젹은 교듕轎中은 용납홀 길히 업ᄂ지라 쌍교雙轎의 존괴 안ᄌ시고 부ᄌ를 와셕臥席재 드러 교듕의 존고 슬샹膝上의 의지ᄒ여 누이고 좌위左右ㅣ 믈너나거놀 내 미음을 가지고 교듕轎中의 머리를 드리미러 골ᄋ되 힝ᄒᄂ 동안이 이윽홀 거시오 환가ᄒ여 안침진뎡安寢鎭靜ᄒ 후야 진음進飮ᄒ시리니 시방 죠곰 진음ᄒ시믈 쳥ᄒᄂ이다 부ᄌ 슬흐믈 답ᄒ고 날을 잠간 본 후 존고씌 골ᄋ되 져 얼골이 쵸갈焦渴ᄒ여 반쪽이 되엿고 형뎨兄弟 ᄯ나ᄂ ᄆ음이 오죽디 아닐 거시니 ᄒ 잇틀 쉬여오라 ᄒ쇼셔 내 그 탈연脫然 쇼삭消索ᄒ ᄆ음의도 오히려 념녀ᄒ믈 보니 더옥 심담心膽이 붕녈崩裂ᄒ고 흉회胸懷 젼요纏繞[488] ᄒ되 엄누掩淚 면강勉强[489]ᄒ여 존괴 미급답未及答의 내 답ᄒ되 비록 형뎨兄弟 니졍離情이 난박ᄒ나 엇디 병측을 ᄯ나 외오 이시리잇가 이리 답ᄒ고 도라 그 가ᄂ 경식景色과 병소 황연ᄒ 물식物色이 몬져 사름의 챵ᄌ를 슨흐니 이 날 창황ᄒ 모양이 셰샹의 ᄯ 엇디 이시리오

조뫼 ᄯ 승교乘轎ᄒ여 가시고 내 죵후從後ᄒ여 갈ᄉ 오회라 부ᄌ 병근病根이 비록 비경非輕ᄒ나 이 불과 쇼년少年 장긔예 우연히 미류彌留홈이오 ᄯ 침듕沈重ᄒ여 피졉避接을 나〃 당〃이 소싱蘇生ᄒ여 병 잇던 재 소완蘇完ᄒ고 위둔ᄒ 재 거러갈 줄노 알며 내 ᄯ 시병侍病의 쵸젼焦煎ᄒ나 친측親側의 든〃홈과 빅시로 동쳐同處ᄒ여 위회慰懷ᄒ미 만흐니 이러틋 텬도天道를 힘닙어 환가의ᄂ 모ᄌ母子 부뷔 ᄌ션ᄌ후在先在後ᄒ여 셰샹의 즐거오믈 당홀가 ᄒ엿더니 죄악이 여텬戾天ᄒ고 명되命途ㅣ 궁박窮迫ᄒ여 이 망〃ᄒ 시졀을 맛나 빅년을 앙망仰望ᄒ고 삼죵三從을 계탁計度ᄒ 소텬所天은 싱닉망단生路ㅣ望斷ᄒ여 시일是日 ᄃ변

488 젼요纏繞: 휘감거나 휘감기는 것. 여기서는 슬픔이 가슴을 휘감았다는 뜻으로 여겨진다.
489 면강勉强: 억지로 하게 함.

大變으로 황〃이 환가ᄒᆞ고 내 몸을 ᄉᆡᆼ각ᄒᆞ니 이십년 셰샹의 어려셔 늒아의 통痛을 품고 ᄯᅩ 다시 텬지간 궁원窮寃ᄒᆞᆫ ᄣᆡ를 맛나 부모의 유쳬遺體로ᄡᅥ ᄌᆞ결치ᄉᆞ自決致死를 긔약ᄒᆞ고 다시 가군의 텬뉸天倫 밧긔 타별他別ᄒᆞ신 ᄌᆞ의와 시부모를 겸ᄒᆞᆫ 놈다른 졍니情理로ᄡᅥ 막연이 부녀지졍父女之情을 끈코 ᄇᆡᆨ시와 골육우히 놈의 업ᄉᆞᆫ 졍ᄉᆞ情事로ᄡᅥ 잇ᄣᆡ ᄒᆞᆫ 니별이 지하地下 영결永訣이 될지라 이를 혜아리니 ᄆᆞ음이 밋ᄂᆞᆫ ᄃᆡ마다 오ᄂᆡ五內[490] ᄆᆡ여지고 ᄉᆡᆼ각ᄂᆞᆫ 곳마다 녕원[491]이 ᄡᅱ노라 경ᄀᆡᆨ頃刻 ᄉᆞ이 간쟝이 슛치 되고 ᄌᆡ가 되니 ᄎᆞ마 손을 ᄂᆞᆫ화 니별을 짓디 못ᄒᆞ고 ᄯᅩ ᄉᆡᆼ각ᄒᆞ니 셰샹의 머믄 동안이나 ᄇᆡᆨ시를 ᄯᅥ나디 말고져 ᄇᆡᆨ시ᄭᅴ 골ᄋᆞᄃᆡ 비록 ᄉᆞ쳬事體 불가不可ᄒᆞ나 잇ᄣᆡ의 밋처 도라볼 배 업ᄉᆞ니 확고確固 취품取稟[492]ᄒᆞ고 동교同轎ᄒᆞ여 가믈 쳥ᄒᆞ니 ᄇᆡᆨ시 ᄯᅩᄒᆞᆫ ᄎᆞ마 몸을 ᄯᅥ히디 못ᄒᆞ여 그 존고ᄭᅴ 셔찰書札노 소유 취품ᄒᆞ니 불허不許라 내 더옥 낙막 악연愕然ᄒᆞ여 다시 근걸懇乞ᄒᆞ믈 쳥ᄒᆞ니 ᄯᅩ ᄇᆡᆨ시 만편ᄋᆡ박萬篇哀薄ᄒᆞᆫ 소유로 근걸ᄒᆞᄃᆡ 그 엄귀嚴舅ㅣ 죵終 불허ᄒᆞ니 이러틋 두 번 왕복往復의 일ᄉᆡᆨ日色이 기울고 본부의셔 냥대인이 어셔 오라시ᄂᆞᆫ 긔별이 두 번 니ᄅᆞᄃᆡ ᄎᆞ마 몸을 ᄯᅥ히고 손을 노치 못ᄒᆞ여 형뎨 두 사ᄅᆞᆷ이 목을 안고 ᄂᆞᆺ출 다혀 앙텬仰天 비호悲號ᄒᆞ고 실셩失聲 통읍慟泣ᄒᆞᆯ ᄯᆞᄅᆞᆷ이니 이 극참極慘ᄒᆞᆫ 경샹景狀을 엇디 다 긔록ᄒᆞ리오

내 목숨이 내 것이 아니고

복셜卜說의 디극ᄒᆞᆫ 졍셩으로 삼일三日 치ᄌᆡ致齋ᄒᆞ여 념뉵일念六日 ᄌᆞ시子時의 조왕졔竈王祭[493]를 ᄒᆞ라기 아모려나 내 졍셩을 다ᄒᆞ여보랴 이날븟허 목욕ᄒᆞᆯ 고로 이에 잠간 몸을 분ᄒᆞ고 창망ᄒᆞᆫ 심신을 거두어 목욕 소셰梳洗를 ᄆᆞᆺ고 다

490 오내五內: 오장五臟. 한방에서 말하는 오장육부.
491 영원: 영혼, 정신.
492 취품取稟: 웃어른에게 여쭈어 그 의견을 기다림.
493 조왕제竈王祭: 부엌을 관할하는 가신家神으로 여겨졌던 조왕신에게 지내는 제사.

시 형뎨 집슈執手 포신抱身ᄒᆞ여 호읍號泣 샹통傷痛의 ᄎᆞ마 분슈分手를 못ᄒᆞ더니 시비 젼보傳報ᄒᆞ여 ᄇᆡᆨ뷔 향니鄕里로조차 오신다 ᄒᆞ여ᄂᆞᆯ 이에 형뎨 급히 협실 밧긔 나 ᄇᆡᆨ부를 뫼셔 ᄇᆡᆨ시 침소로 드러가 겨오 현알見謁ᄒᆞ니 ᄇᆡᆨ뷔 급문急問 왈 김낭金郎의 병이 엇더ᄒᆞ뇨 나는 쳬루涕淚 엄면掩面ᄒᆞ여 ᄃᆡ답디 못ᄒᆞ니 ᄇᆡᆨ시 젼후前後 증뎡症情과 목금目今 창황愴恍ᄒᆞᆫ 소유를 일댱一場 고告ᄒᆞ니 문파聞罷의 실ᄉᆡᆨ失色 경동驚動ᄒᆞ샤 날ᄃᆞ려 닐ᄋᆞ샤ᄃᆡ 병이란 거ᄉᆞᆫ 듕ᄒᆞ므로 가지 아닛ᄂᆞ니 너모 쵸젼치 말나 ᄒᆞ시고 우왈 내 쥬년週年 니질의 ᄒᆞᆫ 번 약치藥治를 아니코 작동昨冬ᄭᆞ지 거조擧措치 못ᄒᆞ엿더니 우연히 쑥씸을 ᄒᆞ니 아조 거조ᄒᆞ여 방금 수삼삭數三朔의 무방ᄒᆞ니 김낭도 허링虛冷ᄒᆞᆫᄃᆡ 쳬젹滯積이 듕쵸中焦[494]의 응결凝結ᄒᆞ엿기 약이 화ᄒᆞ여 ᄂᆞ리디 못ᄒᆞᄂᆞᆫ가 시브고 쑥씸은 나의 신효神效ᄒᆞᆫ 배오 무해無害ᄒᆞᆫ 거시니 급히 가 쑥씸을 년ᄒᆞ여 ᄒᆞ라 ᄒᆞ시니 듯ᄌᆞ오매 신연信然이 효험을 볼 듯 ᄇᆡᆨ시 ᄯᅩᄒᆞᆫ 직축ᄒᆞ여 승교홀ᄉᆡ 잇ᄯᅢᄂᆞᆫ 쑥씸의 ᄆᆞ음이 챡급ᄒᆞ여 니별의 악연愕然홈도 ᄭᆡ닷디 못ᄒᆞ고 홀〃忽忽 총망悤忙이 도라오니 잇ᄯᅢ 부ᄌᆞᄂᆞᆫ 환가ᄒᆞ연 디 반일이나 되엿기 긔별은 년ᄒᆞ여 드러시나 그 ᄉᆞ이 답〃ᄒᆞ미 심ᄒᆞᄃᆡ 병소病所의는 즉시 드러가지 아니코 존고긔 그 ᄉᆞ이 병후를 뭇ᄌᆞ오니 존고와 조뫼 희ᄉᆡᆨ喜色으로 닐ᄋᆞ시ᄃᆡ 그리 위려ᄒᆞ엿더니 노동ᄒᆞᆫ 긔운도 무방無妨ᄒᆞ고 그 ᄉᆞ이 년ᄒᆞ여 미음도 먹고 병심의 퍽 싀훤ᄒᆞ여 ᄒᆞ며 ᄯᅩ 신긔ᄒᆞᆫ 바ᄂᆞᆫ 앗가 박의가 와셔 ᄆᆡᆨ을 보고 놀나 니ᄅᆞᄃᆡ 어제 아니 보앗더니 수일지간數日之間의 ᄆᆡᆨ이 ᄆᆞ이 낫고 업던 양ᄆᆡᆨ陽脈[495] ᄒᆞ나히 나시니 극히 깃븐디라 년ᄒᆞ여 속미음을 쓰쇼셔 ᄒᆞ고 가며 희ᄉᆡᆨ이 ᄀᆞ득ᄒᆞ여 가더라니 엇디 텬ᄒᆡᆼ天幸이 아니리오 ᄒᆞ시며 그 ᄉᆞ이 졍신이 엇더ᄒᆞᆫ고 ᄲᆞᆯ니 나가보라 ᄒᆞ셔ᄂᆞᆯ 내 ᄯᅩ 쑥씸 소유를 고ᄒᆞ고 병소로 향홀ᄉᆡ 외헌外軒 샹방上房으로 피졉을 드럿ᄂᆞᆫ지라 협문夾門

494 듕쵸中焦: 삼초三焦 즉 상초, 중초, 하초 중의 하나. 비장, 위장, 간장 등을 중심으로 하는 복부를 가리킨다.
495 양맥陽脈: 음양의 속성에 따라 구분한 맥으로 부맥, 구맥, 실맥, 혁맥 등을 말한다.

후뎡後庭을 말ᄆᆡ아마 입실入室ᄒᆞ여 부ᄌᆞ를 보니 과연 눈을 ᄯᅳ고 졍신이 잠간 ᄀᆡ랑開朗ᄒᆞᆫ ᄃᆞᆺ ᄒᆞ거늘 나아가 긔운을 뭇ᄌᆞ오니 ᄒᆞᆫ 가지라 ᄃᆡ답ᄒᆞ고 소所를 올므니 엇더ᄒᆞ니잇가 져기 싀훤ᄒᆞ여라 ᄒᆞ니 내 ᄯᅩ 쑥ᄶᅵᆷ 말을 ᄒᆞ고 급히 홀ᄉᆡ 이날 일개一家ㅣ 함취咸聚ᄒᆞ고 병휘 안온安穩ᄒᆞ며 의쟈醫者ㅣ의 신긔ᄒᆞᆫ 말을 듯고 쑥ᄶᅵᆷ 새 약을 ᄒᆞ니 당〃이 신효를 볼 ᄃᆞᆺ 반일 ᄉᆞ이 창황 망〃ᄒᆞᆫ 위례 가경佳境을 어든 ᄃᆞᆺ 이 밤을 냥 대인과 니슉대인은 쇼당小堂의셔 지내시고 나는 존고와 조모의 뒤흘 조차 병측의 구호홀 ᄉᆡ ᄎᆞ야此夜의 도쉬 져기 드믈고 ᄌᆞᆷ을 이윽이 자시니 그 긔힝奇幸ᄒᆞ기 엇더ᄒᆞ리오

신됴晨朝의 가군이 츌직出直ᄒᆞ여 바로 이리 오샤 입실ᄒᆞ여 부ᄌᆞ를 보실ᄉᆡ 밋처 좌坐를 뎡치 못ᄒᆞ여셔 부ᄌᆡ ᄂᆞᆺ출 우러〃 우음을 먹음으니 가군이 역쇼亦笑왈 네 엇디 웃는다 부ᄌᆡ 웃고 ᄃᆡ對왈 도망ᄒᆞ여 왓는 고로 우숨이 나ᄂᆞ이다 가군이 삼일 입딕入直의 쵸젼히 용녀用慮ᄒᆞ시다가 긔특ᄒᆞ믈 금치 못ᄒᆞ샤 이윽이 좌ᄒᆞ여 미음 먹는 거술 보시고 가시며 왈 우리 ᄇᆡᆨ시 와 계시다 ᄒᆞ니 잠간 뵈ᄋᆞᆸ고 식후 오리라 ᄒᆞ고 가시니라 이 날은 밤도 낫게 지내고 도수도 퍽 덜니고 후듕後重ᄒᆞᆫ 복통도 져기 감減ᄒᆞ고 붉은 후븟허 느즌 됴반 ᄯᅢᄭᆞ지 자신 쉬 다ᄉᆞᆺ 번이로ᄃᆡ 양미음은 아니ᄭᅩ아 흰 미음을 그 젼은 겨오 ᄒᆞᆫ 종ᄌᆞ 즈음식은 자시더니 이 날은 보오로 칠 홉식 드려가면 두어 술은 남기고 ᄯᅥ넛는 대로 괴로와 아니코 자시니 식후食後ᄭᆞ지 다ᄉᆞᆺ 번이라 젼일前日노 비ᄒᆞ매 ᄂᆡ도ᄒᆞ니 실노 감셰減勢 현〃顯顯ᄒᆞᆫ지라 ᄎᆞ〃 회두를 텬디신명ᄭᅴ 암튝暗祝ᄒᆞ더니 홀연 느즌 식후븟허 심히 숨이 차 쳔쵹喘促ᄒᆞᆫ 긔운이 나니 이 ᄆᆞᄌᆞ막 흉진 거술 ᄎᆞ마 그리 미뤼디 못ᄒᆞ고 대되 의논이 오늘은 미음을 ᄌᆞ로 만히 자셔 누엇는ᄃᆡ 쳬ᄒᆞ여 그러ᄒᆞᆫ가 시브다 ᄒᆞ고 낫븟허는 미음을 드므리 뎍게 ᄯᅥ 너흐ᄃᆡ 일양一樣이라 이날 나ᄌᆡ 박의朴醫 와 진ᄆᆡᆨᄒᆞ고 ᄒᆞᆫ가지라 ᄒᆞᆫ다 ᄒᆞᄃᆡ 부ᄌᆡ ᄌᆡ삼再三 의원이 무어시라 ᄒᆞ던고 무ᄅᆞᄃᆡ 일양一樣인 줄노 ᄒᆞ고 우리도 ᄒᆞᆫ가지라 ᄒᆞ는 줄노 아랏더니 밧ᄭᅴ는 임의 시ᄭᆞ지 뎡ᄒᆞ여 니ᄅᆞ고 간 줄 엇디 아라시리오

가군이 식후食後 오셔 종일 계시다가 봉화烽火[496] ᄌᆞ음의 셕반夕飯도 아니시고 집으로 가시며 니ᄅᆞ시ᄃᆡ ᄇᆡᆨ시와 밤을 지내고 계명鷄鳴의 오마시기 내 응ᄃᆡ應對ᄒᆞ고 내 ᄆᆞ음의 오히려 감셰減勢ᄅᆞᆯ 밋고 실노 위ᄐᆡᆨᄒᆞ여시믄 몰낫더니 이경二更 ᄌᆞ음의 냥대인이 졍기의관正其衣冠ᄒᆞ시고 뎡듕庭中의셔 튝텬祝天 ᄇᆡ도拜禱ᄒᆞ시며 톄읍涕泣 황〃ᄒᆞ시니 새로이 창황ᄒᆞ야 내 ᄯᅩ 안히 드러와 침소寢所의셔 목욕ᄒᆞ려 머리ᄅᆞᆯ ᄀᆞᆷ더니 비ᄇᆡ婢輩의 말을 얼픗 드ᄅᆞ니 쌍동 나ᄋᆞ리ᄭᅴ 오쇼셔 사ᄅᆞᆷ이 간다 ᄒᆞ여ᄂᆞᆯ 내 쳥미필聽未畢의 심혼心魂이 비월飛越ᄒᆞ여 머리ᄅᆞᆯ 아모리 거두믈 ᄭᆡᄃᆞᆺ디 못ᄒᆞ여 총망悤忙이 나가 향ᄀᆡᆨ向刻ㅣ 증후症候ᄅᆞᆯ 뭇ᄌᆞᆸ고 가군 쳥ᄒᆞᄂᆞᆫ 연고ᄅᆞᆯ 뭇ᄌᆞ오니 존괴 오히려 누여 니ᄅᆞ시ᄃᆡ ᄀᆞᆺᄒᆞ여 별증別症이 업ᄉᆞᄃᆡ 니덜이 닐ᄋᆞᄃᆡ 밤의 막〃히 의논 업시 급〃ᄒᆞ니 쳥ᄒᆞ여 오시게 ᄒᆞ쟈 ᄒᆞ매 보내ᄂᆞ니라 ᄒᆞ시ᄃᆡ 그 황〃ᄒᆞᆫ 심신心身을 엇디 뎡ᄒᆞ리오 졍히 가군의 오시기ᄅᆞᆯ 기ᄃᆞ리고 쵸조ᄒᆞ더니 그 무지無知ᄒᆞᆫ ᄌᆞᆷ은 오히려 사ᄅᆞᆷ의 ᄆᆞ음을 ᄌᆞᆷ가 엇디ᄒᆞ다가 잠간 가ᄆᆡ假寐ᄒᆞ엿다가 소〃쳐 ᄭᆡ니 ᄇᆞᆯ셔 가군이 오샤 와셕臥席 겻히 안자 계시더라 잇ᄯᆡ의ᄂᆞᆫ 내 더옥 심신이 황〃ᄒᆞ고 산난ᄒᆞ여 미음 자시ᄂᆞᆫ 것도 ᄉᆞᆯ피디 못ᄒᆞ고 밧ᄭᅴ셔 조뫼 데여 드려 보내시면 가군이 먹이실ᄉᆡ 년ᄒᆞ여 흰 미음 계고 속미음을 ᄌᆞ로 써너흐ᄃᆡ ᄀᆞᆺᄒᆞ여 슬희여 아니코 넛ᄂᆞᆫ 대로 자시니 오호 창텬아 이 ᄉᆡᆼ도生道ᄅᆞᆯ 주미냐 연화年華[497]ᄅᆞᆯ ᄆᆞᄌᆞ막 빌니미냐 텬되 ᄎᆞ마 이ᄅᆞᆯ ᄒᆞᆯ 것가

이윽ᄒᆞ여 가군이 잠간 쇼당小堂의 가시거ᄂᆞᆯ 내 ᄒᆞᆫ가지로 듕계中階[498]의 밋처 고ᄒᆞᄃᆡ 파ᄅᆞ罷漏[499]ᄅᆞᆯ 쳣거든 급히 의원이나 ᄃᆞ려오믈 고ᄒᆞ니 대인이 인마ᄅᆞᆯ 직

496 봉화烽火: 변방에서 발생하는 전쟁이나 사변을 알리는 연기와 불. 그러나 이런 군사적 의미는 약화되고 시각을 가리키는 말로도 쓰인 것으로 보인다. 해질 무렵 남산 봉화가 올라가면 종이 울리고, 도성의 문을 닫았다.

497 연화年華: 세월.

498 중계中階: 가운데 섬돌.

499 파루罷漏: 통금해제. 새벽 4시에 종을 33번 북을 쳐서 통금 해제를 알렸다.

측ᄒᆞ여 의가醫家로 보내신 후 내 오히려 입실치 아니코 계상階上의셔 가군ᄭᅴ 톄읍涕泣 고告 왈 이를 당ᄎᆞᆺ 엇디ᄒᆞ리잇가 가군이 역읍亦泣 댱탄長歎ᄒᆞ샤 ᄎᆞ마 이런 일이 네게 당홀 줄 엇디 ᄯᅳᆺᄒᆞ여시리오 ᄒᆞ시고 능히 말숨이 업ᄉᆞ니 내 심신이 아득ᄒᆞ고 졍혼精魂이 망〃ᄒᆞ야 히음업시 계하階下의 엎더지니 가군이 창황 실ᄉᆡᆨ失色ᄒᆞ샤 급히 거두어 안고 황〃ᄋᆡ호 왈 ᄎᆞ마 이 엇진 일이며 이 무슴 경ᄉᆡᆨ景色이뇨 네 비록 망극罔極ᄒᆞᆫ ᄣᆡ를 당ᄒᆞ여시나 ᄎᆞ마 내 알픠셔 이럴 거시 아니오 ᄎᆞ마 엇디 날을 ᄉᆡᆼ각지 아닛ᄂᆞᆫ다 이에 여러 됴건 말숨을 베퍼 니ᄅᆞ시ᄃᆡ 비록 불ᄒᆡᆼ不幸ᄒᆞᆫ 일을 당ᄒᆞ나 굿ᄒᆞ여 ᄯᆞᄅᆞᄂᆞᆫ 거시 올치 아니〃 ᄉᆡᆼ노生路 두믈 지삼 니ᄅᆞ실ᄉᆡ 실셩失聲 엄억掩抑ᄒᆞ샤 졀〃切切ᄒᆞᆫ 텬뉸天倫과 근〃勤勤ᄒᆞᆫ 말숨이 지졍지의至情之義 아니미 업서 쵸샥히 나의 살기를 죄오시니 잇ᄯᅢ 이를 당ᄒᆞ여 텬뉸지졍天倫之情을 니ᄅᆞ지 말나 무지타인無知他人의 쳘셕鐵石 심쟝이라도 이 지졍至情을 ᄭᅳᆺ기 어렵고 이 말숨을 져ᄇᆞ리디 못ᄒᆞ려든 황호어부녀텬졍況乎於父女天情이냐

창망悵惘ᄒᆞᆫ 심신을 겨오 진뎡ᄒᆞ여 일댱一場 문교聞敎의 챵ᄌᆡ 촌〃寸寸이 ᄭᅳᆫ허지고 애 고븨〃 믜여지니 ᄎᆞ마 엇디 뎡ᄒᆞᆫ ᄆᆞ음이 단연이 구드리오 황〃ᄒᆞᆫ 우희 감창感愴ᄒᆞᆫ 눈물이 압히 어두으니 창망듕이나 졍신을 슈습ᄒᆞ여 좌우로 혜아리니 녀ᄌᆞ의 소텬所天은 오륜五倫의 초본初本이오 삼강三綱의 일듕一重으로 일신소탁一身所託과 영욕고락榮辱苦樂이 ᄒᆞᆫ가지니 듕ᄒᆞ미 텬지天地와 ᄀᆞᆺ거늘 ᄒᆞ믈며 샹합相合ᄒᆞᆫ 지우지졍知遇之情이 디극ᄒᆞ므로ᄡᅥ 내 홀노 투ᄉᆡᆼ偸生ᄒᆞ여 텬지간 궁원을 품고 셰샹의 머믈 ᄆᆞ음이 업ᄉᆞ니 맛당이 뒤흘 조차 ᄒᆞ나흔 부ᄌᆞ의 ᄉᆡᆼ시生時 지우지졍을 갑고 둘흔 나의 쳘텬徹天 궁박窮迫ᄒᆞᆫ 셜우믈 니저 녕귀靈鬼라도 쌍雙으로 도라가미 이 즐거온 혼ᄇᆡᆨ魂魄이 될 거시로ᄃᆡ ᄎᆞ마 목젼目前의 가군의 여ᄎᆞ如此ᄒᆞ신 경샹景狀을 ᄃᆡᄒᆞ여 내 만일 죽을진대 그 참극慘劇ᄒᆞ신 셜우미 녯사ᄅᆞᆷ의 눈 멀믈 효측效則ᄒᆞ실지라 ᄌᆞ식이 되여 효孝를 일위디 못ᄒᆞ나 우리 엄뎡嚴庭의 ᄌᆞ모를 겸ᄒᆞ샤 구로ᄉᆡᆼ지劬勞生之 ᄒᆞ시고 젼이휵지ᄒᆞ

신 호텬대은昊天大恩을 져ᄇᆞ려 참경慘景 우희 ᄎᆞ마 상명喪明을 더으디 못ᄒᆞᆯ거시오 ᄯᅩ ᄉᆡᆼ각건대 ᄒᆞᆫ낫 슉ᄆᆡ叔妹[500] 업ᄉᆞ니 구괴 고혈孤孑 무탁無託ᄒᆞ샤 다시 밧들 사ᄅᆞᆷ이 업거ᄂᆞᆯ 이를 ᄉᆡᆼ각지 아니미 정니情理ᄂᆞᆫ 니ᄅᆞ디 말고 도로혀 부ᄌᆞ를 져ᄇᆞ리미오 ᄯᅩ 우리 형뎨 ᄌᆞ별지졍自別之情으로ᄡᅥ ᄇᆡᆨ시 날을 원혹寃酷히 참별慘別ᄒᆞ고 비록 ᄌᆞ결ᄒᆞ여 ᄡᅳᄅᆞ지 아니나 반ᄃᆞ시 인병치ᄉᆞ因病致死를 긔약ᄒᆞ실지라

어이 홀로 보낼ᄭᅡ

이러틋 여러가지로 혜아리니 인녁人力으로 못ᄒᆞᆯ 거ᄉᆞᆫ ᄒᆞᆯ일 업거니와 내 ᄉᆡᆼ목숨을 ᄭᅳᆫ허 여러 곳 불효와 참경을 ᄉᆡᆼ각ᄒᆞ니 ᄎᆞ마 결ᄒᆞᆯ 의ᄉᆡ 업고 ᄯᅩ ᄉᆡᆼ각건대 내 평ᄉᆡᆼ은 임의 판단ᄒᆞ여시니 불의완명不義頑命을 감심甘心ᄒᆞᆯ지언뎡 다시 냥가 친젼親前의 참독慘毒을 더으지 말기로 금셕ᄀᆞᆺ치 굿게 뎡ᄒᆞ엿던 ᄆᆞ음을 번연이 곳쳐 스ᄉᆞ로 살기를 뎡ᄒᆞ매 샹시常時 곡진曲盡ᄒᆞ던 듕졍中情[501]과 허ᄃᆡ厚待ᄒᆞ던 지우知遇를 ᄉᆡᆼ각ᄒᆞ니 망연이 져ᄇᆞ리고 홀노 살기를 탐貪ᄒᆞ니 스ᄉᆞ로 불의무상不義無常ᄒᆞᆷ과 부ᄌᆞ를 위ᄒᆞ여 불샹ᄒᆞ고 원혹ᄒᆞ미 간담이 ᄆᆡ여지고 애ᄉᆞ라지니 경ᄀᆡᆨ頃刻의 더옥 텬디 망〃ᄒᆞ여 능히 시ᄀᆡᆨ時刻을 견ᄃᆡ지 못ᄒᆞᆯ 듯 입실ᄒᆞᆷ도 ᄭᆡ닷디 못ᄒᆞ엿더니 가군이 잇그러 병측病側의 니ᄅᆞ샤 ᄀᆞ마니 나아가 부ᄌᆞ의 긔식을 술피실ᄉᆡ 왕대인이 쵹화燭火를 드러 얼골의 빗최시고 가군이 ᄂᆞᆺ출 갓가이 향ᄒᆞ여 무ᄅᆞ시ᄃᆡ 미음을 써너흐랴 ᄒᆞ시ᄃᆡ ᄃᆡ답디 아니〃 실ᄉᆡᆨ失色 경황驚惶ᄒᆞ샤 왕대인이 급히 년連ᄒᆞ여 브ᄅᆞ시ᄃᆡ 즘묵潛默ᄒᆞ여 응ᄒᆞ미 업거ᄂᆞᆯ 내 비록 죽어 ᄡᅳᄅᆞ디 못ᄒᆞ나 ᄉᆡᆼ혈生血을 써 힝혀 익슈益壽ᄒᆞᄂᆞᆫ 힘이 〃실가 급히 두어 거름을 물녀 도라셔〃 ᄀᆞᆷ초앗던 칼을 ᄲᅢ혀 좌비左臂를 급히 디ᄅᆞᄃᆡ ᄆᆞ음이 황〃ᄒᆞ고 손이 ᄯᅥᆯ녀 능히 ᄉᆞᄆᆞᆺ디[502] 못ᄒᆞ거ᄂᆞᆯ 다시 디를 ᄉᆞ이 가군이 급히 칼

500 숙매叔妹: 시누이.
501 중정中情: 심중. 가슴속의 생각.
502 ᄉᆞᄆᆞᆺ다: ᄉᆞᄆᆞᆾ다. 사무치다. 꿰뚫다.

흘 아ᄋᆞ시고 왕대인이 잇그러 합닉閤內로 나오샤 어음語音이 눌〃訥訥[503]ᄒᆞ여 망녕妄靈되믈 칙責ᄒᆞ시고 빈혀ᄭᆞ지 ᄲᅢ혀 시비侍婢의게 업혀 침소로 드려보내시니 이는 싱혈 내랴믈 모ᄅᆞ시고 그릇 ᄌᆞ결自決노 아ᄅᆞ신 연괴緣故ㅣ라 잇ᄯᅢ 내 심신이 미황未遑ᄒᆞ여 ᄉᆞᆷ과 샹시를 ᄭᅵ둣디 못ᄒᆞ고 여취여황如醉如皇ᄒᆞᆯ 즈음 얼픗 드ᄅᆞ니 존괴 미조차 드러오샤 급히 ᄌᆞ결ᄒᆞ신다 ᄒᆞᄃᆡ ᄉᆞ긔事機 엇지 되믈 ᄭᅵ둣디 못ᄒᆞ고 졍혼이 아득ᄒᆞ여 인ᄉᆞ人事를 몰낫더니 가군이 청심원淸心元[504] 동변童便[505] 뉴類로ᄡᅥ 내 최후의 정신을 ᄎᆞᆯ히니 볼셔 평명平明이 되엿고 그 ᄉᆞ이 존고의 급경急境을 임의 니슉대인과 검천 슉〃[506]이 구ᄒᆞ여 엄히 방비ᄒᆞ므로 겨오 무ᄉᆞᄒᆞ시고 시비 년ᄒᆞ여 드러와 젼ᄒᆞᄃᆡ 시방時方은 회운回運ᄒᆞ여 계시기 다들 나오쇼셔 ᄒᆞ시나이다 ᄒᆞᄃᆡ 오히려 밋디 아니〃 ᄯᅩ 젼ᄒᆞᄃᆡ 시방 정신이 뇨료ᄒᆞ샤 슈작ᄒᆞ시고 창밧긔 풍뉴를 식여 드ᄅᆞ시며 곡됴曲調의 부됴不調ᄒᆞ믈 다 니ᄅᆞ시고 관겨치 아니시니 ᄲᅳᆯ니 나가보쇼셔 ᄒᆞ니 일시 회운ᄒᆞ믈 엇디 댱구長久히 미드리오마는 싱젼生前이야 엇디 오래 병측을 ᄯᅥ나리오 이에 존당을 뫼시고 나가 가군이 계시기로 존당은 합닉閤內의 듕지中止ᄒᆞ시고 내 몬져 입실ᄒᆞ여 보니 새벽 막힌 ᄯᅢ와는 달나 눈을 명연冥然히 ᄯᅳ고 지각知覺은 븐명ᄒᆞ나 면모面貌의 시ᄉᆡᆨ이 표표ᄒᆞ고 냥안兩眼의 정긔 아조 업ᄉᆞ며 호흡呼吸이 다만 함하頷下의셔만 경촉[507]ᄒᆞ고 병듕의 원간 허한虛汗 도한盜汗이 흐ᄅᆞ더니 이날은 더 고이ᄒᆞ여 만면의 ᄀᆞ득ᄒᆞᆫ ᄯᆞᆷ이 대쇼大小 진쥬眞珠를 뵌 틈 업시 흐틋 ᄌᆞ옥이 소사시ᄃᆡ 서ᄅᆞ 통ᄒᆞ여 합ᄒᆞ미 업시 이시니 이 경ᄉᆡᆨ을 ᄒᆞᆫ 번 보매 창

503 눌눌訥訥: 말이 잘 나오지 않아 더듬는 모양.
504 청심원淸心元: 우황, 인삼, 산약 따위를 비롯한 30여 가지의 약재로 만든 알약.
505 동변童便: 열두 살 이하 사내아이의 오줌. 두통, 학질, 해수, 골절상, 종창 등을 치료하는 데 쓰이며, 약재를 담그는 데도 쓰인다.
506 숙숙叔叔: 남편의 형 즉 시숙, 혹은 아버지의 형제 즉 숙부. 여기서는 시숙을 가리키는 듯하다.
507 경촉: 숨이 차고 급함.

ᄌᆞ와 애 홈ᄭᅴ ᄯᅳᆫ허지고 흉금胸襟이 엄식掩塞ᄒᆞᄃᆡ 스ᄉᆞ로 ᄀᆞᆺ게 진뎡ᄒᆞ고 작위화식作爲和色ᄒᆞ여 갓가이 나아가 손을 잡고 믓ᄌᆞ오ᄃᆡ 그 ᄉᆞ이는 정신이 엇더ᄒᆞ니잇가 부ᄌᆡ 문득 손을 밀고 닐ᄋᆞᄃᆡ 나는 그런 사ᄅᆞᆷ과 말을 아니 ᄒᆞ노라 ᄒᆞ니 이는 새벽 나의 할비割臂코져 ᄒᆞᆷ을 그릇 ᄌᆞ결노 알고 그 경솔홈과 ᄌᆞ개自家ㅣ 스ᄉᆞ로 과히 놀나고 크게 미온未穩히 넉이미라 가군과 내 샹고相顧 경아驚訝ᄒᆞ여 그 막힌 가온대 안 줄 이샹히 넉이고 그 약ᄉᆞ여루若絲如縷[508]ᄒᆞᆫ 정신의도 밍녈ᄒᆞᆫ 지각을 더옥 격졀擊節 차탄嗟歎ᄒᆞ여 앗기믈 금치 못ᄒᆞ시고 내 그 어음語音을 드ᄅᆞ니 호읍이 쳔촉喘促ᄒᆞ기로 겨오 닛다혀[509] ᄒᆞ는 거동과 비록 위틱危殆ᄒᆞᆫ 듕이나 나의 녀ᄌᆞ女子의 유약柔弱ᄒᆞᆷ을 일허 과강過强ᄒᆞᆷ을 깁히 미온ᄒᆞ여 용납디 아니믈 보니 암〃暗暗히[510] 심복心服홈과 참졀慘絶 원통ᄒᆞ미 골졀骨節이 녹는 둣 ᄎᆞ마 엇디 견ᄃᆡ리오

이에 가군이 츌외出外ᄒᆞ시고 존고와 조뫼 입실하샤 침두枕頭의 안ᄌᆞ시니 부ᄌᆡ 엄착ᄒᆞᆫ 호읍呼吸으로 어음語音이 불셩쳘不成綴ᄒᆞ여 ᄌᆞ젼慈前의 고ᄒᆞᄃᆡ ᄌᆡ子ㅣ시방은 져기 나을거술 놀나셔 숨이 〃리 차이다 존괴 문왈 어이ᄒᆞ여 놀낫ᄂᆞ냐 답ᄒᆞᄃᆡ 칼을 가지고 무셔이 굴기 놀나와 칼 둘흘 다 아사 시방 뇨밋헤 너헛ᄂᆞ이다 존괴 답ᄒᆞ시ᄃᆡ 네 그릇 보앗지 칼 가지고셔 든 일이 업ᄂᆞ니라 부ᄌᆡ 왈 분명 보고 아사 너헛ᄂᆞ이다 ᄒᆞ니 실은 칼 둘흘 아사 뇨 밋희 너흐미 업ᄉᆞᄃᆡ 혼미듕昏迷中 칼 말을 듯고 크게 놀나 ᄆᆞ음의 아사 뇨 밋희 너흘 둣 ᄒᆞ엿는 고로 죵시 그리 알미라

유〃텬하悠悠天下여 ᄎᆞ하진여此何眞歟아 몽여夢歟아 ᄎᆞ마 사ᄅᆞᆷ이 능히 이를 견ᄃᆡ 살 것가 이윽ᄒᆞᆫ 후 존당은 합ᄂᆡ閤內로 나오시고 가군과 검쳔 슉〃이 겻히셔 동안을 맛초아 미음을 쎠너코 니슉대인과 졔친 슉〃이 년ᄒᆞ여 병측의 츌

508 약사여루若絲如縷: 실낱 같이 가늘고 약하다는 뜻.
509 닛다혀: 닛다히다에서 온 말. 잇대다. 잇달아.
510 암암暗暗히: 그윽이.

입ᄒᆞ시기 내 ᄌᆞ로 퇴退ᄒᆞ여 합ᄂᆡ의 존당을 뫼시고 이실ᄉᆡ ᄇᆡᆨ뷔 ᄂᆡ림來臨ᄒᆞ샤 날을 보랴시기 내 침소로 드러와 뵈올ᄉᆡ 능히 금치 못ᄒᆞ여 슬상膝上의 업ᄃᆡ여 톄읍涕泣ᄒᆞ니 ᄇᆡᆨ뷔 닐ᄋᆞ샤ᄃᆡ 비록 위ᄐᆡᄒᆞ다가도 혹 회두ᄒᆞᄂᆞᆫ 도리 잇ᄂᆞ니 엇디 너모 이리 과도히 구ᄂᆞ뇨 앗가 집의셔 드ᄅᆞ니 칼흘 잡고 셔도다 ᄒᆞ니 비록 불ᄒᆡᆼ不幸ᄒᆞᆫ 일을 맛나도 내 몸은 스ᄉᆞ로 둔 거시 아니라 부모의 유체遺體니 부모의 유체를 경輕히 ᄒᆞ미 목숨을 스ᄉᆞ로 장ᄉᆡᆼ長生을 ᄒᆞᄂᆞ냐 못ᄒᆞᄂᆞᆫ 거시오 향쟈向者 네 거조擧措를 네 형이 듯고 통흉벽도慟胸擗倒ᄒᆞ여 일시一時를 못살 거동이니 네 만일 죽으면 네 형이 사지 못ᄒᆞᆯ 거시오 그러ᄐᆞᆺ 너의 형뎨 다 사지 못ᄒᆞᆫ즉 여뷔汝父ㅣ 너희를 아ᄃᆞᆯᄀᆞᆺ치 ᄒᆞ다가 너희를 다 업시코 능히 지ᄐᆡᆼᄒᆞᆯ가 시브냐 내 ᄃᆡ왈 말ᄉᆞᆷ이 ᄌᆞ〃ᄒᆞ시니 딜녜姪女ㅣ 비록 옹ᄉᆡᆨ壅塞ᄒᆞ오나 엇디 이를 ᄉᆡᆼ각디 못ᄒᆞ리잇가 ᄉᆞ셰事勢 여ᄎᆞ如此고로 능히 엄ᄒᆞᆫ 결단을 두디 못ᄒᆞ고 향쟈ᄉᆞ向者事ᄂᆞᆫ 죽고져 ᄒᆞ미 아니라 ᄉᆡᆼ혈을 써보고져 ᄒᆞ미오 혹 위질痿疾이 회두ᄒᆞᆫ다 ᄒᆞᆫ들 시방 블셔 각뷔脚臂 궐ᄂᆡᆼ厥冷[511]ᄒᆞ고 호읍呼吸이 함하頷下의만 이시니 엇디 일졈一點 여운餘運이 〃시리잇가 ᄇᆡᆨ뷔 ᄯᅩ 닐ᄋᆞ샤ᄃᆡ ᄉᆡᆼ혈이란 거시 혹 회ᄉᆡᆼ回生ᄒᆞᄂᆞᆫ 도리 잇거니와 엇디 익슈를 ᄇᆞ라며 ᄯᅩ 부뷔 삼십 년 동쥬同住를 ᄒᆞ여야 혈ᄆᆡᆨ이 샹통ᄒᆞ여 효험이 잇지 시방 네 혈血은 써도 합合디 아니리니 엇디 긔운을 니으리오 가군이 ᄌᆡ좌在座의 향ᄀᆡᆨ向刻ㅣ 부지 날 미온히 넉이던 소유를 고ᄒᆞ니 ᄇᆡᆨ뷔 더옥 닐ᄋᆞ샤ᄃᆡ 김낭의 ᄆᆞ음이 져러ᄒᆞ니 네 대의大義를 널니 ᄉᆡᆼ각ᄒᆞ고 ᄆᆞ음을 굿게 ᄒᆞ여 아모죠록 보명保命ᄒᆞ여 싀부모를 밧들며 도라간 남편의 후ᄉᆞ後嗣를 니어 집을 보존ᄒᆞᆫ 후 타일他日 네 도라간즉 서로 맛나 빗치 잇고 김군이 네게 은혜를 치샤致謝ᄒᆞ여 내 과연 일죽 도라오고 다른 동ᄉᆡᆼ이 업ᄉᆞ니 부모와 조션祖先을 밧들 니가 업더니 그ᄃᆡ 셜움을 ᄎᆞᆷ고 도리를 다ᄒᆞ여 나의 부모를 밧들고 후ᄉᆞ를 니은 후 도라오니 샹시 내 ᄯᅳᆺ을 닛지 아냣ᄂᆞᆫ지라

511 궐랭厥冷: 체온이 내려가면서 손발 끝에서부터 차가워지는 병.

감격ᄒᆞ여라 ᄒᆞ려니와 만일 이제 ᄯᅡ라 죽은즉 새벽 그 미온ᄒᆞᆫ ᄠᅳᆺ을 츄이推移컨대 디하地下의 도라가나 반ᄃᆞ시 너를 보지 아니리니 엇디 ᄉᆡᆼ각지 아닛ᄂᆞ뇨 ᄒᆞ시고 대의大義와 ᄉᆞ리事理로 경계ᄒᆞ시는 말솜이 셰〃 당황張皇ᄒᆞᄃᆡ 잇ᄯᅢ 시쳥視聽이 망〃ᄒᆞ여 능히 다 삭여 듯줍디 못ᄒᆞ다

ᄇᆡᆨ뷔 도라가신 후 내 외헌의 나와 존당을 뫼셔 합ᄂᆡ의 머믈며 나ᄌᆡ 존당을 뫼셔 입실ᄒᆞ여 병측의 나아갈ᄉᆡ 내 밋처 안지 아니코 발최의 이윽이 셔시니 부ᄌᆡ 그 정신의 눈을 오래 ᄡᅥ 이연ᄒᆞᆫ 빗ᄎᆞ로 날을 냥구良久히 슉시熟視ᄒᆞ거늘 내 그 보는 ᄠᅳᆺ을 술피니 병듕은 셰렴이 ᄋᆞ조 업는 고로 내게 각별 유렴이 업더니 잇ᄯᅢ 우연히 내 발최의 이시히 셔시니 안시眼視 ᄌᆞ연 ᄂᆞ리미 더 슌ᄒᆞᆫ지라 이윽이 보다가 번연히 ᄭᆡ쳐 혜아리ᄃᆡ 내 혹 불힝ᄒᆞ면 져 신셰를 엇지 홀고 ᄒᆞ여 유심히 보는 거동이라 내 일쳠一瞻의 그 듕심지ᄌᆡ中心之在를 명각明覺ᄒᆞ엿더니 조뫼 ᄯᅩ 아라보시고 존고ᄭᅴ ᄒᆞ시ᄃᆡ 새ᄃᆡᆨ과 무슨 말이나 ᄒᆞ라 ᄒᆞ쇼셔 존괴 죵기언從其言ᄒᆞ샤 나아가 닐ᄋᆞ시ᄃᆡ 네 안해와 무솜 말이나 ᄒᆞ여라 부ᄌᆡ 이연ᄒᆞᆫ 빗출 곳치디 아니코 ᄯᅩ ᄃᆡ답홈도 업거늘 내 그 거동을 보니 새로이 구촌九寸이 욕렬欲裂ᄒᆞᄃᆡ 굿게 ᄎᆞᆷ고 빗출 화히 ᄒᆞ여 나아가 정신을 뭇ᄌᆞ오니 부답不答이어늘 내 강쇼强笑ᄒᆞ여 ᄀᆞᆯᄋᆞᄃᆡ 무솜 잘못ᄒᆞᆫ 일이 잇ᄂᆞ니잇가 머리 ᄌᆞ거늘 우문 왈 무솜 일이니잇가부ᄌᆡ 쳔촉喘促ᄒᆞ여 겨오 닐ᄋᆞᄃᆡ 시방은 긴 말을 못ᄒᆞ게시니 내 낫거든 ᄒᆞ리라 ᄒᆞ니 이는 ᄉᆞᄉᆞ로 회두를 밋는 고로 소셩蘇醒ᄒᆞ여 난 후 나의 경솔ᄒᆞ고 망녕도이 칼 잡고셔 드던 거조를 ᄎᆡᆨ責ᄒᆞ고 일댱환쇼一場歡笑ᄒᆞ려 ᄒᆞᆫ ᄠᅳᆺ이라 이에 다시 말솜을 못ᄒᆞ고 이윽ᄒᆞᆫ 후 존당이 나오시다 이 날은 죵일 가감加減이 업시 효명曉明 회운 후로븟허 일양一樣 지내고 져녁의 불을 현 후 가군이 계시기로 존당은 병측의 드러오시디 못ᄒᆞ고 내 드러가 겻히셔 구호救護ᄒᆞ고 가군이 침두枕頭의셔 혹 뭇는 말솜이 이신즉 부ᄌᆡ 겨오 ᄃᆡ답ᄒᆞ더니 홀연 각통脚痛이 극ᄒᆞ여 무릅흘 ᄀᆞᄅᆞ쳐 ᄌᆞ통刺痛ᄒᆞ니 가군이 날ᄃᆞ려 주무ᄅᆞ라 ᄒᆞ셔늘 니블 우흐로 주무ᄅᆞ더니 검쳔슉〃이 입실ᄒᆞ니 부ᄌᆡ ᄀᆞᄅᆞ쳐 다

리를 주믈너 주쇼셔 ᄒᆞ니 내 물너 나올ᄉᆡ 오호 통ᄌᆡ라 이번 ᄒᆞᆫ 번 나온 거시 쳔고영결千古永訣이 되미냐 유〃창텬아 ᄎᆞ마 이 엇진 일이뇨

한마디 나누지 못하고

인심이 무령無靈ᄒᆞ여 오히려 아경俄頃ᄉᆞ이 위ᄐᆡᄒᆞᆯ 줄을 모ᄅᆞ고 합닉의 나와 졍신이 홀〃 황〃ᄒᆞ야 존고와 서ᄅᆞ 몸을 의지ᄒᆞ고 잠간 지혓더니 믄득 가ᄆᆡ假寐ᄒᆞ엿던가 홀〃ᄒᆞᆫ ᄉᆞ이 얼프시 호통號慟ᄒᆞᄂᆞᆫ 소ᄅᆡ 들니거ᄂᆞᆯ 존고와 내 ᄒᆞᆷᄭᅴ 진몽眞夢을 ᄭᆡ닷디 못ᄒᆞ고 혼ᄇᆡᆨ魂魄이 비월飛越ᄒᆞ여 다만 년셩連聲 ᄋᆡ호哀號ᄒᆞ고 채쳐 드ᄅᆞ니 호통ᄒᆞ시ᄂᆞ 니ᄂᆞᆫ 존구대인이시고 일변一邊 병실이 황〃ᄒᆞ여 고복皐復[512]을 의논ᄒᆞᄂᆞᆫ 소ᄅᆡ 들니〃 임의 ᄒᆞᆯ일 업ᄉᆞ믈 ᄭᆡᄃᆞᄅᆞᆯ지라 다만 텬디 망〃ᄒᆞ고 졍혼精魂이 아득ᄒᆞ고 심신이 젼툑ᄒᆞᆯ ᄯᆞᄅᆞᆷ이니 도로혀 ᄒᆞᆫ 나모 사ᄅᆞᆷ ᄀᆞᆺᄒᆞ여 조모 무릅희 업드여실ᄉᆡ 존괴 통흉곡지慟胸哭之ᄒᆞ셔ᄂᆞᆯ 오히려 ᄉᆡᆼ각ᄒᆞ니 부지 병듕의 스ᄉᆞ로 겁ᄒᆞ여 힝혀 의원과 ᄂᆞᆷ이 듕타ᄒᆞᄂᆞᆫ가 비록 혼침昏沈 듕이라도 긔ᄉᆡᆨ을 셰〃히 ᄉᆞᆯ피기 ᄎᆞ마 누흔淚痕을 뵈디 못ᄒᆞ고 혹 병의 유해有害타ᄒᆞᄂᆞᆫ 거ᄉᆞᆫ 스ᄉᆞ로 조심이 극진ᄒᆞ기 ᄆᆞ양 반ᄃᆞ시 누어 손을 혹 가ᄉᆞᆷ의 언즈즉 가군이 닐ᄋᆞ샤ᄃᆡ 손을 언ᄌᆞ면 겁〃도 ᄒᆞᆯ 거시오 ᄯᅩ 아닛ᄂᆞᆫ다 ᄒᆞ니 말나 ᄒᆞ신 고로 그 후ᄂᆞᆫ 혹 무심히 언젓다가도 ᄭᆡ쳐 급히 ᄂᆞ리와 노코 이 날 나ᄌᆡ도 내 가군ᄭᅴ 고왈 임의 졈〃 ᄒᆞᆯ 일 업ᄉᆞ니 출하리 졍신이 잠간 이실제 식息의 품은 소회所懷ᄅᆞᆯ 고ᄒᆞ고 답언答言을 듯고져 ᄒᆞᄂᆞ이다 가군이 말니샤 왈 시방도 저ᄂᆞᆫ 속으로 지각이 뇨료ᄒᆞ여 ᄂᆞᆷ의 긔ᄉᆡᆨ을 ᄉᆞᆯ피ᄂᆞᆫᄃᆡ ᄎᆞ마 엇디 ᄉᆞ후死後 말을 니ᄅᆞ리오 ᄒᆞ시기 못ᄒᆞ고 님죵臨終ᄭᆞ지 스ᄉᆞ로 회두ᄅᆞᆯ 밋ᄂᆞᆫ 고로 초혼初昏의 내 합닉의셔 드ᄅᆞ니 부지 가군ᄭᅴ 뭇ᄌᆞ와 ᄀᆞᆯ오ᄃᆡ 내 병이 죵시 위ᄐᆡᄐᆞᆫ 아니ᄒᆞ리잇

512 고복皐復: 상을 당하였을 때 죽은 이의 이름을 부르면서 초혼招魂하는 것. 고皐는 길게 빼어 부르는 소리, 복復은 초혼하는 것을 뜻한다.

가 가군이 닐ᄋᆞ샤ᄃᆡ 그러키ᄅᆞᆯ 니ᄅᆞ랴 네 병이 위ᄐᆡ하면 내 이리 타연泰然ᄒᆞᆯ가시브냐 너ᄂᆞᆫ 내 긔ᄉᆡᆨ氣色만 미드라 ᄒᆞ여 계시거ᄂᆞᆯ 두어 경更 ᄉᆞ이 비록 위ᄐᆡ危殆ᄒᆞ여시나 오히려 채 운절殞絶치 아냐 안흐로 정신이 〃실진대 호읍號泣ᄒᆞᄂᆞᆫ 소ᄅᆡᄅᆞᆯ 듯고 족히 놀나고 셜워ᄒᆞ리오 이ᄅᆞᆯ ᄉᆡᆼ각ᄒᆞ니 임의 ᄒᆞᆯ일 업ᄉᆞᆫ 바의 ᄌᆡ셰在世ᄒᆞᆫ ᄉᆞ이나 심녀心慮ᄅᆞᆯ 허비虛費치 말과져 존고ᄭᅴ 잠간 기ᄃᆞ리시고 호읍號泣을 긋치쇼셔 ᄒᆞ고 ᄯᅩ 맛당이 드러가 ᄆᆞᄌᆞ막 ᄉᆡᆼ면生面을 영결永訣ᄒᆞᆯ거시로ᄃᆡ 임의 드러간 후ᄂᆞᆫ ᄎᆞ마 견ᄃᆡ디 못ᄒᆞ고 ᄎᆞ마 보지 못ᄒᆞᆯ 거동擧動을 ᄃᆡᄒᆞ여 거죄 죠용치 아니면 도라가ᄂᆞᆫ ᄆᆞ음을 도로혀 산난散亂ᄒᆞᆯ 거시오 ᄯᅩᄒᆞᆫ 고셔古書의 님ᄉᆞ臨死의 남녀男女 혼잡混雜지 아닛ᄂᆞᆫ다 ᄒᆞ니 죵신대ᄉᆞ終身大事의 녜禮ᄅᆞᆯ 어긔미 불가不可ᄒᆞ여 다만 소ᄅᆡᄅᆞᆯ 숨키고 흉금胸襟을 어ᄅᆞᄆᆞᆫ져 조모祖母ᄭᅴ 의지ᄒᆞ여 업ᄃᆡ엿더니 이윽고 고복皐復을 인ᄒᆞ여 일시一時의 곡셩哭聲이 챵텬漲天[513]ᄒᆞ며 ᄂᆔ 날을 피발被髮을 식이니 잇ᄯᆡ 내 불의不意 일셕一夕의 하ᄂᆞᆯ이 ᄆᆞ허지ᄂᆞᆫ 변變을 당ᄒᆞ여 일신一身을 쇄샥碎削ᄒᆞᄂᆞᆫ 듯 텬디天地 망〃茫茫ᄒᆞ고 심혼心魂이 아득ᄒᆞ여 셰상을 분간치 못ᄒᆞ엿더니 잠간 ᄉᆞ이 가군家君이 날을 안아 내 침소寢所로 드려와 계신지라 내 겨오 정신을 ᄭᆡ치나 어히 업고 망단望斷[514]ᄒᆞ여 능히 우름도 우디 못ᄒᆞ여 입 가온대 다만 이거시 셰샹이냐 ᄭᅮᆷ이냐 ᄎᆞ마 이 어인 일이뇨 황〃ᄒᆞ여 ᄯᆞ로고져 ᄒᆞ나 길히 업고 홀〃ᄒᆞ여 잡고져 ᄒᆞ나 잡을 거시 업ᄉᆞ니 망〃히 호텬벽도呼天擗倒ᄒᆞᆯ ᄲᅳᆫ이러니 이윽ᄒᆞ여 제친諸親이 내 침소寢所의 함ᄎᆔ咸聚ᄒᆞ여 습념襲殮 소입所入을 가군家君ᄭᅴ 의논ᄒᆞ여 블긔[515]ᄒᆞᆯᄉᆡ 내 ᄎᆞ마 엇디 드ᄅᆞ며 ᄎᆞ마 엇디 ᄉᆡᆼ각ᄒᆞ리오마ᄂᆞᆫ ᄉᆞ쟈死者ᄂᆞᆫ 불가부ᄉᆡᆼ不可復生이니 임의 ᄒᆞᆯ 일 업거ᄂᆞᆯ 무익無益ᄒᆞᆫ 셜움만 그리와 만년晩年의 ᄆᆞᄌᆞ막 오ᄉᆞᆯ 유렴留念을 아니치 못ᄒᆞ여 두어 말ᄉᆞᆷ으로 모든 ᄃᆡ 고ᄒᆞ여 ᄀᆞᆯᄋᆞᄃᆡ 슈의壽衣

513 창천漲天: 하늘에 퍼져 가득함.
514 망단望斷: 바라던 일이 실패함. 이러지도 저러지도 못하는 딱한 처지.
515 발기件記: 사람이나 물건의 이름을 죽 적어 놓은 글. 이두식 표기로는 '件記'로 쓴다.

ᄅᆞᆯ 남濫히 ᄒᆞᆯ 거ᄉᆞᆫ 아니로ᄃᆡ ᄯᅩᄒᆞᆫ 다시 못ᄒᆞᆯ 거시니 질긔기ᄅᆞᆯ 취ᄒᆞ여 수화쥬水禾紬로 더러 ᄒᆞ쇼셔 ᄒᆞ니 이에 듕치막[516] 동옷[517] 뎍삼[518] 속거ᄉᆞᆫ 수화쥬로 ᄒᆞ고 ᄂᆡ공內供[519]과 기여其餘ᄂᆞᆫ 다 명쥬明紬로 블긔ᄒᆞ여 내여 가신 후 미음을 가져와 가군家君이 그ᄅᆞ슬 잡고 먹으라 ᄒᆞ시니 ᄎᆞ마 시긱時刻이 늣지 아냐셔 물인들 엇디 후셜喉舌을 넘기리오마ᄂᆞᆫ 임의 ᄯᆞ라 죽지 아니랴며 이런 븟치ᄅᆞᆯ 집미執迷[520]ᄒᆞ여 가군家君의 쵸려焦慮ᄒᆞ심과 방인傍人의 지란至難히 넉이믈 취取치 아니랴 가연[521]히 마시고 이 밤을 왕대인王大人과 가군家君이 내 침소寢所의셔 잠간 휴슉休宿ᄒᆞ랴실ᄉᆡ 내 놀난 정신을 오히려 뎡定치 못ᄒᆞ고 휘〃ᄒᆞ미 극極ᄒᆞ여 가군家君끠 든〃이 의지依支ᄒᆞ여 밤을 겨오 지내고 날이 ᄇᆞᆰ은 후 존괴 시소尸所의 나가시다 ᄒᆞ여ᄂᆞᆯ 내 ᄯᅩ 그 얼골을 보고져 시비侍婢의게 업혀 나가니 존괴 나가 션 지 블셔 오라ᄃᆡ 모든 종슉〃從叔叔이 문을 ᄌᆞ당阻擋[522]ᄒᆞ여 막아 왈曰 츌입出入을 번거히 ᄒᆞ여 만일 쵹풍觸風ᄒᆞᆫ 즉 도라간 쟈의 그만 불ᄒᆡᆼ不幸이 업ᄉᆞ니 못ᄒᆞᆯ거시오 이제ᄂᆞᆫ 임의 이의已矣어ᄂᆞᆯ 보셔 무슴ᄒᆞ리잇가 ᄌᆡ삼再三 말니고 문을 여지 아니〃 존괴 능能히 드디 못ᄒᆞ시거ᄂᆞᆯ 내 호곡號哭ᄒᆞ여 쳥請ᄒᆞ니 돈동 슉〃叔叔이 니ᄅᆞ시ᄃᆡ 시방時方은 실노 보아 무익無益ᄒᆞ고 습襲[523] 후後 당〃堂堂이 보ᄂᆞᆫ 녜문禮文이 〃시니 드러가쇼셔 ᄒᆞ라 내 답答ᄒᆞᄃᆡ 나ᄂᆞᆫ 심약心弱ᄒᆞ고 샹傷ᄒᆞ여 져녁과 밤은 능히 못 보게시니 이제 보게 ᄒᆞ쇼셔 ᄒᆞ니 참봉參奉 슉〃叔叔이 니ᄅᆞ시ᄃᆡ 맛당이 보시기ᄅᆞᆯ 위ᄒᆞ여 명됴明朝의

516 중치막: 벼슬하지 않은 선비가 소창옷 위에 덧입는 웃옷. 넓은 소매에 길이는 길고, 앞은 두 자락, 뒤는 한 자락이며 옆은 무가 없이 터져 있다.
517 동옷: 남자가 입는 저고리.
518 적삼: 윗도리에 입는 홑옷. 모양은 저고리처럼 생겼으나 홑겹이며 바느질을 박이로 하였다. 보통 저고리 대용으로 여름에 입는다.
519 내공內供: 옷의 안감.
520 집미執迷: 고집이 세어 갈팡질팡함.
521 가연: 가연이. 개연慨然히, 흔쾌히.
522 조당阻擋: 막아서 가림.
523 습襲: 장사지내기 위해 죽음 사람의 몸을 씻기고 새 옷을 갈아입히는 일.

습襲을 ᄒᆞ리니 드러가쇼셔 ᄒᆞ시기 ᄒᆞᆯ 일 업서 존당尊堂과 내 그저 드러오니라 슈의壽衣 뎍삼 속것 건巾[524] 말襪[525]은 가군家君이 졍情으로 ᄒᆞ시고 동오ᄉᆞᆫ ᄇᆡᆨ시伯氏 ᄒᆞ시니 ᄉᆞ톄事體로 니를진대 뎨낭弟郎의 슈의壽衣를 ᄒᆞᆯ 거시 아니로ᄃᆡ 샹시常時 ᄇᆡᆨ시伯氏와 부ᄌᆡ 서ᄅᆞ 흠경欽敬ᄒᆞ고 ᄋᆡ모愛慕ᄒᆞᄂᆞᆫ 지우지졍知遇之情이 실노 타별他別ᄒᆞ던 배라 각별恪別 졍情을 표表ᄒᆞ고 슈의壽衣예 한삼汗衫[526]은 아닛는다 ᄒᆞᄃᆡ 병듕病中 일〃一日은 날ᄃᆞ려 니ᄅᆞᄃᆡ 내 요ᄉᆞ이 홀연忽然 의복衣服 호ᄉᆞ豪奢ᄒᆞ고시분 ᄆᆞᄋᆞᆷ이 나니 언제나 나아 가ᄇᆡ야온 새 오ᄉᆞᆯ 닙을고 요ᄉᆞ이 댱인丈人 명쥬 한삼 든 거시 보도라와 심히 됴하 뵈니 나도 들고져 ᄒᆞ노라 내 웃고 답答ᄒᆞᄃᆡ 환후患候만 어셔 나으쇼셔 맛당이 새 옷과 명쥬 한삼을 삼가 힘을 다ᄒᆞ여 밧들니이다 이리 슈작酬酌ᄒᆞ엿더니 일이 임의 글넛ᄂᆞᆫ지라 일노 드ᄃᆞ여 수화쥬 한삼을 내 각별ᄒᆞ여 ᄃᆞ라시ᄃᆡ 내 손으로 짓디 못ᄒᆞᆫ 거시 ᄒᆞᆫ이오 ᄯᅩ 조뫼 날ᄃᆞ려 ᄆᆞᄌᆞ막 보션이니 지으라 ᄒᆞ시ᄃᆡ ᄎᆞ마 못ᄒᆞ엿더니 근ᄂᆡ近來의 ᄌᆞ로 ᄉᆞᆱ을 인ᄒᆞ여 보션이 ᄡᅥ러져도 뵈고 맛갓지 아냐도 뵈니 엇디 디극ᄒᆞᆫ 유ᄒᆞᆫ遺恨이 아니리오 부ᄌᆡ 샹시常時 현쵸ᄃᆡ를 됴히 넉이던가 시브ᄃᆡ 나ᄂᆞᆫ 몰낫더니 존괴 호텬통흉呼天慟胸 듕 니ᄅᆞ시ᄃᆡ 샹시 ᄆᆞ양 ᄒᆞ여 가디고져 ᄒᆞᄃᆡ 내 못ᄒᆞ여 주엇더니 ᄎᆞ마 엇디 유명幽明간 니ᄌᆞ리오 ᄒᆞ시고 통견通絹[527]으로 친히 졉어 너흐시니라

훔친 목숨

내 비록 완명頑命이 무지無知ᄒᆞ고 존당尊堂 무탁無託ᄒᆞ실 ᄉᆞ졍事情의 참졀慘絶ᄒᆞ므로 일누一縷를 투ᄉᆡᆼ偸生ᄒᆞ나 샹시 부ᄌᆡ의 지우듕ᄃᆡ知遇重待와 지졍곡진至

524 건巾: 머리에 쓰는 것.
525 말襪: 버선.
526 한삼汗衫: 땀을 받아내려고 겉옷 속에 입는 옷. 속적삼.
527 통견通絹: 아주 성기고 얇게 짠 비단.

情曲盡ᄒᆞᆫ 셩심誠心을 ᄉᆡᆼ각ᄒᆞ고 내 소집所執이 본ᄃᆡ 고금古今을 통ᄒᆞ여 지아비 죽으매 ᄯᆞ라 죽는 의義를 올히 넉이고 사ᄂᆞᆫ 니를 무지無知히 넉이고 샹시 부지 날 알ᄋᆞ믈 미ᄉᆞ微事의도 ᄆᆡᆼ녈猛烈ᄒᆞᆫ 결단決斷이 잇는 줄노 아랏거놀 내 쳔만千萬 몽ᄆᆡ夢寐 밧 텬지天地 문허지는 변變을 당ᄒᆞ여는 돈연頓然이 나의 본 ᄯᅳᆺ을 닛고 부ᄌᆞ夫子의 지우를 져ᄇᆞ려 목숨을 투ᄉᆡᆼ偸生ᄒᆞ니 유명幽明간 져ᄇᆞ리미 극極ᄒᆞᆫ지라 지우知遇를 져ᄇᆞ린 회포懷抱를 아니 고告치 못ᄒᆞᆯ 고故로 이에 다엿 줄 글을 일워 관듕棺中의 너흐려 ᄒᆞᆯᄉᆡ 망〃젼ᄉᆡᆨᄒᆞᆫ 심신心身을 거두어 겨오 긔록記錄ᄒᆞ니 기셔其書 대강大綱의 부ᄌᆞ의 청슈淸秀ᄒᆞᆫ 품슈稟受와 인효仁孝 개졔愷悌[528]ᄒᆞᆫ 셩질性質이며 탈쇽脫俗ᄒᆞᆫ 심ᄉᆞ의 슈壽를 엇디 못ᄒᆞᆷ과 츌인出人ᄒᆞᆫ 효심孝心으로 ᄒᆞᆨ발鶴髮 존당尊堂과 쇠년衰年 빵친雙親긔 불회不孝ㅣ 막대莫大ᄒᆞ믈 탄歎ᄒᆞ고 샹시 슈ᄒᆡᆼ修行의 독실篤實ᄒᆞᆷ과 부〃간이라도 슈렴긔피ᄒᆞ고 지심지우知心知遇ᄒᆞ여 실노 휴虧ᄒᆞᆫ 고지 업ᄉᆞ니 내 그윽이 흠복欽服 공경恭敬ᄒᆞ여 피ᄎᆞ彼此의 ᄌᆞ별ᄒᆞ미 만흐니 종신終身을 앙망仰望ᄒᆞ여 ᄇᆡᆨ년 동노同老를 긔약期約ᄒᆞ다가 나의 죄악罪惡이 지듕至重ᄒᆞ고 명되命途ㅣ 궁박窮迫ᄒᆞ여 결발結髮의 늣거옴과 지우知遇를 져ᄇᆞ려 투ᄉᆡᆼᄒᆞ니 명완불의命頑不義ᄒᆞᆷ과 당일當日 운졀시殯絶時의 집검지ᄉᆞ執劍之事를 ᄆᆞᆺᄎᆞᆷ내 미온未穩히 넉여 도라가신 배 나의 지ᄒᆞᆫ至恨이 되믈 됴건〃條件件 간냑簡略히 긔록記錄ᄒᆞ여 ᄲᆞᆯᄉᆡ 내 혈셔血書로 쓰려 ᄒᆞᄃᆡ 시비侍婢 좌우左右로 방비防備ᄒᆞ미 신밀愼密[529]ᄒᆞ기 달니 니ᄅᆞ고 가ᄋᆡ를 가져오라 ᄒᆞ니 가져왓거늘 졍히 니불 ᄉᆞ이의셔 손가락을 버히고져 ᄒᆞ더니 유뫼 병풍 밧긔 잇다가 알고 급히 아ᄉᆞ니 망〃듕茫茫中 그 통ᄒᆞᆫ痛恨ᄒᆞ믈 엇디 다 니ᄅᆞ리오마ᄂᆞᆫ 다시 닐월 길 업서 마지못 먹으로 쓰더니 가군家君이 드러오샤 침두枕頭의 지필紙筆을 보시고 ᄒᆡᆼ혀 유셔遺書를 쓰는가 크게 경동驚動ᄒᆞ여 무

528 개제愷悌: 얼굴과 기상이 화락하고 단정함.
529 신밀愼密: 신중히 하여 빈틈이 없음.

ᄅᆞ시ᄃᆡ 무어ᄉᆞᆯ 쓰ᄂᆞ냐 ᄒᆞ시기 의심疑心을 빙셕氷釋고져 즉시 ᄃᆡ왈 아히 비록 일명一命을 투ᄉᆡᆼ偸生ᄒᆞ나 ᄉᆞᄉᆞ로 궁텬窮天ᄒᆞᆫ 셜움과 만결萬結ᄒᆞᆫ 유ᄒᆞᆫ遺恨이 극極ᄒᆞ고 유명幽明간 져ᄇᆞ린 소회所懷ᄅᆞᆯ 두어 줄 긔록記錄ᄒᆞ여 너흐려 ᄒᆞ올ᄉᆡ 식息의 지졍至情을 다ᄒᆞ여 혈셔로 쓰려 ᄒᆞ엿더니 무지無知ᄒᆞᆫ 비ᄇᆡ婢輩 조당阻擋ᄒᆞ여 ᄠᅳᆺ을 펴디 못ᄒᆞ니 우분극통尤憤極慟ᄒᆞ이다 가군家君이 답答ᄒᆞ시ᄃᆡ 네 혈셔ᄅᆞᆯ 너코져 ᄒᆞ미 맛당ᄒᆞᄃᆡ 님변지일臨變之日의 네 거조ᄅᆞᆯ ᄆᆞᆺᄎᆞᆷ내 미안히 넉이고 샹시로 츄이推移ᄒᆞ나 극히 심약心弱ᄒᆞ던ᄃᆡ 불근 혈셔ᄅᆞᆯ 반ᄃᆞ시 놀날 거시니 묵墨이 맛당ᄒᆞ고 만일 그러치 아닐진대 낸들 잠간 네 ᄉᆞᆯ 혈우ᄅᆞᆯ 앗겨 지졍至情을 막을가 시브냐 ᄒᆞ시고 어셔 쓰라 ᄒᆞ시기 듯ᄌᆞ오매 기연其然ᄒᆞ여 이에 쓰기ᄅᆞᆯ 다ᄒᆞ니 가군이 바라보실ᄉᆡ 엄억掩抑 경열哽咽[530]ᄒᆞ샤 보시기ᄅᆞᆯ 다ᄒᆞᆫ 후 닐ᄋᆞ샤ᄃᆡ 지졍지졀至精至切ᄒᆞ여 지극히 졍精ᄒᆞ며 디극히 ᄀᆞᆫ졀懇切ᄒᆞ니 가히 맛당히 ᄒᆞ엿다 ᄒᆞ시고 ᄉᆞ매에 너허 왈 네 형을 뵈고 년복連幅[531]ᄒᆞ여 오리라 ᄒᆞ시며 안ᄉᆡᆨ顏色의 다ᄒᆡᆼ多幸ᄒᆞᆫ 빗치 ᄀᆞ득ᄒᆞ시니 이ᄂᆞᆫ 내 살기로써 고告ᄒᆞ나 밋지 아니코 심듕心中의 념녀ᄒᆞ시다가 이 글을 보시니 비록 ᄉᆡᆼ쟈生者ᄅᆞᆯ 긔이나 ᄉᆞ쟈死者ᄅᆞᆯ 어어이 속이리오 비로소 완구히 미드샤 나의 신셰ᄅᆞᆯ 참통慘慟ᄒᆞ시나 그 죽디 아니랴 ᄒᆞ믈 만심극ᄒᆡᆼ滿心極幸ᄒᆞ샤 반ᄃᆞ시 ᄇᆡᆨ시伯氏도 뵈여 쵸샥ᄒᆞᆫ 념녀ᄅᆞᆯ 덜니려 ᄒᆞ시미라 가군의 안ᄉᆡᆨ顏色과 듕심中心을 앙탁仰度ᄒᆞ옵건대 ᄎᆞ마 여ᄎᆞ如此ᄒᆞ신 지졍텬뉸至情天倫을 엇디 져ᄇᆞ리〃오 이에 더옥 살기ᄅᆞᆯ 굿게 뎡ᄒᆞ니라

팔일八日 명신冥晨[532]의 습襲을 다ᄒᆞᆫ 후 쳔고千古 면결面決을 인因ᄒᆞ여 존괴 나가시고 날을 ᄃᆞ려 내여가니 오호 통ᄌᆡ라 이 길히 무ᄉᆞᆷ 길히며 이 니별이 능히 회ᄒᆞᆫ悔恨이 〃시랴 창〃蒼蒼ᄒᆞᆫ 황텬黃泉이 ᄎᆞ마 이ᄅᆞᆯ ᄒᆞᆯ 것가 망〃 호텬ᄒᆞ야 실室의 님ᄒᆞ여 ᄒᆞᆫ 번 눈을 드니 ᄋᆡ라 차마 이 엇진 일이뇨 슈연ᄒᆞᆫ 신댱은 고

530 경렬哽咽: 목메어 울다. 흐느껴 울다.
531 연복連幅: 피륙이나 종이 따위의 조각을 마주 이어 붙이는 것.
532 명신冥晨: 어둑어둑한 새벽.

요ᄒᆞ여 움즉이미 업고 화和ᄒᆞᆫ 안식顔色과 유열愉悅ᄒᆞᆫ 셩음聲音은 좀묵潛默ᄒᆞ여 유명幽明을 격隔ᄒᆞ여시니 유〃창텬아 ᄎᆞ하인야此何人也오 부ᄌᆡ ᄎᆞ마 잇ᄯᅢ의 이러치 아니리니 이 엇진 일이뇨 부ᄌᆞ의 츌인出人ᄒᆞᆫ 셩효誠孝로 ᄒᆞᆨ발鶴髮 존당尊堂의 셔하참경이 역니디통逆理之痛을 아ᄋᆞ르시고 훤당萱堂 쌍친雙親ᄭᅴ 참독慘毒ᄒᆞᆫ 상명디통喪明之痛을 깃치옵는 밧 부ᄌᆡ 존고ᄭᅴ ᄌᆞ별ᄒᆞᆫ 효셩으로 ᄒᆞᆫ낫 유뎨幼弟와 치ᄆᆡ稚妹 업시 망연히 도라가시니 고혈孤孑ᄒᆞ신 존괴 무어슬 의탁ᄒᆞ시리오 이러므로 부ᄌᆡ 셰연世緣의 늣거옴과 여러 가지 유ᄒᆞᆫ遺恨이 얽혀 명목暝目[533]디 못ᄒᆞ기의 밋ᄎᆞ니 오호 텬도天道여 ᄎᆞ하텬여此何天歟아 명여命歟아 무태無他ㅣ라 이 도시 나의 죄악罪惡이 지듕至重ᄒᆞ고 팔ᄌᆡ 궁험窮險ᄒᆞ미어늘 혹或 홰禍ㅣ이 군君의게 미치시니 내 비록 무지無知 완명頑命이나 삼죵三從을 의탁依託ᄒᆞ고 일싱을 앙망仰望하여 ᄇᆡᆨ년동쥬百年同住를 긔약期約ᄒᆞ다가 텬디지혹벌天地之酷罰을 밧ᄌᆞ와 오늘날 부ᄌᆞ夫子를 쳔고千古 영결永訣을 지으니 오호 통ᄌᆡ라 유〃悠悠ᄒᆞᆫ 이 셰상을 엇지 ᄒᆞ리오

망〃이 부르나 응應ᄒᆞ미 업고 황〃이 말ᄒᆞ나 ᄃᆡ답ᄒᆞ미 업ᄉᆞ니 샹시 부ᄌᆡ 날ᄃᆞ려 말ᄒᆞ매 ᄃᆡ답對答지 아니믈 답답이 넉이시던 바로써 엇디 이대도록 좀묵 쳘〃ᄒᆞ시뇨 오호 창텬아 ᄎᆞ마 사롬을 내고 이리ᄒᆞ믄 엇디오 탹급着急히 얼골을 보고져 ᄒᆞ나 면모面帽[534]를 구지 ᄀᆞ리와시니 내 망〃이 그 얼골 보기를 청請ᄒᆞᆫ대 참봉參奉 슉〃叔叔이 면모面帽를 잠간 들혀니 다만 순함脣頷만 뵈기 내 호통극텬ᄒᆞ니 니슉대인李叔大人이 부ᄌᆞ의 한삼을 허혀고 손을 내여주셔늘 내 급히 잡으니 오호 통ᄌᆡ라 오늘 이거시 우리 부〃의 쳔고千古 ᄉᆞ별死別 집슈執手 샹결相訣ᄒᆞ미냐 인싱 텬지天地간 ᄎᆞ마 엇지 이ᄀᆞᆺᄒᆞᆫ 혹독ᄒᆞᆫ 일이 잇ᄂᆞ뇨 ᄒᆞᆫ번 집슈執手 호통의 심쟝이 쳔붕만녈千崩萬裂ᄒᆞ니 황〃ᄒᆞ여 구원九原[535]의 ᄯᅡᆯ

533 명목暝目: 눈을 감음. 편안한 죽음을 비유적으로 일컫는 말.
534 면모面帽: 시신의 얼굴을 싸매는 헝겊.
535 구원九原: 저승.

올 듯 ᄒᆞ고 망〃ᄒᆞ야 합연溘然이 조출 듯 흉금胸襟이 엄식掩塞ᄒᆞ여 정신을 ᄎᆞᆺ촌 ᄉᆞ이 뉘 블셔 날을 안흐로 드려와 가군과 모다 환약지뉴丸藥之類로 ᄭᅵ와내니 쳔츄千秋의 그음 업ᄉᆞᆫ 니별을 임의 헛ᄃᆞ이 ᄒᆞ고 황혼黃昏의 입관入棺을 인ᄒᆞ여 나가나 ᄯᅩ 막힐가 ᄒᆞ여 부군이 안아 잠간 뵈시고 드려보내시니 임의 일신一身 음용音容을 기리 ᄀᆞᆷ초아시니 무어ᄉᆞᆯ 보며 무어ᄉᆞᆯ 드ᄅᆞ리오 ᄉᆞᆨ졀업시 초죵初終[536] 셩복成服[537]을 ᄆᆞᆺᄎᆞ니 오호 통ᄌᆡ라 부ᄌᆞ夫子의 탁별卓別ᄒᆞᆫ 효셩孝誠은 어ᄃᆡ 일워시며 슈츌秀出ᄒᆞᆫ 품질稟質은 어ᄃᆡ 표ᄒᆞ엿ᄂᆞ뇨

부ᄌᆞ로ᄡᅥ 텬명天命이라 ᄒᆞᆯ진대 님죵臨終ᄭᆞ지 ᄉᆞᄉᆞ로 회두回頭를 긔약지 아닐 거시오 비명非命이라 ᄒᆞᆯ진대 독질毒疾을 엇디 어더시리오마는 대개 무신戊申동冬 위질痿疾 후 보원지졔補元之劑와 익긔지뉴益氣之類를 ᄡᅥ 완구完久히 소복蘇復ᄒᆞ고 득질시초得疾始初의 병근病根이 깁지 아냐셔 의약醫藥을 다ᄉᆞ리며 긔운이 진패치 아냐셔 보원補元을 ᄒᆞ여실진대 혹 이 지경地境의 니ᄅᆞ지 아닐 줄 엇디 알니오 졀〃셰〃切切細細히 유ᄒᆞᆫ遺恨이 극지極至ᄒᆞ고 원통이 쳘텬徹天ᄒᆞ여 애ᄂᆞᆫ 구원의 ᄉᆞᆺ처지고 넉시 황양黃壤[538]의 ᄉᆞ라지니 ᄎᆞ마 엇디 견ᄃᆡ리오 부ᄌᆡ 본ᄃᆡ 슉ᄇᆡᆨ叔伯[539]이 무타無他ᄒᆞ야 경〃煢煢[540] 일신一身으로 이제 도라가시나 ᄒᆞᆫ낫 동긔同氣와 ᄒᆞᆫ졈 혈쇽血屬이 업ᄉᆞ니 부ᄌᆞ의 의형儀形은 어ᄃᆡ 옴기며 부ᄌᆞ의 혈ᄆᆡᆨ血脈은 어ᄃᆡ 니으리오 부ᄌᆞᄂᆞᆫ 존당 부모ᄭᅴ 동냥棟樑이시어늘 동냥이 브러지니 어ᄃᆡ를 의탁ᄒᆞ시며 부ᄌᆞᄂᆞᆫ 존가尊家 쥬셕柱石이어늘 쥬셕이 ᄶᅥᆨ거지니 엇지 업더지〃 아니리오

536 초종初終: 초상이 났을 때부터 졸곡 때까지 치르는 온갖 일이나 예식. 졸곡은 삼우제가 지난 뒤 첫 강일에 지내는 제사. 사람이 죽은 지 석달 안에 정일이나 해일을 택해 지낸다.

537 성복成服: 초상이 나서 처음으로 상복을 입는 것.

538 황양黃壤: 저승.

539 숙백叔伯: 아우와 형. 또는 형제.

540 경경煢煢: 외로움.

존당 냥대인이 부ᄌᆞ로써 듕히 밋고 먼니 긔약ᄒᆞ시믈 태과太過히 ᄒᆞ시다가 몽ᄆᆡ夢寐 일됴一朝의 혹독ᄒᆞᆫ 참경慘景을 당ᄒᆞ샤 극원極冤 참통慘痛이 엇디 ᄒᆞᆫ갓 상명喪明의 니ᄅᆞ실 ᄲᆞᆫ이리오 ᄒᆞ믈며 존고ᄂᆞᆫ 쳔금소듕千金所重과 삼종소탁三從所託[541]은 니ᄅᆞ지 말고 지ᄌᆞ텬뉸止慈天倫이 쳔고의 희한稀罕ᄒᆞ샤 긔거한난起居寒暖의 보호ᄒᆞ심과 일빈일쇼一嚬一笑의 무심無心ᄒᆞᆫ 고지 업서 교ᄋᆡ嬌愛ᄒᆞ시며 보휵保畜ᄒᆞ시미 유ᄋᆞ幼兒 ᄀᆞᆺᄒᆞ샤 ᄌᆞᆷ자매 쳔식喘息의 안불安否을 ᄉᆞᆯ피시고 음식ᄒᆞ매 반ᄃᆞ시 겻ᄒᆡ 안치샤 ᄀᆡᆼ羹과 찬饌을 ᄀᆞᆯᄒᆡ여 먹이시며 외헌外軒의 잠간 나간 ᄉᆞ이나 홀연이 여유소실如有所失ᄒᆞ시고 드러오매 몬져 신 소ᄅᆡ를 반기샤 문의 기ᄃᆞ려 손을 잇그러 슬샹膝上의셔 완농희쇼玩弄嬉笑ᄒᆞ시고 부ᄌᆡ 또ᄒᆞᆫ 셩회誠孝ㅣ ᄌᆞ별ᄒᆞ여 슈유須臾 니측離側을 극난極難히 넉이며 샹시 입ᄂᆡ入內ᄒᆞ여 혹 존괴 여측如廁ᄒᆞ라 가 계신즉 반ᄃᆞ시 측듕廁中으로 가 뫼시고 도라오며 존괴 쳑〃慽慽ᄒᆞ신즉 ᄇᆡᆨ 가지 희롱과 긔괴ᄒᆞᆫ 형상을 다ᄒᆞ여 우으시도록 ᄒᆞ니 존괴 더옥 일시 슬하의 업ᄉᆞᆫ즉 홀연ᄒᆞ고 무미無味ᄒᆞ여 ᄒᆞ시며 우리 부〃를 좌하座下의 두신즉 반ᄃᆞ시 셰샹의 짝 업ᄉᆞᆫ ᄌᆞ미로 아ᄅᆞ샤 ᄉᆞ〃과듕事事過重ᄒᆞ시며 언〃긔ᄋᆡ言言奇愛ᄒᆞ샤 반ᄃᆞ시 현달顯達 유챵流暢을 긔약期約ᄒᆞ야 궁달窮達 영욕榮辱과 만ᄂᆡ소탁晩來所託을 오로지 븟치시고 ᄯᅩ 샹시 품으신 회포懷抱ㅣ ᄂᆞᆸ다ᄅᆞ신 고로 ᄇᆞ라고 긔약ᄒᆞ시미 지듕지대至重至大 ᄒᆞ신지라 쥬야晝夜 탹급着急히 농속弄屬[542]의 ᄌᆞ미와 현달顯達의 경ᄉᆞ慶事를 죄오시고 ᄃᆞᆼ〃이 ᄀᆞᆺ게 넉이시믈 당셩ᄀᆞᆺ치 ᄒᆞ시다가 우연ᄒᆞᆫ 병을 어더 ᄃᆞᆯ포 미류彌留ᄒᆞ니 존괴 몬져 심경心境 쵸젼焦煎ᄒᆞ샤 쥬야 침식을 폐廢ᄒᆞ시고 우又 황망도 ᄒᆞ시다가 졈〃 위극危極ᄒᆞ매 황〃이 간위肝胃를 ᄉᆞᆯ오시고 쵸조히 심담心膽을 녹이샤 천디신명天地神

541 삼종소탁三從所託: 삼종은 삼종지도三從之道, 즉 여자가 시집가기 전에는 아버지를, 시집가서는 남편을, 남편이 죽은 뒤에는 아들을 좇는 것을 말한다. 삼종소탁은 삼종을 맡길 곳이라는 뜻으로 여기서는 풍양 조씨의 시어머니가 의지할 아들이라는 의미.
542 농속弄屬: 자녀.

明의 몸을 딕ᄒᆞ고 회두익슈回頭益壽를 튝텬祝天ᄒᆞ시ᄃᆡ 창텬蒼天이 무지無知ᄒᆞ고 귀신이 악착齷齪ᄒᆞ여 텬디간天地間 혹독酷毒ᄒᆞᆫ 참변慘變을 맛나시니 오호 창텬蒼天이여 ᄎᆞ마 이 엇진 일이오

우리 존고의 지인현심至仁賢心과 관유셩덕寬裕聖德으로 엄ᄒᆞᆫ 벌이 비빅婢輩의 밋디 아니코 살싱지심殺生之心이 초튱草蟲의도 업ᄉᆞ샤 관유후덕寬裕厚德ᄒᆞ시며 인ᄌᆞ유화仁慈柔和ᄒᆞ신 현심賢心으로써 텬하의 궁독窮毒ᄒᆞ믈 당케 ᄒᆞ시니 텬되 셩심인현聖心仁賢을 갑흐미 어ᄃᆡ 잇ᄂᆞ뇨 존괴 임의 참극ᄒᆞᆫ ᄃᆡ통至痛을 당ᄒᆞ시매 망〃히 뒤흘 조ᄎᆞ시랴 님변지일臨變之日의 ᄌᆞ결코져 ᄒᆞ시다가 방인傍人의 앗기로써 능히 뜻을 일우디 못ᄒᆞ시고 밋 혹 변變을 맛나시매 ᄌᆞ분自分 필ᄉᆞ必死를 긔약ᄒᆞ샤 쥬야 망〃히 불쳘호곡不撤號哭ᄒᆞ시고 댝슈불음勺水不飮ᄒᆞ시니 니슉대인이 쥬야 븟드러 쳔만기유千萬開諭ᄒᆞ시고 만븐이걸萬分哀乞ᄒᆞ샤 고금을 인증引證ᄒᆞ시며 ᄉᆞ톄事體로 ᄒᆡ유ᄒᆞ샤 ᄌᆞ〃 이만 근졀ᄒᆞ시고 왕대인이 닐ᄋᆞ샤ᄃᆡ 모로미 관비잉통寬悲仍痛ᄒᆞ여 나의 여년餘年을 살게 ᄒᆞ고 잔혹殘酷ᄒᆞᆫ 오부吾婦를 보젼케 ᄒᆞ라 쳔만千萬 쵹부囑付[543]ᄒᆞ시고 졔친諸親 슉〃이 만단萬端 간위懇慰ᄒᆞ여 봉친지하奉親之下의 불가不可ᄒᆞᆷ과 쳥수淸壽를 보젼치 못ᄒᆞ리니 이제ᄂᆞᆫ ᄉᆞ이이의事而已矣라 맛당이 대의大義를 굿게 잡고 할비잉통割悲仍痛ᄒᆞ샤 우흐로 님연노친을 밧들고 아래로 쳥수를 보젼ᄒᆞ여 봉ᄉᆞ닙후奉祀立後ᄒᆞ미 도리道理의 맛당ᄒᆞ고 도라간 사ᄅᆞᆷ을 저ᄇᆞ리디 아니미니 무익ᄒᆞᆫ ᄃᆡ통至痛을 억졔ᄒᆞ샤 집이 보젼ᄒᆞ기를 싱각ᄒᆞ쇼셔 ᄒᆞ여 위로慰勞 ᄒᆡ유ᄒᆞ미 수어만이라 존괴 민면강잉黽勉強仍ᄒᆞ여 미음죵이나 텰음啜飮ᄒᆞ시ᄃᆡ 반ᄃᆞ시 ᄉᆞ긔 진뎡ᄒᆞᆫ 후 셰상을 긋ᄎᆞ시랴 유셔식지 쓰시고 ᄐᆞᆷ을 기ᄃᆞ리시ᄃᆡ 능히 알 니 업더니 존괴 말솜 긋ᄒᆡ 혹 불길不吉ᄒᆞᆫ 언단言端을 ᄌᆞ로 ᄒᆞ시기 내 일〃은 톄읍涕泣ᄒᆞ여 골ᄋᆞᄃᆡ 아히 완명頑命이 투싱偸生ᄒᆞ여 셰상의 머므나 텬디간 극통極痛을 품어 다

543 쵹부囑付: 부탁함. 신신당부함.

만 의앙依仰ᄒᆞᄂᆞᆫ 배 존당尊堂이오 위회慰懷ᄒᆞᄂᆞᆫ 배 ᄉᆞ친私親[544]이어ᄂᆞᆯ 구가舊家로 혤진대 열위列位 존당이 비록 무흘년ᄌᆞᄒᆞ시미 디극ᄒᆞ시나 ᄌᆞ별이 의지ᄒᆞ미 존고ᄭᅴ 잇ᄉᆞᆸ거ᄂᆞᆯ 존괴 ᄆᆞ양 여ᄎᆞ如此 불길지언不吉之言을 ᄒᆞ시니 존괴 만일 아히를 ᄇᆞ리실진대 아히 쳡〃ᄒᆞᆫ 디통至痛이 살 길 업고 ᄯᅩ 기리 ᄉᆡᆼ각건대 존구尊舅 대인은 츈츄春秋ㅣ 오히려 쇠경衰境이 아니시고 ᄉᆞ쇽嗣續이 업ᄉᆞ시니 반ᄃᆞ시 신취新娶를 ᄒᆞ실지라 인ᄉᆡ 이에 변역變易ᄒᆞᆫ즉 아히ᄂᆞᆫ 고혈무의孤孑無依ᄒᆞᆫ 셜움과 얼울齕齾[545]ᄒᆞᆫ 신셰 텬지를 부앙俯仰ᄒᆞ여 할 곳이 업ᄉᆞᆯ지라 존괴 엇지 이를 ᄉᆡᆼ각지 아니시며 아히 여ᄉᆡᆼ餘生을 고렴치 아니시ᄂᆞ니잇가

존괴 고요 일쳥一聽의 번연기오飜然改悟ᄒᆞ시고 ᄋᆡ졀참통ᄒᆞ샤 낭구良久 통흉비열ᄒᆞ시다가 비로소 닐ᄋᆞ샤대 내 ᄎᆞ마 엇디 너를 져ᄇᆞ리며 ᄎᆞ마 엇디 너를 속이리오 나의 소회를 다 ᄒᆞ리니 실노 우리 모ᄌᆞ母子의 텬뉸天倫 우희 별츌지졍別出之情은 타인他人의 소공지所共知오 내 본ᄃᆡ 부명賦命이 다박ᄒᆞ여 평ᄉᆡᆼ의 즐거온 셰상과 빗난 계활을 보지 못ᄒᆞ고 ᄯᅩ ᄌᆞ궁子宮이 긔박奇薄ᄒᆞ여 수삼 ᄌᆞ녀의 참졀ᄒᆞᆫ 요쳑을 거포 보고 겨오 저 ᄒᆞ나흘 근고勤苦 셩취成娶ᄒᆞ여 관 쓴 아ᄃᆞᆯ과 아름다온 며ᄂᆞ리 쌍雙으로 버러시니 스ᄉᆞ로 몸을 도라보아 즐겁고 ᄌᆞ미로오미 만물萬物의 견조아 비흘 고지 업거ᄂᆞᆯ 제 품슈稟受 ᄌᆡ문才文이 실노 ᄇᆞ란 밧기라 보ᄂᆞ니 흠ᄋᆡ欽愛ᄒᆞ고 지친至親이 취듕取重ᄒᆞ니 가지록 두긋겁고 ᄌᆞ손子孫의 유챵과 닙신立身의 현달顯達을 쥬야 죄오고 긋고 밋으미 댱셩長成과 태산泰山 ᄀᆞᆺᄒᆞ여 나의 평ᄉᆡᆼ 녀년餘年 고락苦樂을 제 ᄒᆞᆫ 몸의 븟쳣다가 나의 뎍악積惡이 듕重ᄒᆞ고 팔ᄌᆡ 궁독窮毒[546]ᄒᆞ여 텬디간 혹경酷景을 당ᄒᆞ니 쳘텬

544 사친私親: 생가의 어버이.
545 얼울하다: 일이 어그러져서 마음이 불안하다.
546 궁독은 窮毒, 窮獨 두 가지로 볼 수 있다. 궁독窮毒은 곤궁하고 고통스러움을 뜻하는 말로 《열자列子》, 〈양주楊朱〉 편에 "이는 하늘에서 태어난 인간의 곤궁하고 괴로움이다.〔此天人之窮毒者也〕"라는 구절이 보인다. 궁독窮獨은 외로워 의지할 데가 없다는 뜻으로 《진서晉書 위서전魏舒傳》에 "舒告老之年, 處窮獨之苦"라는 구절이 보인다. 여기서는

徹天훈 참통과 ᄀ골刻骨훈 유훈遺恨을 엇지 견딕며 저를 ᄎ마 지하음혼地下陰魂을 민늘고 내 ᄎ마 엇디 세샹의 머늘니오 여ᄎ고如此故로 쏠오기볼 결단決斷ᄒ여 과연 유셔遺書를 일우고 죽기를 뎡ᄒ엿더니 네 세〃훈 소언所言을 드ᄅ니 내 새로이 쌔를 ᄇᄋᄂ 듯 원통 참졀ᄒ미 스스로 견딕기 어려오니 ᄎ마 엇디 널노 ᄒ여곰 텬디간 극통 우히 다시 민텬旻天을 울게 ᄒ리오 내 오늘노븟허 결단을 파ᄒ여 내 훈 목숨을 네게 븟치고 내 죽기 젼 네 몸을 보호ᄒ여 앗갑고 불샹 참졀훈 ᄆ음을 만의 ᄒ나흘 풀니〃 다시 념녀치 말나 ᄒ시고 이후로 비로소 훌〃 망〃이 쥬야晝夜 불쳘지곡不撤之哭을 잠간 억뎨抑制ᄒ시고 내 침소寢所의 쥬야 동쳐同處ᄒ샤 내 울면 우ᄅ시고 내 먹으면 잡ᄉ올싀 훈 술과 훈 먹음을 마초아 ᄒ시며 내 소笑ᄒ면 곳치 ᄒ시고 일동일ᄉ一動一事의 호홀毫忽[547]을 차착差錯[548]지 아니시니 실노 내 울고시브나 오래 우디 못ᄒ고 먹기 슬흐나 아니 먹디 못ᄒ여 이러툿 샹의보명相依保命ᄒ여 시일時日을 보내니 텬지간 참극慘劇훈 졍경情景이 아니리오

조뫼 또 관유인ᄌ寬宥仁慈ᄒ시므로써 셕년昔年의 당혼훈 참경慘景을 보시고 슬하의 훈낫 자네 업서 고혈孤子ᄒ신 졍ᄉ로써 내 입문젼入門前 슉ᄆ叔妹 냥인兩人을 시양侍養[549]ᄒ여 모ᄌ의 눈倫으로써 휵양畜養ᄒ시다가 텬되天道ㅣ 혹독酷毒ᄒ여 년連ᄒ여 참경慘景을 보시고 홀노 부지 셩댱成長ᄒ니 죵신終身 소락所樂을 븟쳐 별츌別出ᄒ신 ᄌ이 실노 놈다ᄅ실쏜 아냐 날을 또 입문入門 초시初時로븟허 탐혹耽惑 귀듕貴重ᄒ심과 ᄉ〃事事의 셩심誠心 곡진曲盡ᄒ시미 존고尊姑씌 호발毫髮도 감減치 아니시니 우리 쏘훈 우러〃 년ᄌ를 감격ᄒ고 고혈孤子ᄒ신 심ᄉ를 감창感愴[550]ᄒ옵기 내 실노 존고씌 비록 더ᄒ지 아니나 잠간도

궁독은 곤궁하고 고통스럽다는 뜻에 더 가까울 것으로 보인다.

547 호홀毫忽: 아주 조금. '호'나 '홀'은 모두 미세한 것을 재는 단위.

548 차착差錯: 어그러져서 차례가 달라지고 앞뒤가 서로 맞지 아니함.

549 시양侍養: 곁에서 모시며 봉양함. 시양자侍養子는 네 살 이상의 아이를 데려다 삼은 양자를 말한다.

혈치 아니코 부지 의앙依仰이 ᄌᆞ별ᄒᆞᆫ 고로 ᄆᆞ양 ᄉᆞ람의 일너 갈ᄋᆞᄃᆡ 조뫼 우리 냥인을 무휼撫恤 ᄋᆡᄃᆡ愛待ᄒᆞ시믄 니ᄅᆞ지 말고 날을 자뎡과 ᄀᆞᆺ치 보휵保畜ᄒᆞ시며 졍경이 참연慘然ᄒᆞ시니 그ᄃᆡᄂᆞᆫ 졍셩을 각별이 ᄒᆞ라 슌〃 부탁ᄒᆞ니 내 그 셩심을 더옥 감탄ᄒᆞ고 조모의 ᄋᆡᄃᆡᄒᆞ시믈 감은感恩ᄒᆞ여 박ᄒᆞᆫ 졍셩을 다ᄒᆞ려 ᄒᆞ고 조뫼 갈ᄉᆞ록 조손祖孫의 졍과 모ᄌᆞ母子의 친親을 겸ᄒᆞ여 귀듕貴重 긔ᄋᆡ奇愛ᄒᆞ시미 디극ᄒᆞ시다가 여ᄎᆞ如此 혹변酷變을 당ᄒᆞ샤 참졀 ᄋᆡ통ᄒᆞ심과 듕탁이 문허져 신구지통新舊之慟이 겸ᄒᆞ시니 참통慘痛 원극寃極ᄒᆞ시미 타별他別ᄒᆞ시므로써 우리 고부 권년眷戀[551] 보호ᄒᆞ시믈 더옥 ᄌᆞ별이 ᄒᆞ시고 내게ᄂᆞᆫ 더옥 원혹 참졀ᄒᆞ믈 겸ᄒᆞ샤 혈심곡진血心曲盡[552]ᄒᆞ시니 엇디 ᄀᆞᆨ골감은刻骨感恩이 아니리오

시간은 서러운 이 위해 멈추지 않고

흐르ᄂᆞᆫ 시일은 사ᄅᆞᆷ의 ᄆᆞ음을 머무ᄅᆞ지 아니ᄒᆞ여 ᄉᆞ월四月 이십二十 삼일三日 부ᄌᆞ의 현궤 션영先塋으로 영귀永歸ᄒᆞᆯᄉᆡ 오호 통ᄌᆡ며 유〃창텬이여 이 무ᄉᆞᆷ 길히며 이 무ᄉᆞᆷ 거죄뇨 부ᄌᆡ ᄒᆞᆫ 번 도라가매 능히 다시 올 긔약이 〃시랴 사ᄅᆞᆷ이 ᄎᆞ마 사라 이를 견ᄃᆡᆯ 배 아니〃 잇ᄯᆡ를 당ᄒᆞ여 나의 일누一縷를 지연遲延ᄒᆞ미 더옥 ᄒᆞᆫ이라 부ᄌᆞ의 쇽광지일屬纊之日의 내 맛당이 뒤흘 조차 혼ᄇᆡᆨ이 ᄀᆞᆺ치 놀고 녕귀靈柩라도 쌍으로 도라가미 일쟈一者ᄂᆞᆫ 샹시 ᄌᆞ별ᄒᆞᆫ 지우知遇를 갑고 이쟈二者ᄂᆞᆫ 나의 쳘텬 궁원ᄒᆞᆫ 셜우믈 닛고 삼쟈三者ᄂᆞᆫ ᄉᆞᄉᆡᆼ死生의 동결동귀同結同歸ᄒᆞ니 불ᄒᆡᆼ듕不幸中 영ᄒᆡᆼ榮幸이어ᄂᆞᆯ 세 맛당ᄒᆞᆫ 거ᄉᆞᆯ ᄇᆞ리고 부〃ᄂᆞᆫ 텬지天地의 되道ㅣ오 군신君臣의 의義니 하ᄂᆞᆯ이 ᄆᆞᆫ허지매 ᄯᅡ히 ᄲᅧ질 거시오 나라히 파破ᄒᆞ매 신해臣下ㅣ 망ᄒᆞᆯ지니 ᄒᆞ믈며 부〃ᄂᆞᆫ 일톄一體라 임의 지아비 죽으

550 감창感愴: 감동하여 슬퍼함.
551 권련眷戀: 간절히 생각하며 그리워함.
552 혈심血心: 진심에서 나오는 정성.

매 안해 혼가지 죽으미 덧〃혼 의義어늘 나는 하늘을 거스리고 의롤 져브려 홀노 투싱偸生호여 부ㅈ를 쳔ㅈ지하千載之下의 영결永訣호니 오호통ㅈ라 나의 간장이 돌히냐 쇠냐

이에 장일葬日이 박두迫頭호매 니숙 대인과 가군이며 졔종숙〃이 각〃 졔문祭文 지어 아름다오믈 찬讚호고 앗기는 뜻을 표호니 오회嗚呼ㅣ라 부ㅈ는 일위一位 년쇼年少 ㅈ하재在下者ㅣ어늘 임의 도라가시매 모다 글노써 슬픈 정과 앗기는 ᄆ음을 표호시니 일노 츄이推移호나 샹시 부ㅈ를 모다 취듕取重호심과 부ㅈ의 슉진혼 힝ᄉ行事를 가히 알지라 텬되天道ㅣ ᄎ마 엇지 앗기를 이대도록 쌜니 호뇨 임의 양녜襄禮를 일우고 우졸虞卒[553]을 ᄆᄎ니 속절업슨 음용音容은 지하롤 격隔호고 쳔고千古의 그음 업슨 니별은 유명幽明을 ᄌ음치니 오호 창텬아 이를 당ᄎ 엇지호리오 몽夢이라 호나 ᄭᆡᆯ 거시 업고 진眞이라 호나 ᄎ마 이러치 아니리니 이를 능히 엇지 견ᄃᆡ리오마는 완쳔頑天이 무지불ᄉ호고 존고의 고금의 무쌍호신 지ᄌ지의를 닙ᄉ와 의구依舊히 보명保命홀ᄉᆡ 존괴 쥬야 븟드러 무휼년ᄌ호시며 스ᄉ로 비회悲懷를 억뎨호시고 침식좌와寢食坐臥의 보호호샤 지졍至情을 젼傳호시미 밋지 아니신 고지 업ᄉ니 ᄎ마 져ᄇ리디 못호옵고 셩복成服후 가군이 죵권從權[554]을 니ᄅ샤 육즙을 써 먹으라 호시니 실노 싱각건대 내 몸의 위혼 거시 업고 비록 일명一命을 투싱偸生호나 ᄎ마 엇디 부ㅈ夫子의 몸이 오히려 ᄎ지 아냐셔 육즙을 음飮호리오마는 내 임의 평싱 신셰와 부ㅈ의 듕우를 싱각지 아니코 냥가兩家 훤당萱堂을 위호여 살기를 뎡호고 여ᄎ如此 쇼ᄉ小事를 고집혼즉 이는 몬져 뜻을 어긔미라 이에 봉슌奉順호여 셩복 잇튼날 쌍동셔 가져온 바 육즙을 존고ᄭᅴ 진進호고 내 음飮호니 오회라 내 엇지 이대도록 모질고 무상無狀홀 줄 아라시리오 비록 혼 번 먹으나 ᄎ마 엇디

553 우졸虞卒: 우제虞祭와 졸곡卒哭. 우제는 장례를 마치고 지내는 제사인 삼우제이고, 졸곡은 삼우제가 지난 뒤에 지내는 제사를 말한다.
554 종권從權: 권도를 따름. 권도는 정도正道가 아닌 임시방편.

년連ᄒᆞ여 먹어 긔운을 보양保養ᄒᆞ리오마는 존괴 년일連日 육즙을 가져 톄읍涕泣 근권懇勸[555]ᄒᆞ시고 나의 먹기를 위ᄒᆞ여 스ᄉᆞ로 진ᄒᆞ시고 먹기를 니ᄅᆞ시니 존고의 지졍지ᄌᆞ至情至慈ᄂᆞᆫ 니ᄅᆞ지 말고 그 쳘텬극지徹天極地ᄒᆞ신 참통慘慟을 서리 담으시고 무용명박無用命薄ᄒᆞᆫ 내게 일편一片 ᄌᆞ이慈愛를 붓치샤 여ᄎᆞ如此 ᄒᆞ시믈 듸ᄒᆞ여 ᄎᆞ마 아니 먹지 못ᄒᆞ여 슌일旬日을 육즙을 먹고 다시 소찬素饌[556] 쳘듁啜粥[557]ᄒᆞ니라

졀셰와 물식은 셜운 사ᄅᆞᆷ을 위ᄒᆞ여 폐廢치 아닛ᄂᆞᆫ지라 새 실과實果ᄂᆞᆫ ᄣᆡ를 ᄯᆞ라 년ᄉᆡᆼ連生ᄒᆞ니 보ᄂᆞᆫ 것마다 심댱心臟을 녹이ᄂᆞᆫ지라 비록 목숨이 흉완凶頑ᄒᆞ여 곡긔穀氣를 불쳘不撤ᄒᆞ나 엇지 기여其餘 진찬珍饌[558] 과품果品이야 ᄎᆞ마 후셜喉舌을 넘기리오 이에 스ᄉᆞ로 ᄭᅳᆫ혓거ᄂᆞᆯ 존괴 과실을 가져 근졀이 ᄀᆞᆯᄋᆞ샤듸 내 ᄎᆞ마 샹시 너희 위ᄒᆞᆫ ᄆᆞ음으로 ᄒᆞᆫ낫 실과實果와 ᄒᆞᆫ 쏙 고기로써 반ᄃᆞ시 좌우左右로 너희를 주어 먹ᄂᆞᆫ 거동과 ᄌᆞ미로온 모양을 일삼다가 내 혹독酷毒ᄒᆞᆫ 앙화殃禍를 바다 그 셰샹世上을 ᄆᆞ자 일코 이제 네 ᄆᆞ자 이런 거ᄉᆞᆯ ᄭᅳᆫᄎᆞ니 실노 ᄉᆡᆼᄉᆞ生死 냥지兩地의 다ᄅᆞ미 업ᄉᆞᆫ지라 내 ᄎᆞ마 엇지 이를 견듸여 보리오 너ᄂᆞᆫ 모로미 ᄆᆞ음을 곳쳐 내 ᄆᆞ음을 져기 위로ᄒᆞ라 ᄒᆞ시되 내 ᄎᆞ마 입의 너치 못ᄒᆞ고 부ᄌᆡ 병듕病中 실과實果붓치 잡뉴雜類를 자시고져 ᄒᆞ되 해로오므로써 내 더옥 막은 거시 지ᄒᆞᆫ至恨이라 ᄎᆞ마 스ᄉᆞ로 먹지 못ᄒᆞᄂᆞᆫ 소유所由를 고ᄒᆞ니 존괴 ᄯᅩ 닐ᄋᆞ시되 비록 그러ᄒᆞ나 뉘의 ᄒᆞᆯ 일 업고 목젼目前 나의 이 궁측窮惻ᄒᆞᆫ 뜻을 어이 바담즉지 아니리오 원ᄒᆞᄂᆞ니 내 ᄉᆡᆼ젼生前ᄭᆞ지만 먹으라 ᄒᆞ시니 말ᄉᆞᆷ이 이에 밋처ᄂᆞᆫ 심회心懷 더옥 감창感愴ᄒᆞᄋᆞᆸ고 스ᄉᆞ로 소집所執을 구게 ᄒᆞᆯ 길 업서 존괴 주시ᄂᆞᆫ 과실인즉 먹기를 여구如舊히 ᄒᆞ니 ᄒᆞᆫ 일이나 부ᄌᆞ를 위ᄒᆞ

555 간권懇勸: 간절히 권함.

556 소찬素饌: 짐승의 고기나 생선이 들어 있지 않은 반찬이나 그런 반찬으로 차려진 밥상.

557 철죽啜粥: 죽을 마심.

558 진찬珍饌: 진수珍羞. 진귀한 음식. 맛있고 좋은 음식.

여 내 ᄆᆞ음을 표ᄒᆞᆫ 고지 어ᄃᆡ 잇ᄂᆞ뇨

존괴 나의 얽힌 머리털과 총잡叢雜[559]ᄒᆞᆫ 눈섭을 보시매 스ᄉᆞ로 ᄒᆞᆼ금을 통도ᄒᆞ샤 반ᄃᆞ시 두발頭髮을 소하梳下[560]ᄒᆞ시며 아미蛾眉[561]의 어즈러온 털을 벌초伐草코져 ᄒᆞ시거ᄂᆞᆯ 내 만〃萬萬 불가不可ᄒᆞᆷ을 고告ᄒᆞ니 존괴 스ᄉᆞ로 가슴을 어ᄅᆞ만져 니ᄅᆞ시되 내 엇지 일의 불가ᄒᆞᆷ을 모ᄅᆞ리오마ᄂᆞᆫ 내 ᄎᆞ마 눈을 드러 너를 보지 못ᄒᆞᄂᆞ니 고〃ᄒᆞᆫ 형용形容의 ᄒᆞᆫ낫 시신屍身이 되여 혹 얼골을 드나 수참羞慚[562]ᄒᆞᆫ 긔운이 면모面貌를 둘너시니 이를 ᄃᆡᄒᆞ여 내 가슴이 쇠와 돌히 아니〃 엇지 견ᄃᆡ리오 볼 적마다 심담心膽이 ᄆᆡ여지고 애 ᄭᅳᆫ허지니 대강을 졔초除草ᄒᆞ여 나의 이 ᄆᆞ음을 잠간 위회慰懷ᄒᆞ미 무ᄉᆞᆷ 상녜喪禮의 휴손虧損ᄒᆞ미 이시리오 ᄒᆞ시고 존고와 조뫼 시〃時時로 안경眼鏡을 ᄡᅧ 털을 벌伐ᄒᆞ시니 나는 임의 ᄉᆞ〃事事의 봉슌친의奉順親意[563]를 뎡ᄒᆞ여 스ᄉᆞ로 소집所執을 세우디 못ᄒᆞ니 유ᄒᆞᆫ지라 극진極盡ᄒᆞᆫ 상녜로도 부ᄌᆞ를 갑지 못ᄒᆞ니 나의 셜움은 어ᄂᆞ ᄣᆡ 멸滅ᄒᆞ리오

존괴 스ᄉᆞ로 의복衣服 거쳐居處ᄒᆞ시믈 시하侍下[564]의 경듕輕重이 달나 ᄌᆞ유自由치 못ᄒᆞ시나 나의 복식服食 거쳐를 원혹ᄒᆞ샤 침셕枕席 의복을 다 담ᄉᆡᆨ淡色으로 ᄒᆞ시며 일언일ᄉᆞ一言一事의 보호치 아니시미 업서 고부姑婦의 정情과 모녀母女의 친親을 겸ᄒᆞ샤 혈셩[565]ᄌᆞᄋᆡ血誠慈愛 일신一身의 넘�시거ᄂᆞᆯ 존당 냥대인의 년ᄋᆡ권ᄌᆞᄒᆞ시미 젼자前者의 더으샤 왕대인王大人은 일흠ᄒᆞ여 손뷔孫婦ㅣ라 아니시고 져은 며ᄂᆞ리라 ᄒᆞ시며 존구대인尊舅大人이 쏘 ᄌᆞ부子婦로 아니시고

559 총잡叢雜: 나무가 무더기로 자라서 빽빽한 모양.
560 소하梳下: 머리를 빗는 것.
561 아미蛾眉: 미인의 눈썹. 누에나방의 모양처럼 가늘고 길게 굽어진 아름다운 눈썹.
562 수참羞慚: 창피하고 부끄러움.
563 봉순친의奉順親意: 부모의 뜻을 받들고 따른다는 뜻.
564 시하侍下: 부모나 조부모를 곁에서 모시고 있는 처지. 또는 그런 사람.
565 혈성血誠: 진실한 마음에서 우러나오는 정성.

반드시 유녀幼女ᄀᆞᆺ치 ᄒᆞ샤 무휼撫恤ᄒᆞ시는 혜턱惠澤이 심혈心血의 저ᄌᆞ니 이러틋 여러 곳 앙망仰望을 두터이 ᄒᆞ여 일누一縷ᄅᆞᆯ 븟쳐 일월을 보ᄂᆡ나 무슴 ᄉᆡᆼ셰지념生世之念 잇ᄂᆞ뇨 스ᄉᆞ로 ᄉᆡᆼ을 부지어텬ᄒᆞ고 만ᄉᆞ萬事ᄅᆞᆯ 더져 죵일죵야終日終夜의 향벽向壁 죵쳘ᄒᆞ여 셰렴을 ᄆᆞ음의 머므ᄅᆞ지 아니나 고요히 나의 ᄉᆡᆼ어이십년 세샹生於二十年世上을 졈검點檢ᄒᆞ니 인지소친人之所親은 ᄌᆞ모慈母 ᄀᆞᆺᄒᆞ 니 업거ᄂᆞᆯ 나는 튱유지년沖幼之年의 션비先妣ᄅᆞᆯ 여희와 뉵아디통이 간혈肝血의 얽혀 훤초지락萱草之樂[566]을 아지 못ᄒᆞ고 밋 셩인成姻ᄒᆞ니 녀ᄌᆞ女子 소듕所重은 가부家夫 ᄀᆞᆺᄒᆞ 니 업거ᄂᆞᆯ 가지록 팔ᄌᆡ 긔박奇薄ᄒᆞ고 죄악이 녀텬戾天[567]ᄒᆞ여 결발結髮 뉵ᄌᆡ六載의 텬붕디통天崩之慟[568]을 맛나 인ᄉᆡᆼ지락人生之樂을 아지 못 ᄒᆞ고 인지소욕人之所欲은 ᄌᆞ식子息 갓ᄒᆞ 니 업거ᄂᆞᆯ ᄒᆞᆫ낫 혈쇽血屬이 업서 ᄉᆡᆼ휵소졍生畜所情을 아디 못ᄒᆞ니 오회라 이 엇진 팔ᄌᆡ며 이 무슴 신셰뇨

비뷔悲夫ㅣ라 결발ᄒᆞ미 뉵년六年이나 사괴미 쥬년週年[569]이니 셩혼成婚 초初로븟허 피ᄎᆡ彼此ㅣ ᄉᆡᆼ소ᄒᆞ고 슈습ᄒᆞ미 심ᄒᆞ더니 임의 ᄉᆞ오 년이 되여 일가一家의 쳐處ᄒᆞ미 날이 오래고 돌이 포 되매 서ᄅᆞ ᄂᆞᆺ치 닉고 ᄆᆞ음이 친ᄒᆞ여 경슐庚戌노븟허 내 비로소 슈치羞恥ᄒᆞ미 덜니고 부ᄌᆡ 서의齟齬[570]ᄒᆞᄆᆞᆯ 두지 아냐 샹화相話 문답問答ᄒᆞ매 말숨이 댱화長話의 밋고 의논議論이 심혈心血의 합ᄒᆞ니 비록 흑발黑髮이 화ᄇᆡᆨ化白ᄒᆞ기의 밋처도 서로 어긋나지 아니키ᄅᆞᆯ ᄯᅳᆺ의 먹음고 ᄆᆞ음의 삭이니 내 ᄡᅥ 심두心頭의 샹냥商量ᄒᆞ여 ᄀᆞᆯᄋᆞ되 맛당이 조션祖先을 졍淨ᄒᆞ므

566 훤초지락萱草之樂: 훤초는 원추리. 근심을 잊게 해준다고 해서 망우초忘憂草라고도 한다. 옛날에 어떤 효자가 원추리를 심어 어머니의 시름을 잊게 했다 하여 원추리가 있는 곳, 훤당萱堂은 어머니를 뜻하는 말이 되었다.(146면 주 17 참조) 훤초지락은 어머니가 계신 즐거움으로 풀이할 수 있다.

567 여천戾天: 하늘에 닿음.

568 천붕지통天崩之痛: 하늘이 무너지는 슬픔. 제왕의 죽음 등 큰 변고를 뜻하는데 여기서는 남편의 죽음을 이른다.

569 주년週年: 돌이 되는 해.

570 서의: 서어齟齬. 익숙지 않아서 서먹서먹한 모양.

로써 밧들고 구고舅姑를 효孝로써 양養ᄒᆞ며 소텬所天을 뎡도正道로 셤기며 슬하膝下를 의리義理로 ᄀᆞᄅᆞ치고 비복婢僕을 위의威儀[571]로 거ᄂᆞ려 비록 ᄒᆡᆼ실行實이 미微ᄒᆞ나 규모規模를 뎡ᄒᆞ고 덕德이 업ᄉᆞ나 집을 다ᄉᆞ려 반ᄃᆞ시 법도法度를 일치 아냐 평ᄉᆡᆼ平生을 안과安過코져 ᄒᆞᆫ 배 믄득 ᄉᆡᆼ각이 그릇되고 계괴計巧ㅣ 뒤쳐 조션祖先은 절ᄉᆞ絶祀ᄒᆞ기의 밋고 봉친奉親은 샹의相議ᄒᆞᆯ 고지 업ᄉᆞ며 ᄇᆡᆨ년百年을 긔약期約ᄒᆞ믄 ᄒᆞᄅᆞ 아춤 이슬이 ᄆᆞ롬 ᄀᆞᆺᄒᆞ니 오회라 사ᄅᆞᆷ의 안해 되여 함담鹹淡[572]을 맛초며 할ᄑᆡᆼ割烹[573]을 친집親執ᄒᆞ여 지어미 소임所任을 ᄒᆞ여 보지 못 ᄒᆞ고 ᄉᆞ부事夫ᄒᆞ미 조두俎豆[574]를 다ᄉᆞ려 졔ᄉᆞ祭祀의 졍情을 표ᄒᆞ고 도리道理를 펼 ᄲᅳᆫ이니 유〃悠悠ᄒᆞᆫ 셜움과 ᄂᆞᆺ거온 ᄒᆞᆫ恨이 샹니常理[575]의 다ᄅᆞ미 만ᄒᆞ니 ᄋᆡ통哀痛ᄒᆞ고 다시 ᄋᆡ통哀痛ᄒᆞ며 원혹 우又 쳘텬ᄒᆞ되 임의 쳔고 이의已矣라 ᄉᆞ재死者ㅣ 부ᄉᆡᆼ復生ᄒᆞᆯ 길히 업고 나의 평ᄉᆡᆼ을 회복ᄒᆞᆯ 조각이 업ᄉᆞ니 무ᄉᆞᆷ 젹악積惡으로 내 이 혹벌酷罰을 바닷ᄂᆞ뇨 임의 삼죵三從의 둘히 ᄭᅳᆫ허져[576] 인뉸人倫의 죄인罪人이오 텬하궁민天下窮民이니 무어ᄉᆞᆯ 의뢰依賴ᄒᆞ며 어ᄃᆡ 위회ᄒᆞ리오

삶도 죽음도 아닌

무졍ᄒᆞᆫ 광음은 물ᄀᆞᆺ치 흘너 얼픗ᄒᆞᆫ ᄉᆞ이의 송츈과하送春過夏ᄒᆞ고 봉츄당한逢秋當寒ᄒᆞ니 물ᄉᆡᆨ은 완젼ᄒᆞ여 작동作動이 의구依舊ᄒᆞ되 홀노 인ᄉᆞ人事는 쳔고千古의 변역變易ᄒᆞ여 일월노 조차 음용音容이 의희依俙ᄒᆞ고 족뎍足跡이 ᄭᅳᆫ허지니 오호통재라 인비목셕人非木石이니 ᄎᆞ마 엇지 견ᄃᆡ리오 졀셰絶世로조차 한셔

571 위의威儀: 위엄 있고 엄숙함.
572 함담鹹淡: 짜고 싱거움.
573 할팽割烹: 베고 삶는다는 뜻으로 요리하는 것을 말한다.
574 조두俎豆: 제기. 제사 때 음식을 담는 그릇.
575 상리常理: 당연한 이치, 떳떳한 도리.
576 삼종지도三從之道의 둘이 끊어짐. 여기서는 남편이 죽고, 아들이 없는 것을 의미한다.

寒暑를 당ᄒᆞ나 의복을 밧들 고지 업고 ᄒᆞᆫ 자 무명과 ᄒᆞᆫ 조각 소음[577]은 위ᄒᆞ여 쓸 고지 업ᄉᆞ니 쵹ᄉᆞ觸事의 이 궁원극통窮寃極痛을 엇지 견ᄃᆡ리오 가지록 셩상星霜은 뒤 잇기를 ᄲᆞᆯ니 ᄒᆞ야 어ᄂᆞ덧 ᄒᆡ를 밧고니 자최는 격셰隔歲로 조차 녜 일이 되되 젼년前年 봄 물ᄉᆡᆨ은 목젼目前의 버러 젼년 오늘과 ᄂᆡ일이 다 맛초여 혹 병病을 근심ᄒᆞᆯ 듯ᄒᆞ고 혹 낫기를 죄올 듯ᄒᆞ야 임의 돌의 밋처시되 스ᄉᆞ로 그 망ᄒᆞ다 ᄒᆞ미 밋브지 아냐 홀〃忽忽ᄒᆞ야 다시 볼 듯 ᄒᆞ고 의희ᄒᆞ여 기ᄃᆞ리미 잇는 듯ᄒᆞ다가 ᄇᆞᆰ이 ᄭᆡ치매 실노 ᄉᆡᆼ젼生前의 긔약期約업슨 일이라 골절骨節을 ᄡᅡ시는 디통至痛이 ᄎᆞ마 견ᄃᆡ기 어려오되 셜움이 얼골의 형용치 못ᄒᆞ고 우름의 ᄒᆞᆫ을 다 프지 못ᄒᆞ되 밥을 당ᄒᆞ매 ᄇᆡ 블니 ᄒᆞ고 벼개를 님臨ᄒᆞ매 편히 자 타연妥然히 셜움이 업ᄉᆞᆷ ᄀᆞᆺ치 ᄒᆞ고 명연히 부ᄌᆞ를 니즌 듯 ᄒᆞ니 비록 무지ᄒᆞᆫ 완장頑腸이나 엇지 이대도록 ᄒᆞ리오마는 우희 존당이 계시고 몸의 소탁所託이 무거오니 스ᄉᆞ로 몸을 임의任意치 못ᄒᆞ야 의구依舊히 시일時日을 보내나 하늘의 ᄉᆞᄆᆞᆺ는 셜움과 ᄡᅡ히 극極ᄒᆞᆫ는 ᄒᆞᆫ은 엇지 견ᄃᆡ리오 눈을 ᄯᅳ매 ᄇᆞᆰ은 셰샹과 어즈러온 소ᄅᆡ 스ᄉᆞ로 괴로와 쥬야 즘쳘ᄒᆞ여 불ᄉᆡᆼ불멸不生不滅ᄒᆞᆫ 시신이 되여시나 ᄒᆞᆫ낫 위회ᄒᆞᆯ 거시 업ᄉᆞ니 유〃ᄒᆞᆫ 이 셰샹을 엇지ᄒᆞ리오

나의 여년餘年을 ᄉᆡᆼ각ᄒᆞ니 프른 머리와 블근 얼골이 쇠衰ᄒᆞᆯ 날이 머러 남은 셰월이 일쳔一千 터럭을 뭇금 ᄀᆞᆺᄒᆞ니 엇지 견ᄃᆡ여 살니오 그러나 ᄉᆞ셰事勢 이의已矣오 시러곰 ᄒᆞᆯ 일 업ᄉᆞ니 역녀逆旅 ᄀᆞᆺᄒᆞᆫ 셰샹의 인슈人壽ㅣ 비ᄇᆡᆨ셰非百歲라 나의 셰샹이 ᄯᅩ 언마리오 임의 내 투ᄉᆡᆼ偸生ᄒᆞᆫ 후는 가도家道를 보젼保全ᄒᆞ여 닙후봉ᄉᆞ立後奉祀ᄒᆞ미 소임所任이니 원컨대 댱원長遠ᄒᆞ고 현효賢孝ᄒᆞᆫ 명녕螟蛉[578]을 어더 봉ᄉᆞ奉祀를 긔탁寄託ᄒᆞ고 박명여ᄉᆡᆼ薄命餘生을 의지코져 ᄒᆞ노라

임ᄌᆞ壬子 계츈季春의 풍양豐壤 후인後人은 혈읍작셔血泣作書 ᄒᆞ노라

577 소음: 솜.
578 명령螟蛉: 명령자螟蛉子. 나나니벌이 어린 벌레 명령을 업어다 자기 새끼로 기른다는《시경》〈소아〉소완小宛 편에서 나온 말로 양아들을 비유한다.

오호嗚呼 창텬蒼天이여 아ᄉᆡᆼ하죄我生何罪로 일긔지셰一期之歲의 실ᄒᆞ지통膝下之慟[579]을 품고 다시 붕셩崩城[580]의 밋처 불멸여쳔不滅餘喘[581]이 지우금至于今을 황텬皇天이 특죄기벌特罪其罰ᄒᆞ샤 갑ᄌᆞ지통甲子之慟[582]과 을튝乙丑[583] 쳑녕脊令[584]의 셜움으로써 오ᄂᆞᆯ날 부모의 종ᄉᆡ宗嗣ㅣ[585] ᄭᅳᆺ처지고 집이 업더지ᄂᆞᆫ 반폐지통半廢之痛[586]을 당ᄒᆞ니 오호嗚呼 지원참ᄌᆡ至冤慘災라 텬여天歟아 명여命歟아 나의 신ᄒᆡ화고禍故[587] 후後 투ᄉᆡᆼ偸生 금일今日ᄒᆞ야 오ᄂᆞᆯ날 이 참경慘景을 또 보미냐 가운家運의 망극罔極ᄒᆞᆷ과 졍니情理의 이 원통冤痛을 구텬九天[588]을 쎄치고 창합閶闔[589]을 흔든들 능히 견ᄃᆡ랴

579 실하지통膝下之慟: 부모를 잃은 슬픔.
580 붕성崩城: 남편을 잃음. '붕성지통崩城之痛'에서 온 말로 붕성지통은 남편을 잃은 슬픔을 말한다. 148면 주 40 참조.
581 불멸여천不滅餘喘: 아직 죽지 않고 겨우 부지하고 있는 목숨.
582 갑자지통甲子之慟: 갑자년 1804년은 아버지 조감이 죽은 해로, 아버지의 죽음을 이른다.
583 을축乙丑: 1805년
584 척령脊令 : 할미새. 날 때는 울고 걸을 때는 몸을 흔들어 동족의 어려움을 구해준다고 해서 형제간에 우애가 있어 어려움을 서로 구해주는 것을 비유하는 말로도 쓰인다. 《시경》〈소아〉 상체常棣 장에 "척령이 언덕에 있으니 형제가 급난을 구한다.〔脊令在原, 兄弟急難〕"는 구절에 나온다. 여기서 척령의 설움은 동생의 죽음을 이른다.
585 종사宗嗣: 종가 계통의 후손.
586 반폐지통半廢之痛: 중도에 끊어지는 슬픔. 반도이폐半途而廢에서 온 것으로 중도에 그만두게 되는 것을 말한다. 여기서는 남동생이 죽어 집안의 대가 끊어지는 것을 뜻한다.
587 신해화고: 신해년은 1791년, 남편 김기화가 죽은 해로, 남편의 죽음을 이른다.
588 구천은 九天 혹은 九泉 둘 다로 풀이가 가능하다. 구천九天은 하늘, 혹은 하늘의 가장 높은 곳, 혹은 불교의 아홉 하늘을 말하고, 구천九泉은 땅속 깊은 밑바닥이란 뜻으로 죽은 뒤에 넋이 돌아가는 곳을 뜻한다.
589 창합閶闔: 전설상의 천궁天宮의 문. 궁궐의 정문.

졔문祭文

지난 날의 자취 아님이 없어라

유셰ᄎᆞ維歲次 신ᄒᆡ辛亥 ᄉᆞ월四月 을ᄉᆞ乙巳 삭朔 이십삼일二十三日 뎡문鄭門의 ᄂᆡ딜內姪[590] 김ᄉᆡᆼ金生의 관棺이 쟝ᄎᆞᆺ 양쥬楊州 쇼고小皐 좌임지원坐壬之原[591]의 영폄永窆[592]ᄒᆞᆯ식 그젼그젼 오일五日 임슐壬戌의 표슉表叔[593]은 과쥬젼果酒奠으로써 곡결哭訣 왈曰

오회嗚呼ㅣ라 네 죽으미 과연 진짓이냐 ᄭᅮᆷ이냐 영폄이 긔약期約이 이시매 혼게 쟝ᄎᆞᆺ 멍에ᄒᆞ니 네 과연 죽으미오 ᄭᅮᆷ이 아니로다 오회라 칠ᄒᆞᆫ 듯ᄒᆞᆫ 터럭과 푸른 나흐로써 우희 삼당三堂이 계시니 됴셕朝夕으로 슬하膝下의 이유怡愉[594]ᄒᆞ거늘 네 엇지 이 즐거오믈 ᄇᆞ리고 기리 가뇨 오직 네 청슈淸秀ᄒᆞ고 개뎨愷齊ᄒᆞᆫ 긔질氣質을 품득稟得ᄒᆞ고 옥이 다ᄉᆞ고 구술이 븕은 ᄌᆡ조ᄅᆞᆯ 품어 나히 계유 승관勝冠의 문홰文華ㅣ[595] 일즉이 이니 가뎡家庭의 긔ᄃᆡ期待ᄒᆞᄂᆞᆫ 배오 친쳑親戚의 ᄋᆡ듕愛重ᄒᆞᄂᆞᆫ 배라 엇지 ᄒᆞᆫ 병이 지리ᄒᆞ여 믄득 이에 이ᄅᆞᆯ 줄 ᄠᅳᆺᄒᆞ여시리오 텬호〃天乎天乎여 엇지 앗기ᄅᆞᆯ ᄲᆞᆯ니 ᄒᆞ뇨

오회라 셰간世間의 사ᄅᆞᆷ이 뉘 구ᄉᆡᆼ舅甥이 업ᄉᆞ리오마ᄂᆞᆫ 나ᄂᆞᆫ 네게 실노 텬뉸天倫의 ᄉᆞ랑ᄒᆞᆷ과 골육骨肉의 친ᄒᆞᆷ ᄀᆞᆺᄒᆞ며 ᄯᅩ 뉘 ᄒᆞᆫ 번 죽으미 업ᄉᆞ리오마ᄂᆞᆫ 너의 몰歿ᄒᆞ믄 더욱 참독慘毒ᄒᆞ고 앗가오미 잇ᄂᆞᆫ지라

셕년昔年의 네 환진患疹역질(이하 작은 글씨는 원주)ᄒᆞᆯ ᄣᅢ의 너희 집의 연고緣故

590 내질內姪: 아내의 친정 조카. 처조카.
591 좌임지원坐壬之原: 임방壬方을 등진 언덕. 임방은 방위로 서북쪽을 가리키며 좌임지원은 서북 방향을 등지고 동남쪽을 바라보는 자리. 보통 임좌壬坐라고 한다.
592 영폄永窆: 완전하게 장사를 지냄.
593 표숙表叔: 어머니의 남자 형제. 외삼촌. 외숙부.
594 이유怡愉: 마음이 기쁘고 즐거움.
595 문화文華: 문장이 좋고 화려함. 문채文彩.

이셔 다른 곳의 츌피出避ᄒᆞ고 너희 부형父兄이 다 시러곰 보지 못 ᄒᆞ니 내 열흘을 ᄒᆞᆫ디 가 네 병을 간호ᄒᆞ여 필경畢竟의 무우無憂ᄒᆞ고 밋 픽 ᄌᆞ라매 니ᄅᆞ러 내게 슈혹受學ᄒᆞ니 쵸년初年의 발몽發蒙ᄒᆞ미 ᄯᅩᄒᆞᆫ 공功이 업지 아닌지라 거샹居常의 너를 보기를 친ᄌᆞ질親子姪의 간격이 업고 네 날 셤기믈 친부형親父兄의 다ᄅᆞ미 업ᄉᆞ니 사는 디 비록 쵸간迢間ᄒᆞ나 ᄆᆡ양 ᄒᆞᆫ 번 서ᄅᆞ 만나매 믄득 마로를 님臨ᄒᆞ여 웃고 마자 글이 샹ᄌᆞ箱子의 잇는 쟈를 닉여보여 고편을 밧고 문의 미형未亨ᄒᆞᆫ 쟈를 질문ᄒᆞ여 푸니 가의ᄒᆞᆫ ᄆᆞᄋᆞᆷ이 갈ᄉᆞ록 더옥 둣거온지라 ᄆᆡ양 골ᄋᆞ디 네 능히 일홈을 과댱科場의 들니고 조년早年의 슐닙ᄒᆞ야 너희 ᄌᆞ시를 영현ᄒᆞ미 이 나의 보람이로라 ᄒᆞ니 네 ᄯᅩ한 우음을 먹음고 유〃唯唯ᄒᆞ여 본닉ᄉᆞ로 아더니 이제 ᄒᆞᆯ 일 업는지라 창텬창텬蒼天蒼天아 이 어인 일이며 이 어인 일이뇨

슬프다 네 셩품性品이 득효得孝홈은 본디 스ᄉᆞ로 하늘의 어드미라 어려신 ᄯᅢ로븟터 부모의 겻희 이셔 일즉이 급ᄒᆞᆫ 말과 총긔聽氣ᄒᆞᆫ 빗치 ᄡᅧ 친의親意를 거ᄉᆞ리미 잇지 아니ᄒᆞ고 을ᄉᆞ년乙巳年 네 누의 요졀夭折ᄒᆞ매 너희 ᄌᆞ시 원ᄒᆞᆫ怨恨이 ᄎᆞ골次骨ᄒᆞ야 샹회 홀〃忽忽[596] 불낙不樂ᄒᆞ니 네 문득 부드러운 얼골과 화ᄒᆞᆫ 빗ᄎᆞ로ᄡᅧ 상 압희셔 희〃嬉戲[597]ᄒᆞ야 잇다감 어린 아ᄒᆡ 이러ᄒᆞᄂᆞᆫ 틱態를 지어 ᄡᅧ 즐거운 ᄆᆞᄋᆞᆷ을 돕게 ᄒᆞ니 너희 ᄌᆞ시 힘닙어 ᄡᅧ 사라 오늘날ᄭᆞ지 니ᄅᆞ럿더니 네 이제 죽은지라 무ᄉᆞᆫ 말을 가져 너희 ᄌᆞ시를 위로ᄒᆞ리오 네 병들무로븟터 먹지 아니코 ᄭᅳᆫ허지고져 ᄒᆞᆫ ᄯᅢ 여러 번이라 밋 고복皐復ᄒᆞ던 날 ᄌᆞ결自決홀 거죄擧措ㅣ ᄒᆞᆫ 번 두 번ᄲᅮᆫ 아니라 방인傍人의 부호扶護홈을 힘닙어 다힝이 ᄡᅧ 보젼保全ᄒᆞ믈 어드나 그러나 하늘의 궁窮ᄒᆞᆫ 셜움과 ᄯᅡ희 극極ᄒᆞᆫ 한恨이 어ᄂᆞ ᄯᅢ 가히 말며 어ᄂᆞ 날 가히 니ᄌᆞ리오 수풀 ᄃᆞᆯ이 창窓의 들고 섬의 곳치 문의 비

596 홀홀忽忽: 실의한 모양. 사물을 돌아보지 않음.
597 희희嬉戲: 장난하며 즐겁게 노는 모습.

쵠 즉 너의 의용儀容을 보는 둧ᄒᆞ고 쳠하檐下의 낙슈落水ㅣ ᄇᆞ야흐로 ᄯᅥ러지고 ᄒᆞ미ᄒᆞᆫ ᄇᆞ람이 귀에 지난즉 너의 셩음聲音을 듯는 둧ᄒᆞ니 쵹목觸目의 다ᄃᆞᆺ는 바의 진뎍陳迹[598]이 아니미 업ᄂᆞᆫ지라 사ᄅᆞᆷ이 목셕木石이 아니〃 엇지 ᄲᅧ 견ᄃᆡ여 지ᄂᆡ리오 죈납의 챵ᄌᆞ ᄆᆞᄃᆡ마다 ᄭᅳᆫ허져 남으미 업고 눈의 눈물이 피 이러 ᄆᆞᄅᆞ고져 ᄒᆞ니 비록 길 사ᄅᆞᆷ으로 ᄒᆞ여곰 볼지라도 오히[599] ᄯᅩ 차〃嗟嗟[600]ᄒᆞ고 쳬읍涕泣ᄒᆞ려든 ᄒᆞ믈며 나의 동긔同氣예 친親ᄒᆞ미 더옥 엇지 ᄲᅧ ᄆᆞ음을 ᄒᆞ리오 오호 통의라 네 병들매 내 몸소 친히 진시ᄒᆞ고 네 죽으매 내 손으로 스ᄉᆞ로 념험ᄒᆞ니 형히形骸[601] 진탈盡脫ᄒᆞ나 정신精神이 오히려 왕旺ᄒᆞ고 긔식氣息이 쟝ᄎᆞᆺ ᄭᅳᆫ흐매 지각知覺이 오히려 이시니 일노ᄡᅧ 일븐 회츈回春ᄒᆞ믈 ᄇᆞ랏더니 잠간 ᄉᆞ이예 인ᄒᆞ여 이지 못ᄒᆞ니 오호 통ᄌᆡ라 약이 길흘 일허 죠치調治[602]ᄒᆞ미 시러곰 그 방方[603]을 극진極盡이 못ᄒᆞ야 그러ᄒᆞ냐 아니 ᄯᅩᄒᆞᆫ 대운大運[604]의 물닌 바의 인녁人力이 시러곰 그 ᄉᆞ이예 용납容納지 못ᄒᆞ야 그러ᄒᆞ냐 하늘이 네 집의 화禍흠을 엇지 그 참연慘然ᄒᆞ고 독毒ᄒᆞ뇨 슬프다 쇠병衰病[605]ᄒᆞᆫ ᄌᆞ모慈母는 문의 의지ᄒᆞ여 ᄇᆞ라미 임의 ᄭᅳᆫ허지고 쳥츈靑春의 상부孀婦[606]는 셜우미 임의 셩이 문허진ᄃᆡ 다ᄃᆞ라시며 이 학발鶴髮[607] 등시 날과 밤으로 부ᄅᆞ지〃ᄃᆡ ᄒᆞᆫ 골육骨肉이 가히 후後ᄅᆞᆯ 니을 재 업ᄉᆞ니 네 만일 아ᄅᆞᆷ이 이시면 응당應當 텬하泉下의 눈을 ᄀᆞᆷ지 못ᄒᆞᆯ지라

슬프다 내 남녁 아듕衙中의 이실 ᄢᅢ 네 위친爲親ᄒᆞ야 약을 구하ᄃᆡ 내 셩품性

598 진적陳迹: 지난 날의 자취.
599 본문에 '오히'라고 되어 있으나 면이 바뀌면서 '오히려'의 려가 빠진 것으로 보인다.
600 차차嗟嗟: 깊이 감동해서 찬탄하는 소리. 탄성.
601 형해形骸: 살과 뼈. 몸, 육체.
602 조치調治: 쇠약해진 몸의 회복을 위해 음식이나 거처, 움직임을 적당히 조절하는 것.
603 방方: 약방藥方. 병에 따라 약을 조제하는 방법.
604 대운大運: 하늘과 땅 사이에 돌아가는 길흉화복의 운수.
605 쇠병衰病: 늙고 쇠약해서 생긴 병.
606 상부孀婦: 청상과부. 젊어서 과부가 된 여자.
607 학발鶴髮: 학의 머리처럼 하얀 머리털을 가리키는 말로, 노인의 백발을 비유한 말.

品이 본딕 게어르고 졸拙ᄒᆞ야 셜시ᄒᆞ기의 져른지라 시일時日을 임염荏苒ᄒᆞ야 뜻이 이시딕 일우지 못ᄒᆞ엿더니 일노 ᄡᅧ 네 평일平日의 의논議論ᄒᆞ미 업지 아니터라 ᄒᆞ니 이 엇지 내의 본 뜻이리오 이제 녕결永訣ᄒᆞ는 글의 짐즛 붓쳐 닐어 ᄡᅧ 댱셔長逝ᄒᆞᆫ 쟈의 의논홈을 ᄲᅵ치ᄂᆞ니 네 그 아ᄂᆞ냐

오회라 네 강장强壯홈으로ᄡᅧ 것거지니 날ᄀᆞᆺᄒᆞᆫ 쇠모衰耗ᄒᆞᆫ 쟈는 진실노 이 셰샹의 오라지 아닐 줄 알고 너의 ᄌᆞ시 원ᄒᆞᆫ이 속의 얽히고 형신形神이 날노 녹으니 ᄯᅩᄒᆞᆫ 오래 살 재 아니라 텬도의 서ᄅᆞ 조ᄎᆞ미 ᄉᆞᄉᆞ로 품 안의 일이니 일노 ᄡᅧ 너의 원울怨鬱ᄒᆞᆫ 혼魂을 위로ᄒᆞᄂᆞ니 그 아ᄂᆞ냐 모ᄅᆞᄂᆞ냐 네 상ᄉᆞ喪事의 울무로븟터 내 홀연이 병드러 일슌一旬을 침듁ᄒᆞ다가 요ᄉᆞ이 계유 회소回蘇ᄒᆞ나 비원悲怨이 울결鬱結ᄒᆞ고 심ᄉᆡ心思ㅣ 황홀恍惚ᄒᆞ야 초〃草草ᄒᆞᆫ 문ᄌᆡ文字ㅣ 족히 만의 일을 회포懷抱를 쎰지 못ᄒᆞ노라 오호 통의라 샹향尙饗

아름다운 사위, 백년손

유셰ᄎᆞ維歲次 신히辛亥 ᄉᆞ월四月 을ᄉᆞ乙巳 삭朔 이십삼일二十三日 졍묘丁卯의 망셔亡壻 ᄒᆞᆨᄉᆡᆼ學生 쳥풍淸風 김군金君 영귀永歸ᄒᆞ는 날이라 발인發靷 젼前 이일二日의 부옹婦翁 됴趙 은 삼가 비박지젼菲薄之奠[608]을 ᄀᆞᆺ초아 수항셔數行書로 곡결哭訣 왈曰

오호 이ᄌᆡ라 그ᄃᆡ 나미 하ᄂᆞᆯ이 우연치 아닌 듯 ᄒᆞ더니 그ᄃᆡ 도라가매 귀신이 엇지 그리 급히 ᄒᆞ뇨 하ᄂᆞᆯᄭᅴ 뭇고져 ᄒᆞ나 하ᄂᆞᆯ이 말이 업고 귀신鬼神의게 질졍質正코져 ᄒᆞ나 귀신이 응應치 아니ᄒᆞ는ᄯᅩ다 사ᄅᆞᆷ이 니理로 궁구窮究치 못ᄒᆞ는 거ᄉᆞᆫ 명命과 수壽의 도라보내ᄂᆞ니 니ᄅᆞᆫ 바 명命과 슈壽ㅣ 과연 크게 졍定ᄒᆞ미 이셔 슈요댱단壽夭長短을 능히 인녁人力으로 그 ᄉᆞ이예 용납容納지 못ᄒᆞ랴

608 비박지전菲薄之奠: 비박은 적어서 변변치 않음을 뜻하는 말로 비박지전은 변변치 않은 제사 음식을 뜻한다.

텬니 신도를 수壽로뻐 밀위여도 오직 그듸의 죵시終始는 묘막渺漠[609]ᄒᆞ여 가히 아지 못ᄒᆞ리로다 또 ᄉᆡᆼ각ᄒᆞ니 군君의 긔질이 슌후淳厚ᄒᆞ고 셩졍性情이 인ᄌᆞ仁慈ᄒᆞ며 용뫼容貌ㅣ 슈위秀偉[610]ᄒᆞᆷ과 언에言語ㅣ 침듕沈重[611]ᄒᆞ미 의연히 먼니 ᄉᆞᄆᆞᆺ출 긔샹氣像이 잇고 셩회誠孝ㅣ 하늘의 근본ᄒᆞ고 도량이 ᄆᆞ음의 나[612] ᄒᆞᆨ업學業이 날노 나아가고 겸ᄒᆞ여 어름ᄀᆞᆺᄒᆞᆫ 표치標致[613]와 옥쳐로 잡은 거시 경쉬 흐리고 위쉬 ᄆᆞᆰ아[614] 현쳘賢哲 분명ᄒᆞ니 그듸 집의 이시매 봉추鳳雛[615]와 긔ᄌᆞ麒子ㅣ[616] 되고 내 문의 이시매 옥윤가랑玉潤佳郎[617]이 되며 녀ᄋᆞ女兒의 이시매 ᄇᆡᆨ년 앙망仰望ᄒᆞᄂᆞᆫ[618] 하늘이 되니 내 ᄆᆞ음의 환열歡悅 ᄋᆡ듕愛重ᄒᆞ미 범상凡常ᄒᆞᆫ 구ᄉᆡᆼ舅甥 간과 다ᄅᆞ미 잇ᄂᆞᆫ지라 군이 날 보기를 내군乃君[619] 보ᄃᆞᆺ ᄒᆞ여 경계를 혹도 듯지 아닐 적이 업ᄉᆞ며 일을 혹도 믓지 아닐 적이 업서 ᄎᆞᆷ아 ᄒᆞ로도 잠간 서ᄅᆞ ᄯᅥ나지 못ᄒᆞ니 그 긔듸ᄒᆞᄂᆞᆫ 졍이 홀노 부옹婦翁[620] 녀셔女壻[621]ᄲᅮᆫ이 아닐너니 오호 ᄋᆡ지라 엇지 ᄒᆞᆫ 병이 여러 ᄃᆞᆯ을 침면沈眠ᄒᆞ니 처엄은 무망지질无妄之疾[622]노 아랏더니 증셰 졈〃 듕ᄒᆞ매 내 집의 피우避寓ᄒᆞ여 의약으로 시험

609 묘막渺漠: 아득하게 넓음.
610 수위秀偉: 빼어나고 훌륭함.
611 침중沈重: 침착하고 무게가 있음.
612 나다: 태어나다, 드러나다의 옛말.
613 표치標致: 아름다운 용모.
614 경수 흐리고 위수 맑아: 경위지청탁涇渭之淸濁. 경수와 위수는 중국 섬서성에 있는 물 이름으로 경수는 흐리고 위수는 맑다고 해서 청탁淸濁이 분명한 것처럼 선과 악, 옳고 그름이 반드시 구분된다는 뜻으로 쓰인다.
615 봉추鳳雛: 봉황의 새끼. 아직 세상에 드러나지 않은 뛰어난 젊은이를 이른다.
616 기자騏子: 기린의 새끼. 재주가 뛰어나 장래가 촉망되는 젊은이를 가리키는 기린아麒麟兒와 같은 말로 볼 수 있다.
617 옥윤가랑玉潤佳郎: 옥윤은 사위, 가랑은 얌전한 신랑을 뜻한다.
618 앙망仰望하다: 우러러 바라다.
619 내군乃君: 내부乃父와 동의어로 보인다. 내부는 네 아비, 이 아비라는 뜻.
620 부옹婦翁: 장인.
621 여서女壻: 사위.
622 무망지질无妄之疾: 예기치 않은 질병.

ᄒᆞ고 듁음粥飮으로 권ᄒᆞ여 ᄌᆞ못 이십여일의 니ᄅᆞ니 좌와긔거坐臥起居와 음담 죠호飮啖調護[623]를 반ᄃᆞ시 내 손으로 ᄒᆞ여 쥬야晝夜로 곁을 ᄒᆞ여 ᄯᅥ나지 못ᄒᆞ고 ᄀᆞ마니 하늘과 귀신ᄭᅴ 비러 거의 감동ᄒᆞ여 도으미 이실가 ᄒᆞ엿고 오늘 이 지경의 니ᄅᆞ기ᄂᆞᆫ ᄯᅳᆺᄒᆞ지 아냣더니 이 하늘이냐 귀신이냐 ᄯᅩᄒᆞᆫ 명命과 다ᄆᆞᆺ[624] 슈數ㅣ냐 오호 ᄋᆡᄌᆡ라 내 처엄의 그ᄃᆡ 집의 빙聘ᄒᆞ연 지 ᄉᆞ년의 상우喪偶[625]ᄒᆞ니 ᄀᆞᆺ ᄯᅢ 망실亡室[626]의 나히 계유 이십이오 그ᄃᆡ 내 집의 위금委禽[627]쟝가ᄒᆞ연 지 뉵년의 믄득 가니 그 나히 ᄯᅩᄒᆞᆫ 이십의 지나지 못ᄒᆞ니 이 진실노 두 집 긔회의뷔부합로다 네를 어ᄅᆞ문져 이제를 셜워ᄒᆞ매 오히려 엇지 ᄎᆞᆷ으리오

ᄋᆞ녜兒女ㅣ 십 셰의 ᄌᆞ모를 일흐니 내 몸소 길너 셩혼成婚ᄒᆞ기예 니ᄅᆞ매 임의 아ᄅᆞᆷ다온 짝을 어드니 그 아뷔 깃부고 ᄀᆞ득ᄒᆞᆫ 졍이 더옥 다ᄅᆞᆫ 사ᄅᆞᆷ의게 지난지라 고슬고금鼓瑟鼓琴[628]ᄒᆞ여 의가의실宜家宜室[629]ᄒᆞᄂᆞᆫ 경ᄉᆞ慶事를 군의 부〃를 ᄃᆡᄒᆞ여 샹히 ᄆᆞ음으로 하례賀禮ᄒᆞ더니 뉘 ᄋᆞ녜 쳥년靑年의 상孀이 될 줄 알니오 이 엇진 일이며 이 엇진 명이뇨 오호 ᄋᆡᄌᆡ라 군의 독셩篤性 향ᄒᆞᆨ向學ᄒᆞ미 침식을 닛기의 니ᄅᆞ러 눈 창과 어름 벽의 나ᄌᆞ로 ᄡᅧ 밤을 니어 한ᄂᆡᆼ寒冷이 몸의 핍逼ᄒᆞᄂᆞᆫ 줄을 ᄭᆡᄃᆞᆺ지 못ᄒᆞ매 인ᄒᆞ여 병이 되여 드듸여 셜샤와 니질이 되니 병의 근본이 여긔셔 발ᄒᆞ엿ᄂᆞᆫ 거ᄉᆞᆯ 의원이 능히 집증執症을 못ᄒᆞ여 당뎨長劑[630]를

623 음담조호飮啖調護: 음담은 먹고 마시는 것, 조호는 환자를 보양하고 간호하는 것.
624 다ᄆᆞᆺ: 더불어, 같이.
625 상우喪偶: 상처喪妻와 같은 말. 아내의 상을 당함.
626 망실亡室: 죽은 아내.
627 위금委禽: 전통 혼례의 여섯 가지 절차인 육례 중 하나로 남자 집에서 여자 집에 기러기 한 마리를 보내는데 이를 납채納采 또는 '새를 보낸다'는 의미에서 위금委禽이라 하였다. 위금은 곧 장가든다는 뜻으로 쓰인다. 원주도 '장가'라고 되어 있다.
628 고슬고금鼓瑟鼓琴: 거문고 타고 생황을 불다. 《시경》〈소아〉 녹명鹿鳴 편에 나오는 구절로 부부 사이가 좋음을 가리킨다.
629 의가의실宜家宜室: 가정이 화목하리라. 《시경》〈주남〉 도요桃夭에 나오는 구절로 부부가 화목함을 이른다.
630 장제長劑: 맞는 약 또는 좋은 약을 뜻하는 듯하다.

쓰지 못ᄒᆞ고 ᄆᆞᆺ춤내 구치 못ᄒᆞᆫ ᄃᆡ 니ᄅᆞ럿ᄂᆞ냐 ᄇᆡᆨ 가지로 ᄊᆞ라 ᄉᆡᆼ각ᄒᆞ매 뉘우ᄎᆞᆫ ᄒᆞᆫ이 무궁ᄒᆞ도다

내 지피번番드단 말 ᄒᆞ엿다가 군이 환가還家ᄒᆞ믈 듯고 병셰病勢의 고헐苦歇을 몰나 일셕의 우려ᄒᆞ다가 밋 탈직脫職ᄒᆞ매 바로 군가君家로 가본 즉 내 소ᄅᆡ 를 듯고 깃부미 빗치 동ᄒᆞ여 머리를 들고 우음을 먹음어 왈 도망ᄒᆞ여 왓ᄂᆞ이다 내 형뫼形貌ㅣ 젼前의 비겨 엇더ᄒᆞ며 병이 비록 이러ᄒᆞ나 죽든 아니 ᄒᆞ리잇가 ᄒᆞ거ᄂᆞᆯ 내 ᄯᅩ 형ᄉᆡᆨ形色을 ᄉᆞᆯ펴 관겨치 아니무로 답ᄒᆞ고 당일지녀ᄂᆞᆫ 아녓더니 이윽고 증졍症情이 위극危極ᄒᆞ고 긔식이 엄홀奄忽[631]ᄒᆞ니 녀ᄋᆡ女兒ㅣ 칼노 ᄲᅧ 폴을 ᄶᅵ여 ᄉᆡᆼ혈生血노 구코져 ᄒᆞ거ᄂᆞᆯ 좌위左右ㅣ 붓들어 말녀 그 졍셩을 다 ᄒᆞ지 못ᄒᆞ엿더니 잠깐 ᄉᆡᆼ되生道ㅣ 잇거ᄂᆞᆯ 내 쥭음粥飮으로ᄡᅥ 권ᄒᆞᆫ대 눈을 ᄯᅳ고 말ᄒᆞ여 왈 놀난 ᄆᆞ음을 졍치 못ᄒᆞ여라 ᄒᆞ거ᄂᆞᆯ 내 ᄯᅩ 강권强勸ᄒᆞ니 이에 ᄃᆡ답ᄒᆞ 고 마시니 그 내 뜻을 슌히 ᄒᆞ고 내 원의 맛갓게 ᄒᆞ미 대개 이러틋 ᄒᆞ도다 밋 쇽광홀 즈음의 밋처 구련苟攣ᄒᆞᄂᆞᆫ 빗치 업ᄉᆞ니 그 졍대히 귀화歸化ᄒᆞᄂᆞᆫ 도리 ᄯᅩ한 군ᄌᆞ君子 둥 사ᄅᆞᆷ이로다 군의 실인室人의 글이 관둥의 ᄀᆞ초 단ᄒᆞ여 ᄲᅧ시니 어둡지 아녀 이실진대 벅〃이[632] ᄉᆡᆼ각ᄒᆞ리로다

오호 ᄋᆡ지라 그ᄃᆡ 삼ᄃᆡ독신三代獨身으로 고당高堂의 둥시 계시거ᄂᆞᆯ 일죠의 ᄇᆞ려 나의 무모녀셔無侔女壻로 동상가ᄀᆡᆨ東床佳客[633]이 일셕의 요절ᄒᆞ여 ᄆᆞ춤내 우쥬의 궁극ᄒᆞ고 무ᄒᆞᆫ ᄒᆞᆫ을 기치니 이 엇지 조화와 귀신의 ᄎᆞᆷ아 ᄒᆞᆯ 배리오 죽ᄂᆞᆫ 쟈의 비ᄒᆞᆫ悲恨이 쟝ᄎᆞᆺ 눈을 ᄀᆞᆷ지 못ᄒᆞ려든 산 쟈의 원통ᄒᆞ미 ᄯᅩᄒᆞᆫ 합운살아셔 죽다 말 ᄒᆞ기를 면치 못ᄒᆞ리로다 보ᄂᆞᆫ 재 ᄎᆞᆷ아 보지 못ᄒᆞ고 듯ᄂᆞᆫ 재 ᄎᆞᆷ아 듯지 못ᄒᆞ거든 ᄒᆞ믈며 나의 지졍의 무ᄉᆞᆫ ᄆᆞ음으로 회포를 지으리오

슬푸다 이 상녜孀女 부ᄅᆞ지〃며 두ᄃᆞ려 긔운이 막히고 ᄒᆞᆫ 실낫치 ᄉᆞᆫ키의 니ᄅᆞ

631 엄홀奄忽: 갑자기. 여기서는 갑자기 끊어지다란 뜻으로 쓰였다.
632 벅벅이: 반드시, 틀림없이.
633 동상가객東床佳客: 동상은 사위, 가객은 좋은 손님. 여기서는 사위를 뜻한다.

니 비록 안고 우러 위로혼들 그 장ᄎᆞᆺ 눌을 위하여 살니오 오호 이지라 오늘날 군가君家를 위ᄒᆞ여 ᄉᆞᄉᆡᆼ존망死生存亡의 계교홀 재 오직 일즉 군의 계후繼後를 정ᄒᆞ여 우러〃 노친老親의 위회를 삼고 구버 상부孀婦의 몸 의탁홀 곳을 삼는 거시 이 구〃히 ᄇᆞ라는 배로라

인긔靷期[634]발인 임의 다ᄃᆞᄅᆞ매 녕靈이 장ᄎᆞᆺ 멍에홀 거시니 만ᄉᆡ萬事ㅣ ᄡᅴ슬이오 ᄇᆡᆨ념百念이 도시 ᄌᆡᆺ혼지라 평일 독ᄋᆡ篤愛ᄒᆞ던 정과 ᄎᆞ시 무궁혼 셜움을 군이 아름이 이시면 명〃지듕冥冥之中의 엄읍掩泣ᄒᆞ리로다 직ᄉᆞ職事의 ᄆᆞ이여 임의 능히 불을상여줄 잡아 광듕壙中[635]을 님치 못ᄒᆞ고 관을 어ᄅᆞ만져 우러 보내니 텬지창망天地悵惘ᄒᆞ고 운일雲日이 참담慘憺ᄒᆞ니 오히려 다시 무손 말을 ᄒᆞ리오 오호 통지 샹향

떨어진 꽃은 다시 피거니와

유셰ᄎᆞ 신히 ᄉᆞ월 을ᄉᆞ 삭 이십삼일 졍묘의 김군의 관이 장ᄎᆞᆺ 크게 현ᄐᆡᆨ[636]의 도라갈ᄉᆡ 그 젼 일〃 병인에 삼죵형[637] 〃보는 박젼薄奠[638]을 약구略具ᄒᆞ야 술 부어 영결ᄒᆞ야 ᄀᆞᆯ오ᄃᆡ

오회라 슬푸미 쇼년少年을 울기의 심ᄒᆞ 니 업고 혼이 가ᄉᆞ佳士[639]를 일키예 극ᄒᆞ 니 업는지라 내 군이 몰歿ᄒᆞ매 슬풀 ᄯᆞ름이며 혼홀 ᄯᆞ름이랴 오회라 내 임의 관혼冠婚[640] 후의 군이 비로소 나고 나며 내 아오 항열行列된 재 계유 이

634 인기靷期: 발인하는 날. 발인發靷은 장례 절차의 하나로 상여가 집의 빈소를 떠나 묘지로 향하는 절차.
635 광중壙中: 시체를 묻는 무덤의 구덩이.
636 현택玄宅: 저승.
637 삼종三從: 팔촌 형제.
638 박전薄奠: 변변찮은 제수.
639 가사는 집을 뜻하는 家舍, 아름다운 선비를 뜻하는 佳士 두 가지로 볼 수 있으나 여기서는 좋은 인재를 잃었다는 뜻으로 보고 아름다운 선비로 풀이하였다.
640 관혼冠婚: 관례와 혼례. 관례

십년이라 군이 동관童丱[641]으로븟허 칙 샹즈를 지고 내게 문즈를 바든 재 대개 녀나믄 히오 군이 관冠ᄒᆞ고 취娶ᄒᆞ야 셩인成人의 도를 ᄀᆞᆺ촌 재 계유 놐년이라 문홰文華ㅣ 졈〃 나아가고 지엽枝葉이 ᄇᆞ야흐로 셩ᄒᆞ야 아름다운 곡셕[642]이 밧최 이시매 날마다 그 셩실成實[643]ᄒᆞ믈 ᄇᆞ라고 긔특ᄒᆞᆫ ᄌᆡ목材木이 뫼히 이시매 날마다 그 셩긔成器[644]ᄒᆞ믈 ᄇᆞ람 ᄀᆞᆺᄒᆞ니 엇지ᄒᆞ야 이에 니ᄅᆞᄂᆞ 내 슈염이 희지 못ᄒᆞ여 사ᄅᆞᆷ을 죠상ᄒᆞᆫ 재 임의 만ᄒᆞ듸 군ᄀᆞᆺ치 비졀悲絶ᄒᆞᆫ 재 잇지 아닌지라 ᄯᅩ 군이 형용이 ᄲᅡ혀나고 ᄆᆞᆰ으며 긔운이 화ᄒᆞ고 다ᄉᆞ니 사ᄅᆞᆷ이 보ᄂᆞᆫ 재 뉘 그 단인길신端人吉士ㅣ[645]줄 아지 못ᄒᆞ리오 ᄒᆞ믈며 내 긔궁奇窮[646]ᄒᆞ야 화ᄒᆞ리 덕고 ᄯᅩ 지친이 드무니 다힝이 군을 동당同黨[647] 안히 엇고 ᄯᅩ 더부러 ᄆᆞ을이 ᄒᆞᆫ가지라 아촘 져녁으로 지나 좃고 아촘 져녁으로 강마講磨[648]ᄒᆞ여 ᄡᅧ 녀싱餘生의 의탁ᄒᆞ믈 삼앗더니 엇지ᄒᆞ야 이에 니ᄅᆞᄂᆞ ᄒᆞ믈며 군이 날을 ᄃᆡ졉ᄒᆞ야 ᄉᆞ표師表[649]로 셤기고 날을 보아 쥰측準則을 삼아 의심이 이시매 반ᄃᆞ시 질졍質正ᄒᆞ고 일이 이시매 반ᄃᆞ시 고문顧問ᄒᆞ니 도라보건대 나의 용녈ᄒᆞ고 뷔미 ᄡᅧ ᄇᆞ람을 맛치고 그 ᄠᅳᆺ을 인도ᄒᆞ미 업ᄉᆞ믈 븟그리나 그러나 내 듯ᄂᆞᆫ 배 이시매 반ᄃᆞ시 더부러 니ᄅᆞ고 내 힝홀 배 이시매 더부러 조차 ᄒᆞ여 잇글며 밀쳐 셩취홀 배 이시믈 긔약ᄒᆞ더니 이제ᄂᆞᆫ 홀 일 업ᄂᆞᆫ지라 엇지 앗기를 ᄲᅢᆯ니 ᄒᆞᄂᆞ 유〃ᄒᆞᆫ 이 ᄒᆞᆫ이 ᄃᆡ代가 밋도록 잇기 어려오니 내 오ᄂᆞᆯ날 우ᄅᆞᆷ이 슬플 ᄯᆞᄅᆞᆷ이며 ᄒᆞᆫ 홀 ᄯᆞᄅᆞᆷ이랴

오회라 내 군의 병이 극ᄒᆞ믄 듯고 ᄃᆞᆯ녀 군의 부가婦家로 가 지게[650]예 드러

641 동관童丱: 어린아이.
642 곡셕: 곡식.
643 성실成實: 성숙하여 열매를 맺음.
644 성기成器: 온전하게 그릇을 만듦. 사람의 인격과 재능이 하나를 이룸.
645 단인길사端人吉士: 단인은 단정한 사람, 길사는 착하고 어진 선비.
646 기궁奇窮: 몹시 곤궁함.
647 동당同黨: 같은 무리. 여기서는 일가一家의 뜻으로 보인다.
648 강마講磨: 학문을 강구하고 연마함.
649 사표師表: 학식이나 덕망이 높아 남의 모범이 될 만한 사람.
650 지게: 마루에서 방으로 드나드는 외짝 문.

보매 군이 임의 긔운이 잠〃ᄒᆞ며 눈이 명〃冥冥ᄒᆞ야 ᄎᆞᆨ 위 ᄃᆞᆺ긔 누엇ᄂᆞᆫ지라 내 시험ᄒᆞ야 부ᄅᆞ대 창 밧긔 아름다온 ᄭᅩᆺ치 셩히 퓌여시니 가히 앗갑도다 네 보지 못ᄒᆞ미여 아니 보고져 ᄒᆞᄂᆞᆫ다 오히려 능히 말을 지어 ᄀᆞᆯᄋᆞᄃᆡ 그러타 ᄒᆞ거ᄂᆞᆯ 내 사ᄅᆞᆷ으로 ᄒᆞ여곰 곳 두어 가지ᄅᆞᆯ 것거 병의 ᄭᅩ자 벼개 밋ᄒᆡ 두니 군이 눈을 여러 주시ᄒᆞᆫ 재 퍽 오래야 ᄀᆞᆯᄋᆞᄃᆡ 곳치 언마[651] ᄒᆞ여 이우지[652] 아니리오 ᄒᆞ니 대개 그 스ᄉᆞ로 비ᄒᆞ야 셜워ᄒᆞ미라 내 듯고 츄연ᄒᆞ니 군이 과연 곳쳐로 ᄯᅥ러져 간지라 곳츤 비록 ᄯᅥ러져 가나 봄이 도라오면 다시 퓌거니와 군은 이제 도라가매 어ᄂᆞ ᄯᅢ 다시 도라오리오 ᄭᅩᆺ치며 사ᄅᆞᆷ이 이 ᄂᆔ 가히 슬프리오
오회라 군의 집이 군을 기ᄃᆡᄒᆞ미 기동과 들보로 ᄡᅧ ᄒᆞ고 군의 조ᄇᆡ 군을 보미 긔특ᄒᆞᆫ 곳츠로ᄡᅧ ᄒᆞ고 군의 부뫼 군을 미드미 텬니千里 ᄆᆡ아지로ᄡᅧ ᄒᆞ고 군의 지어미 군을 울얼미 하늘을 삼아 쟝ᄎᆞᆺ ᄇᆡᆨ년을 ᄒᆞᆯ 재러니 이제 홀연이 부러지며 것거지며 것구러지며 문허진지라 쟝ᄎᆞᆺ 그 목숨을 다 ᄀᆞᆺ출지라 군이 ᄯᅩ 삼셰三世 독ᄌᆞ獨子로 아ᄃᆞᆯ이 업시 죽은지라 산 사ᄅᆞᆷ의 슬푸미 다 군의 집의 미쳐시나 그러나 내 결訣을 ᄒᆞ야 군의 집을 위ᄒᆞ야 슬허ᄒᆞ미 아니오 다만 내의 슬품과 ᄒᆞᆫ을 니ᄅᆞ노라 오호 상 향

슬픔이 끝이 있으리오

유셰ᄎᆞ 신히 ᄉᆞ월 을ᄉᆞ 삭 이십삼일 졍묘의 군君의 관이 쟝ᄎᆞᆺ 영귀ᄒᆞᆯ시 ᄌᆡ죵再從[653] 형 긔쳘은 통곡 왈 오회라 그ᄃᆡ 죽으미 날이 오라미 이시나 오랄ᄉᆞ록 밋지[654] 아녀 그 쟝帳[655]을 헤치매 니ᄅᆞ되 그 사ᄅᆞᆷ이 예 이시리라 ᄒᆞ엿더니 거믄 나모와 불근 명졍銘旌[656]을 보면 믄득 ᄆᆞ음이 놀나오니 지친至親의 졍이

651 언마: 얼마.
652 이우다: 이울다. 꽃이나 잎이 시들다.
653 재종再從: 육촌.
654 밋다: 믿다.
655 장帳: 휘장.

본듸 그러ᄒᆞ거니와 오랄ᄉᆞ록 잇지 못ᄒᆞ고 죽으 니로ᄡᅥ 산 줄노 아는 밧 재 ᄯᅩ 그듸 년고緣故로다

군이 효슌孝順의 ᄌᆞ질노 겸ᄒᆞ여 문혹文學의 아담ᄒᆞ미 이셔 집의 이시매 ᄌᆞ못 도리道理를 알고 사름을 듸졉ᄒᆞ매 녜모禮貌를 일치 아니ᄒᆞ여 냥듸兩代의 지ᄌᆞᄒᆞ시는 졍과 일가一家의 돈친敦親[657]ᄒᆞ는 의 그듸 비록 ᄒᆞ를 사나 ᄒᆞᄅᆞ 쾌홀 사름이 되엿거늘 슬프다 나는 완인ᄒᆞ여 사라도 죽으니만 ᄀᆞᆺ지 못ᄒᆞ미 오라도다 오회라 그듸 형뎨 업ᄉᆞ매 날을 동긔쳐로 보고 내 ᄯᅩᄒᆞᆫ 고로孤露[658]ᄒᆞᆫ지라 그듸 ᄆᆞ음을 어엿비 넉이더니 이제 학발鶴髮 노친으로 ᄒᆞ여곰 안자 종ᄉᆞ宗嗣[659]의 의탁이 업ᄉᆞ믈 보시게 ᄒᆞ고 슉부모로 ᄒᆞ여곰 궁독窮獨ᄒᆞᆫ 사름이 되시게 ᄒᆞ니 도라간 재 무슨 죄리오마는 반ᄃᆞ시 명〃ᄒᆞᆫ 가온대 우름을 먹음으리로다 쇼지 발인 다만 격ᄒᆞ여시나 거믄 나모와 블근 명졍도 다시 어더 볼 길히 업ᄉᆞ니 목숨을 가히 사내지[660] 못홀지라 슬푸미 엇지 ᄀᆞ이 이시리오 이에 ᄆᆞ음의 향과 졍의 술노 그듸 신녕神靈의 졔ᄒᆞ노라 오호 상향

빼어나며 실하지 못함이라

유세ᄎᆞ 신히 ᄉᆞ월 을ᄉᆞ 삭 이십삼일 뎡묘의 현형賢兄의 관이 쟝ᄎᆞᆺ ᄶᅡ히 들시 젼일 병인丙寅의 ᄌᆞ죵뎨 긔혁은 약간 고결告訣ᄒᆞ는 두어줄 글노 술을 부어 골오듸

오회라 우리 형 치영이 난초와 구슬ᄀᆞᆺ던 ᄌᆞ질이 잇더니 불힝ᄒᆞ여 단명조ᄉᆞ短命早死ᄒᆞ니 닐온바 ᄲᅡ혀나고 실치 못ᄒᆞᆫ 재냐 오회라 녜 우리 고조高祖와 증대부曾大父[661]계샤 향년享年ᄒᆞ오시기를 다 기애耆艾칠십팔십[662]의 니ᄅᆞ시니 슈고

656 명정銘旌: 다홍 바탕에 흰 글씨로 죽은 사람의 품계, 관직, 성씨를 적은 기.
657 돈친敦親: 친척끼리 화목함.
658 고로孤露: 외롭고 돌보아줄 사람이 없음.
659 종사宗嗣: 종가의 후손.
660 사내다: 살아내다.

壽考[663]ᄒᆞ시ᄂᆞᆫ 문이어ᄂᆞᆯ 형이 이에 단졀斷絶ᄒᆞ니 이를 가히 아지 못ᄒᆞ리로다 오직 우리 종조ㅣ從祖ㅣ[664] 후덕젹션厚德積善ᄒᆞ샤 맛당이 나믄 경ᄉᆡ 이시려든 ᄒᆞᆫ 손ᄌᆞ를 보젼치 못ᄒᆞ시니 셩인이 ᄯᅩᄒᆞᆫ 날을 속엿도다 오회라 오형吾兄이 긔뷔肌膚ㅣ[665] 빙셜氷雪ᄀᆞᆺ고 몸 가지기를 쳐ᄌᆞ處子 ᄀᆞᆺ치 ᄒᆞ매 ᄒᆞᆫ 번 보매 그 단아ᄒᆞᆫ 줄 알 거시오 오직 그 효위孝友ㅣ[666] 셩품의 근본ᄒᆞ믄 내 ᄇᆡ호고져 ᄒᆞ되 능히 못ᄒᆞᆯ 바요 내 셩품이 심히 추ᄒᆞ고 급ᄒᆞ여 맛당이 조에둥근 것과 모진 거시라 용납ᄒᆞ기 어려오ᄃᆡ 형이 능히 포용ᄒᆞ고 비부듯업단 말[667]ᄒᆞ여 ᄒᆞᆫ 동ᄂᆡ의 집을 년ᄒᆞ여 동긔로 서로 보아 삼년을 ᄒᆞᆫ 가지로 공부ᄒᆞ매 심계 이에 의탁ᄒᆞ엿더니 이제ᄂᆞᆫ 홀연 업ᄉᆞᆫ지라 우〃[668]ᄒᆞᆫ 이 몸이 다시 어ᄃᆡ로 가 조ᄎᆞ리오

오호 비부로다 상향

떠남은 많고 머묾은 잠깐이니

텬호〃〃天呼天呼여 돌〃咄咄 통원ᄌᆡ痛寃哉며 절〃切切 비ᄒᆞᆫᄌᆡ悲恨哉라 아뎨我弟의게 ᄎᆞ마 엇지 이런 혹벌酷罰을 ᄂᆞ리오시리오 작인作人 품슈稟受와 인물人物 셩ᄒᆡᆼ性行이 호발毫髮만치나 궁박窮迫ᄒᆞᆫ ᄐᆡ態 이시면 지졍至情 간의 비졀悲絶ᄒᆞ믄 참지 못ᄒᆞ나 이대도록 질텬호원叱天呼冤ᄒᆞ미 이시랴 이 애ᄃᆞᆲ고 비분悲憤ᄒᆞ고 지원극통至冤極痛ᄒᆞᆷ은 미ᄉᆞ지젼未死之前 잇칠 ᄯᆡ가 업ᄉᆞᆯ 듯ᄒᆞ나 ᄌᆞ로 모다 피ᄎᆡ彼此ㅣ 얼굴 그리ᄂᆞᆫ 탄嘆이나 업ᄉᆞ면 나으련마ᄂᆞᆫ ᄯᅥ나믄 만코 ᄆᆞ르믄 잠

661 증대부曾大父: 촌수가 먼 증조부 항렬의 어른.
662 기애耆艾: 기耆는 예순살, 애艾는 쉰살이라는 뜻으로 노인을 이른다. 원주에는 칠십팔십으로 되어 있다.
663 수고壽考: 오래 삶.
664 종조從祖: 종조부. 할아버지의 형이나 아우.
665 기부肌膚: 피부. 살.
666 효우孝友: 부모에 대한 효도와 형제에 대한 우애.
667 비부: 비부는 가려주고 덮어준다는 뜻. 원주의 듯업다는 듯덥다, 듯덮다로 볼 수 있다. 듯덮다는 비호하다. 덮어주다는 뜻.
668 우우踽踽: 몹시 외롭고 쓸쓸함.

짠이니 그만 일도 뜻 굿지 못ᄒᆞ니 무ᄉᆞ 일노 위로홀 거시 이실고 믄득 ᄉᆡᆼ각이 밋ᄎᆞ면 흉회胸懷 젼ᄉᆡᆨ塡塞ᄒᆞ여 깁흔 한숨ᄲᅮᆫ이로다 이 ᄎᆡᆨ을 보고 졔문祭文을 벗기니[669] 심시 더욱 감회ᄒᆞ여 능히 슬픈 안슈眼水[670]를 금치 못ᄒᆞ리로다

669 벗기다: 베끼다.
670 안수眼水: 궁중에서 눈물을 일컫던 말.

해제

기록의 힘

1. 오래도록 묻혀온 더미

《자기록》은 18세기 후반 서울에 살았던 무반武班 집안의 딸 풍양 조씨豊壤趙氏, 1772~1815가 자신의 생애를 돌아보면서 쓴 한글 기록이다. 유일한 필사본이 현재 국립중앙도서관에 소장되어 있으며,[1] 다른 본은 발견되지 않고 있다. 이 기록이 처음 알려진 것은 10여 년 전 한 고전연구자에 의해서였다.[2] 오랫동안 국립중앙도서관 고서실에 고이 묻힌 채 그 존재조차 알려지지 않았다. 그런데 국립도서관에 소장된 필사본은 원본이 아니라 풍양 조씨의 언니가 베낀 것으로 보이며, 풍양 조씨가 쓴 원본은 따로 있었던 것으로 추정된다. 이는 《자기록》의 마지막에 "내 아우에게 차마 어찌 이런 가혹한 벌을 내

1 필사본《자기록》은 196면으로 되어 있으며, 한 면에 12~15줄, 1줄에 19~21자 정도가 채워져 있고, 단정한 한글 필체로 되어 있다. 200자 원고지로 500장 정도의 분량이다.

2 박옥주〈豊壤趙氏의 ᄌᆞ긔록 硏究〉,《한국고전여성문학연구》3, 2001

리시리오. … 이 책을 보고 제문을 베끼니 마음이 더욱 감회에 젖어 능히 슬픈 눈물을 금치 못하리로다."라는 구절로 미루어 알 수 있다.

《자기록》은 풍양 조씨가 21세 때인 1792년에 쓴 것으로, 남편 김기화金基和, 1772~1791가 죽은 다음해 일이다. 동갑내기 남편을 잃고 청상이 된 풍양 조씨는 세상일과 거리를 두고 조용히 들어앉아 옛날 일을 생각하면서 찬찬히 글을 써내려간다. 자신의 어린 시절을 비롯해서 결혼 후 시집에서의 생활, 결혼한 지 6년 만에 남편 김기화가 죽기까지의 일을 세밀히 기록한다. 특히 병상일지라 할 수 있을 정도로 남편의 발병과 증세, 치료 과정을 자세하게 쓰고 있다. 그뿐만 아니라 부모와 부부, 장인과 사위, 시집간 딸과 친정과의 관계 등 가족관계를 자세히 기록하고 있어 18세기 당시 양반가의 생활상을 엿보게 하는 흥미로운 자료로서의 가치도 지닌다.

이러한 특징과 더불어 《자기록》이 무엇보다 눈길을 끄는 점이 있다. 기존의 열녀전과 달리 남편의 죽음을 맞은 아내가 남편을 따라 죽어야 할지 살아야 할지 갈등, 고민하는 상황을 세밀히 서술하고 있다는 것이다. 열녀전이 삭제, 혹은 소거한 여성의 목소리를 들려줌으로써 열녀전의 이면을 들여다보게 해준다는 점에서 《자기록》은 죽어 열녀가 되지 않고 살아남은 자, 그 자신의 표현대로 목숨을 훔친〔偸生〕 여성의 '증언'이라 할 수 있다.

2. 짜임과 내용

《자기록》은 크게 서문, 풍양 조씨 자신의 어린 시절과 남편의 죽음을 맞기까지의 본문, 발문 형식의 뒷글 남편이 죽은 뒤 친지들이 쓴 제문과 조씨 언니의 필사기, 이렇게 네 부분으로 구성되어 있다. 그런데 이는 한번에 연속적으로 쓰여진 것이 아니라 시차를 두고 서술되고 있다. 기록된 시기를 정리해보면 풍양 조씨가 본문을 쓴 것은 남편이 죽은 다음해인 1792년이다. 그 뒤의 짧은 뒷글은 친정아버지 사후(1804년), 그리고 양자로 들인 친정 남동생이 죽은(1805년) 뒤에 쓴 것으로 보인다. 그 뒤에 실린 제문은 고인의 외삼촌, 장인, 팔촌형, 육촌형, 육촌아우가 한문으로 쓴 것을 이후에 한글로 번역해서 실은 듯하다. 마지막에는 풍양 조씨의 언니가 쓴 필사기가 붙어 있는데 시기는 분명하지 않다. 《자기록》은 이처럼 시차를 두고 몇 번의 편집과정을 거쳐 한 책으로 만들어졌다고 할 수 있다.

> 조용히 물러나 있는 가운데 옛날 일을 추모하니 세세하게 눈앞에 펼쳐져 하늘 끝에 닿을 듯 가없는 설움이 새로워 어렸을 때 나의 행적만 대강 기록한다. … 우리 어머니가 온갖 좋은 점을 갖추어 … 모든 일을 시기에 맞게 하셔서 다른 사람의 생각을 넘어서는 것이 많았으니 어찌 다 형용하여 기록할 수 있겠는가. 겨우 만에 하나를 기록하고, … 다시 나의 궁한 팔자와 혼인으로 느낀 설움은 세월이 오래 지나면 능히 기억하지 못할 것이라 혼인하고서 남편이 병을 앓기 시작한 처음부터 끝까지, 그리고 일을 당하기까지의 대강을 기록한다.(13~14면)

풍양 조씨는 자신이 겪은 일을 스스로 잊지 않도록, 뒷사람들에게 옛날 일을 알게 하기 위해서라고 자신의 저작 의도를 분명히 밝히고 있다. 그리고 이러한 저작 의도에 따라 자신이 겪은 일을 인물별로, 그리고 연대순으로 정교하게 배치해서 서술한다. 이 중 가장 많은 비중을 차지하는 것이 남편이 병들어 죽기까지의 과정이며, 그에 앞서 친정어머니의 죽음과 친정아버지와 언니에 관한 것이 기록 전반부에 나온다. 집안의 귀감인 아버지의 지극한 효성과 뛰어난 인품, 어머니와의 관계 등을 적은 뒤 어머니에 관해 많은 면을 할애한다. 어머니의 탁월한 인품과 잇따른 출산과 병, 죽음, 이후 어머니에 대한 그리움 등을 길게 써간다. 특히 첫아들이 을미년1775년에 홍역으로 죽고, 정유년1777년에 낳은 둘째 아들도 전염병으로 죽은 뒤 신축년1781년에 다시 딸을 낳은 어머니가 쇠진해서 세상을 떠나게 되는 과정을 상당히 자세히 서술하고 있다.

이어서 언니의 혼인에 이어 풍양 조씨 자신의 혼인과 시집에서의 생활이 기록되는데, 이 부분이 큰 비중을 차지함은 물론이다. 시집 가문 소개, 평상시 부부의 대화와 시집에서의 생활, 남편의 발병, 병의 진행과 치료 과정, 친정으로의 피접, 병세가 심해져 위독한 상황에 이르기까지, 생혈을 내고자 하는 시도, 풍양 조씨의 자결 결심, 죽음이 임박한 당시 남편의 모습, 자결을 말리는 친정식구들과 시집식구들, 장례, 남편이 죽은 뒤의 삶 등이 세밀히 서술되고 있다.

《자기록》은 자전적 기록이지만 내면의 고백이라기보다는 사실의 기록에 가깝다고 할 수 있다. 아버지, 어머니, 남편 등을 서술할 때 가계, 각자의 성품, 평소의 언행, 가족이나 비복들에 대한 태도, 일화 등을 연대순으로 사실을 중심으로 기술하고 있기 때문이다. 특히 남편의 경우 병들어서 죽기까지의 과정이 시간 순서대로 촘촘히 서술된다. 남편이 언제 어떻게 해서 병에 걸렸으며, 병의 경과가 어떠했는지, 어떤 치료과정을 거쳤는지 자세하게 기록하고, 남편이 죽음을 맞는 절박한 순간의 상황도 냉정하리만큼 세밀하게 묘사하고 있다.

이처럼 다른 이들, 주로 어머니-남편을 중심으로 쓰여진 것에 대해 자전적 기록 또는 자기서사라 할 수 있을까 하는 의문을 가질 수 있다. 《자기록》은 자기서사이면서도 서술의 중심이 서술자 자신의 삶이나 내면에 집중되지 않고 주변인물이나 주변인물과의 관계로 흩어져 있는 것처럼 보이기 때문이다. 애초에 풍양 조씨는 어머니의 덕이 묻히는 것이 안타까워 기록하고, 자신의 궁한 팔자와 혼인으로 느낀 설움을 잊지 않기 위해 남편이 병을 앓은 시말과 죽음까지의 일과 자신이 살아 있는 동안 두고 보면서 잊지 않고 뒷사람들에게 옛일을 알게 하기 위해 기록한다고 서두에 밝히고 있다. 즉 어머니와 남편을 기록의 중심에 놓고 있지만, 이들의 죽음은 현재 풍양 조씨가 "천지간 궁한 팔자"에 놓이게 된 원인이기에 이들을 이야기하는 것은 결국 자신에 대해 이야기하는 것이기도 하다. 따라서 《자기록》의 중심은 결국 풍양 조씨 자신인 것이다.

> 나의 남은 해를 생각하니 푸른 머리와 붉은 얼굴이 시들 날이 멀어 남은 세월이 일천 터럭을 묶은 것 같으니 어찌 견디어 살리오. … 내 이미 목숨을 훔친 뒤에는 … 원컨대 길이 기대할 만하고 어질고 효성스러운 양자를 얻어 제사를 맡기고 박명한 여생을 의지하고자 하노라. (124면)

위와 같이 끝맺고 있는 것도 풍양 조씨의 관심이 자신의 현재 상황과 앞으로의 삶에 있음을 보여준다. 《자기록》이 단지 박명한 신세 한탄에 그치지 않고 한 사람의 인생을 증언하는 기록이 될 수 있는 것은 바로 이런 까닭이다. 어머니에 대한 기억을 정리하고, 남편이 병들어 앓다가 죽음을 맞이하기까지, 자신이 따라죽으려다가 살기로 결심하는 과정, 상을 치르기까지 아픈 기억을 하나하나 불러내고, 응시하며, 그 모두를 가감 없이 기록해냄으로써 자기가 살아 있는 이유를 냉정히 밝히고, 결국 스스로 삶의 긍정에 도달하고 있기 때문이다.

3. 풍양 조씨의 가계

여기서 잠시 풍양 조씨와 양 집안에 대해 살펴보도록 한다. 풍양 조씨는 조감趙瞰, 1744~1804과 진주 하씨 하명상河命祥의 딸인 하씨 부인 사이에서 둘째딸로 태어났다. 어머니 하씨는 조감의 둘째 부인으로 시집가서 딸 둘을 낳고 아들을 낳았으나 아들을 연이어 잃고 다시 아들을 낳기 위해 계속된 출산을 시도하다가 일찍 죽었다. 조씨의 집안은 조선 후기 명문가이기는 하나 할아버지 조상수趙尙綏, 1704~1763가 조도보趙道補의 서자였던 까닭에 완전한 양반이라고 할 수는 없다. 조도보는 부인인 경주 김씨와의 사이에 상경, 상강, 상기 외에 윤천건에게 시집간 딸 등 3남 1녀를, 측실인 이씨와의 사이에 상수, 상계, 이영원에게 시집간 딸 등 2남 2녀를 두었다. 조도보의 큰아들인 조상경은 이조판서를 지냈고, 그 아들은 통신사로 일본에 가서 고구마를 들여온 것으로 유명한 조엄趙曮이다. 조엄은 대사헌, 이조

판서 등을 역임했으며 그 부인은 혜경궁 홍씨1735~1815의 고모, 즉 홍봉한의 막내누이이다. 풍양 조씨의 할아버지 조상수는 조상경의 서제庶弟로 둘은 꽤 가깝게 지냈던 것으로 보인다. 이러한 사실은《영조실록》의 기사나 조상경이 쓴〈서모 이씨 제문〉및 조상수가 조상경을 위해 쓴〈제문〉등에서 거듭 확인된다.[3]

풍양 조씨의 친정은 서계庶系이긴 하지만 그의 할아버지 조상수, 아버지 조감으로 이어지는 동안 정치권력의 중심에 있던 조상경, 조엄으로 이어지는 적계와 긴밀한 관계를 맺었으며, 현감 등 관직을 지냈다. 조감은 1775년 32살의 나이로 무과에 급제하여 현감을 지냈지만, 현감을 지낸 조상수나 통덕通德을 받은 그의 큰아들 조철趙瞮, 1724~1791은 과거를 통하지 않고 음직을 얻었다. 풍양 조씨의 친정은 조상경, 조엄 등 풍양 조씨의 세력권에 있었으며, 경제적으로도 사치하다는 말을 들을 정도로 부유했던 것으로 보인다. 이후 양자로 들인 조진숭이 일찍 죽어 대가 끊어지긴 했으나 중앙 정치권력의 주변부에 있었을 것으로 보인다. 조엄의 손자인 조만영趙萬永, 1776~1846, 조인영趙寅永, 1782~1850이 풍양 조씨 세도정치의 중심이었던 것에서 그것을 짐작할 수 있다.

조씨가 시집간 청풍 김씨 집안은 현종의 장인 김우명金佑明, 1619~1675의 후손으로 시증조부가 무과에 급제하여 현감을 지냈으나 시할아버지, 시아버지는 관직에 나가지 못했다. 풍양 조씨의 남편 김기화는 이 집안의 독자이자 종손으로, 그에 대한 집안의 기대가 컸을 것

3 이하 자세한 내용은 김경미〈《자기록》의 저자 '풍양 조씨' 연구〉,《한국고전여성문학연구》28, 한국고전여성문학회, 2014, 126~36면 참고.

이나 병으로 일찍 죽게 된다. 김기화의 집은 시골에서 나오는 소출로 생계를 유지하고 있었지만 풍양 조씨가 여러 차례 매우 검약하게 생활한다고 표현한 것을 보면 경제적으로 넉넉하지 못했던 것으로 보인다. 김기화의 병이 심해지자 시어머니가 민망해하면서 조씨에게 친정아버지에게 부탁해서 약 한 제를 지어 달라고 하라는 장면은 의원을 부르거나 약을 지을 형편이 안 된다는 것을 보여준다. 풍양 조씨가 시가에 대해 친정과 규모가 다르다고 하는 것도 은연 중 경제적 형편이 다른 것을 말하는 것으로 보인다. 그러나 경제적으로는 조씨의 친정보다 못했지만 김우명의 적계 후손이었기 때문에 신분 면에서는 우월했던 것으로 보인다. 김기화의 증조부가 무과에 급제했고, 훗날 김기화의 양자인 김최선金最善, 1789~1851도 무과에 급제한다. 풍양 조씨의 외할아버지 하명상 역시 1751년 무과에 오른 뒤 기장현감으로 동지중추부사를 역임했다. 즉 조씨의 친정과 시가는 무반으로서의 공통점이 있었다. 또한 서울에 거주해온 집안이라는 것도 공통되었다.

이렇게 풍양 조씨의 친정과 시가, 그리고 외가까지 무반이라는 공통점을 가지는바 바로 이들이 혼인 관계를 맺게 된 주요 원인이었을 것으로 추측해볼 수 있다. 풍양 조씨의 가계를 살피다 보면 또 한 가지 주목을 끄는 부분이 있다. 앞서 잠깐 언급한 조엄의 부인인 홍씨 부인의 존재로, 바로 《한중록》을 쓴 혜경궁 홍씨의 막내고모이다. 혜경궁 홍씨에게 언문을 가르친 사람은 혜경궁 홍씨의 숙모인 평산 신씨로 알려져 있는데, 평산 신씨는 〈의유당관북유람일기〉의 저자인 의령 남씨1727~1823의 시누이다. 조엄의 부인 홍씨 부인은 풍양 조씨에게는 종숙모가 되는데 홍씨 부인과 관련한 인물들이 조선시대의 대표적인 한글 작품을 남긴 혜경궁 홍씨와 의령 남씨라는 점은 풍양 조씨의 글쓰기에 대해 다시 생각하게 한다. 풍양 조씨가 이들의 영향을 직접 받았는지는 정확히 확인할 길이 없지만, 집안간의 교류를 통해 이들의 수준 높은 글쓰기에 대해서 들었을 가능성이 있지 않았을까? 조엄은 통신사로 일본에 갈 때 조철을 자제군관으로 대동하였고, 《자기록》에도 종숙부가 언급되는데 조엄과 관련된 이야기로 보이는바 조엄과 조철, 조감 형제는 부친 대의 우의를 유지하고 있었던 것으로 봐서 집안간의 교류가 활발했으리라 여겨지기 때문이다. 《자기록》이 보여주는 짜임새 있는 구성과 생생하고 절절한 표현 등은 풍양 조씨의 작가적 능력을 보여주며, 이러한 능력은 풍양 조씨 집안 여성의 어문생활과 일정한 관련이 있었을 것으로 짐작된다.

4. 풍부한 어휘, 기록의 치밀성

《자기록》은 표기는 한글로 되어 있지만 실제 사용하고 있는 어휘는 한자어나 고사에서 온 것이 많다.

> 현賢ᄒᆞ시다 우리 엄뎡嚴庭이여 효孝ᄂᆞᆫ ᄒᆡᆼ지본行之本이요 의義ᄂᆞᆫ 덕지종德之宗이라 일노 드ᄃᆡ여 인효셩덕仁孝誠德을 가히 볼 거시오 비ᄇᆡ쳔획婢輩賤獲이라도 병들매 반ᄃᆞ시 친히 고헐苦歇을 ᄉᆞᆯ피시고 약음藥飮을 다ᄉᆞ려 주샤 ᄉᆞᄉᆡᆼ死生을 앗기시미 디극ᄒᆞ시며 비ᄇᆡ婢輩의 죄벌罪罰을 다ᄉᆞ리시나 몬져 ᄉᆞ졍事情을 ᄉᆞᆯ피시고 경듕輕重 가부可否를 ᄇᆞᆰ이 수죄數罪ᄒᆞ샤……(153면, 한자 병기-옮긴이)

물론 이러한 문체는《자기록》만의 특징은 아니며 조선후기 양반여성들이 많이 읽고 베꼈던 국문장편소설의 문체도 이와 비슷한 특징을 보인다. 그러나 이 정도의 문체를 구사하기 위해서는 일정한 교육이 필요했을 것으로 보인다. 그러면 풍양 조씨는 글쓰기와 관련해서 어떤 교육을 받았던 것일까? 양반여성들의 경우 글쓰기를 비롯해서 가정 내 교육을 받은 경우가 적지 않은데,《자기록》에는 풍양 조씨가 특별한 교육을 받았다는 언급이 나오지는 않는다. 하지만 풍양 조씨가 혹 한문이나 언문으로 된 글을 읽으면 남편이 별로 좋아하지 않았다고 쓴 것으로 미루어 풍양 조씨는 평소 한문이나 언문으로 된 글들을 즐겨 읽었던 것으로 보인다. 이는 풍양 조씨가 일정한 교육을 받았으며 문학에 관심이 많았음을 짐작하게 한다.

이러한 교양을 바탕으로 풍양 조씨는 자신이 느낀 감정을 생생하게 묘사하고 자신이 보고 들은 일을 정확하게 기술하고 있다. 그러나 풍양 조씨는 단순히 자신의 감정과 경험한 사건을 나열하는 것이 아니라 객관적인 상황과 사실을 적시한다. 예컨대 남편의 투병과 죽음에 이르는 과정을 고통스럽게 받아들이면서도 병의 원인을 따지고, 치료 방식의 문제를 지적하고, 자신이 살아남는 이유를 밝히며 결국 앞으로 자신이 할 일이 무엇인가에 도달하는 구성을 취하고 있다.

먼저 그 문체를 보면, 풍양 조씨는 자신의 비통하고 절절한 감정 토로와 사실 중심의 서술을 적절히 배치해서 쓰며 감정 전달이나 사실 전달을 효과적으로 해내고 있다. 풍양 조씨는 자신의 격한 슬픔을 표현하기 위해 "애통하고 슬프도다! 하늘이여! 하늘이여!"나 "오호 통재라" "오호 하늘이여"처럼 제문에서 흔히 볼 수 있는 관용적

표현을 반복적으로 사용하는 것은 물론, "심장이 천 길로 무너지고 만 갈래로 찢어지니" "가운家運의 망극함과 정리의 이 원통함을 아홉 하늘을 깨치고 하늘 궁궐의 문을 흔든들 능히 견디랴" "나의 남은 해를 생각하니 푸른 머리와 붉은 얼굴이 시들 날이 멀어 남은 세월이 일천 터럭을 묶은 것 같으니"와 같은 구절에서 보듯 천 길, 만 갈래, 아홉 하늘, 일천 터럭 같은 표현을 자주 하고 있다. 그러나 관용적으로 보이거나 일견 과장되어 보이는 이러한 표현은 작자가 현재 느끼는 통절한 슬픔이나 기나긴 남은 세월에 대한 극도의 고통을 절절히 표현해내는 데 효과가 있다. 이러한 격한 감정의 서술이 정확한 상황 서술에 의해 뒷받침되기 때문이다.

사실을 정확하게 기록하려는 태도는 어머니에 대해서나, 남편의 병세를 서술할 때 잘 드러난다. 특히 남편의 경우, 병상일지라 할 수 있을 정도로 날짜와 음식이나 약을 먹은 횟수, 의원, 약 이름 등까지 정확하게 적고 있다.

> 초팔일까지는 남편의 병세가 그저 그만하여 팔미탕을 쓴 날이 꽤 되었지만 특별한 효험이 없고 해소로 인해 잠을 길게 자지 못했다. 의원에게 의논하여 맥문동이란 약재 하나를 팔미탕에 더 넣어 썼는데 해소는 낫지 않고 초팔일부터 설사 횟수가 한두 번 더 늘었다. 갑갑해하던 차에 신가 의원이 의술이 밝다는 말을 듣고 초열흘날 청하여 왔다.(77면)

풍양 조씨는 어머니나 남편의 죽음에 대해 서술할 때도 단순히 과거를 기억하는 것이 아니라, 왜 병을 앓게 되었으며 위독한 상태에 이르렀는지 하나하나 따져본다. 먼저 어머니의 죽음의 원인은 아들을 낳기 위한 무리한 출산으로 본다.

> 뜻밖에 신축년1781년에 어머니가 임신하셨으니 이 어찌 어머니의 원기를 다 빼앗아 수명을 마지막 끊는 마디가 아니겠는가. 온 집안이 놀라고 또 기뻐하였으니 이는 희망이 끊어진 줄 알았는데 수태하셨기 때문이요 기쁨은 아들 낳기를 초조히 기다렸기 때문이다. … 아아, 갈수록 하늘이 살핌이 없어 딸을 낳으니 아버지가 실망하고 어머니가 경악함을 어찌 다 기록하리오. 어머니가 거의 탈진하여 겨우 출산하고 마음과 기운이 지극히 허약한 데다 …딸을 낳자 심히 놀라고 산후에 잇달아 염려를 지나치게 하였다. 이로 인하여 다른 증세가 하나씩 더해지고… (27~28면)

첫째 아들에 이어 둘째 아들마저 잃고 다시 임신, 출산했으나 딸을 낳고 놀란 어머니가 염려하다 다른 증세까지 더해져서 병으로 고생한 일을 기록한 대목이다. 이후 회복하지 못하고 결국 어머니는 세상을 뜬다.

풍양 조씨는 남편 김기화가 병을 얻게 된 시초를 1788년 과거 시험으로 보고 있다. 김기화는 집안의 기대를 받고 과거시험을 보러 갔다가 사람들이 몰려 밟혀 죽을 지경인 시험장을 보고 놀란 데다, 다음날 추운 날씨에 하루 종일 찬 자리에 앉아 있다가 치질이 생긴다. 병은 점점 심해져서 앉지도 서지도 못할 정도가 된다. 시집에서는 병을 대수롭게 여기지 않다가 한 달이나 지나서 의원을 두 번 불러 종기를 터뜨리게 하는데, 그 사이에 병은 심해져서 점점 기운이 없어진다. 남편의 몸이 마르고 제대로 먹지도 못하지만 시부모는 의원을 불러 약을 쓰는 것을 중요하게 여기지 않는다. 풍양 조씨는 이에 대해 병을 앓아 기운이 없는 사람에게는 육즙(고기국물) 같은 것으로 기운을 보충해주어야 하는데, 시부모는 흰 밥과 미역국으로만 기운을 보충하려 하니 비위가 약한 환자가 물려서 먹지 못했다고 기록하고 있다. 여기서 조씨는 그 때 그렇게 했으면 좋았을 것을 시부모가 그렇게 하지 않았다는 것을 분명히 드러내고 있는 것이다.

이후 김기화는 완쾌하지 못하고, 나은 듯하다 다시 심해지기를 반복한다. 풍양 조씨가 보기에 남편 김기화는 과거시험장에서 병을 얻고, 겨울날 찬 방에서 떨며 책을 읽다가 시어머니가 끓여준 국수를 먹고 체한 것이 결정적인 원인이 되었다.

> 어느 선비인들 밤에 글을 읽지 않겠는가마는 차디찬 방에서 어른들을 모시고 밤이 깊도록 글을 읽다가 두 어른(할아버지와 아버지)이 잠자리에 드신 뒤에 자신도 잠자리에 들게 되면 … 아주 추운 날에는 아들의 한기와 허기를 면코자 시어머니가 여러 차례 국수를 말아 먹이셨다. … 추위를 막을 겸 국수를 많이 들고 두 어른이 기다리실 것을 생각하고 바삐 나가서 찬 몸에 소화를 시키지 못하고 찬 데서 자니 어찌 체하지 않겠는가. … 아아, 하늘이여, 이 우연한 빌미로 차마 사람이 단명할 마디가 되게 할 수 있으리오.(61면)

풍양 조씨는 남편이 깊은 밤까지 공부하고 어머니 처소로 가서 국수를 먹곤 했는데, 어른들이 기다릴까 봐 제대로 소화를 못 시키고 찬 방에서 자는 바람에 체한 것이 단명의 요인이 되었다고 쓰고 있다. 위 예문에서는 '찬 방' '추운 날' '찬 몸' 등 차다는 말이 계속 나오는데, 찬 것이 더 낫다고 여겨서 한겨울에도 차게 지낸 시집의 생활습관이 남편의 병과 관련이 있다는 것을 시사한다. 병이 악화되자 조씨의 친정에서는 양즙을 보내주고, 조씨 자신도 치마를 팔아 약을 지어 남편에게 먹인다. 그러나 이를 안 시할아버지나 시아버지는 별로 도움이 되지 않는다고 하면서 먹지 못하게 하고 처가 것을 좋아한다고 김기화에게 핀잔을 준다. 이처럼 풍양 조씨는 사실을 그대로 기록하고 있는 것처럼 보이지만, 친정아버지와 시부모의 대처 방식을 함께 서술하면서 은연중에 시부모의 대처 방식이 잘못되었음을 내비치고 있는 것이다.

이러한 서술태도는 남편의 위독함을 보고 죽기를 결심할 때나 생혈生血을 내서 남편의 목숨을 연장해야겠다고 마음먹고 칼을 챙기는 장면이나 막상 칼을 써르는 장면을 묘사할 때도 일관된다.

> 다만 마음에 어찌해야 할지 모르고 허둥대며 하늘만 우러러 입에서 나오는 말이라고는 "차마 이 어쩐 일인고" 할 따름이었다. … 스스로 헤아리건대 '차마 생각지 못할 때를 당하면 마땅히 한번 급히 결단하여 시각을 늦추지 않고 좇을 따름이라. 다른 대처나 생각이 어찌 있으리오.' 스스로 굳게 정하고 작은 칼을 신변에 감추는데 손이 떨리고 마음이 놀라 매양 하늘만 보며 '차마 이 어찌된 세상인고' 하였다.(87면)

남편이 위독해지자 아무 것도 들리지 않고 아무 것도 보이지 않고 그저 당황스럽기만 하고, 칼을 감추는데 손이 떨리고 마음이 놀라워 '이 무슨 일인가, 이를 어쩌나'만 연발하며 허둥대는 자신의 모습을 솔직히 적고 있다. 이러한 모습은 여성 행장이나 제문, 혹은 열녀전의 주인공이 놀랄 만큼 차분하게 위기에 대처하는 모습을 보여주는 것과는 대조적인 지극히 인간적인 모습이다. 생혈을 내려 칼로 팔을 찌르는 장면에서도 마찬가지이다.

> 내 비록 죽어 따르지는 못하나 생혈生血로 행여나 목숨을 늘리는 힘이 있을까 하여 급히 두어 걸음을 물러나 돌아서서 감추었던 칼을 빼 왼쪽 팔목을 급히 찔렀으나 마음이 황황하고 손이 떨려 능히 꿰뚫지 못했다. 다시 찌르려는데 아버지가 급히 칼을 빼앗고 시할아버지가 이끌어 합내閤內로 나오게 하셔서 말씀을 더듬으며 망령됨을 꾸짖고 비녀까지 빼신 뒤 시비에게 업혀 침소로 들여보내셨다.(98면)

한편 풍양 조씨가 죽기를 결심하다 포기하기까지는 친정아버지와 시어머니의 설득이 이어지며, 결국 살아남기로 마음을 바꾼다. 그리고 그 결정은 다른 외부적 힘에 의해서가 아니라 다음과 같은 합리적인 근거에 의해서이다.

> 아득하였으나 정신을 수습하여 좌우로 헤아리니 여자에게 남편은 오륜五倫의 첫째요, 삼강三綱의 으뜸 중요한 것으로 한 몸을 맡기고 영욕과 고락을 함께하니 중함이 천지와 같음이라. 하물며 서로 마음

이 맞아 지우지정知遇之情이 지극하니 내 홀로 목숨을 훔쳐 천지 사이에 깊은 한을 품고 세상에 머물 마음이 없으니 마땅히 뒤를 좇아 첫째는 남편이 생시에 알아준 정을 갚고, 둘째는 나의 하늘에 사무치는 궁박한 설움을 잊어 넋이라도 둘이 돌아가면 즐거운 혼백이 될 것이로다. 그러나 차마 눈앞에 친정아버지의 이러한 모습을 대하고 보니 내가 만일 죽으면 그 슬프고 끔찍한 설움으로 옛사람처럼 눈이 멀어질 것 같았다. … 또 생각해보니 한낱 시누이도 하나 없으니 시부모님은 외롭고 의탁할 데가 없고 … 도리어 남편을 저버리는 것이었다.(96~97면)

5. 기록의 힘, 그 의미

《자기록》은 그 문체나 서술태도, 내용 면에서 몇 가지 중요한 특징을 가지며, 그것은 역사적·문학적 측면에서 중요한 의미를 갖는다. 먼저 《자기록》은 여성의 목소리를 통해 여성의 생활, 생각이나 감정 등을 생생히 접할 수 있는 여성의 자전적 기록이란 점에서 주목을 끈다. 혜경궁 홍씨의 《한중록》이 대표적인 자전적 기록으로 남아 있지만 이는 왕가 여성의 글이고, 《자기록》처럼 평범한 양반여성이 남긴 자전적 기록은 거의 전하지 않기 때문이다. 아울러 자신이 겪은 일을 복기하듯 서술하고 때로는 자신의 슬픔이나 감정을 격하게 드러내고 있는 풍양 조씨의 문체는 당시 여성의 생각과 감정뿐만 아니라 글쓰기, 말투까지 생생하게 보여준다. 뿐만 아니라 《자기록》은 가까운 사람의 죽음에 대한 비절함과 애통함, 조금씩 잊혀져가는 망자에 대한 안타까움 등을 절절히 표현하고 있어 애도문학으로서도 중요한 의미를 갖는다. 죽은 이에 대한 이렇듯 애틋한 기억과 절실한 애도는 지금 읽어도 깊은 공감을 자아낸다.

《자기록》은 또한 조선후기 열녀전 서술의 이면을 보여준다는 점에서도 주목되는 기록이다. 열녀전의 주인공들은 남편이 위독하면 생혈을 내기 위해 살을 베고, 남편이 죽으면 따라죽는 것을 당연한 듯 행하고, 이를 기록한 사람들은 열녀의 살을 베는 고통보다는 살을 베는 고통조차 느끼지 못하는 강도 높은 열행烈行을 칭송하고 있다. 열녀전에는 열행을 수행하기 위해 기꺼이 자신의 몸을 훼손하고, 죽음에 이른 여성들, 만류하는 가족들을 피해 기어이 죽음을 선택한 여성들, 혹 죽지 않은 경우에는 몸이 닳도록 일하거나 자신의 여성성을 온통 가린 채 죄인처럼 살아간 여성들이 등장한다. 그러나 이런 글들은 그 여성들의 목소리나 내면에 대해서는 제대로 들려주지 않는다. 《자기록》은 남성들이 기록한 이러한 열녀전이 전해주지 않는 이야기를 전해준다. 더욱이 여성 자신의 목소리로 매우 구체적으로 죽음에 맞닥뜨린 여성 혹은 죽음을 각오한 여성들이 느꼈을 슬픔과 고통, 막막함과 두려움을 생생하게 들려주고 있다.

대부분의 열녀전에서 보이는 의연한 모습과 달리 풍양 조씨는 시종 당황하여 어찌할 줄 몰라 하며 생혈을 내려 칼을 찌르는 것조차 제대로 행하지 못한다. 또한 친정뿐만 아니라 시어머니 등 시가 어른들이 풍양 조씨에게 따라죽기보다 살아남아서 가문을 유지하는 현명한 선택을 하라고 설득하는 것도 당시 열녀 관습에 대한 당시 양반들의 현실적인 태도를 보여준다. 그런 점에서 《자기록》은 우리가 알고 있는 역사의 이면을 들여다보는 것이자, 유교 이데올로기에 작은 틈새를 내는 기록이라고 할 수 있다.

한편 《자기록》은 18세기 후반 서울 양반 집안의 생활상을 세세하게 보여준다. 서울의 양반들이 모여 사는 구불구불한 골목길을 따라 그만그만한 집 중에 아무 데나 들어가 여주인에게서 그녀의 이야기를 듣는 것 같은 친근한 느낌을 주는 것이다. 아들을 낳기 위해 거듭된 임신과 출산으로 일찍 세상을 떠난 어머니, 과거급제의 부담을 지고 있는 남편, 새 장가 든 아버지에 대한 서운함, 갓 결혼해서 서먹하다 점점 가까워지는 남편, 오래 앓아누운 남편에 대한 걱정, 아들을 잃은 시어머니, 남편을 잃고 죽지 못해 사는 젊은 부인, 남동생의 죽음으로 대가 끊기게 된 친정 등 일상적인 내용을 담고 있다. 특히 어머니와 아버지의 역할과 관계, 자신과 남편, 남편과 시어머니, 시어머니와 자신의 관계, 친정과 시집의 관계 등을 사건이나 대화를 통해 구체적으로 표현하고 있어서 당시의 부부 관계, 모자, 고부, 장인과 사위의 관계, 그리고 친정과 시집의 관계가 어떠했는지 엿볼 수 있다. 특히 풍양 조씨의 경우 시집간 딸이 친정과 긴밀한 유대를 유지했음을 보여준다. 또한 아들을 낳기 위해 계속된 출산으로 나이 삼십여 세에 이미 쇠약해져 결국 죽음에 이르는 풍양 조씨의 어머니 하씨 부인이나 아들과 며느리가 마음이 통하는 것을 보고 평생 안과 밖이 생각하는 바가 달라 한스럽다고 하는 시어머니의 모습은 당시 부인들의 결혼생활의 한 단면을 보여준다. 풍양 조씨와 남편 김기화의 관계, 이들이 나눈 대화를 통해 당시 젊은 부부들의 관계도 엿볼 수 있음은 물론이다. 이외에도 《자기록》은 밟혀 죽을 정도로 사람들이 몰린 과거시험장의 모습이나 실절失節한 양반의 딸 등에 대한 언급을 통해 당시의 사회상을 단편적으로 전해주기도 한다.

이렇듯 일상생활에 대한 구체적인 묘사는《자기록》이 유교 이데올로기에 일방적으로 포섭되지 않았음을 말해준다. 풍양 조씨가 극도의 슬픔에서 일상으로 조금씩 복귀하는 과정에서 동원되는 것은 어떤 이념적인 설득이 아니라, 어른들의 보살핌과 배려다. 상중에 친정아버지가 육즙을 보내오고, 시어머니는 과일을 먹이려 애쓰는가 하면 며느리의 머리와 눈썹을 자르고 정리해주고, 어둡지 않은 옅은 색의 옷과 이불을 권하는 등, 상례喪禮를 넘어선 모습까지 보인다. 이러한 사실 하나하나를 짚는 것은《자기록》전반에 나타나는 기록 태도이기도 하다.

풍양 조씨는 유교적 삶의 태도를 갖고 있었지만 자신이 겪었던 일을 하나하나 그 원인을 규명하듯 써내려갔을 뿐 이를 유교적으로 해석하거나 미화하려고 하지 않는다. 오히려 잦은 임신과 출산으로 인한 어머니의 죽음, 아버지의 새 장가, 처가에 거리를 두게 하는 시어른들의 태도를 기록하면서 가부장적인 가족제도에 대한 문제의식을 은연중 드러낸다. 풍양 조씨는 이러한 문제의식을 전면화하기보다는 있는 그대로 기록함으로써 드러나게 한다. 이처럼 사물을 직시하는 태도는 그녀의 기록 전반에 걸쳐 나타나며, 이는 유교적 삶의 지향을 그대로 드러내면서도 유교적 삶의 모순을 보여주는 데로 나아가게 한 힘이었던 것으로 보인다.

앞에서도 언급했지만《자기록》은 가족과 분리해서는 자신을 생각하지 못하고, 그래서 정작 자기 자신에 대해서는 그리 많이 말하지 않는 이야기처럼 보이기도 한다. 그러나 이 책은 그 거미줄 같은 관계망 속에서 한 여성이 자신의 위치, 자신의 할 일을 찾아내고 있는 과정을 진솔하게 보여준다. 이러한 점은 무엇보다 글쓰기, 기록의 힘을 느끼게 한다. 《자기록》은 결국 풍양 조씨가 자신의 경험을 기억해내고 기록함으로써 자신이 누구이며, 무엇을 해야 하는가를 정립하는 과정을 보여주기 때문이다. 비록 다시 시집 가문을 유지하는 것이라 할지라도 자신이 살아야 하는 정당성을 스스로 찾아서 기록으로 남겼다는 것은 결코 가벼운 의미가 아니다. 풍양 조씨의 삶은 당시 양반여성의 삶에 비추어볼 때 특별하지 않다. 그러나 이 특별하지 않은 삶을 기록으로 남겼기에 그녀의 삶은 지금 우리에게까지 특별한 의미로 전해진다. 평범한 한 여성, 인간이 스스로 자기 이야기를 하고, 자신의 삶을 증언한다는 것은 여전히 의미있는 정치적 행위이기 때문이다.

현ᄒᆞ올 여둘ᄂᆞᆫ 흉월 지내 절ᄂᆞᆫ 비ᄒᆞᆯ 절라 ᄋᆞ혜의게 ᄒᆞ니 엇
제 어런 ᄒᆞ속 번을 ᄂᆞ리오시리오 작은 프ᄂᆞᆫᄉᆞ와 언문을 셩힝
어ᄒᆞ믄 ᄯᆡ치나 ᄀᆞᆺ ᄯᆡ ᄒᆞᆫ 쇠어서 변지 평 ᄀᆞᆺ의 ᄆᆡ셜은 ᄒᆞᄂᆞ롤
지옷 ᄒᆞ나 어ᄯᆡᄅᆞᆯ 흉질은 현 ᄒᆞ온 ᄒᆞᄆᆡ어서 다 어에 ᄉᆞ쾌ᄒᆞᆫ ᄆᆡ븐 ᄒᆞ
ᄂᆞ 지원 ᄆᆞ 흉 ᄒᆞ읍은 ᄇᆡᄉᆞ 지쳔 엇칠 ᄯᆡ가 어브ᄅᆞᆯ ᄀᆞᆺ ᄒᆞ나 ᄂᆞᄅᆞᆫ도다
피쳐 어ᄅᆞᆯ ᄀᆞ디 ᄂᆞᆫ 탐 어나 어브ᄉᆞ 변 ᄂᆞᆼ 어셜 ᄯᆡᆫ 허ᄃᆞᆫ ᄇᆡᆯ 볼 ᄒᆞ롤
잠 ᄒᆞᆫ 어나 ᄀᆞᆫ ᄯᆡ 어ᄅᆞᆯ 쏫 ᄀᆞ 제옷 ᄒᆞ나 무ᄉᆞ 어ᄅᆞᆯ 위ᄒᆞᆫ ᄒᆞᆫ 어서 시
어셔ᄅᆞᆫ 무ᄉᆞ 싱ᄉᆞ 어 ᄇᆡᆺ ᄒᆞᆫ 년 ᄒᆞᆼ희 젹ᄉᆡ ᄒᆞᆫ 거브ᄅᆞᆫ 헐 ᄉᆞᆫ
셔 어ᄅᆞ 다 어 쳐ᄉᆞ을 보ᄂᆞᆫ 되븐 ᄋᆞᆯ 버기니 셩쇠 ᄆᆞᄋᆞ ᄀᆞᆺ회 ᄒᆞ
여ᄒᆞ희 ᄉᆞᄅᆞᆫ 어ᄉᆞᄅᆞᆯ ᄀᆞᆫ치 못ᄒᆞ니ᄅᆞ다

부어어을 쳥어에 닷쳘을 ᄒ니 어은들 감히 엇지못ᄒ리를
다오시옥 오리 즁최ᄒ어 걱션ᄒ샤 ᄯᅡ당어 나믄 저오쉬
어시며은 ᄒ올수를 복쳔 쳐옷ᄒ서니 셩언어 쳘흘난
올수여호라 오회라 오쳥어 긔뵈 빙셩을 중뭄 감쳐
기ᄅᆞᆯ 쳔손 즉치ᄒ시ᄆᆡ ᄒ번 보ᄆᆡ 즐탁어 ᄒ올 죽을 업서서오
오쳐 즐홍위 셩요긍의 즐본 ᄒ은니 벽호 드려ᄒ리 ᄂ희
못 ᄒ얀온 니셩 ᄯᅳᄂ어 셩ᄅ희 축ᄒ을 즙ᄒ여 ᄯᅡ당어 츠에
즁흥ᄒ여라 옥쳐의셔나 옹납ᄒ기어며오리 쳥어ᄂ 희묵옹ᄒ을 비뵈 닷듯 업슬 즈
며 ᄒ올흥리의 저봉을 넌ᄒ여 둥져를 뇌를 뵈어 샹면 뭉을 흘
감셔슨 듕뷔ᄒ매 실쳬이 에의 랑ᄒ엿더니 어쳐슨 ᄒ을어
어버셩 저라 옥ᄒ을 어붐어 다셔 어치를가 즐을리은 오올오며
복듯나샹 쟝